赤子——旅美杰出华人传略

◎李性刚 著

贵州出版集团
贵州人民出版社

图书在版编目（CIP）数据

赤子：旅美杰出华人传略 / 李性刚著. —— 贵阳：贵州人民出版社，2017.12
ISBN 978-7-221-13203-1

Ⅰ.①赤… Ⅱ.①李… Ⅲ.①报告文学 - 作品集 - 中国 - 当代 Ⅳ.①I25

中国版本图书馆CIP数据核字(2017)第330888号

书　　名：	赤子——旅美杰出华人传略
作　　者：	李性刚

出版发行：	贵州出版集团　贵州人民出版社
地　　址：	贵阳市观山湖区会展东路SOHO办公区A座
邮　　编：	550081
印　　刷：	虎彩印艺股份有限公司
开　　本：	787毫米×1092毫米　1/16
印　　张：	21.5
字　　数：	320千字
版　　次：	2018年6月第1版
印　　次：	2018年6月第1次印刷
书　　号：	ISBN 978-7-221-13203-1
定　　价：	48.00元

周培源(1902—1993)
著名理论物理学家、流体力学家、教育家

吴健雄(1912—1997)
著名核物理学家、实验物理学家

陈省身(1911—2004)
著名数学家、微分几何学家

钱学森(1911—2009)
著名空气动力学家、"两弹一星"功勋科学家

郭永怀（1909—1968）
著名力学家、"两弹一星"功勋科学家

钱伟长（1912—2010）
著名教育家、社会活动家

林家翘(1916—2013)
著名应用数学家

张纯如(1968—2004)
美国著名华裔作家、历史学家

人间大善

——序《赤子——旅美杰出华人传略》

这是一本用心、动情之作。作者怀着对诸位传主无比崇敬的心情,将精选的材料纵横交织,在特定的历史背景下,既再现了传主的经历与事迹,也展现了他们的品格与情操,带给读者巨大的感动。

8位传主,7位为享有世界声誉的杰出科学家。钱伟长与周培源,钱学森与郭永怀,分别于20世纪40、50年代归国,为新中国的科技、教育作出了重大贡献;陈省身与林家翘,在美国获得重大科学成果,也为中国培育不少人才,分别于20世纪末和21世纪初回国定居;被誉为中国居里夫人的女物理学家吴健雄,在原子弹的关键技术上取得重大突破,为二战的及时结束作出了杰出的贡献。她的骨灰安葬于她启蒙的母校,魂归故里;文史学家张纯如生于美国,长于美国,她用英文撰写的《南京大屠杀》轰动全世界。这位以伸张正义为使命、36岁即英年早逝的青年华裔女性,受到了海内外读者与研究者的高度关注。

这些杰出的华人科学家和华裔义史学家,他们在自己所属的领域,都取得了巨大成就。他们都是具有人智慧的人,同时又都具有非凡的品格与情操。他们的丰功伟绩,不仅为国人所称颂,也被世界所赞叹。他们是华人世界一座座永远矗立的丰碑,是浩瀚夜空一颗颗永不陨落的星辰。

1840年鸦片战争之后的中国近代,国家积贫积弱,民族饱受欺凌。圆明园的耻辱之火,大屠杀[①]的凄惨之声,在他们的心灵上留下了深深的伤痕,也激发了他们胸中抗争图强的熊熊烈火。他们凭着自己天赋的才能,完全可以在国

---

① 指南京大屠杀。

外拥有一流的舒适生活和优越的工作环境,但他们选择了回国,选择了把自己的青春和热血、智慧和力量奉献给自己苦难深重的祖国母亲,世间有哪一种情感,能比得上对自己民族、故土的一往情深呢?

马克思说:"如果我们选择了最能为人类福利而劳动的职业,我们就不会为它的重负所压倒,因为这是为全人类所作的牺牲;那时我们感到的将不是一点点自私而可怜的欢乐;我们的幸福将属于千万人,我们的事业并不显赫一时,但将永远存在;而面对我们的骨灰,高尚的人们将洒下热泪。"

在这样一种理念的支配下,他们将一个个聪慧、能干的自我,镶嵌、定格在了最为辉煌的位置——那就是将自己的生命,汇入到祖国建设的广阔洪流之中。赤子般的情怀,催生出事业上的巨大的创造力。当须发由黑而白,智慧和建树像泉水一般汩汩涌出,他们成功地实现了人生价值的最大化,看到母亲在他们的辛勤劳动下焕发出青春的容颜,他们也从中感受到一种巨大的充实和欣慰。

他们以身许国,对科学事业一丝不苟、精益求精,把国家的强盛和民族的振兴、世间的公道正义放在了至高无上的地位,甚至为之而献身,但对金钱名利却毫不在意、漫不经心。吴健雄不争诺奖之名;陈省身捐百万奖金;郭永怀坠机前和警卫员紧紧相拥在一起,在生命即将毁灭的瞬间,仍然记挂着要保护技术资料的安全;张纯如则为人类、为中国人民的正义事业献出了年轻而宝贵的生命;困难时期,炊事员为钱学森端上一碗肉,钱先生正色道:"现在全国人民都生活困难,连毛主席、周总理都吃不上肉,你们居然给我做红烧肉,党性都到哪儿去了?"因一碗肉而致党性丧失,绝非危言耸听——钱先生就是这么看的。正是这种"小题大作"、疾"利"如仇,挺直了中华民族的腰板,铸就了辉煌的"两弹一星";钱伟长被打成右派,平反后仍矢志不渝,将余生的才智奉献给祖国和人民。他说:"祖国是我们的母亲,哪有母亲不爱自己的子女的?你能说母亲错打你几下屁股,你就记恨了吗?天下没这个事情。我们对祖国对人民的责任感就应当是永恒的。"先生如大海般宽广的胸怀,直教人掩面涕泣……

林家翘很推崇颜元先生的一句名言:"志不真则心不热,心不热则功不贤。"意思是，一个人如果没有立下真诚的、正确的志向，怎么会有强大的动力去实现自己的目标呢。远大而正确的目标，和辉煌的事业二者之间，常常有着紧密的联系。班禅·额尔德尼亦云："善者常胜。"这个"善"，小处而言，是指个人心地、行为的良善，而为了国家、民族乃至于人类的正义事业而奋斗，可谓之人世间的"大善"。从书中，从这些杰出的科学家、教育家、文学家的身影中，我们看到了这种特质、这种情操、这种伟岸，我们看到了善和爱的巨大力量，看到了无私和崇高如磁石般的吸引力，我们称之为永恒，并从中收获启示……

2017.4.1下午毕

目录

人间大善——序《赤子——旅美杰出华人传略》　　001

周培源——时光如有待，赤子总无私　　001

吴健雄——师尊厚德，弟子丰功　　041

陈省身——求证人生九十载　　085

钱学森——巍巍之业，荡荡之勋　　131

郭永怀——永怀忠诚昭日月　　199

钱伟长——失之东隅收之桑榆，桑榆匪晚奔驰不息　　233

林家翘——殚精竭虑为科学，孜孜不倦育桃李　　271

张纯如——永不凋谢的鸢尾花神　　297

后　记　　335

致本书传主家属的一封信　　337

周培源

——时光如有待，赤子总无私

泰斗云集　华诞增辉

1992年阴历五月和阳历6月的日历顺序刚好重合，阳历6月1日至3日，也就是阴历五月初一至初三，正值初夏时节，端午前夕，和风送爽，满目青绿。为庆贺桃李满天下、德艺垂千古的一代宗师、著名科学家周培源90华诞，由周老海内外的朋友和学生于两年前发起准备，由北京大学、中国力学会和物理学会共同主办的"国际流体力学与理论物理学术讨论会"在北京中苑宾馆隆重举行。以学术讨论会形式为著名科学家祝寿，是科学界的国际惯例，旨在以学科前沿课题的进展与交流，推动科学发展，从而与各种世俗的庆祝形式相区别。中国科学界的这次历史性学术盛会，之所以没有选择在周先生的正生日举行，主要是为了避开学校的暑期假日，以便能让更多的周先生的学生们得以参会。

会前，时任党和国家最高领导人的江泽民同志在钓鱼台国宾馆接见了来自世界各地的杰出华人物理学家。

中苑宾馆内繁花似锦，端午节日氛围浓厚。会场上，"老寿星"周培源与时任台湾"中央研究院"院长、著名物理学家吴大猷居中而坐，他们的高徒、诺奖得主杨振宁、李政道一左一右成"双星拱月"之势。贵宾席上，坐着专程从美国赶来的一班好友顾毓琇、任之恭、吴健雄、袁家骝、陈省身、林家翘、张守廉等世界泰斗级华人科学家，以及"两弹一星"元勋和多位国内物理学界翘楚，如王淦昌、王大珩、钱三强、彭桓武、卢嘉锡、朱光亚、周光召[①]……除此，还有来自美、加、英、法、德、意、日、澳、丹麦、新加坡、苏联等12个国家和香港、台湾地区的著名专家学者总计300多人。

吴大猷先生是应周培源先生之邀，在离别46年后第一次重返大陆。比周先生年少5岁的吴先生是抗战时期、周老在西南联大时的同事、挚友，其所任台湾"中央研究院"院长一职，前有胡适，后有诺奖得主李远哲。更有多位海外来宾和大陆"两弹一星"元勋以及物理学界翘楚均师出其门，可见周培源的学术地位。

学生时代的周培源。

其时，"九二共识"尚未形成，以"学术祝寿"为媒介，开启海峡两岸科学界交流、互访的大门，其意义在当时更是非同一般。因此，吴先生的到来，给与会者带来了意外惊喜，更为关心和支持中国国家统一，力促海峡两岸和谐交流的海内外各界所关注。

讨论会开始，首先由周老的得意门生，被誉为应用数学之父的世界著名流

---

① 吴大猷：被誉为中国物理之父，时任台湾中央研究院院长；顾毓琇：陈立夫的生前好友，江泽民在上海交大和朱镕基在清华大学时的老师；吴健雄和袁家骝：被誉为东方居里夫妇。吴健雄被誉为世界原子核物理女王，原子弹之母；袁家骝是世界著名物理学家；陈省身：被誉为"现代微分几何之父"；李政道和杨振宁：就"宇称不守恒"的发现，于1957年10月共同获得历史上首个华人诺贝尔物理学奖；林家翘：被誉为"应用数学之父"，曾任杨振宁的老师；任之恭：无线电和微波物理学家，美国科学院院士；张守廉：世界著名电机工程专家；王淦昌：中国核科学奠基人，"两弹一星"元勋；王大珩：中国光学奠基人，"两弹一星"元勋；彭桓武：中国氢弹之父，"两弹一星"元勋；周光召：理论和粒子物理学家，曾任全国人大副委员长、中科协主席、中科院院长，身兼11国科学院院士；朱光亚：中国工程院院长，中国核科技事业主要领导人，"两弹一星"元勋。

体力学家林家翘致开幕词。会议内容涉及湍流的理论、实验与应用，引力论、相对论与宇宙论，场论与粒子理论，流体力学的其他专题等四个方面。会议在流体力学和理论物理两个领域，尤其在周老坚持研究了半个多世纪的湍流理论和引力理论两个方向总结了当时的研究现状，宣读了一批高水平研究成果。

讨论会在高潮中落幕。彭桓武、张守廉、黄永念等9人分别代表周先生的九代弟子排着队依次向恩师献花祝寿，场面异常感人。著名理论物理学家、中科院院长周光召致闭幕词。会议开得非常成功，发表论文123篇，是一次高水平的国际会议。

周培源是中国唯一一位在爱因斯坦身边工作过较长时期的人，是一位勤奋好学、顽强进取、思维敏捷、头脑清晰的科学家。他忘我工作，奉献不已，将毕生无私奉献给了全人类的教育和科学事业；他为人谦和坦诚，度量宽宏，心胸豁达，平易近人；他作风朴实，孜孜不倦，学识渊博，成就卓著；他对同事、下级、学生和睦亲善，关怀备至；他严于律己、生活简朴、作风民主、联系群众，尤以谦逊、正派、诚恳、正直和忠厚著称，赢得了世界范围特别是科技界的一致认可和虔诚崇敬。

周培源是我国杰出的教育家、科学家，是中国20世纪物理学泰斗和近代力学奠基人。他拥有科研、育人两相高的辉煌人生，在从事高等教育60多年中，为中国的教育事业呕心沥血，为国家甚至是全人类培养了几代著名物理学家、理论力学家和应用数学家，如林家翘、王竹溪、彭桓武、胡宁、杨振宁、张守廉、郭永怀、钱三强、何祚庥、钱伟长、张宗燧、何泽慧、朱光亚、干光远等等，都是他早期的入门弟子或授业学生，因此被人们称为"桃李满园的一代宗师"。只要看一看那些弟子、学生的赫赫之名，每一个名字都如同一枚勋章，悬挂在老人的胸前。有人说："孔夫子的弟子三千，周先生则少说也有弟子三万；孔夫子的弟子遍布华夏，周先生的弟子遍布五湖四海。"因此，周先生作为我国科技界一代宗师和一盏永不熄灭的灯塔，永远影响和光耀着后来人。

在教育实践中，周培源积累了丰富的教学和办学经验，形成了独特的教书育人的风格和思想。他用自己的学识、见解和治学做人之道去感染人、教育人，把自己做学问的经验、体会毫无保留地传授给弟子，时时闪现人格魅力。

他既重视基础理论传授，也支持高新技术的研究和探索，既带研究生，也给本科生上课；他寓故事于教学之中，循循善诱，培养学子们独立钻研的精神："做题好比打猎，要自己打，不要学清朝皇帝，在西苑南苑养了鹿，由太监把鹿等猎物赶到自己跟前，再去射。"这句名言，给几代学生留下了深刻印象。学生们对周教授的这番话感慨地说："唯其如此，当学有所得，在学习上独立捕获'猎物'时，心理上的愉快是难以言状的。"

在科研方面，周培源视科学为生命，以大量实践和切身体会，总结出具有真理性的经验。他认为，一个新的科学理论必须满足三个条件：一要能够说明旧的科学理论能够说明的科学现象；二要能够解释旧的科学理论所不能解释的科学现象；三要能够预见到新的科学现象并能够用科学实验证明它。

周培源是我国杰出的社会活动家和科技界卓越领导人，他是新中国物理学会和力学会的主要创办人之一，分别担任这两个学会的理事长和副理事长，并与钱学森、钱三强等共同主持这两个学会达30多年，为推进这两门学科的学术发展和人才成长付出了大量心血；身为教授和北大校长的他，除了从未间断教育和科研外，还常年往来于世界各国之间，积极支持开展国际科学、技术、文化、教育等合作与交流，以极大的热情投身、倡导世界和平事业，是中国科学家最早参与世界和平运动的积极分子，成为国际科学与和平运动的创始人之一；他也是我国科学家中最早担任国际理论与应用力学联合会的理事、国际科学家联合会理事以及出席世界科协全体大会的中国首席代表，并当选为世界科协副主席；他曾担任中国人民争取和平与裁军协会会长、中国国际科技促进会会长、中国外交学会副会长、欧美同学会名誉会长等国际国内社会职务，享有"和平老人""杰出民间外交家"之美誉；他为维护世界和平，促进国际学术交流，为我国的外交、文化、教育、科技事业的发展，为巩固和发展爱国统一战线等，都做出了卓越的贡献。

他不仅兼任许多社会要职，更是直接身居国家领导人高位，从中科院副院长、中科协主席、九三学社中央主席到连续当选为第五至第八届全国政协副主席，被人们敬称为科学家中的政治家、政治家中的科学家。只可惜身为科学家的周培源，尤其在科学生命最为旺盛时期，从事了过多的行政工作和社会活动，占去了他许多宝贵的科研时间和精力。

正因为如此，为周培源敬献90华诞贺词的有国家领导、社会名流、著名科学家、各学术团体以及周老的学生。有许多贺词题联读起来颇有深意，足以体现周先生的学术造诣和人格魅力。

时任国家主席李先念："尽心国事，老当益壮。"

时任全国人大副委员长雷洁琼："为发展中国科研和科学教育、促进国际科技交流做出卓越贡献。"

时任全国政协副主席方毅："科技先驱。"

时任全国政协副主席，中国佛教协会会长赵朴初："当年天竺忆追陪，坛坫风云不我嗤；九十喜君犹矍铄，天人学业愧肩随。"（1961年余与君参加新德里泰戈尔纪念会时，余曾与印度主持者论战得君赞许，余少君五岁礼记五年以长则肩随之）

时任国家科委主任宋健："科学泰斗，世代风范。"

诺奖得主李政道："培育桃李满天下；源自前辈种树人。"

周光召："岁老根弥壮；科兴业更精。"

卢嘉锡："引力理论湍流理论科研教学六十年桃李满园硕果流芳师诚科技泰斗；领导工作科协工作奉献业绩半世纪老而弥笃志且益坚公实学者楷模。"

吴阶平："少年壮志凌云周游欧美为科技事业奠定基础；耋龄培植新秀启波开源祝丹心彩霞相映生辉。"

九三学社北大委员会："道德文章，科学之光；春风化雨，桃李分芳。"

北大力学系师生："开湍流研究逾五纪孜孜不倦结硕果；创力学专业庆四旬循循善诱育英才。"

北大力学系晚生武际可、盛森芝、朱照宣：" 代宗师学厚仁厚情厚五洲学子同贺福如地厚；科学泰斗言高行高德高华夏晚生共祝寿比山高。"

宴席间，醇酿般的浓烈气氛，此起彼伏的祝福话语，使在场的一位远方客人深为感动。斯坦福大学麦克尔逊教授如是说："中国是如此地尊敬师长、尊敬科学，这是美国没法比拟的……"

当晚，北大芍园餐厅摆满了美艳的花篮，燃烧着高高的红烛，与会代表和北大师生共同庆贺周老90华诞。90高龄的周老眼不花、背不驼，思路清，行自如。尤其是看到物理学界首次"九世同堂"和如此多泰斗级的世界科技大家不远千里万里前来为他祝寿；看到济济一堂、桃李芬芳的弟子门生成长为科技界翘楚；看到祖国今天的科技兴盛和科学后继有人；再读着如此众多为自己称颂华诞的妙联佳句；身着西装的老寿星从始至终眼眶都是湿润的。周老曾在讲台上演绎了几十度春秋的母语——汉语，也精通英语，娴熟法语，但此时，好像哪种语言都令他难以表达内心的激动、感受和幸福，唯有满头华发在灯光的照耀和鲜花的映衬下，熠熠生辉。

结缘清华　成就师尊

江苏省宜兴位于太湖之滨，属于典型的江南水乡，低山丘陵，河网纵横，交通便利，物华天宝，人杰地灵。据说是西晋大将"平西将军"周处的家族后裔，一代接一代，生活在这块"物华天宝动和风，一派箫韶仙苑同"的富饶土地上。

1902年8月28日，正是桂树飘香、芦花轻扬时节，在太湖之滨那个以"紫砂陶"闻名的宜兴城芳桥镇后村，一个漂亮男婴呱呱坠地了。时处清末，随着孩子的渐渐长大，端淑娴雅、慈爱谦和的母亲仍不得不在这个男孩的脑后梳起一根细长的辫子。殊不知，小男孩经过数十年的修炼陶冶，竟成了一代科技大师。他，就是周培源。

周培源的祖父勤劳、聪慧，也很能干。慢慢地，积攒下良田数百亩，在村中盖起了漂亮的青瓦大宅院，并借助优厚的家境送儿子周文伯求学问道。周文伯自幼勤奋好学，年长后，两次赴南京夫子庙参加乡试，均铩羽而归，直至1905年清朝废除科举制度，其功名最终也只能停留在秀才这个层次上，再也无法进阶为士。在仕途受阻后，周文伯先后在多地开办了各种实业，把腰包填得比父辈还鼓。几年后，便在父亲所建房屋的南侧，隔河相望又建了一片豪宅，还捐资兴学办教，从事公益事业。

周文伯和妻子冯瑛共生育8个子女，但只有4个长大成人。周培源是独子，排行第二，上有姐姐巧红，下有妹妹保红和海红。由于自己未能实现仕途之梦，周文伯便把这个梦想寄托在独生儿子身上。身为独子，又两代单传，千亩地里一棵苗，在这个富裕之家，小培源虽然深受疼爱，但也承托着父辈很高的期望。1906年春节刚过，身为人父并一向严苛的周文伯便望子成龙，在母亲的力主下，把未满4岁的儿子送进周氏家塾拜师习字。小培源坐在凳子上，两只胳膊还够不到桌面。父亲托人专为他定制了一只高竹椅，并安排9岁的姐姐巧红做陪读。

此时科举初废，又因毗邻宁、沪大都市之近水楼台，得照明月在先，周氏家塾"开蒙"读物已不是周文伯当年所念那些言之无物的"人之初"和"赵钱孙李"，而是商务印书馆新出版的《最新国文教科书》初等小学一年级第一册课本，开篇便是最贴近儿童生活的实实在在的"天地日月，山水土木"的识字课。

姐姐时而拉着弟弟的小手，弟弟时而扯着姐姐的衣角，两双小腿蹒跚在水乡的河堤或田垄上。小培源晃动着脑后的小辫，面对长天大地、落日远山、丘陵疏影以及千里太湖的波光云烟和篷船鱼鹰，在姐姐的指认下与这些大自然物主一一相识。尽管大清王朝已经处于内忧外患的风雨飘摇之中，但幼年的周培源还感受不到这些社会震颤，仍旧安然自得地拖着辫子，贪婪地吮吸着江南水乡清新的空气。夏天放学回家路上，便躲开姐姐，跟小伙伴们光着屁股在附近清澈的河塘中调皮地畅游；春秋时节放学后，或在牛背上横笛放歌，或在田间地头抓蚱蜢、放风筝，无忧无虑地茁壮成长。那时的宜兴还没有公路和汽车，童年的周培源早早便学会了骑马。

周氏塾馆里只有一位老师和几个年龄不一的小孩，但由于教材和择师得当，在这个小班中，他接受了启蒙教学，获得了事半功倍的学习效果。不到4岁时便会抄写、指认、诵读"天地日月"。他断然不会想到，探究宇宙乾坤、天地日月的终极奥秘竟成为他一生的课业。

辛亥革命爆发，帝制结束，民国兴起。10岁的周培源离开宜兴乡村，先后随在外经商的父亲在南京、杭州、上海等地多所学校就读。频繁转学，给幼年周培源的学习带来了极大影响，一直到了上海万竹小学，才开始接受稳定、正规而优质的教育，引发了他浓厚的学习兴趣。尤其是执教英文的朱连三老师，非常赏识周培源的聪颖好学，是朱老师为他打下了良好的外语根基。

十五六岁时，周培源考取了美国人在上海办的一所设施现代、学费昂贵、教学水平很高的教会学校——圣约翰大学附中。但入学才一年多，决定中国命运的"五四"运动在北京爆发了，并很快波及上海。圣约翰大学附中的学生也群起响应。周培源及同学们成了埋葬黑暗、推动中国历史翻开新一页的急先锋。他们上街游行，贴标语，喊口号，与学校当局针锋相对。结果，他与几十位同学一起，被学校开除了。

失学后，周培源返回宜兴，在离老家五里的潮音寺静心自学，数月后，从报纸上看到一则广告，得知北京清华学校中等科在江苏省招收5名插班生，随即赶赴南京应试，并以第二名成绩一箭中的。然而，录取名单公布，却是"解名尽处是孙山，贤郎更在孙山外"，原来是李代桃僵，被人顶替了。周培源又赶赴南京，找有关部门反复交涉。经清华学校复查考生成绩后，给江苏增添一个名额，时年17岁的周培源方才得以江苏省保送生名义走进了清华园，从此成为清华学人。

当时的清华学校就是今清华大学的前身。"清华"之名源于咸丰皇帝所赐"清华园"，原址为康熙年间所建的行宫"熙春园"的一部分。熙春园与西郊的圆明园等五个苑囿号称"圆明五园"。道光年间，熙春园被分为东、西两部分，东部仍叫熙春园，西部叫近春园。咸丰登基后，将熙春园更名为"清华园"。有对联夸清华园景色曰："槛外山光历春夏秋冬万千变幻都非凡境；窗中云影在东西南北去来澹荡洵是仙居。"足见清华园之楼台水榭，建筑精巧考究，堪比玉宇；湖光山色、美景四时各异，胜过仙境。

1900年（农历庚子年），义和团入京围攻破坏了各国驻华使馆，史称"庚子之乱"。不久，八国联军借故攻占北京。次年清政府被迫与各受害国签订了耻辱的"辛丑条约"，同意向美、英、俄、法、德等14国赔偿白银四亿五千万两，年息4%，分39年付清，史称"庚子赔款"。

8年后，清廷驻美公使梁晟在华盛顿游说，促成美国率先通过法案，同意减免或退还中国庚子赔款中超出美方实际损失的部分，条件是用于派遣赴美留学生。苏俄革命成功后，也宣布退还庚子赔款中尚未给付的部分，用于中国的教育事业。随后，英、法、德等国相继效仿。为此，中国组建了"庚子赔款基金会"。此后，由庚子赔款基金会牵头协调，利用各国承诺退还或免收的庚子赔款，组织中国学生赴相应国家留学，史称"庚子赔款留学生"，简称"庚赔生"。具体到相应国，便简称为"美庚生"或"英庚生"等。

鉴于这项工作的重要性，外务部奉旨设"游美学务处"，下设"游美肄业馆"，对学生出洋前作培训，并开始招考首批庚款留美生。辛亥革命后，民国政府用"庚子赔款"在清华园内建造了"清华学堂"，同时将肄业馆移入，一度称为"留美预备学校"。1912年，清华学堂更名为清华学校，招考第二批庚款留美生。

清华学校面向全国招收12~14岁学生，学制8年，分中、高等两科，中等科4年，高等科3年，第8年称"大一"。学生实行淘汰制，每年暑期都向社会公开招收部分插班生做补充。周培源正好赶上1919年补招插班生，得以考入并插班中等科三年级。这一年级的毕业时间为1924年，即甲子年，因此被称为甲子级。一年后，年仅18岁的周培源因沉稳敦厚，学习上进，被选为甲子级级长。

清华学校有着"留美"的金字招牌，独享丰富的社会资源。周培源进清华时，占地千亩的校园仅有教师60人，职员30人，学生不足600。在这个"地广人稀"的校园里，生活设施、学习条件和人文环境都是一流的，从而使周培源在德智体几方面得到全面发展，为他实现"科学救国"梦想提供了良好基础。

清华学校实施"开放办学"和"通才教育"。一些家庭经济条件较差的学生力推耕读主义，并组织了名为"修业团"的半工半读组织。五四运动后，各种新思潮如雨后春笋，"修业团"演变成偏左的"唯真"学会。十月革命成功后，清华学生受马克思主义影响，校内出现多种书刊，有无政府主义派的，有《新青年》派的，有孙中山《新建设》派的等等，尤以《新青年》影响最大。以周培源的同班同学施滉为首，徐永煐、罗宗棠、梅汝璈、冀朝鼎夫妇等8人又在"唯真"会内部成立了以"政治救国"为己任的核心组织"超桃"，意取

"超越"三国"桃园结义"。而那时，周培源信奉"科学救国"，对"政治救国"不感兴趣，因此，他参加了"科学社"，只与"唯真"和"超桃"成员保持同学情谊。

开放灵活的办学机制给周培源提供了绝佳机遇，他如饥似渴地吮吸着知识，加上在圣约翰大学附中良好的学习基础，插班进中等科三年级才一个月，就因成绩优异，升入四年级，中等科毕业时，成绩已在人才济济的清华校园位居班级第二。

周培源身材细瘦、颀长，一副运动员身板，喜欢跑步、游泳，经常参加学校运动会，并多次获得中长跑项目冠军，曾代表清华学校参加华北运动会。当年的体育主任马约翰强调在体育运动中要活跃、果敢、拼搏，特别倡导"干到底，不让步"的夺冠精神，造就了周培源坚韧不拔、勇夺第一的进取之心，同时，也使他在修身养性、强身健体等方面获得启示。

清华的"通才教育"方针使青年周培源一开始就重视与社会各阶层的接触。在"唯真"尤其是"超桃"同学们的影响下，他努力学习人文课程，如饥似渴地阅读陈独秀、孙中山、胡适、鲁迅、蔡元培、李大钊、郭沫若等进步人士的文章和诗歌。作品的民主进步思想、现代思维方式和爱国主义激情，给了他深刻影响，陶冶了品格情操。

自从进入清华后，周培源便对数学产生了浓厚兴趣，开始学习解析几何时，三等分角还是古希腊以来平面几何中悬而未决的问题，而他通过深入学习，认真思考，写成了《三等分角法二则》的论文。该文受到数学教授郑之蕃的热情赞赏并推荐给《清华学报》，发表在1924年第一卷第二期上，时年不足22岁的周培源开始崭露头角，显示出非同寻常的科研才华。

多年后，每当谈及进入清华之事，周培源仍兴奋地说："那则报上的招生广告只登了一天，而且是非常小的一条消息，居然被我看到。"就这样，周培源开始与这所对中国的教育、科技、文化、社会产生着巨大影响的高等学府结下不解之缘。从17岁进清华当学生到50岁离开，周培源的人生与清华紧紧相连，其人生之所以精彩，是同清华密不可分的。清华，是他壮丽人生的起跑线和大显身手的舞台；清华，给了他奋斗不息的冲天力量；清华，培育了一位园丁的德品，成就了一代宗师的圆满。

在1924年6月6日第317期的《清华周刊》上，有人以《甲子级师生话别记略》为题，记述了1924年5月23日晚7时，66名甲子级同学宴请全校教职员、举办毕业话别晚会的盛况。其中梁启超发言说："清华学生食民之脂，饮民之膏，故对社会应尽之责尤不可逭……应注意三点：一曰，为社会服务计，为自身生存计，宜立志做第一流学问家，毋为半瓶醋；二曰，不可忘中国为世界最不幸国家之一，美国为世界最侥幸国家之一，美国所得之学问不能囫囵吞枣而施之于中国；三曰，美国国情既有异于中国，而于学问之应用，不可削趾适履矣，人格上之修养，更有同然者。故吾人应留心，毋为处歌舞升平之国之人格所化。吾人应努力，为苦心奋斗的人格之修养焉。"

梁先生的教诲，深深刻在了周培源心上，他决心不辜负梁老先生的三点嘱托和期望，努力学习，积极进取；牢记根本，为国争光；苦心奋斗，修德养品；演绎精彩人生。

三度留洋　三度海归

◎首度留洋，首度海归

1924年秋，周培源取得留美资格，与甲子级60多名同学齐聚上海黄埔港，踏上赴美航程，人生从此翻开崭新一页。

登陆旧金山后，同学们按照各自的选择，奔赴各所大学。周培源选择了当年世界排名第一的芝加哥大学物理专业，与前往学法律的冀朝鼎同学同车来到位于美国中部的芝加哥市。

这是周培源最为奋发的一段年华。他忘了假日，很少社交，两年多竟然没去市里走一遭，更不知道这个百万人口的美国大都市是什么模样。依惯例，外国留学生一般都在夏季停学度假，有的回国探亲，有的外出旅游，而周培源依然奋发努力。他与美国的老师、同学交往不多，往来较多的是中国留美生，除同来的冀朝鼎外，还有先后来到的吴有训和宜兴同乡杨武之等，尤其与清华校友张钰哲关系密切，经常在一起吃饭、散步、讨论，话题多为学习进展和国内形势。仅一年半，周培源便完成本科学业，又半年，获授硕士学位。

取得硕士学位后，周培源转赴洛杉矶加州理工学院师从贝德曼教授攻读博士，因在论文选题上与导师意见相左，随即放弃了贝德曼教授为他选定的研究课题，自己另选了一个有关"相对论"方面的题目，改投在贝尔教授门下。仅一年时间，周培源顺利完成了题为《在爱因斯坦引力论中具有旋转对称性物体的引力场》的论文，受到贝尔和贝德曼两位导师的高度赞扬。贝德曼不但不计较周培源改换门庭拜他人为导师，反而高度赞扬并率先提出授予其"最佳论文"奖。于是，周培源获得了这项博士学位的最高荣誉。

在赴美三年半中，坚定科学救国的周培源心无旁骛，凭着自己的聪明、勤奋，一路向科学高点疯狂攀登。若干年后，就连他的女儿也曾经问他："何以能三年半连拿三个学位？"周培源回答："勤奋。别人夏天都休息时，我到处去选课，所以很快修满学校规定的学分。"

拿到博士学位的周培源又用了半年时间，先后在哈佛和普林斯顿大学作短暂学术访问后，便前往当时物理学处于世界领先地位的德国莱比锡大学，追随著名理论物理学家沃纳·卡尔·海森堡教授做博士后研究。半年后，因海森堡教授去美国讲学，周培源转赴瑞士苏黎世高等工业学校，在S·泡利教授指导下继续从事量子力学研究。

值得庆幸的是，周培源接触的都是科学的最前沿，指点他的都是世界一流名师。比如仅比周培源大一岁的海森堡教授就因创建量子力学，于1932年，刚进而立之年，就获得了诺贝尔奖。当然，这一切能降临到周培源身上，皆因他具备了同大师对话的素质。周培源先后负笈异国游学五年，完成了学业，拿到了最高学位，阅历更深，视野更宽了。

与此同时，清华学校更名为"国立清华大学"，设立文、法、理、工等院系，拥有教授百来名，从而完成了扩容和晋级。

1929年秋，周培源应清华大学首任校长罗家伦邀请，带着知识与荣誉，也带着成熟和潇洒，从瑞士启程回国，接受母校对他的物理系教授之聘。

周培源先回宜兴看望双亲。之后，应乡友与清华大学数学系同事杨克纯（字武之）嘱托，携带杨夫人和长子一同乘车北上。一路上，27岁的海归博士与年仅7岁的小学生谈笑甚欢，竟成忘年之交。这位据说爬过清华园中每一棵树的淘气男孩后来考进西南联大物理系，又成了周培源的学生，尔后留学美国，学有大成，成为1957年诺贝尔物理学奖得主之一。他，就是后来的杨振宁博士。

27岁便成为中国最高学府教授，周培源的人生起步让当代人惊叹不已。此时的清华大学早已藏龙卧虎，荟萃了大批人杰。如仅比周培源大4岁的物理系主任叶企孙，25岁就成为哈佛大学博士，27岁到清华任教并创建物理系，时任清华大学理学院院长；与周培源同龄的萨本栋，从美国拿回博士学位后，26岁便受聘清华物理系教授。三位年轻教授的学识才华、广博视野、风度气质，深受同学们的爱慕与敬仰，被称为清华"三剑客"。

此时清华大学的师资阵容已经渐趋强盛。尤其是物理系，虽然成立时间不长，但有一批留学美国的大师级物理学家，如叶企孙、周培源、萨本栋、吴有训、赵忠尧等顶门立户，一时间声名鹊起。

周培源在继续从事"相对论"研究的同时，主讲"相对论"、理论力学、电动力学、量子力学、统计力学等理论物理课程。他常着一身笔挺的西装，风流倜傥；一口标准而流利的英语，不仅讲课生动有趣，非常认真，还极富激情、深度和逻辑性，出题和解题思路也非常巧妙，常能把学生带入全新境界；他鼓励同学随时提问，甚至展开热烈辩论，没有"师道尊严"概念，同学课堂上和他开玩笑，他非但不责怪，反而报之以微笑，赞赏其幽默；他平等对待学生，不论在校园还是在家中，都可以师生平等讨论、各抒己见。在周培源的知识与人格魅力感召下，清华物理系有许多学生，如王竹溪、彭桓武、林家翘、于光远等人，都走上了理论物理研究之路，并对周培源感怀终生。

清华学生写的"教授印象记"，对周培源讲课有这样的描述："他在本系所担任的功课差不多全是理论方面的，教书教得很好……对于高级课程，那就好极了。他会把讲授的材料分析得很系统，很清楚……直到困难突破了才止。他也很幽默，上课时常会说些幽默话，惹得大家都笑。"

为便于用餐，周培源参加了清华"小饭团"，其成员有金岳霖、陈岱孙、张奚若、浦薛凤、萨本铁、萨本栋、叶企孙、叶公超、施嘉炀等。这批当年的清华精英也是日后的中国俊彦们一日三餐相聚在一起，结下了深厚友谊。直到三年后，周培源成了家，才脱离这个"小饭团"。

周培源在清华的这段工作和生活都相当惬意，常与同仁们在一起参加丰富多彩的周末沙龙，侃天说地、打猎、郊游，建立了良好的人际环境。这些后来中国学界名声显赫的"大腕"们，一直，甚至是终身保持着频繁的互动。

◎二度留洋，二度海归

清华大学有一项让众多大学教授眼红的福利，那就是专任教授连续满5年可休假一年，公费到国外做访问学者。1936年暑期，周培源让肺病恢复期的夫人带着孩子回老家宜兴养病，他利用学术休假年，独自一人复回美国，到普林斯顿高级研究院参加爱因斯坦亲自主持的广义相对论研讨班，亲聆爱因斯坦的教导，并成为中国唯一在爱因斯坦身边长期从事相对论研究的中国科学家。

成立于1930年的普林斯顿高等研究院并不是普林斯顿大学的一部分，而是一个供各个领域的科学家做最纯粹尖端研究，不受任何教学任务、科研资金压力的纯研究机构，包括历史研究院、数学研究院、自然科学学院和社会科学学院。每个研究学院都有一个小规模的终身研究员团体，每年也会有一些访问学者作补充，其社会知名度虽然没有普林斯顿大学高，但在学术圈内，却是赫赫有名的。

高等研究院位于普林斯顿市郊一片小树林中，主体建筑仅是一座带有钟楼塔尖的三层小楼，周围几座小二层楼房与之相伴，楼与楼之间的树林下种有草坪，其环境幽静典雅，是做学问、搞研究的仙地佳境。楼不在大，师名则灵，研究院最有名的科学家莫过于爱因斯坦了。因有爱因斯坦在此，研究院焕发出无尽光芒，一时间成为人们朝拜与景仰的科学圣地。

20世纪30年代中后期，物理学的热门在原子物理、量子力学上，广义相对论研究处于低潮。正因为如此，研讨班只有二十几个人，而且多数是年轻物理学家。爱因斯坦每周都来参加研讨会，但并不系统授课，而是经常介绍他手头上的研究工作。爱因斯坦为人忠厚、谦虚，对年轻人总是热诚帮助和鼓励。每次，无论谁作了学术报告，他总是诚恳地与大家讨论，从不摆大师架子。也就是在此期间，爱因斯坦和他的两个助手，用逐级逼近法建立了多体运动理论。这是他对广义相对论发展所做的最后一项重要贡献。

出国之前，周培源正在研究爱因斯坦引力场论方程在各向均匀条件下的静态解问题。在研讨班活跃的学术氛围熏陶下，在与爱因斯坦面对面讨论的启发下，周培源进一步深化了对引力场的研究，完成了《爱因斯坦引力论中引力方程的一个各向同性的稳定解》论文，于次年发表在美国《数学学报》上。

周培源在普林斯顿的一年，深刻地影响了他以后的科研教学工作和人生观。爱因斯坦的科学与道德之魂，深深融进了周培源的血脉，使他毕生难忘。他虽然一直谦逊地认为，自己无缘成为爱因斯坦登堂入室的弟子，但在思想深处，他早已把爱因斯坦当作自己终生崇奉的导师，不仅从爱因斯坦身上获得了科学的启迪，更受到其道德和人格力量的感召，还与爱因斯坦的助手之一英费尔德成了好朋友。

九个多月的相对论研讨班很快结束了。临回国前，周培源按中国传统，执弟子之礼向恩师辞行，把一座精雕至美的达摩祖师像送给爱因斯坦。

"他是谁？"爱因斯坦问。

"是中国佛教禅宗的创始人达摩。为了领悟佛家真谛，曾经面壁9年。"周培源答。

"呵，一个伟大的锲而不舍的真理追求者！"爱因斯坦崇敬道。

爱因斯坦为周培源在纪念册上郑重地写下："敢信将来对科学界定有伟大贡献。"

周培源还亲手为爱因斯坦拍下一张照片。照片上的爱因斯坦坐在转椅上，左脚搭在右腿上，双眼安详地凝视着前方。这张弥足珍贵的生活小照，于40年后，爱因斯坦100周年诞辰时，才被周培源以图文并茂的方式公布在《人民日报》上。

周培源返回清华园时正好遭遇"七七事变"。日军攻陷北平，清华奉命南迁。出国访学前就兼任着清华教授会秘书的周培源顾不得休息，协助时任校长梅贻琦安排一些老教授经由天津从海上南行。当周培源携家带眷从北平到达天津火车站时，但见出口处刀光剑影，难民潮波涌浪急。周培源一家挤出车站，到英租界旅馆暂住，先后送陈岱孙、吴有训、冯友兰等教授离津南下，然后才买船票携一家四口登船，先抵青岛，再经上海、南京，一路颠簸到达长沙。

清华、北大、南开三校汇集长沙，租借圣经学院成立长沙临时大学并开学授课仅5个月，南京陷落，武汉告急，学校再次西迁昆明。

周培源携家眷再经过一个多月的颠簸抵达昆明。一家在郊外"马家花园"租借住宅暂住，并与新婚不久的任之恭夫妇为邻。周、任两人均是清华学校赴美留学返校任教的物理学家，经历相似，志趣相投，患难之际，一院共处，结下了深厚情谊。

三校汇集昆明后组建西南联合大学，开学仅半年，日机开始空袭昆明。周培源一家搬至西南郊滇池西岸邻近大观楼的山邑村。联大校舍位于城西北，与周培源家陆路相距19公里，水路则要三个半小时。此时，女儿如枚、如雁都到了上学年龄，需要到村北12里的车家壁上小学。周培源左右难以顾及，便买了一匹马，取名"华龙"。每周一、三、五上课之日，早5点便起床喂马、备鞍，让两个女儿坐上马背，自己牵马步行，先送到车家壁，然后独自骑马去联大；每周二、四、六没课，送过女儿，便驱马上西山遛马；周培源以马代步，驱驰在山邑村与学校之间，精瘦的躯干凛然马上，颇有几分威武。物理系教授饶毓泰戏称他为"周大将军"，于是，这个外号在联大师生中广为流传。一次马被车惊，周培源从马上摔下，一只脚挂在马镫上，被拖着跑了长长一段路，幸遇一位农民把马拦住，才幸免于难。还有一次，因学校有事，回家时天已很黑，连人带马摔到一条烂泥沟里，幸无大碍。两年后，昆明物价飞升，周教授的收入负担不起饲马草料，只好忍痛割爱，卖掉"华龙"，换成自行车。

抗战期间的西南联大，尽管各方面条件都很差，师生员工们生活十分清苦，但大家爱国热情都很高，坚信抗战必胜。一心想以科学救国的周培源，决定暂时放下不能直接为抗战服务的相对论，转向实用价值较大、可以服务国防的流体力学难题——湍流理论的研究。两年之后，他撰写的第一篇论述湍流的论文，发表在当年的《物理学报》上，首次建立起普通湍流理论。周培源的这一成果，为湍流研究开辟了崭新方向，并荣获国民政府教育部自然科学一等奖。

联大物理系的郭永怀、林家翘、胡宁等 6 位青年自愿在他指导下从事湍流研究工作。

◎再度留洋，再度海归

1943年9月，周培源利用第二次学术休假年赴美访学。他带领妻子和三个女儿举家从昆明登机，经"驼峰航线"飞越横断山脉，来到印度孟买，才登上美国客轮。为了躲避日本海军袭击，轮船一路上常常是熄灯缓行，整整走了一个月才到达大洋彼岸的旧金山，辗转来到母校加州理工学院做访问教授，继续研究湍流理论。

此时，正好一批中国后起之秀钱学森、钱伟长、郭永怀、傅承义等在此学习或工作，其中好几位都是他的学生。周培源来到后，又推荐爱徒林家翘从加拿大多伦多大学到加州理工，师从钱学森曾经的导师、世界力学大师西尔多·冯·卡门教授，攻读与流体动力学稳定性和湍流问题相关的应用数学博士学位。

这批留美学者常在周末相聚在周培源家，或探讨国内战局、苏德战况、国内外政治；或相互切磋学业，交流信息及生活琐事；或享用大家亲自动手制作的中餐。在紧张学习和研究之余，钱学森还经常开车带着大家到海边去野餐、游泳。

两年后，周培源在美国《应用数学》杂志上发表的《关于速度关联的湍流脉动方程的解》在国际上产生了重大影响，被视为湍流学界的经典文献。从此，湍流研究构成他一生包括相对论在内的两个主要研究方向，而且在湍流理论方面的成绩尤为突出，被科技界称为世界当代流体力学的"四位巨人"之一。

自从太平洋战争爆发后，美国被迫对日宣战，中美成了盟国。美国当时急需科技人才。周培源到美国后的研究成果又很出色，很被美国海军部门看重。移民局正式向周培源发出邀请，给予周全家永久居留权，要他参加美国国防委员会战时科学研究与发展局海军军工试验站从事鱼雷空投入水的科学研究。周培源仅答应参加此项工作，对永久居留权却付之一笑。此后不久，二战结束，鱼雷空投入水研究组的大部分人员被美国海军留用，组建海军军工试验站，月薪6000多美元。周培源也应邀留下。但由于该试验站是美国政府研究机构，应聘人员必须有美国国籍。对此，周培源提出三个条件：第一，不加入美国国籍；第二，只担任临时性职务；第三，明年7月将代表中国学术团体去欧洲参加国际会议，因此只能工作到明年6月底。

在美方接受上述条件的情况下，周培源答应留在美国继续工作了半年多，于1946年7月，先到英国参加了牛顿诞生300周年纪念会暨国际科学联合会理事会，继而参加在法国召开的第六届国际应用力学大会，并被大会以及会后成立的国际理论与应用力学联合会选为理事；同年10月由欧洲重返美国，准备接上夫人和孩子回国。

当时，中国内战正酣，一派乱象，民不聊生。不少朋友得知他要回国，都劝他不要回国，至少在这个阶段暂不回国，待国家稳定后再做打算。周培源却认为：自己是享受国家学术休假待遇到美国搞科学研究的，一定要回到清华大学工作。那时，清华大学虽然已经回到北平，但教授们的月薪仅相当于25美元，若留在美国，不仅科研条件优越，薪酬待遇相当于清华的240倍。然而这些，全然动摇不了周培源报效祖国的决心，并于1947年2月与夫人携三个女儿从旧金山乘船返回上海。当熟悉的清华园重现眼前时，周培源感慨万千。从1937年离开北平，转眼已整整十载，真是岁月如梭，人生易老啊！

揭竿而起　剑指"佛爷"

北平解放后，周培源由教授入选清华大学领导班子，担任教务长，同叶企孙、冯友兰、陈岱孙等9人组成全校最高管理机构——校务委员会。不久，由教务长升任为校务委员会常务副主任。

全国高校院系大调整，时年50岁的周培源被调到北京大学任教务长。离开学习和工作了二十多个春秋的清华园，内心总有几分不舍与失落，因为那月光下的荷塘、园中的每一条小道、曾经挥汗如雨的运动场等等，都留有他的足迹。周培源没有想到，自己的后半生会紧紧同未名湖连到一起。他全家搬进燕南园一栋小楼里，一住，就将近30年。

到北大之后，除了正常履教授之责，从事教学之外，周培源领导和创办了我国第一个力学专业，建造了三元低速风洞；三年后，当选为中国科协副主席，并作为中国科协首席代表出席世界科协历届代表大会；"反右"运动开始后，无数心直口快的知识分子人人自危，苦度时艰，而他，却基本上没有受到冲击，顺利过来了，还于次年加入了中国共产党；几年后，又当选为世界科协副主席，代表中国科协出任"世界科协北京中心"主任……

1964年8月，社会主义教育运动（简称"社教"或"四清"）开始了。

"社教"工作队由中宣部副部长张磐石带队入驻北大。时任哲学系党总支书记聂元梓成了运动积极分子，她言辞激烈，高调叫嚣：北大阶级路线不清已不可救药，党委必须彻底改组！一时间，云翻雾腾，剑拔弩张，矛头直指党委书记兼校长陆平和副书记彭珮云。与聂元梓素无交往的周培源，却由于某种政治契合，一左一右两股源流，居然交汇在"文革"初期那条狂放无忌的浊流上。

1965年3月，巴基斯坦总统阿尤布·汗访华，该国物理学家萨拉姆作为总统顾问同访。外交部特邀已经担任北大副校长的著名物理学家周培源全程陪访。在上海，总理问及北大情况，周培源觉得总理太忙，而北人的事也不是三两句能说清楚，便对总理说："北大的情况很复杂，可以写一个材料给您。"于是，他挤时间把材料写完，在飞返北京途中交给了周恩来。

在陆平主政北大之前，是与周培源交厚、在"反右"中犯有"右倾"错误的江隆基主政。陆平接任后，周培源与之在教学看法上产生分歧。据说周培源在写给周总理的材料上，将陆平与江隆基的政绩作了比较，称陆平是"三乱"：乱说，乱干，乱想。

"社教"运动后期，时任北京市委副书记万里找到周培源，希望他能改变对陆平的看法，并阐述了"作用力等于反作用力"的道理，但效果不佳。

万里又让陆平主动找周培源沟通思想。周培源还是十分冷淡，甚至"气势汹汹"，两人不欢而散。而当时，聂元梓唯恐北大不乱，周培源则嫌北大太乱，"左""右"都把矛头对准了陆平。

以中央1966年5月16日下发"五一六通知"为标志，一场史无前例的无产阶级"文化大革命"轰轰烈烈展开。10天后，一颗惊天动地的政治炸弹在北大引爆，一张题为《宋硕、陆平、彭珮云在文化大革命中究竟干些什么》的大字报，在北大出现了。矛头直指时任北京市委大学部负责人宋硕、北大党委书记兼校长陆平和副书记彭珮云。大字报的第一署名者是聂元梓，其后，是哲学系的6名教员。

大字报的消息很快传遍了北大。周培源得知后，急忙来到大字报前，认真读完全文，不露声色回了家，向夫人和女儿们说："我向周总理告状，告的就是大字报所指的这三个人。"那时，周培源不了解聂元梓，更不知道她的政治背景，仅凭直觉，他感到北大要出大事。他认为，"社教"后期，彭真和北京市委庇护陆平，掩盖了北大的一些问题，现在矛盾爆发了，这是北大"社教"积极分子向陆平反攻的信号。一开始，他曾单纯地以为，这张大字报揭开了北大"文革"的盖子，从心里认同大字报的基本观点，在当晚物理讨论会筹备小组会上，周培源抑制不住兴奋向大家宣告："北大出现了一张大字报，爆炸了一颗原子弹！"

正在杭州的毛泽东得知后，称这张大字报是"全国第一张马列主义大字报"，令各新闻媒体播发和刊登。于是，宋硕、陆平、彭珮云等人成了全国共诛之、全党共讨之、十恶不赦的"黑帮分子"。聂元梓则由此名扬全国，红得发紫，成了政治暴发户。

两个月后，毛泽东看到"文革"还不够轰轰烈烈，又于8月5日亲自写了《炮打司令部——我的一张大字报》："全国第一张马列主义的大字报和人民日报评论员的评论，写得何等好呵！请同志们重读这篇大字报和这篇评论。可是在50多天里，从中央到地方的某些领导同志，却反其道而行之，站在反动的资产阶级立场，实行资产阶级专政，将无产阶级轰轰烈烈的文化大革命运动打下去，颠倒是非，混淆黑白，围剿革命派，压制不同意见，实行白色恐怖，自以为得意，长资产阶级的威风，灭无产阶级的志气，又何其毒也！……"就这样，刘少奇、彭德怀等跟随毛泽东浴血奋战数十年的一大批开国功臣和从海外学成归来的爱国知识分子陆续死于非命。

"文革"初期，周培源游离在北大文革中心圈之外，因为他在"社教"中对宋硕、陆平、彭珮云进行了尖锐批评，人们没有把他划入"陆平黑帮"圈内；又由于他是"陆平王朝"的副校长，一个从美国"海归"的学术权威，肯定当不了"左派"，更不可能将其列入"校文革"班子，只作为留用人员被派往陕西，主管北大在汉中的分校。但是，如火如荼的"文革"烈火照样烧向了深藏在秦岭南麓的汉中分校，热辐射险些点燃了周培源。当时，在从汉中到分校的沿途，"周培源是陆平、彭珮云的黑帮分子！""周培源是57年漏网右派！"等大标语随处可见。人们多次围攻分校主楼，试图冲进去揪斗周培源。幸亏周总理得知后，迅速指示有关方面，要求确保周培源的人身安全。1966年9月下旬，国务院以参加国庆招待会为由将他召回北京。

周培源到京，才知道北大已经成立了"文化革命委员会"，聂元梓终于如愿以偿地打倒了陆平、彭珮云，并取而代之，坐上了"校文革"主任的宝座。周培源迫切希望向聂元梓汇报分校的运动情况，但热脸却贴上冷屁股，她根本不把周培源及分校工作放在心里。与此同时，聂元梓提出了"上揪下扫"的口号，公然要求揪斗刘少奇、邓小平，横扫安子文、谭震林、贺龙直至军中魁首朱德，把斗争矛头直指党中央和国家领导人。周培源由此联想到，学校召开校革委选举大会时，未通知汉中分校，连毛主席题字的《新北大》校刊创刊号，也未寄给分校；又亲历了聂元梓支持一些人高喊："只许左派造反，不许右派翻天！"的过激口号和由她亲自制造的"涂改录音带事件"；一切以她的好恶画线，谁左谁右，以对她的态度为标准，谁是谁非，完全取决于她的一句话。一时间，聂元梓在人们心中成了必须唯她命是从的"老佛爷"，谁稍有违背，其下场堪悲。一向以忠厚诚实为做人准则的周培源便从中感觉到，聂元梓的所作所为，完全与自己写信向周恩来反映北大党委问题的初衷背道而驰，他不得不重新审视"校文革"，考虑对聂元梓应保持几分警惕。

一段时间后，聂元梓的胡作非为和唯我独左、唯我独革、大树个人权威的倒行逆施遭到了北大师生包括她曾经的造反战友的强烈反对，有的学生甚至提出："搬开聂元梓这座偶像，走自己的路。"一时间，反聂的星星之火，烧成了燎原烈焰。学校很快形成了批判聂元梓的"井冈山"和"红联军"两个群众组织，并以反聂和保聂为界限，形成了截然分明的两个阵营。

其实，北大党委书记陆平与聂元梓的大哥、时任人民大学副校长的聂真是老熟人。是陆平通过聂真的关系把聂元梓要到了北大担任经济系副主任。由于在经济系工作获得好评，陆平又把她调到哲学系任总支书记。聂元梓一家从父母到小孩全都是革命者。她12岁就帮忙跑情报，做地下工作，不到20岁就到延安接受共产党教育。那一代从延安出来的人，把党性看得高于亲情，高于婚姻，高于私利，高于一切。虽然是陆平把她调到北大，对她也很器重，可她到北大后，逐渐对陆平的工作作风，官僚主义看不惯。而且不是她一人，是北大当时的一批人，包括许多教授都对陆平有意见。一开始，大家只是给陆平提工作上的意见，希望他改进工作作风。但陆平采取高压政策，甚至将一些给他提过意见的人派到农村搞社教运动，准备把他们留在当地，不许再回北大。这下就激化了矛盾，惊动了北京市委和中宣部。以聂元梓为代表的学校中层和教师们越被压越不服，于是有了那张著名的大字报。可谁知，这场争执正巧赶上了那时的"大局"，被大人物发现利用价值，立马成为"马列主义的第一张大字报"，并被夸奖"写得何等的好啊"！

原本仅仅是大学的一个系总支书记，一个不起眼的人物，突然间让"神"看上了，还给了特高的评价。一夜间名满天下。就从人性的一般规律来讲，聂元梓显然昏昏然不知自己是谁了。

此时的周培源以严肃的理论和中央文件精神作为判别是非的标准，也出于对北大运动的关心和帮助聂元梓和"校文革"搞好工作的善良愿望，亲自撰稿并用毛笔认真抄誊，贴出了一篇近万字的《致聂元梓同志和"校文革"全体常委的公开信》的大字报，希望聂元梓与"校文革"不折不扣地按毛主席革命路线和中央"十六条"办事；提出解放所谓的"陆平黑帮分子"和"资产阶级反动权威"的建议。大字报既反映了他的君子之风，学者之范，也表现了他人性之纯真，道德之良善。在当时唯恐不左，唯恐有人为"陆平黑帮"辩解的情况下，周培源秉持一颗忠耿之心，不顾自身安危，说真话，苦进谏，是需要实事求是的勇气和对中央政策的深入理解的，殊为难得。

而此时的聂元梓正是如日中天的政治大红人，更由于她上有接天的强硬后台和自身品质上的野心、刁蛮、任性和骄横，听不得半点不同意见，怎么能接受周培源的善意批评和建设性意见呢？于是，聂元梓开始视周培源为眼中钉、肉中刺，在随后的大字报和各种会议上，侮辱早生华发的周培源为"周白毛"。

由于周培源的大字报写于12月14日，一场反击"十二月黑风"的浪潮以排山倒海之势顷刻而至，反聂组织"井冈山"和"红联军"被查封，其成员遭抓捕。"校文革"利用《新北大》校刊"号召全体红卫兵、革命师生员工立即行动起来，迎头痛击资产阶级反动路线的反扑"。"聂元梓是毛主席树立的红旗，反聂元梓就是反毛主席"的强权逻辑得以确立。此时的北大，政治气氛与自然气候一样寒冷，严冬的燕南园，万籁俱寂，寒透大地。在完成了北大的"大一统"后，聂元梓和"校文革"直接策划成立了"新北大公社"。从此，"校文革"有了御用工具，极大地加强了聂元梓和"校文革"对持不同政见者的残酷镇压。

聂元梓的倒行逆施引发群情激愤，围绕倒聂和保聂，一时间群雄并起，两大派斗争日益激化。北大上下，除了被抓进牛棚，或由于出身不好，家庭或个人有政治历史问题的外，全校绝大多数学生和教职员工，都各自亮明了观点，加入了各自认同的组织。

聂元梓派人向周培源传递信息，只要支持她的"革命行动"，就可以立即以革命干部的身份结合到"校文革"中任副主任，这番话被周培源义正词严地拒绝了。以周培源为首的134名干部发表了《致革命和要革命的干部的公开信》，明确向人们宣示，否认聂元梓的领导地位，旗帜鲜明地站到了这位"老佛爷"的对立面。如果说周培源在1966年12月给聂元梓贴的大字报中，言语温和，还把她视为同志的话，这份声明显然是一份剑指"老佛爷"的宣言书。

一时间，反聂一派欢欣鼓舞地说，北大终于出现能与聂元梓抗衡的反派领袖了。你是炙手可热的"老佛爷"，我是岿然不动的"大菩萨"；你有中央文革的鼎力支持，我是国务院重点保护对象；你是来自延安的"革命左派"，我是中央肯定的大科学家；她说他是"右派翻天"，他说她是"资产阶级反动路线"。尽管双方针尖对麦芒，咬牙切齿，如临大敌，视若寇仇，但双方都高扬毛主席革命路线旗帜，把毛主席奉为太上至尊，都高喊拥护毛主席亲自发动和领导的"无产阶级文化大革命"。

紧接着，反聂派各组织联合起来，对聂元梓镇压"井冈山""红联军"的罪行进行了清算，为许多被打成"反革命"的学生平反，并抄出两批诬陷学生、教师的"黑材料"。周培源情不自禁地当众挥拳高呼："毛主席万岁！""毛主席革命路线万岁！"……

在各方呼吁下，北大五个反聂组织联合组建了"首都红代会新北大井冈山兵团"。周培源被推举为核心组长，人们戏称之为"井冈山寨主"。北大师生之所以把目光凝注在周培源身上，是因为唯有他，才能为五个团体所共同接受；唯有他，才是可与聂元梓抗衡的一面旗帜。北大的反聂派选择了他，历史选择了他，富有社会责任感与正义感的周培源也乐意接受这种选择。

由于周培源曾在二战期间参加过美国的科研工作，以聂元梓为首的专案组硬说他是美国特务，指使"新北大公社"数百名学生深夜查抄周家，企图绑架周培源。幸亏"新北大公社"成员、无线电系学生刘树民出于良知，冒险到周家报信，催其火速转移，才躲过一劫。

周总理闻讯后，严厉批评了聂元梓，并让谢富治等转告周培源，让周立即退出群众组织。在确知这是总理出于对自己保护的情况下，周培源听从了总理指令和众人劝说，立即退出群众组织，离开了北大。

据季羡林先生后来回忆："经过长期的反复的考虑与观察，抱着粉身碎骨在所不辞的决心'自己跳了出来'，也参加了那个反'老佛爷'的组织。这一跳不打紧，一跳就跳进了'牛棚'，几乎把老命赔上。"季老在总结这段历史时，毫不含糊地说道，"我不想在这方面做什么检查。我一生做的事满意的不多。我拼着老命反'老佛爷'一事，是最满意的事情之一，它证明我还是一个有正义感的人，不是一个贪生怕死的胆小鬼。"

当时的聂元梓满嘴獠牙，是要吃人的。反对她就是反对"文化大革命"，就是反对毛主席，就是反革命。反对她的人，都需要一定的勇气，尤其是带头反对她的人，更需要无私无畏和杀身成仁、舍生取义的精神。季羡林先生是"拼着老命"上的"井冈山"，而作为"山寨之主"的周培源，更是做出了豁出一切的思想准备。

1978年4月19日，仅仅风光了两年的聂元梓被正式逮捕审判，获刑17年，剥夺政治权利4年。一个时代狂女终于锒铛入狱，遭到了正义的惩罚，付出了沉重的代价。

事业功德　老而愈明

"文革"初期，周培源从汉中分校回京后，"中央文革小组"提出，要组织批判爱因斯坦的相对论，派人到北大找到周培源，要他参加批判并召开万人大会，提出要"打倒爱因斯坦"。周培源当即旗帜鲜明地回应说："爱因斯坦的狭义相对论批不倒，爱因斯坦的广义相对论在学术上有争论，这是正常的。""爱因斯坦是打不倒的！"

据周培源回忆，爱因斯坦逝世时，时任中科院副院长李四光和身为中国物理学会理事长的自己还分别发了唁电，《人民日报》发表了自己的悼念文章。可是他万万没有想到，"文革"时期，对爱因斯坦的评价却陡然被颠覆。周培源不畏权势，坚决顶住巨大压力，坚持科学真理，绝不随波逐流。有关方面组织了批判相对论学习班，将爱因斯坦作为反动学术权威进行批判。中科院"批判相对论学习班"撰写了《相对论批判》一文，召集周培源、吴有训、钱学森等表态。轮到周培源发言时，他不动声色地只介绍爱因斯坦生平及自己与爱因斯坦的交往。当听说该文要在党刊《红旗》上公开发表时，他沉不住气了，找到主持会议的中科院副院长刘西尧明确表态："批判相对论的文章不宜刊登在《红旗》杂志上，否则，将来我们会很被动。"回到家，周培源生气地对女儿周如玲说："简直要闹出历史大笑话了！"

随后，周培源将计就计，借批判相对论之名，趁机把被下放到江西劳动的很多教师抽调回来参加所谓的批判会，将批判会变成了相对论的讨论会。

中苏发生边境冲突时，个别物理学家借此批判相对论说，如果相对论所说时间的同时性是相对的话，那就模糊了在中苏边境冲突中，是谁开的第一枪。处在那个荒诞年代，其用意很明显，谁为相对论辩护，谁就是为"苏修"辩护的"卖国贼"。一个学物理、从事自然科学研究的人，竟会编造出这样一个蛊惑人心的论据。对这种政治上的跳梁小丑，周培源嗤之以鼻。此后，批判相对论的恶风时紧时松，一直刮到1976年，才渐趋平静。

"文革"后期，商务印书馆在出版《爱因斯坦文集》时，还心有余悸地字斟句酌其译序中对爱因斯坦的"人类科学史与思想史上的一颗明亮的巨星"的评价。周培源理解人们还有所顾忌，最后修改为"他是人类历史上一颗明亮的巨星"。这篇高度赞扬爱因斯坦的译序发表在《人民日报》上，标志着对这位已故科学巨人的正式"平反"。在纪念爱因斯坦100周年诞辰时，1000多名中国科学家云集北京，阵容的庞大和会议的隆重代表着对科学领域的正本清源，代表理性科学精神的回归。周培源对待爱因斯坦一以贯之的态度，代表了他的科学道德和人格风范，因此，被科学界传为佳话。

周培源不仅景仰爱因斯坦一生的伟大成就，感佩他高尚的道德情操和伟大的人格魅力，其治学态度和方法，也是周老在一生的科学研究中所效法的。周培源评价爱因斯坦说："一生在科学上最丰产的一年是1905年。这一年从3月到9月的6个月里，他先后发表了光电效应理论、布朗运动理论和狭义相对论，在3个领域中取得历史性成就。当时他不过26岁，他的研究工作只能利用业余时间进行，而且没有名师指导，这在科学史上是没有前例的。"他还说，"爱因斯坦不仅是一位伟大的科学家和一位富有哲学探索精神的杰出思想家，同时还是一个正直、有高度社会责任感的人。他深切体会到一个勤恳的科学工作者的劳动成果对社会将产生怎样的影响，一个有远见的知识分子对社会需负怎样的责任；他一心希望科学造福于人类而不要成为祸害；他一贯反对侵略战争，反对军国主义和法西斯主义，反对民族压迫和种族歧视，为人类的进步进行坚决的斗争；凡是爱因斯坦所经历的重大政治事件，他都要公开表明自己的态度；凡是他所了解到的社会黑暗和政治迫害，他都要公开谴责，否则，就觉得是在'犯同谋罪'。这突出地表现在20世纪20年代到30年代同德国纳粹的斗争和50年代同美国麦卡锡分子的斗争。一个在自然科学创造上有历史性贡献的人，对待人类社会问题又如此严肃、热情，在历史上是没有先例的。"

1972年7月初，毛泽东接见从美国回来省亲的杨振宁教授，周培源作为中国物理学界最具代表性人物，奉命作陪并全程担任记录。当周培源到来时，毛泽东风趣地对他说："周老，'文化大革命'期间，把你整得快呜呼哀哉了吧？"周培源则轻描淡写地回应说："谢谢主席关心，我还好，没怎么挨整，就是被贴了一些大字报。"在毛泽东与杨振宁轻松漫谈过程中，曾身为杨振宁老师和其父亲同事的周培源则带着笔记本，像当年杨振宁给他当学生时一样，一丝不苟地做着记录。一年后，毛泽东第二次接见来访的杨振宁。周培源依旧陪同接见。当说到自己以前曾教过杨振宁，现在则要向他学习时，毛泽东转而对周培源笑着反问道："你现在落后了吗？"周培源意味深长地回答："很落后，后来者居上。"前半句是他指自己，后半句则是指杨振宁。

此后，由于"文革"动乱造成人才奇缺，当时许多涉及科技和教育方面的外事接待，中央领导几乎都要求周培源参加作陪。那时的他，简直成了中央领导在涉外工作中的一条得力的拐棍，缺了他，就步履维艰。据北京大学不完全统计，仅1972年一年，周培源就参与接待了300多批来自52个国家和地区的2500多位外宾。

邓小平复出后，鉴于北大是"文革"重灾区，亲自下令调南京大学党委书记周林担任北京大学党委书记，并欣然接受周林的建议，任命周培源为北京大学校长。时年76岁的周培源老骥伏枥，在全校党员干部会上激动地说："我一定要把党中央、国务院对我的信任作为对自己的有力鞭策。我为党工作的日子已经不多了。在本世纪末实现四个现代化，要为科学发展、教育事业，献出我的余年。"

到任不久，周培源就代表中国科协在全国科学大会上做了题为《科学技术协会要为实现四个现代化做出贡献》的发言，其中的意见成为一个时期科协和各科学学会工作的主要指导方针。之后，刚率友好代表团访日归来的周培源又奉命率领11人代表团访美，谈判向美方派遣留学生问题。代表团从旧金山到华盛顿，一路拜访了很多著名大学，与美方达成11项口头谅解，明确在1978~1979年度，中国将派遣500~700名人员赴美。周培源向美方建议，双方互派的教师和科研人员可用"访问学者"的称呼，从而排除了当时中国学者还未评审专业职称的障碍。中美建交伊始，邓小平率团访美，在与美国总统卡特签订的关于《科学技术合作协定》中，周培源与美方达成的口头谅解几乎全部被作为正式协议内容加以签署，载入中美关系史册。

改革开放以后，是周培源为我国科教界走向世界、广交朋友和登上国际科技舞台，打开了一扇扇大门。据周培源的三女儿周如玲记述："从1972年以来，父亲以北大副校长、校长，中国科协副主席、主席，中国人民外交学会副会长的身份参加接待过美国总统尼克松、卡特、里根等国家首脑；接待过英国外长霍姆、联邦德国外长谢尔等来自美、欧、亚、非、澳、中东、拉丁美洲等30多个国家的部长、议长、州长；接待过十几个世界著名的新闻通讯社、报社的董事长、社长和主编；接待过20几个国家的驻华使节、40多个来自世界各大洲的著名大学校长和科学院院长；还接待过日本从政府官员到青年学生各阶层代表团，世界各国艺术家、教授、学生，特别是华裔学者更是数不胜数。这也从一个侧面反映了父亲当时的工作量。"在全国政协第五届全国委员会第三次会议上，周培源被增选为全国政协副主席。

接受过国外一流大学多年熏陶，有幸得到多位世界顶级大师教诲，又先后在清华和北大这样的高等学府任教和担任领导工作多年，心明如镜的周培源对西方高等教育和科研水平日益提高，而我国则由于"十年浩劫"造成高等教育和科研水平严重落后的状况，以及高等教育一次考试定终身，培养出来的学生知识、眼光、思想过于狭隘，缺乏独立思考能力等问题深感忧虑；惋惜蔡元培主持北大时所培养的优良传统已留存不多，同时也对自己未能及时挽回这种局面而深表愧疚。当时，社会舆论又大加责罚，幽默地讽刺说：现在北大最出名的只剩下五样东西了：一塔（博雅塔）、一湖（未名湖）、一图（图书馆），简称"一塔湖图",谐音"一塌糊涂";校长周培源和书记周林,简称"两个周",谐音:"两锅粥";合在一起便是"一塌糊涂两锅粥"。身为校长的他,听到这些,不仅觉得脸红,更是心急如焚。为了尽快改变这种情况,国务院派周培源率团赴欧美考察了5个月,先后访问了哈佛、麻省理工等21所高校,走访了数十名校长,再结合自己多年的大学工作经验体会,经过数月的深思熟虑后,于1981年4月2日,在《人民日报》发表了《访美有感——关于高等教育改革》一文,从师资水平、人才培养、思想教育、学术现代化、高等学校的领导等五个方面,阐述了自己的办学理念与教改主张,期冀重振北大的往昔辉煌。

可出乎意料的是,这篇受到诸多师生好评,为推动我国高等教育改革表现出的一番热情和提出的种种建议,却让教育部某些领导极为反感,并以红头文件的形式下发全国教育界组织批判。如此一阵瓢泼大雨,使已近80高龄的周培源身心受到极大伤害,校长权威受到极大挑战,工作难度大为增加。

一天,周培源去看望时任"九三学社"主席许德珩时,气愤加委屈,几乎掉着眼泪对许老说:"我看到中国大学落后的现状十分着急,才写了这篇东西。粉碎'四人帮'已经三年多了,'三中全会'也开了一年多了,没想到极'左'的人还是大有人在。他们批判我是'专家治校''反对党的领导',还要在报纸上发表文章批判我。"

此时的周培源深感要想做成一点事,真的很难,加之毕竟是已经快80的人,身心疲惫,难以为继,不服老不行。他平生研究湍流,湍流又被称作激流,他终于决定"急流勇退",向教育部递交了辞呈。

他在北大待了近30年,一直位居学校高层,在各种错综复杂的关系中,都认为还能左右逢源,游刃有余,可最终还是壮志未酬。不舍的他最终还是带着几分沮丧和失落,带领全家搬离居住了近30年的燕南园,入住到北太平庄4号。

周培源一生的功业,除了担任行政领导和从事社会事务分散部分精力和时间外,干了数十年的教学和科研工作,尽管坚定不移地从北大校长的位置上退了下来,但他依旧继续带博士研究生并乐此不疲。当年,他坚信科学能够救国，把自己的研究方向调整到了能直接服务于抗战的应用数学和力学领域，尤其在湍流理论方面取得了举世瞩目的成就。周培源对爱因斯坦及其学说仰慕至极，解放后，又将相对论中的引力论重新列入自己的科研重点，执教清华期间，进一步整理充实了当年的博士论文，并以《洛伦兹坐标变换的新推导》为题，发表在美国《数学学报》第53卷上。他一直致力于广义相对论方面的基本问题研究，将严格的谐和条件作为一个物理条件引入引力论中，求得一系列静态解、稳态解及宇宙解，还就此与他的同事和学生一起，发表了多篇论文；指导研究生进行了与地面平行和垂直的光速比较实验，面对当时存在的两个解，即坐标无关论者的史瓦西解和坐标有关论者的郎曲斯解，初步结果已经显示出，郎曲斯解与实际相符。这是"坐标有关论者"同"坐标无关论者"两种理论较量中一项关键性实验，也是周培源对于相对论研究的重要贡献。进入80年代，周培源对广义相对论的研究得出了一系列结论性成果，提出了"谐和条件是物理条件"的重要观点，并指导中科院高能所的"地球引力场中光速各向同性检验"实验，在世界上首次获得了地球表面水准方向和竖直方向传播速度的相对差值在10~11量级上相同的结果。

为了纪念周培源的科学贡献，国家设立了"周培源CHP奖用金"和"周培源TSI奖用金"，专门用于奖励那些在运用引进设备时，成果多、培养人才多、维护管理好、开发利用好的"两多两好"集体和个人。

周培源89岁时，对相对论引力论研究又有了重大进展，一时兴奋，心梗住院了，通过两年治疗，稍有好转后，又招收了博士研究生，以期在这个领域有新的突破。

在总结几十年科研和教育工作经验时，周培源概括说："我是做科学工作和教育工作的，自然一开口也离不开科学问题和教育问题。我做科学工作、做教育工作和'做人'的'秘诀'，也就是我数十年所信奉的格言：'独立思考，实事求是，锲而不舍，以勤补拙。'"

关于"独立思考"，周培源解释说："独立思考与兼听众议是不矛盾的，是互相促进、互为补充的两个侧面，须在实践中恰如其分地掌握运用……做科学工作、做教育工作和人生旅行，离开了这一条就会走入歧途。"

周培源与钱学森在一起。

关于"实事求是",周培源一生为人正直无私,刚直不阿,作风正派,从不阿谀奉承,投机取巧。无论在任何时候、任何情况下,也不管来头多大、压力多高,他从来不说违心话、不做违心事。

关于"锲而不舍",周培源说:"锲而不舍或许可以说是人生能够办成几件实事的要诀之一……要像锥子一样,数十年紧紧地锥住它,就是钢板也会锥出孔来。如果一个人有这样的精神和毅力,总是可以做好几件事情的。"

关于"以勤补拙",周培源说:"以勤补拙,简言之就是要多干、要勤奋,不偷懒……人的智力和体力都是有差别的,但只要肯下功夫、多下功夫、下苦功,时刻勤奋,数十年如一日地顽强进取,就算是一个'拙'者,也定会做出几件像样的成果,节节上进,为国家为民族为人类做出自己的贡献。"

是周培源把后来被誉为应用数学之父的林家翘带到了最前沿的科学领域,让他从此纵横驰骋。因此,林家翘于回清华园定居的当年,即倡导建立了以恩师周培源名字命名的清华大学应用数学研究中心,致力于开展国际学术交流与合作,培养创新人才,开辟一条使中国科技有可能跻身世界一流水平的重要通道。

周培源的一生可以说顺风顺水。他出生在一个殷实家庭，从小智商出众，接受名校名师教育，数度留学归来，享誉成名很早；一生中只在清华与北大两所中国最好的大学任教，得天下英才而教之，弟子无数，硕果满园；在清华这个平台上，结交的都是学界"大师"，往来密切的如陈岱孙、梁思成、林徽英、萨本栋等均为人杰；后半生转入高校管理，见证了政治运动的狂风激浪和人世间的跌宕起伏，目睹了自己的上司与恩人叶企孙身陷囹圄和与他很投缘的北大校长江隆基惨遭厄运；他虽然也一度被政治漩涡困扰，但所幸没有被湍流吞没，还多次受到毛泽东、周恩来、邓小平、江泽民的关心；晚年一直担任全国政协副主席，居国家领导人高位，享受极高的政治待遇；最后无疾而终。

佳偶天成，伉俪情深

就在首次回国任清华大学教授的次年某周日，周培源应邀到一位在北平女子师范大学任教的同学刘孝锦家作客。周培源年纪轻轻便学有所成，留洋归来，执教清华，可谓前途无量，又正该谈婚论嫁年纪，其婚姻问题自然被亲友及同学、同事们关注。

刘孝锦开他玩笑说："你现在是万事俱备，只欠东风了。"

周培源虽已感知其意，却故作惊讶问道："此话怎讲？"

刘孝锦笑道："别装傻了。要是已经有了，就该在老同学面前解密。要是还没有，我替你介绍一位，如何？"

周培源抚掌大笑一阵后，认真道："都说清华女生少，我们物理系女生更少，而美国大学里学物理的中国女生简直是凤毛麟角。没有女生瞧得上我不说，我生活在一个连异性都见不着的群体里，上哪里去找对象啊？"

身为宜兴人的周培源，有着南方男子少有的伟岸身材，英俊潇洒，高阔的天庭，挺直的鼻梁，剑眉星目，红唇皓齿，还真不是别人看不上他。只不过，一方面是学物理的女生确实较少，另一方面，是他一门心思埋头苦读，耽搁了恋爱。毕竟是三年半收获三个学位，并不是件容易的事，哪还有时间顾及其他。

刘孝锦听后笑道："你们清华女生少，我们北平女师可是秀色满园，且朵朵可餐。"说着，果真就拿出一沓女学生的相片来，让周培源从中遴选意中人。

北平女子师范大学是中国女子的最高学府，相片上的女孩大多气质不凡。周培源翻看着一张张相片，端详着一位位美女，突然，他眼前一亮，心头立刻涌起一种异样感觉，停了下来，指着其中一张青春靓丽、楚楚动人的女生照道："就是这位了。"

刘孝锦朝照片一看，不禁暗暗佩服周培源的眼力。照片上的佳丽年方20岁，就读于北女师英文系，是公认的"校花"。那张照片是在颐和园拍摄的。当时，她们8位好友去游园，其中一位女生的堂兄为她们一一拍照留念。后来，有幽默者受"八骏图"诱发，将这组相片戏称为"八美图"。其中，王蒂澂又格外出众，得了"头美"之名。

刘孝锦回望周培源，只见他手展照片，爱不释手，一直盯着照片上的王蒂澂微笑，一会儿将眼镜摘下，一会儿又戴上，反复细看。讲授心理学课程的刘孝锦知道，周培源这次是真的相中了王蒂澂。自古才子配佳人，刘孝锦决心成人之美，促成这门亲事。

一周后，刘孝锦安排了一次家宴，把周培源和王蒂澂以及另几位同学和至交，包括周培源的老大哥、小同乡，清华大学理学院院长叶企孙都请来作陪。

此时的周培源正所谓春风得意之时，是众多女孩心仪的对象。周、王两人在刘家一见钟情，很快坠入爱河。周培源总去北女师找她，去得多了，连门房都认得了，每每见他远远走来，就在门口高喊："王蒂澂小姐，有人找！"她天生是大方率真的，他也素来是随和开朗的。两人沉浸在热恋的幸福之中。

王蒂澂祖籍山东省潍县（现潍坊市），1910年9月26日出生在吉林省扶余县（现松原市）。祖上当年闯关东到了东北，父亲王国忠曾经营造纸作坊养家糊口，不幸英年早逝。母亲王陈氏靠几亩薄田，亲自搓草绳编草帘担负起抚养子女的重担，历尽艰难供孩子读书。自小就勤奋好学的王蒂澂于1927年因学习出众被吉林省公费保送至北京女子师范大学英文系。她天生丽质，聪慧伶俐，品学兼优，加之受在女师任教的鲁迅等所倡导的新文化运动的影响，思想和视野愈加开阔，除了具有校花的吸引力外，还有很强的思想凝聚力和人格感染力，成为同学中的佼佼者。

经过一年多的边谈情说爱，1932年6月18日，在北平的欧美同学会上，由时任清华大学校长梅贻琦亲自为这对有情人、有缘人主持了简单而颇具现代氛围的婚礼，从此结为伉俪。成家后，周培源当然就离开了他曾经所在的那个"小饭团"。

两个月后，即同年暑期的一天，身为独生儿子的周培源父命难违，带着22岁的东北姑娘回到家乡，按照江南习俗再次举办婚礼暨新郎官三十岁庆生。当天的宜兴芳桥镇后村，大幅绸缎从房顶凌空而下，上面写着与周培源的家世身世相贴切的喜庆对联，大红灯笼高高挂在屋檐下，宽敞的堂屋和院子中，摆放着十几张桌子。亲戚朋友、邻里乡亲、地方名流纷至沓来。当众人看到这对新人时，眼睛都睁大了，瞪圆了。

正逢而立之年的新郎留洋归来，在清华大学当教授，身高一米八，眉清目秀，风流倜傥，犹如玉树临风；大学毕业后在清华附中任教的新娘天生丽质，亭亭玉立，光艳照人，全然是一个堪比苏杭美女有过之而无不及的大美人。人们充满钦羡，赞誉之声不绝于耳。

婚后，这对才子佳人和闻一多、俞平伯、陈岱孙等著名教授齐居于

周培源和王蒂澂结为伉俪。

新盖的、由30栋西式精美小楼组成、配有电话和热水管道等设施完备的清华新南院。每天晚饭后，周培源夫妇总是携手走出清华园散步。夕阳下，他们并肩而行的长长倩影，成为校园中一道绝佳的靓丽风景。不少清华师生禁不住驻足观看，甚至还追着"围观"。还因他俩的引人注目和高回头率，刺激了北平的照相馆老板，以至于几次在未征得同意的情况下，将他们的双人照放入橱窗展出，用以招揽生意，从而侵害了他俩的"肖像权"。

当年参与围观的学生中，有一人就是后来成为著名剧作家的曹禺先生。直到数十年后，曹禺还对周培源的四女儿周如苹说："当年，你妈妈可真是个大美人儿，你爸爸也真叫潇洒。那时，只要他们出门，我们这些青年学生就追着看。"

诚然，生活中并非都是诗情画意，终年朝阳，满轮月光。相爱只是一瞬间的感觉，相守才是一辈子的付出，因此，相爱容易相守难。周培源夫妇既为相爱而相守，更为相守而相爱。婚后三年里，他们生育了长女如枚、次女如雁。就在爱女为生活增添许多乐趣时，身体原本就较虚弱的王蒂澂，由于哺育小孩、工作家务等里里外外的压力积劳成疾，患上了严重的肺结核。

肺结核在当时尚无特效药可治，一旦染上，几为绝症，更成重负，还需要与家人隔离。于是，他把她送至香山眼镜湖边的疗养院，整整疗养了　年。经济上还不成问题，唯有两女尚小，嗷嗷待哺。他除了上课之外，挑起了既为人父又为人母的双重责任，每到周末，还要骑上自行车去看望病榻上的她。从清华到香山往返50余里，当时只有一条坎坷不平的土路，一路风尘，一路颠簸，雨雪无阻，其中的艰辛，可想而知。

探视有严格的时间限制，他来了便舍不得走，常被护士"逐"出门外。无奈的他，从正门出去，又悄悄从窗户爬进来。终于不得不离开了，她躺在病榻上，看着他爬上高高的窗台，回首冲她挥手。他跳下去了，举起满是尘灰的双手向他告别。怕被护士发现，他不敢出声，只比着嘴形说好好养病，见她点了头，确认听懂了，他才微笑着离去。

他的背影消失后，她哭了，泪水浸湿了枕巾……

功夫不负有心人，在他的悉心照料和她的严密配合下，在香山疗养一年之后，她的病居然奇迹般地逐渐好起来了。

1936年至1937年间，他到美国普林斯顿高等研究院追随爱因斯坦做科学研究。她带领两位年幼的女儿回到丈夫家乡继续养病。他拒绝美国移民局给予全家永久居留权的正式邀请，如期归国，正值抗战爆发，一家人随清华南迁至云南昆明，在西南联合大学度过了他们人生最为艰难的一段岁月。他继续担任教授，从事流体力学研究。她承揽照管孩子任务的同时，协助他为学生油印教材。

在联大期间，第三个女儿如玲降生。初生儿昼夜颠倒，为了哄如玲睡觉，他能不厌其烦地抱着、摇着，在屋里来回走上几个小时，直到哄睡了女儿，才腾出手来备课。学校缺少教材，他就自己编写，自刻蜡纸。有时她一觉醒来，他还在油灯下刻写。她凝神专注地看到他日渐消瘦的身影觉得鼻头发酸，于是，常常披衣起床，给他送上一杯热水。在那个特定条件下，她也只能为他送上一杯热水。

1943年9月，周培源利用学术休假带一家五口再次赴美，直至1947年才重返清华大学继续任教。次年，四女儿如苹降生。至此，周培源和王蒂澂共养育了四朵千金。

北平和平解放当日，周培源兴奋地和两个大女儿，冒着扬沙的寒风，从清华园骑车进城，欢迎解放军进驻北平，不久，又送年仅14岁的二女儿如雁参军南下，使周家成为清华大学教授中的第一户"光荣军属"。

新中国建立后，周培源先后出任清华大学教务长和校务委员会副主任等职，承担了大量的学校领导和教务工作。王蒂澂继续任教清华附中，先后担任语文、俄文和英文教师。直到1952年，周培源调离清华到北大，周家才算开启了又一个新征程。

周培源50岁时右耳失聪，说话总是大声嚷嚷，自己听不见也怕别人听不见。于是，周家老少都要听他公开"谈情说爱"。每天早上晨练之后，他一定要到老伴房里问安："你今天感觉怎么样？腰还疼不疼？别怕困难，多活动……我爱你，50多年我只爱过你一个人。你对我最好，我只爱你！"物理学家带着公式化的职业病，天天重复同样的话。

周培源一家。

　　50年代，中苏关系密切，国家急需俄语人才，从未学过俄语的王蒂澂每日收听大学俄语广播课程，第二天便热炒热卖，为学生上课。60年代后期，英语教师奇缺，她又担负起培养英文教师和学生的双重责任。特别是在那些特殊政治历史条件下，各方面都很困难，她自己动手编写并打印教材，顶着巨大的政治压力，利用一切可能的机会，将自己的知识和盘托出，传授给年轻人，直至1975年离休。

　　从1950年开始，王蒂澂用工资节余，收集了大量中国古代书画，包括明清时期的书法大家、字画流派代表人物的真迹，慢慢地，竟成了一位著名的鉴赏水平很高的收藏家。在她的带动启发下，也培养起了丈夫的兴趣，于是夫妇俩共同收藏。

　　长女如枚因病早逝，时年不足50岁，白发人送黑发人，这对周培源夫妇来说，无异于晴天霹雳。强忍悲痛刚站起来，已离休5年的王蒂澂申请加入了中国共产党。

　　离开家乡整整50年时，周培源夫妇回到了宜兴芳桥镇，当年才貌双全的新郎新娘已是耄耋翁妪。老妪身体欠佳。老翁虽然满头银丝，双耳失聪，却依旧身板笔直、棱角分明、精神矍铄。昔日举办婚典的大宅还完好无损。看着75年前落成的这座占地近千平方米的院落，父母的音容笑貌和当年婚庆的热闹场景立即浮现在周培源眼前。这些屋子，回荡着双亲的语声，印有自己的履痕。尽管值得留念，尽管也有几分难舍，但他还是和两个健在的妹妹共同商定，把这26间、约690平方米的祖居捐献给了家乡人民，作为科普文化活动站。

当地政府为此举办了一个捐献仪式，院落中又挤满了看热闹的村民。但眼前的人群中，已经没有几个能叫出姓名的人了，他离开家乡实在太久了，儿时的玩伴大都早已离开了人间。

与此同时，他们还将珍藏多年的145幅字画无偿捐赠给无锡市博物馆。所捐书画作品时代横跨元、明、清，以明清时代的名作为主，可以说几乎囊括了明清时期所有主要书法绘画流派及其代表作家的真迹。国家文物鉴定委员会委员、著名书画鉴定家傅熹年先生说："周老夫妇的收藏都属于高档次作品，这些作品为研究明清时期我国书画艺术的发展、演变、继承关系，丰富我国美术史，具有十分重要的价值。"

无锡市政府为表彰他们夫妇，在该博物馆内建立了"周培源王蒂澂藏画馆"，以示永久纪念。他夫妇将政府奖励的奖金，分别捐赠给北京大学、清华附中和吉林省扶余实验小学等单位。因为这些单位都是他们曾经学习和工作过的地方。他们认为："字画文物与奖金既来自人民，都应该把它们还给人民。"

90年代初，夫妇俩以周培源名义捐资成立了"北京大学周培源科学基金"，支持和鼓励北大师生进行基础科学研究。

不幸的是，一年后，王蒂澂一病不起，瘫痪在床，只能依靠轮椅勉强行动。此前，两人形影不离，每年都要外出踏青、游玩。每每还没出门，先生就把手臂抬起，搀着老伴。

1993年11月24日，周培源如常准备外出晨练，又到老伴房里话别，突然感觉不好，想躺下，之后，就没有再起来，享年91岁。

晴天霹雳，王蒂澂以为他在开玩笑，一时不能接受。当确认这已经是事实时，她埋怨说："不讲信用！说好他先送我，可他连个招呼都不打，说走就走，连个再见都不说……"她在悲恸中平静地面对一切：即刻打电话通知国外的女儿回来；交代女儿们送他走时，不要穿西装，中国人要穿中山装。

当晚，夜深人静，轮椅上的老人对女儿如苹说："替我写封信，带在他身上，贴在他心口。"如苹写了一遍又一遍。母亲看后总觉得不满意，不是这个字不对，就是那个词没用准。最后定稿为："培源：你是我最亲爱的人，你永远活在我的心中！"此时，已83岁高龄的她，悲伤中，依旧不失浪漫。

周培源与漂亮而贤惠的王蒂澂一起牵手走过61年，夫妻终生恩爱。在女儿眼中，父母一直就像一对恋人，他们虽然性格不同，却恩爱一生。几姊妹公认："人家一辈子没红过脸。"

王蒂澂尽管很早就身体欠佳，但女人的生命往往比男人有耐性，更能熬。周培源病逝后，王蒂澂又在轮椅和病榻上躺卧了16年，直到2009年6月22日21时18分，由于多脏器衰竭，在北京协和医院与世长辞，享年99岁。

参考文献

[1] 许良英.科学巨匠 师表流芳［M］.北京：北京中国科技出版社，1992.

[2] 王学珍，等.北京大学纪事（1898-1997）.北京：北京大学出版社，1990.

[3] 中国科学技术协会.中国科学技术专家传略［G］.北京：中国科学技术出版社，1999.

[3] 李俊兰.周培源·生命因科学精彩［N］.北京：北京青年报，2002.

[4] 周如苹.中国科学的晨曦(泱泱大师 铮铮风骨)［M］.北京：东方出版社，2002.

[5] 刘冬梅.周培源治学思想选录［N］.清华新闻网.2002.

[6] 唐廷友,武际可.我国近代力学事业的奠基人——周培源［N］.清华新闻网，2002.

[7]周如玲.爱因斯坦对周培源一生的影响[N].大众科技报,2005.

[8]杨舰,戴吾三.清华大学与中国近现代科技(周培源与爱因斯坦)[M].清华大学出版社,2006.

[9]薄亚达.文革中的周培源与聂元梓[N].华夏文摘,2010.

[10]周亦楣.周培源:锋芒不畏权[N].新京报,2011.

[11]武际可.宗师巨匠 表率楷模[N].刘波博客,2011.

[12]刘波.周培源的学术成就[N].刘波博客,2011.

[13]冯明放,易宏军.周培源教授与北京大学汉中分校[N].各界网,2011.

[14]朱琪红.永不满足的科学宗师周培源[N].中国青年网,2012.

[15]BoBo.大师的风采[N]."周培源"网上纪念馆,2013.

[16]林家翘.追寻科学极致之美[N].中国教育报,2013.

吴健雄

——师尊厚德，弟子丰功

拜谒吴健雄墓园

中华大地物华天宝，人才辈出。出生和归葬在苏州市太仓的吴健雄，是民国十大才女[①]中唯一的一位杰出科学家。

太仓，人杰地灵，历史悠久，文化底蕴丰厚。太仓，东濒长江，南临上海市宝山区、嘉定区，西连昆山市，北接常熟市，与崇明岛隔江相望，是距长江入海口最近的港口，有六国码头之称；太仓，曾因郑和七下西洋均在此扬帆起锚而写下了中国古代对外贸易和世界航海史上的光辉篇章；太仓，更因是近代大物理学家、被称为中国居里夫人吴健雄的衣胞之地和归葬安息之地而再度引人注目。

吴健雄墓园位于太仓市明德中学校园内。走进明德学校校门，迎面就是吴健雄教授的等身站姿雕塑。聪慧儒雅的吴健雄先生，身着中式旗袍，外搭一领披巾，站在一座褚红色花岗石基台上。基台四周化团锦簇，绿树成荫。只见她身体微微斜靠讲台，左臂夹着一本厚厚的讲义，右手按着讲稿，似乎正在向莘莘学子们传道、授业、解惑……

位于吴健雄雕塑南侧，紫薇阁旁，与吴健雄科技楼成东西合围、相互辉映的一组构筑物，便是吴健雄先生墓园。

墓园于1998年5月底建成，占地1372平方米；四周环绕的紫薇、雪松、翠

---

① 民国十大才女，分别为史良、盛爱颐、吴健雄、陈衡哲、苏雪林、陆小曼、凌叔华、谢婉莹、林徽因、张爱玲。

青年时代的吴健雄。

竹，象征着吴教授永不磨灭的科学家形象；碧绿的草坪及草坪中矗立的石笋、点石和花坛中盛开的鲜花，象征着民国才女优雅婉丽的江南女性风姿；草坪中带西欧色彩的草坪灯与墓园的中式仿古铸铁栏杆既形成对比，却又和谐相融，展现了一个美籍华人墓园中西合璧的文化特色和独特风格；给人以净洁、温馨、典雅、庄重之感。

墓园由主体、圆形瞻仰平台和环形浮雕照壁三部分组成。主体部分是呈斜截的圆柱体状墓穴，既体现了与校园风格相协调的几何体优美，又似一个直冲霄汉的火箭筒，意喻着吴健雄在科学上的伟大成就。墓穴外观采用国产黑色花岗岩镶铺，乌黑锃亮，光洁照人，并整体安置在直径9米的圆形水池中央。堪称中国居里夫妇的吴健雄和丈夫袁家骝的骨灰就安放在这里。圆柱体的斜面左半部分镌刻着由江才健[1]先生为吴健雄题写的墓志铭，右半部分镌刻着丁肇中[2]为袁家骝撰写的碑文和李远哲[3]为墓碑的题字。

呈上下排列的中英文墓志铭写道："这里安葬着，世界最杰出女性物理学家——吴健雄（1912—1997）。她一生绵长深刻的科学工作，展现了深思力作和真知洞见；她的意志力和对工作的投入，使人联想到居里夫人；她的入世、优雅和聪慧，辉映着诚挚爱心和坚毅睿智；她是卓越的世界公民和一个永远的中国人。"

---

[1] 《吴健雄：物理科学的第一夫人》的作者。
[2] 著名物理学家，诺贝尔奖得主。
[3] 著名化学家，诺贝尔奖得主。

墓志铭前的水池中，安置着两个直径达60厘米、分别重达300多公斤的石球。石球会随着水流分别转动并喷射出高低不同的水柱，象征着吴健雄通过钴60-β衰变实验来验证杨振宁、李政道提出的"宇称不守恒定律"的实验原理模型。这一实验原理模型是由李政道提出思路而设计建造的。

由低而高的8垛汉白玉浮照壁庄重雄伟，隐示着吴健雄勇攀科学高峰的人生足迹。杨振宁题写的"吴健雄墓园"五个大字镶嵌在照壁上。李政道为墓园造形题写了解释性碑文。

吴健雄夫妇生前捐资建造，名为"紫薇阁"的两层小楼旁，一株紫薇树高大挺拔。这棵树就是当年吴健雄父亲在创办"明德女子职业学校"时亲手栽种的。吴健雄幼年小名"薇薇"的取名灵感，就来自于这棵树。现在，这位跨世纪的科学大师长眠于这棵百年紫薇树旁，仿佛回到了她快乐的童年，回到了数十年来一直魂牵梦绕的故乡，回到了慈父身旁。

吴健雄墓园虽然不大，但令人惊叹的是：杨振宁题写了园名；墓园说明出自李政道之手；袁家骝墓碑和碑文则由李远哲、丁肇中创写。4位华人诺贝尔奖得主的题字、撰文齐聚一园，绝无仅有。

童年小"薇薇"

吴健雄的父亲吴仲裔先生是位思想开明，具有远见卓识之人，早年就读于上海交大前身的南洋公学；因不满校方禁止新思想传播，参与闹学潮而被劝退，后转入蔡元培主办的以倡导"学术自由、兼容并蓄"的爱国学社学习；离校后加入同盟会，积极参加反对袁世凯复辟帝制的斗争，后因二次革命败北，不得已回归故里。

吴仲裔洞识教育之重要，特别关注女性教育。当时的太仓县浏河镇有座火神庙，由于匪患肆虐，香火断绝，庙院为商团所占。吴仲裔苦口婆心说服众乡绅拆庙建校。于是，"明德女子职业补习学校"得以在庙基上建立，取"大学之道，在明明德"之意。意思是办学的宗旨在于弘扬德操，使人弃旧图新，臻于完美境界。吴仲裔自任校长,其妻樊复华也成为教员之一。学校广纳四乡平民子女就读,除讲授中华古典名著"四书""五经"《古文观止》外,还增设数学、汉语及注音符号等新兴学科以及缝纫、刺绣、园艺等。

出身于书香门第的吴仲裔婚后为自己设定,若此生生育四个子女,无论男女,均以"英、雄、豪、杰"顺次取名。加之吴家族谱规定,他的下辈人轮到该以"健"字排行。因此,1909年出生的老大,虽是个男性,取了个今天看来是女儿名的名字——吴健英。

1912年5月31日,正值吴仲裔在浏河镇创办明德女子职业补习学校期间,在吴氏老宅,迎来了第二胎临世。这老二虽然是个女儿孩,但由于有了此前的自我设定和房门族规,于是也就无可变更地用了"健雄"这个充满阳刚之气的男性化名字。吴仲裔寄希望这个女儿长大后,能巾帼不让须眉,胸怀男儿壮志,加强学习,积健为雄。

孩子生下后才几天,略通经书的夫人樊复华就几次提出,"健雄"之名不太适合这个如花似玉的漂亮女儿。正好明德学校一位管事前来征询意见说,他从乡下一个亲戚家挖来一株紫薇树苗,问栽在什么地方。一句话提醒了吴仲裔,他当即为爱女取名"薇薇",从此,"薇薇"成了吴健雄的乳名,很快就被浏河镇的人们喊开了。

儿时的薇薇在父亲刻意教导下,自幼喜欢朗读背诵诗文、习学汉字和计算数目,很早就显现出不寻常的智力和天赋,十分讨人喜欢。

吴仲裔是一个多才多艺的人,吹拉弹唱,吟诗作赋,手工技艺,几乎无所不会,后来还迷上了无线电,并亲自动手成功安装了一台矿石收音机,引起了女儿的痴迷。从此,小薇薇能听到那来自遥远天际的微妙声音。每当小薇薇听到收音机里传来的声音,总是好奇有加,悠然神往。这台小小的自制收音机对幼年吴健雄产生了不可小觑的影响,甚至可以说是影响了她的整个人生。

薇薇虽为女性,但由于父母都出身于书香门第,思想开化,提倡男女平等,使她从小就能与其兄弟一样读书识字,七岁不到便进入父亲创建的明德学校接受教育。父亲这所学校,给了她正规的启蒙教育。

吴仲裔常在课余带女儿到镇上的天妃庙游玩,在那里朗读郑和航海事迹碑，向女儿讲述郑和率船队七下西洋的故事。又时常借来或买来"百科小丛书"，看后讲述诸如居里夫人等有关科学家的故事和科学趣闻给薇薇听，从而在薇薇幼小的心田播下了科学的种子；还随时到上海租借电影片放给同学们看，以达到辅助教育和启发孩童思维的目的。这些，都引起薇薇对一些奇妙的自然现象和科学知识的兴趣。

吴健雄成年后回忆自己的童年说：那是一段"美好而快乐的生活"。童年的她看了许多书，很大程度是受到父亲的教导和影响。

在父亲的明德学校读完小学，11岁的薇薇参加了苏州第二女子师范的入学会考，在数以千计的考生中，以第九名的成绩，成为被录取的200人中的一员，开始离开浏河到50里外的苏州念书。

当时的苏州第二女子师范是一所相当有名的学校。校长杨海玉女士是一位很有眼光的教育家。在第二女师的实验教育中，除了聘有许多优秀的教师，讲授新式教材外，还经常邀请有名的学者来校演讲，有许多甚至是国内外的顶级学者。

胡适先生就是时常应邀来校的演讲者之一，而且他的演讲给薇薇印象最深。因为胡适来校演讲以前，时常手不释卷的薇薇已经在图书馆里的《新青年》《努力周报》等杂志上看过他的文章，对于这位留学美国，勤奋好学，善于思考，回国后立志改造旧中国的北大年轻教授的新颖思想，早已仰慕有加。

吴健雄记得，胡适曾在《新青年》第五卷第一号上发表的《贞操问题》一文中说，中国的男子要他们妻子替他们守贞守节，自己却公然嫖妓，公然纳妾，公然"吊膀子"。虽然这篇文章发表在1918年7月1日，那时的薇薇还是个仅有6岁多的孩童，但当这篇"旧文"进入她的视线时，她已经是一位含苞待放的妙龄少女，一位苏州女师的高材生了。胡适对男女平等的倡导给吴健雄留下了深刻的印象，吴健雄还记得，她当时对"吊膀子"这个俗语不理解，曾回家请教父亲后，才知道"吊膀子"是指行为不端的青年男子，勾引未出阁的大家闺秀，借着晚上天光暗淡，吊着臂膀翻墙爬到小姐闺房中与之幽会的意思。

胡适又一次到苏州女师演讲的题目是《摩登妇女》，内容是讲述妇女应如何在思想上走出旧传统，令薇薇眼界大开。讲台上，刚过而立之年的胡适风度翩翩，博闻广记，妙语连珠。讲台下，师生云集，不少是慕名前来听讲的大家子弟，妙龄男女。

她尤其记得胡适举例说，一个拾荒为生的穷老太太，如果无意间在垃圾堆里找到钱或有价值的东西，是不一定会送还失主的。这种将人性作比较客观评价的思想，给微微留下很深印象。

最令薇薇难忘的，是胡适的笑容。在热烈的掌声中，胡适会回报一种笑；当他觉得自己哪一个词用得巧妙抑或是欠妥，感到满意或及时改正说明时又是一种笑。她觉得，胡适的笑，是渊博的，是真诚的，是谦逊的，而且是极富吸引力的。

薇薇虽然在苏州女师同学中年纪和个头都较小，但由于聪颖过人，勤思好学，很快就成为同学羡慕和师长喜爱的好学生。

每次听完胡适的演讲，学校都要安排人写出演讲记录，张贴出来，好让那些没能直接听到演讲的学生们阅读。在胡适先生又一次来校演讲前，杨校长知道薇薇的文章写得好，又对胡适先生十分崇拜，便特别对微微说："健雄，你一向喜欢胡先生的思想，这一次就由你来把演讲记录写出来好了。"薇薇欣然应允。她听说第二天胡适还要到离校不远的东吴大学去演讲，便向校长要求，希望能接着去听，并承诺将胡教授的两次演讲一并整理好，交给学校。

第二天，胡适应邀到附近的东吴大学演讲，薇薇果然又追"星"到东吴大学听了这场演讲。只听胡适说："道德标准是和生活水准相联系的……再嫁的妇人在社会上几乎没有社交的资格；再婚的男子，多妻的男子，却一毫无损他们的身份，这不是最不平等的事吗？我不是说因为男子嫖妓，女子便该偷汉；也不是说，因为老爷有姨太太，太太便该有姨老爷。我说的是，男子嫖妓，与妇人偷汉，犯的是同等的罪恶；老爷纳妾，与太太偷人，犯的也是同等的罪恶。"胡适对社会进步、对新时代妇女的许多独到见解和新颖思想更增添了少年吴健雄对胡适的认同和崇敬。

有一次，胡适又到校演讲，吴健雄向胡适提问：维新变革既然是好事，为何又遭到弹压呢？胡适耐心地向她解答，因为袁世凯的出卖，使维新变法被镇压了。听到此处，她心中不禁大骂袁世凯。命运实在神奇，没想到多年后，她嫁的丈夫，竟会是袁世凯的孙子。

名师出高徒

15岁刚过的吴健雄以优异成绩从苏州女师毕业后回到浏河家中，在父亲的明德学校担任数学教员。父亲看到女儿不但学业优异，而且备课和授课认真，心中十分高兴。次年初春的一天，父亲突然把女儿叫到身边说："薇薇，爸爸告诉你一个好消息。北京大学的教务长，也是一位很受人尊敬的教授，来上海中国公学担任校长，并亲自执教。你想不想再去学习一段时间相当于高中的课程，听听他的讲课啊？"薇薇高兴地告诉父亲，自己在校时已经听过这位老师很多次专题演讲了，若能直接接受胡教授的教诲，自然是求之不得。于是，她很快办理完小学的交接手续，在父亲的带领下，来到上海中国公学报名，继续学习。

上海中国公学是留日归国学子于1906年集体创办的我国最早的一所私立大学。胡适早年也曾在其中念书。那时正值北京大学的学潮闹得沸沸扬扬、异常激烈之时。因中国公学曾是胡适的母校，虽已在北大执教数年并担任着教务长要职的他，便自愿兼任中国公学校长，除聘来许多一流学者任教外，他本人亦亲自教授文化史课程。

吴健雄求知欲极强，老觉得自己学得不够，知识掌握还欠全面、欠牢固，除最有兴趣的数学、物理等学科外，其他各科她都认真学习。因此在中国公学，她除了主修数学和物理外，还选修由中国著名历史学家杨鸿烈讲授的历史课和马君武讲授的社会学，当然，还有给她印象最深、也受益最多的胡适讲授的"清三百年思想史"。

胡适那时已经是举国知名的青年学者，每周由北平到上海讲学两小时。由于选修胡适课的人太多，一般教室坐不下，每次都在大礼堂上课。胡适的广博才学、幽默健谈、敏捷才思，再加上伶牙俐齿的口才、演讲内容的生动新颖、观念上的不落俗套、用词造句的新意频出等等，使他成为明星般的人物，更犹如磁石一般，吸引着正值花季的吴健雄。以至于许多年后，吴健雄说起她当年听胡先生讲课的往事，还会眉飞色舞，脸上总露出难以抑制的欣喜之色。

一开始，胡适并不认识吴健雄。可是在一次规定三个钟点的考试中，吴健雄坐在中间最靠前面的位子，仅用了两个钟头就交了头卷。胡适很快看完她的考卷，顺手就在考卷的左上方给出了满分。考试完毕，胡适回到教务室不一会儿，杨鸿烈、马君武也先后进来了。胡适说，我还从来没有看到一个学生，对清朝三百年思想史懂得那么透彻，答卷如此快速而精准，我给了她一百分。杨鸿烈、马君武二人也同时表示，班上有个女生每次考试答卷总是无可挑剔，也总是不能不给她一百分。于是，三人各自把这个学生的名字写下来对照，居然都是"吴健雄"。三位老师不禁大笑起来。

除了校内的数理和文史课程外，吴健雄还在课外跟一个当时很出名的女作家黄白薇学习写作。有一回，她由上海到吴淞，在吴淞口看到一个船上人家很苦，生活空间很憋屈，于是就把他家艰苦生活的情形写了一篇文章送给黄白薇批阅。黄白薇看到这篇文字，大受感动，大加赞赏。

一转眼就毕业了，时年18岁的吴健雄被上海中国公学保送进入国立中央大学数学系，一年后，又转到她最感兴趣的物理系。就在吴健雄开始大学生涯的这一时期，正是物理学在西方经历革命性变革的时期。对于令人眼花缭乱的物理学科的飞速发展，19岁的吴健雄虽然并不完全知晓，但自幼对科学知识的渴求和酷爱，使这位花季少女发自内心地倾心于物理学。

那时的中大物理系早就声名在外，有许多名师巨匠，如光学系主任方光圻，天文学家张钰哲，电磁学家倪尚达等，为吴健雄的专业课程学习打下了深厚根基。同时，由于她兴趣广泛，不仅对物理、数学有极好造诣，对文学艺术也很感兴趣，还结识了好几位后来对她有着不小影响的好朋友。其中之一就是吴健雄的太仓小同乡，曾任美国能源部长朱棣文的二姑妈朱汝华。朱汝华当时在中大念化学专业，两人交往甚密，后来留学美国，在化学领域做出了突出成就，担任过美国化学家协会主席，是第一代华人化学家。

吴健雄还结识了从杭州女师毕业后先几年考入中大农学院，毕业后留校任教的学长大姐曹诚英。

一开始，吴健雄并不知道曹诚英是胡适先生三嫂的同父异母妹妹。胡适时常来看望曹诚英。而每当胡先生到来，曹大姐总要烧几道好菜，邀几位好友去作陪。就是在这样一次场合，胡适才发现自己过去的好学生吴健雄早已与曹诚英成了好朋友。此后，凡是胡适到来，曹诚英总是邀吴健雄一起吃饭。交往多了，吴健雄对胡适先生自然更加熟悉和了解了。一段时间后，吴建雄得知，胡适与曹诚英曾有过一段特殊感情，但碍于已与江冬秀成婚而无缘与曹诚英成为眷属，两人只能以好友相处。

就在吴健雄进入毕业班最后冲刺的这一年，一直在法国巴黎大学镭研究所跟随居里夫人做过多年放射性研究的、可谓是居里夫人亲自为中国培养的唯一的博士施士元先生回国了。

施士元是中国最早从事核物理研究的人。是他，首创了我国原子核物理专业；是他，第一个成为我国从事钢系核谱工作的学者；也是他，第一次提出了"原始粒子"猜想，并预言第一个实验证明"原始粒子"存在的人将获得诺贝尔奖。

施士元被安排到中央大学不久，就担任了物理教授兼系主任，并亲自负责教授四年级的几门课程。当时，全年级12名学生中，仅有吴健雄1名女生。

施士元不仅自己治学严谨，还在教学之中，时常结合居里夫人的工作科研实践，教育同学们要严谨治学，对科学一定要抱着求真务实的态度，锲而不舍，才能有所成就；在教学之余，便给同学们讲述居里夫人在科学试验中的种种轶闻趣事。

还在少年时的吴健雄就读过关于居里夫人的相关文章，知道了居里夫人生于波兰华沙，因为与法国青年科学家皮埃尔·居里结为伉俪，人们才尊称她为居里夫人。

通过施教授的讲述，吴健雄才第一次知道居里夫人是放射性现象的研究先驱。1903年，居里夫妇与亨利·贝克勒共同获得诺贝尔物理学奖。1911年，又因放射化学方面的成就，居里夫人独获诺贝尔化学奖，从而成为在两个领域两次获得诺贝尔奖的第一人，也是唯一的女性。从此，居里夫人成为吴健雄崇拜的偶像，其成就也成为吴健雄追求的目标。

施教授讲到，居里夫妇发现钋（Po）元素后，更以孜孜不倦的精神，继续进行深入研究。这一过程对于当时既无足够实验设备又无购买矿石资金和实验经费的居里夫妇来说，是极其艰难的。为了从铀矿中提炼出镭，他们四处奔走，争取到奥地利赠给了1吨铀矿残渣，借到一个破漏棚屋，便开始了极为艰辛的冶炼工作。这个棚屋，夏天像烤炉，冬天像冰窟。他们把许多炼制操作放在院子里露天进行。居里夫妇不论寒来暑往，不顾劳动繁重，不忌毒烟熏烤，以坚忍的意志刻苦奋斗了4年，经过提炼，浓缩，终于得到了少量可在黑暗中闪烁蓝光的白色粉末。居里夫人把这种白色粉末命名为镭（Ra），即"放射"的意思。又于1902年，在发现镭后的第45个月，从7吨矿渣中提炼出了0.12克纯净的氯化镭，并测得镭的原子量为225，从此开辟了放射化学这一新领域。在她的指导下，人们第一次将放射性同位素用于治疗癌症。

居里夫人是施士元的恩师；吴健雄是施士元的高足。从恩师到自己再到爱徒，施士元是把科学王国里两位最杰出的女性联结在一起的物理学家。而且，从这个意义上讲，居里夫人和吴健雄之间，实实在在存在着一种嫡亲的师承关系。因此，施士元曾十分感慨地说："一个人，从师很重要，得到好学生也很重要！"

"字是打门锤"。吴健雄第一次引起施士元注意的，就是她写得一手漂亮的中国字。慢慢地，施教授注意到她不但字写得好，学习成绩更好，而且做学问的劲头和方法都十分到位。因此，施士元倾注全部心血施教，吴健雄如饥似渴汲取养分，创造着机会。每次考试，吴健雄总是名列第一。施教授给予这位非同一般聪慧的学生以更多的关注，在教学、科研过程中，他俩结下了深厚的师生情谊。吴健雄曾颇为感慨地说："真正把我领进物理学大门的人是施士元教授。"

就在吴健雄即将从中大物理系毕业时，由于长期沉积在体内的放射性物质所造成的恶性贫血，即白血病，最终夺去了居里夫人宝贵的生命。噩耗传到中大，传到施士元耳中，犹如晴天霹雳，他禁不住泪流满面，失声痛哭。吴健雄得知后，立即来到恩师身旁，加以劝慰，与施教授一道，共同承担着这无限的悲痛。

在施士元教授的悉心指导下，吴健雄撰写了一篇题为《证明布喇格定律》的优秀毕业论文，为她的大学学习画上了圆满句号，获得了学士学位。毕业后，吴健雄曾一度受聘到有"东方剑桥"之称的浙江大学物理系任助教。随后，施士元亲自写了推荐信，向自己曾经的清华大学老师，时任中央研究院物理研究所所长施汝为先生详细介绍了吴健雄。由此，吴健雄顺利进入了位于上海亚尔培路的中央研究院物理研究所，在施汝为领导的光谱组从事光谱研究。

在中央研究院，具体指导吴健雄的是从美国密歇根大学获得博士学位归国的女教授顾静薇。顾教授了解到吴健雄的情况后，心中暗自庆幸物理所能物色到像吴健雄这样的优秀人才。在光谱研究组，两位都想窥探原子内部奥秘的雄心勃勃的新女性，在异常默契的配合下，不知花了多少工夫进行准备，计划在低温条件下测定某种气体的光谱，几乎到了废寝忘食的地步。

在纽约罗里奇博物馆举行的居里夫人悼念会上，爱因斯坦曾发表演讲说："她一生中最伟大的科学功绩——证明放射性元素的存在并把它们分离出来——所以能取得，不仅是靠着大胆的直觉，而且也靠着在难以想象的极端困难情况下对工作的热忱和顽强，这样的困难，在实验科学的历史中是罕见的。"

当吴健雄从相关报刊上看到爱因斯坦对居里夫人的这一评价后，她的心再也无法平静，她突然记起，施教授曾经对同学们说过的居里夫人的这样一句话："人类看不见的世界，并不是空想的幻影，而是被科学的光辉照射的实际存在。"再加上长久以来，受到胡适先生以及施士元、顾静薇等海归教授的言传和身教影响，吴健雄决心要出国深造，要去追随居里夫人的足迹，追寻科学的奥秘。

最为赏识吴健雄的胡适先生得知这一消息后，专程来到物理所看望，并给予热情鼓励，令她喜出望外。施士元教授也来信表示赞同和支持。顾静薇教授还特地把吴健雄推荐介绍给了自己的母校——美国密歇根大学。

强者制造时机

1936年7月，吴健雄得到叔叔的资助，也拿到了顾静薇教授的推荐信，正式决定前往美国密歇根大学深造。吴健雄的父母家人和亲戚朋友，齐聚黄浦江码头为她送行。她和与自己有着手帕之交的同乡同学，无间的闺蜜董若芬以及林语堂等结伴，登上了"胡佛总统号"轮船，带着祖国和师长们的殷切厚望，带着对家乡的眷念，依依不舍地离开了黄浦江，告别了大上海，告别了亲爱的祖国。

轮船在浩瀚的太平洋上历经了近20天的漂泊，抵达位于美国西海岸的旧金山。前来迎接吴健雄的是一位林姓女同学夫妇。林女士夫妇把吴健雄和董若芬接到伯克利校附近的家中，设家宴热情招待，还邀请了几位当地的华人朋友前来作陪。其中一位就是伯克利分校的中国学生会会长华裔杨先生。

席间，杨先生谈到，伯克利分校已经开学，但当他得知吴健雄是学物理专业的，便告诉她，刚好在两个礼拜前，来了一位也念物理的叫袁家骝的中国留学生。你们俩既然来了，机会难得，可以请他带你们参观参观伯克利分校的物理系。郭教授夫妇也表示赞同，还说，你们先感受一下，对下一步的学习研究会有帮助。

当时，加大伯克利分校物理系已是世界有名的教学科研基地，其中有好几位世界顶尖的物理学家，设备条件也是一流的。吴健雄心想，如此好的机会，那可是非常值得看看的。于是欣然接受了这位学生会杨会长的建议。

当天下午，杨先生将吴健雄二人引荐给了袁家骝。在袁家骝的带领并介绍下，吴健雄和董若芬参观了整个伯克利校区。

此时已经可称得上是内行的吴健雄，看到伯克利分校物理系竟然有那么多学科实验室和各种在国内从未见过的先进实验器材和设备条件，而自己的母校与之相比，简直是天上地下，心中自是无比兴奋和羡慕；同时，伯克利分校还拥有一大批当时年轻而顶尖的物理学家，如塞格瑞、劳伦斯、柏基、奥本海默等等，更激发了吴健雄对伯克利校的向往之情。

当天晚上，吴健雄和董若芬应邀参加了一个华人圈子的小型聚会。一位堪称美国通的朋友听说吴健雄准备去密歇根大学留学，诧异极了，不解地问："美国中西部是相当落后、保守、封闭的，你们怎么选择去那边？"这时，刚刚结束给她俩导游的袁家骝也添了一句："是啊，为什么愿意去密歇根呢？"

这一夜，吴健雄翻来覆去睡不着，她失眠了。是啊，加大伯克利分校物理系条件这么好，我为什么一定要去密歇根呢？于是，她暗自决定留下来，取消原本去密歇根大学的想法。

第二天，吴健雄找到袁家骝说："我想留在伯克利念书，你能陪我去找物理系的主任谈谈吗？"

"你想留下来？那太好了！"袁家骝高兴地说，紧接着他又摇起头来，"只是，我们已经开学了。按常规不会再接受新生注册。而且我听说柏基主任一向对中国人有些偏见，他不喜欢说话带有外国腔的人，女学生更不受他欢迎，我估计这事有难度。"

但对于吴健雄提出的带她去面见物理系主任的要求，袁家骝当然是欣然应允，于是立即陪同吴健雄前去拜见时任伯克利校物理系主任柏基教授。

柏基教授眯着眼睛上下打量了这位中国姑娘一番，半响，略带傲慢地问："吴小姐，你为什么不去学文学艺术，而偏要选择最抽象、最复杂的物理学呢？"吴健雄面带笑容说："柏基先生，难道你真认为艺术比科学更简单吗？如果是这样，请问，贝多芬和牛顿谁比谁更简单？相反，达·芬奇既是伟大的画家，也是造诣很深的科学家，培根先生的数学成就和文学地位更是无人匹敌。我们中国类似的例子也很多。我喜欢物理，是因为物理可以揭示宇宙的奥秘，它的精确、严密、未知让我着迷。况且我已经在物理学之路上走了整整6年，您总不能让我现在改行，半途而废吧？"

认真听了吴健雄理直气壮的回答，慧眼识英才的柏基教授，已经看出吴健雄具有超凡的物理天分，心中不由暗暗叫好。但他并没有立马表现出来，反而故意打趣道："吴小姐，你讲话的内容很不错，只是，你的英语，在我这里可得不到高分。"

吴健雄微微笑道："所以，我不可能这时候弃理从文，重新选择去学习语言或表演啊！但是请先生放心，我的英语一定不会影响我听课的。"柏基还是没有正面表态，他又要过吴健雄以往的成绩单仔细查看，过了好一阵子，才抬起头对吴健雄说："吴小姐，坦白地告诉你，作为物理系主任，我一般不愿意接收女学生，而且我们新生的注册时间已过。但是，你，可以破例，我答应你，留在伯克利！"

其实，像柏基这样，具有颇深造诣的物理学家，深知要造就一个好的物理系，除了有一流的老师，也要收一流的学生。就这样，吴健雄在伯克利校留了下来。董若芬得知消息后，不得不一个人去了密歇根大学。

吴健雄在伯克利遇到的头一个问题便是吃不惯西餐，以致经常饿肚子，闹肚子。幸好在朋友的帮助下，很快找到了一家愿意提供优惠饭菜的中餐馆。

接下来就是过语言关。尽管在国内来说，吴健雄的英语水平并不算差，但要立即适应纯粹的英语听课，还是十分吃力的。殊不知，一向异常刻苦勤学的她，没过多久，便可以独立听英语授课了。

第一学期很快结束，吴健雄的成绩相当优秀。同学和朋友们对她钦佩有加，熟悉的朋友以熟相欺，按照中国话"姐姐"的美国方音，亲热而调皮地称呼她为"基基"。

一天清晨，系主任柏基教授对她说："基基，你学习太用功了。但你不能只永远专注于自己的领域，这样会局限你的思想。"作为一位师尊，一位物理系领导，柏基教授的话，给吴健雄留下了深刻印象。

一晃就进入第四个学年。同学们都开始准备博士论文。吴健雄也以"韧致辐射"为题递交了自己的博士论文，并顺利获得了博士学位。四年前，她在黄浦江码头亲口答应父母，拿到博士学位就立即回国。可是现在，日寇发动的太平洋战争使航路断绝，让她只能望洋兴叹，有国难回。原本认为完成学业就可以回国报效的吴健雄，哪知道这一来就是与父母、与祖国的生离死别，此生再也没能见到她的至爱双亲。

何必去猜

在伯克利校物理系，吴健雄不但天赋出众，才气过人，刻苦勤奋，还有着极强的亲和力；再加上大方妩媚，身材窈窕，气质高雅，性格开朗，毫不扭怩作态，很快就成为物理系的"明星"。男同学都众星拱月般仰慕她，公认她是物理系的系花。连指导老师塞格瑞形容当年的吴健雄时也风趣地说："吴基基穿着中国式花缎旗袍，十分俏丽高雅，当她走过校园，总是尾随着一大群仰慕者，像个女王一样。"曾获得诺贝尔物理奖的西博格博士许多年后谈起吴健雄时说："她是当时伯克利全校仅有的几个女生，非常漂亮，非常聪明。基基给我印象最深的还是她的坚持和决心。"

窈窕淑女，君子好逑。学校里有好几个青年爱慕她，追求她。这当中，除了袁家骝，还有另外一位同学威尔逊，威尔逊曾陪同吴健雄参加博士学位的口试，亲自见证她获得博士学位。他后来在美国高能物理界享有盛名，成为了一位著名的实验科学家，并创立了美国费米国家实验室。

在威尔森的记忆中，那时的吴健雄总是穿着中式高领旗袍，十分迷人。她经常在实验室工作到深夜，他担心她半夜走回国际学舍不安全，时常在清晨三四点钟开车到吴健雄的实验室提醒她："基基，该回家了。"很多时候，吴健雄实在不好意思，被迫中断了手中的实验，乘威尔森的车回宿舍。但是，吴健雄一直克制着自己的情感，决不肯越雷池半步。几年的同学下来，他们也仅仅是再纯洁不过的同学关系了。

除了威尔森，追求吴健雄的还大有人在。一位名叫史丹利·法兰柯的犹太血统校友就是其中的一位。当时，吴健雄师从劳伦斯，史丹利师从奥本海默，两人都是物理系的高材生，从而为他们的交往提供了机缘。吴健雄曾经和他单独出游，他也曾经教吴健雄学开汽车。这都是恋爱中的年轻人之间相当寻常的事情。1937年，袁家骝去了位于洛杉矶的加州理工学院。由于时空距离，有一阵子，他们的情谊看似疏远了一些。一次，吴健雄到加州理工学院去和袁家骝见面，史丹利得知后醋心大发，心情极坏，跑去找另一女同学徐静仪一顿闷酒直喝到深夜。徐静仪虽不会喝酒，但她既不能不陪，又不敢让吴健雄知道，因为她知道吴健雄和史丹利是好朋友，生怕吴健雄知道她陪他去喝酒会不高兴。

按理说，20多岁的吴健雄早已到了谈婚论嫁的年龄，然而，这个令女孩子都神魂颠倒的女子，不但没有因本身优越的条件而放情于男女爱恋之中，相反，她对于自己的个人问题，却始终表现得异常矜持甚至给人以冷淡的感觉。这种状况直到吴健雄与袁家骝相遇后才得到改观。

由于人们对这位大科学家太过钟爱和仰慕，因此她的感情生活受到人们的关注、研究乃至于猜测，也属情有可原。

吴健雄名震学界以后，有人向她请教成功的秘诀，吴健雄把回答汇聚成两个字，即"胡适！"她说："我们要有勇气去怀疑已经成立的学说，进而去求证。是胡适院长'大胆的假设，小心的求证'教育和鼓舞了我！"

也许读者一听到这个答案就会发笑。因为胡适并不是物理学家，更不是从事核物理实验研究的专家！事实上，胡适仅仅是吴健雄的思想启蒙之师，人生引路之人。然而，就是这位对实验物理一窍不通的门外汉，却是吴健雄最最崇拜的"恩师"！

胡适先生的关爱之情，吴健雄一直铭感于心。在曾经给吴健雄为师的学者中，给她印象最深，令她最为仰慕的就是胡适先生。吴健雄和胡适的这段师生情谊，不但吴健雄认为对她影响深远，而且胡适也曾在公开场合说，能有吴健雄这样的学生，是他平生最得意、最自豪的事情。

吴健雄到中央大学就读，得到了胡适进一步的指教、点拨。到伯克利校两个多月后，来美国参加哈佛大学三百周年校庆的胡适先生曾专程到伯克利分校探望她和一位好朋友马教授。马教授请胡适吃晚饭，听说吴健雄是胡适的学生，也请了吴健雄。胡适和袁家骝的父亲袁克文是在上海的旧相识，所以袁家骝也在座。正是在这一次，吴健雄才得知袁家骝原来是袁世凯的孙子。

那一回，胡适和吴健雄谈了很多，也谈得很久。第二天，胡适回国，在旧金山借候船之空，还特意用英文给吴健雄写了一封长信。

健雄女士：

昨夜在马宅相见，使我十分高兴。此次在海外见着你，知道你抱着很大的求学决心，我很高兴。昨夜我们乱谈的话，其中实有经验之谈，值得留意。凡治学问，功力之外，还需要天才。龟兔之喻，是勉励中人以下之语，也是警惕天才之语，有兔子的天才，加上乌龟的功力，定可无敌于一世，仅有功力，可无大过，而未必有大成功。你是很聪明的人，千万珍重自爱，将来成就未可限量。这还不是我要对你说的话。我要对你说的是希望你能利用你的海外住留期间，多留意此邦文物，多读文史的书，多读其他科学，使胸襟阔大，见解高明。我不是要引诱你"改行"回到文史路上来；我是要你做一个博学的人……凡第一流的科学家，都是极渊博的人，取精而用弘，由博而反约，故能有大成功……以此相期许，你不笑我多管闲事吗？匆匆，祝你平安。

胡适
1936年10月30日

信发出十多天后，胡适忽然想到信中一个字母有误，专此又去函更正，这一字不苟的精神使吴健雄很受"启示"。吴健雄接到这封信时刚过24岁，也是她留学美国的第一年。此后，她把胡适在这封信中的教诲作为自己的治学和人生指南，并终身实践之。

在《吴健雄：物理科学第一夫人》一书中，台湾作家江才健先生以严谨求实的态度、广阔的历史视野和丰富翔实的史料，真实地呈现了吴健雄的生活和在物理科学上的划时代成就，还通过对吴健雄与胡适之间的书信引证，也认为他俩"信中的文字，是相当有意思的"。

"……心想您明天又要'黎明即起'去赶路，要是我能在晨光曦微中独自驾车到机场去替您送行多好，但是我知道我不能那样做，只能在此默祝您一路平安。

"但另一方面却又怕您以为我误会您的意思，使您感到不安，其实以我对您崇敬爱戴之深，绝没有误解您的可能，请绝对放心。

"念到您现在所肩的责任的重大，我便连孺慕之思都不敢道及，希望您能原谅我，只要您知道我是真心敬慕您，我便够快活的了。

"我听了那次您在苏州女中的演讲,受到的影响很深。后来的升学和出洋,都是从那一点出发的。虽然我是一个毫无成就的人,至少您给我的鼓励,使我满足我自己的求知欲望,得到人生的真正快乐。"

有一次,胡适在旅行途中到书店淘书,发现有英国物理学家卢瑟福的作品,便将卢著买了全套,专门寄送吴健雄。

1962年2月24日下午,台北"中央研究院"院士会后有个酒会,时年未满50岁的吴健雄应邀出席。胡适正和朋友打招呼,忽然面色苍白,仰身倒下,再没有起来。吴健雄目睹惨状,悲痛万分,泣不成声。翌日,吴健雄到殡仪馆告别胡适遗体时,竟然全身发抖,难以自持。三年之后,吴健雄赴台为胡适扫墓,把1936年10月30日那封珍藏了29年的信交给了胡夫人。江冬秀将其存放在胡适展馆中。

对于吴健雄与胡适之间的感情问题,就连吴健雄丈夫袁家骝也曾如此坦言道:"胡适与吴健雄一生的友谊,完全是一种师生之情,因为健雄才貌出众,胡适老师又处处关心她,所以留给人们很多猜想,也不足为怪。而且,他们即使是有相互爱慕之意,也是人之常情。"

不期而遇袁家人

事实上,吴健雄戏剧性爱情故事的真正开场,是在她留在伯克利分校物理系念书,成了袁家骝的同学之后。

就在到达伯克利分校的当天午饭后,那位中国学生会会长果真把一位相貌朴实、中等偏高、挂着一副深度近视眼镜的男生带到了吴健雄的面前。

双方互作自我介绍、简单寒暄之后,吴健雄便跟着袁家骝在风景如画的伯克利校区转悠起来。

"放射性实验室就在那儿。是由大名鼎鼎的劳伦斯教授一手创建的。"袁家骝指着物理系的康特馆说,"你知道劳伦斯今年多大年纪吗?他才35岁呢!除了劳伦斯,还有一位定会让你大吃一惊的世界顶级教授,他就是天才奥本海默！"

袁家骝接着说："奥本海默原本是哈佛大学化学系毕业的，但天知道怎么会有那么杰出的物理才能！后来，他到欧洲游学，1929年到了伯克利分校。这位奥本海默教授跟劳伦斯还是同年老庚呢！"

吴健雄无限景仰地说："即使只有这两个年轻人，也足以保证伯克利分校物理系的一流地位了。"

袁家骝点了点头，认同地回答："的确如此。加州大学虽然不如东岸的哈佛、耶鲁、哥伦比亚那些学校历史长、名声大，但发展的势头非常迅猛。尤其是伯克利分校的物理系，自从1933年柏基教授担任主任后，一批年轻的顶尖级物理学家都被他吸引到这里。伯克利分校正在成为世界重要的物理学基地！所以，当我的老师向我推荐了加大伯克利分校后，我就毫不犹豫地来了。"

继续向前游走，吴健雄发现，这位袁家骝不但开朗健谈，知识广博，尤其对物理十分内行，介绍精准到位。无论她问什么，他都能给予恰到好处的解答，令她非常满意，印象极好。于是第二天，吴健雄便开诚布公地向袁家骝表示想要留下来就读伯克利。

当物理系主任柏基看到身穿旗袍的吴健雄时，立刻眼睛一亮，很幽默地向袁家骝开玩笑道："啊哈，袁先生！来美国留学还带着女友，这么多天你一直把这位漂亮的东方娇小姐藏在哪间金屋里啊，都不请出来让我们开开眼界？"

吴健雄从这句玩笑话中听出两层意思，一是柏基对她的第一印象是好的；二是柏基认为她和袁家骝是郎才女貌，十分般配的。袁家骝礼貌地微笑着解释说："啊！啊！柏基先生，不要开玩笑，这位是刚从中国上海来的学物理的吴健雄小姐。原本有老师推荐她去密歇根大学，现在她想留在我校物理系。"

自从吴建雄获得柏基的批准留在伯克利校物理系后，不但她和袁家骝的同学情谊开始了，爱情的种子也因为缘分和"般配"，而获得了萌发的基本条件。吴健雄总是喜欢拉着同学好友一块去享受那家中餐馆经济实惠的中国饭菜，但最常规的组合，还是袁家骝。只不过，由于袁的经济条件不如吴，许多时候，都是吴健雄支付餐费。

袁家骝1912年4月5日出生于河南安阳，比吴健雄年长不到两个月。其父袁克文是袁世凯的庶子，由其三姨太、朝鲜人金氏生于韩国汉城。

早年，袁世凯复辟称帝，一帮想当开国功臣的小爬虫和一心想当太子的长子袁克定，纷纷上表劝进。而只有多才多艺的"二皇子"袁克文大有众人皆醉我独醒之味，写了两首七律劝退诗以警醒父亲。其中之《感遇》有云："绝怜高处多风雨，莫到琼楼最上层。"广为流传，堪称名句。由此，袁克文失宠并被软禁，四十多岁便英年早逝。母亲不得不带着袁家骝和两个哥哥及妹妹远离北京，再回河南安阳乡下度日。以至于袁家骝虽贵为"皇孙"，从小却没有享受过荣华富贵，反而过着寄人篱下的清苦生活。

袁家骝在安阳发蒙上学，13岁到天津教会学校接受了良好的中等教育，之后升入南开中学高中，继而考入燕京大学物理系，师从中国著名理论物理学家谢玉铭，课余时间，经常与有同样爱好的燕大校长司徒雷登共同切磋交流无线电技术，获得物理学学士学位后，曾去他六叔袁克桓任董事长的开滦煤矿工作了一段时间。

美国人司徒雷登校长得知加州大学伯克利分校有国际学舍资助留学名额，遂促成了袁家骝获得助学金赴美深造。由于家中经济拮据，袁家骝登船启程时，身边仅有40美元路资，在轮船上吃了近20天臭咸鱼方才到达旧金山。正是有缘万里来相会，袁家骝只比吴健雄早二十来天到达伯克利分校。没想到在国内无缘相识的两个物理学精英到美国不久，居然成了同班同学并产生爱慕之情，最终结成伉俪。

袁家骝虽然出身显赫，但自幼生活在乡间，养成了勤劳诚恳、刻苦节俭、待人有礼、助人为乐、谦和大度的好作风，深得国际学舍主任的称赞，也给吴健雄留下了很深印象。加之他享受的那个国际学舍奖学金，可以免缴学费，管吃管住，使他减少了后顾之忧。因此，吴健雄和袁家骝时常在一起学习、用餐、旅游。吴健雄个性爽快，秉性忠直，落落大方，有时与袁家骝在图书馆看书到很晚，只要有他在，她也就不在乎天有多黑，夜有多深。

袁家骝自小聪明伶俐，多才多艺，才华横溢，对评剧、国乐都有兴趣，到美国还把二胡带在身边，兴起时，便把《教我如何不想他》《毛毛雨》等歌曲谱写下来自拉自娱。

吴健雄才貌出众，气质典雅，又饱受中国传统文化熏陶，爱穿中式高领缎面旗袍，在显出女性柔媚之时，又不失矜持庄重，在举手投足间，总散发出东方女性的特有韵味和魅力。在她迷人的外表和谨慎言行里始终隐匿着一种理性和诚实的因子，于是成了男生们歆羡的焦点，如众星捧月一般。无论中外男女同学校友，一旦与她相识，都会亲昵地叫她"基基"。当然，在众多捧月的星星之中，袁家骝便是其中最明亮的一颗。

袁家骝靠助学金读完了第一年课程后，随着美国对华人的歧视加剧，到了第二年，他的助学金被取消了。这段时间，吴健雄和袁家骝的感情在隐秘中渐趋稳定，他们一起向学校申请奖学金未能成功。为了继续学业，袁家骝只好试着向加州理工学院提出奖学金申请。

曾获得诺贝尔奖的大科学家、加州理工学院院长密立根爱才，很快来电说，同意给袁家骝奖学金，欢迎他转往加州理工就读。为了共同度过经济难关，袁家骝尽管不舍，还是告别吴健雄，去了洛杉矶。以后的5年，靠着奖学金和在该校兼任助教的收入，凭着一股"虎瘦雄心在，人贫志气存"的精神，袁家骝以优异成绩读完学业，取得了博士学位。

时间和距离有时能够损伤爱情，有时似乎更能成就爱情。当两个人心意相通时，无论相距多么遥远，两情都会相互吸引。袁家骝离开伯克利校去加州理工学院后，因两校不在一地，俩人开始了长时间的鸿雁传情。

随着两人间了解的增多，他们在对方身上看到了对科学事业的共同热忱，因此愈加惺惺相惜，驱之不离。通过4年的刻苦学习，已经双双取得博士学位，可以说是功成名就的吴健雄和袁家骝都已经28岁，到了该谈婚论嫁的时候了，于是，她和袁家骝的恋爱婚姻问题终于被正式提上日程。

结婚之前，吴健雄还专程去了一趟东部，见到了时任中国驻美大使的胡适先生，她向胡适征求自己和袁家骝结婚的意见，得到了一些良好的建议。

1942年5月30日，就是吴健雄30岁生日的前一天，也是一个星期天，她和在加州理工学院已经取得博士学位的袁家骝在洛杉矶帕萨迪纳加州理工学院院长、袁家骝的指导教授密立根家中举行了简朴而隆重的婚礼。由于太平洋战争爆发，他俩在中国的亲人都不能前来参加，但是他们在美国的许多同学好友前来出席典礼。密立根教授送给他们的礼物是一句话："实验第一，生活第二。"当时在加州理工学院担任中国同学会会长的钱学森也来了，还替他们的婚礼拍了一部8毫米的记录影片。婚礼之后，两人在洛杉矶稍南的拉姑纳海滨，只度了一个礼拜的"蜜周"。

1942年5月30日，吴健雄与袁家骝步入婚姻的殿堂。

袁家骝研究的领域非常广泛，涉及无线电定向探测器、宇宙射线、高能物理、高能加速器和粒子探测系统等。度完蜜周，袁家骝要到东海岸普林斯顿大学从事国防设施连波雷达的研究。吴健雄也接受了麻省史密斯女子学院的教书聘约。于是，他们夫妇一道去了东海岸，各自从事自己的教学或研究，只有周末，两人才在纽约相会。

婚后，夫妻生活上相互体贴关心，相亲相爱，共筑爱巢；事业上，成为比翼双飞的科学连理，相互支持配合；在工作地点的庭院里，还利用闲暇种上了包心菜、玉米、番茄和西瓜。每逢周末，他们家就成了中国留学生聚会的场所。其中有后来在国际建筑设计领域登峰造极的贝聿铭，有大数学家陈省身和华罗庚，有著名经济学家方善桂、物理学家张文裕，还有张学良的弟弟张学曾等人。

袁家骝不仅克尽丈夫职守，还时常做家务活儿。诸如洗衣、吸尘、买菜、下厨以至带孩子，他无所不做，也无所不会，尽可能地让吴健雄全身心地从事研究。袁家骝曾颇有感受地说："夫妻也如同一个'机关'，需要合作，婚前要有承诺，婚后要会协调。"朋友圈评论袁家骝一贯以太太为荣，说："不管吴健雄去什么场合，拎照相机的总是袁先生！"

在吴健雄给朋友的信中有这样一段话："在三个多月共同生活中，我对他了解得更为透彻。他在沉重工作中显现的奉献和爱，赢得我的尊敬和仰慕。我们狂热地相爱着。"从这封信，可以看出吴健雄新婚生活相当快乐和谐，夫妻感情分外甜蜜。接排这对科坛伉俪，一直互助互爱，比翼双飞，成为几十年如一日的神仙眷侣。他们的情感生活，一直传为美谈。一次，一位男士称吴健雄为"袁教授"。她和颜悦色地更正道："我是吴教授，袁太太。"吴健雄每每提到自己的研究和成功时，总是说："这是家骝对我的理解、鼓励和帮助，我真感激他。"

原子弹之母

吴健雄在劳伦斯和塞格瑞教授指导下进行的头一个实验题目是探究放射性铅产生β衰变放出电子，进而激发出两种形态X光的现象。年底，在物理学界，铀原子核分裂的发现，引发世界轰动。这项成果于次年1月由英国科学期刊《自然》正式公布后，全世界这一领域的科学家都迫不及待地开展相关的实验。而吴健雄当时的课题，正是铀原子的核分裂产物实验。吴健雄的实验从一开始起就精确而细致。为了在实验中省出时间，她一天三顿面包就牛奶，常常一站就是一整天，甚至好几次晕过去，但她依然坚持把实验做到极致。劳伦斯和塞格瑞都对她极为赞赏，尤其对她的物理学天赋、敬业和执着感受深刻。

就在吴健雄获得博士学位的第二天，劳伦斯问吴健雄："留在伯克利做博士后研究好不好？""当然好。"吴健雄毫不犹豫地回答，随后就扑到实验上，因为只有实验才能让她忘记思乡之苦。

在塞格瑞指导下，吴健雄利用伯克利校的回旋加速器，进行中子撞击铀原子核，分析其产出物的核分裂实验得出了许多重要成果。这些成果具有两大重要意义。一是吴健雄的实验虽有塞格瑞指导，但大多数内容都是她独立完成的；二是其中一项实验结果，对于后来美国制造原子弹的"曼哈顿计划"做出了关键性贡献。这时的吴健雄已经成为伯克利校的传奇人物，名声早已传到了校园以外。

在伯克利校所在地奥克兰郡的《奥克兰论坛报》1941年4月26日刊出的一篇报道中说："在一个进行原子撞击科学研究的实验室中，一位娇小的中国女孩，和美国一些最高水准的科学家并肩工作，取得了突出成就。"报纸同时配发了一张相当大的照片。照片中的吴健雄明眸皓齿，聪慧俊秀，透出自信坚定的风采。此后，美国便开始有了"东方居里夫人"的说法。消息传到国内，国内也风传在美国出了个"中国居里夫人"。毫无疑问，那时的吴健雄就已经是科学上一颗耀眼的新星了。

这期间，吴健雄对学校举行的一般性娱乐活动兴味索然，很少参加。但只要有知名科学家造访，她却是每场必到，为的是能亲眼目睹心仪已久的大科学家，以期对自己的事业有所启发。有一次，提出原子模型的丹麦大科学家波尔来到伯克利校，所有学生都没有资格参加。吴健雄经多方努力失败后，急得差点哭了。又有一次，被称为"伟大泡利"的奥地利大科学家泡利到伯克利校演讲。这次，因为吴健雄的老师与泡利关系密切，她得以出席了招待晚宴。泡利与吴健雄一见如故，告诉她："我读过德文本专论你们中国《易经》的书。真没想到，早在几千年前，中国人就已经对宇宙有了很深刻的认识！真了不

吴健雄在工作。

起！"泡利的话让吴健雄又惊又喜，两人的距离由此一下子拉近了。吴健雄随即向泡利详细介绍了《周易》以及对中国人的影响。泡利听得津津有味。从此，泡利和吴健雄结下了深厚友谊，对她后来的科研很有帮助。吴健雄由此也更加理解胡适先生对她的教导："凡第一流的科学家，都是极渊博的人。取精而用弘，由博而反约，故能有大成功。"

吴健雄在伯克利两年博士后的主要研究和实验内容是铀元素的分裂产物以及一些元素的放射性同位素，其实验设备主要是回旋加速器。而那时的劳伦斯为了获得一些收入来支持再建一套回旋加速器的经费，总强调要将加速器应用在治疗癌症方面，一些病人接受照射治疗后，也确实使病情有所好转。为此，吴健雄总是早上六点就去实验室开启设备，等病人治疗一停止，就马上接着工作。

一段时间后，吴健雄在原子核分裂和放射性同位素方面的杰出工作，使她成为奥本海默、劳伦斯、塞格瑞等大科学家心目中的"权威"和"新秀"，经常被邀请在讨论会上主讲有关专题。就连导师塞格瑞应邀演讲核分裂情况时，也要请她协助提供资料。

有一回，塞格瑞拿了一个经过中子照射的东西想考考吴健雄，他半开玩笑道："基基，你看这是什么？"吴健雄掂量一下，口判定是"铑"。塞格瑞立即举起大拇指，开心地笑了。因为他拿来的果真是"铑"。

正是在吴健雄按照塞格瑞的思路进行中子撞击铀原子核，并分析其产出物的实验期间，她自己独立在铀原子核分裂产物——碘中观察并确定出两种放射性惰性气体氙的半衰期、放射数量和同位素数量。吴健雄的成就使塞格瑞大为赞赏，认为她已经是可以独立做出一流工作的杰出实验物理学家了。

吴健雄在实验得到结果后，写了一篇论文，在自己的名字前署上导师塞格瑞准备寄往物理期刊发表。塞格瑞看到后，提笔删去了自己的名字。这篇以吴健雄独立署名的文章随后刊登在美国最有地位、最权威的《物理评论》上。此举至今传为科坛佳话。塞格瑞在后来评论吴健雄时曾写道："她的意志力和对工作的投身，使人联想到居里夫人。"

由于"二战"中欧陆战局日渐吃紧，反法西斯同盟担心纳粹德国抢先搞出超级武器来，因此这个时期，在美国进行原子核分裂的科学家，都心照不宣地将一些最敏感的实验结果严格保密。像吴健雄和塞格瑞做出来的关于铀原子核分裂出产物的实验结果，也就是和制造原子弹最密切相关的知识，当时尚未公之于众。

一天，伯克利校的物理学家想听听原子核分裂的最新发展，奥本海默知道吴健雄在这方面很有见地，便请她来主讲。吴健雄只讲了一个小时关于原子核分裂的纯物理理论后，才提到连锁反应的可能性，就接着说："现在我必须停下来，不能再讲了。"这时吴健雄看到在座上听讲的劳伦斯哈哈大笑，还回头看看坐在后面的奥本海默。奥本海默也笑起来，因为他们知道吴健雄的意思——后面的内容需要保密。尤其是奥本海默对于吴健雄在核分裂方面积累的深厚知识十分清楚，每次开会讨论核分裂及连锁反应相关问题时，他总是会说："去请吴小姐来参加，她知道所有关于中子吸收的理论知识。"

在当时的伯克利校物理系，以奥本海默为首，聚集了包括吴健雄在内的一批最聪明的科学家。这些科学精英不但是随后美国成功制造出原子弹的生力军，也共同构成一块磁性极强的"磁场"，为美国战后吸引和培养预备了许多科学精英。

那时，反法西斯同盟的科学家虽然在讨论原子弹制造的可能性，但他们意识到，纳粹德国更有可能已经在实施原子弹制造计划了，从而敦促美国的原子弹计划正式纳入议事日程，开始酝酿生产。美国的原子弹计划由吴健雄的导师奥本海默担任科技主持人，总部设在纽约市的曼哈顿，因此称为"曼哈顿计划"。当时，正好是吴健雄和袁家骝婚后一个月，夫妇双双来到美国东海岸期间。

一年后，吴健雄改任普林斯顿大学讲师，给一些参与国防计划的军官讲授核物理学；随后进入哥伦比亚大学任资深科学家，并获特殊保密许可，以一个外国人身份，参加当时美国最机密的、制造原子弹的"曼哈顿计划"。那时，原子弹制造计划虽然已经进入相对成熟阶段，科学家对于这样一种威力惊人的炸弹，也已经有了充分肯定的认识，但如何浓缩铀元素并使其达到临界质量，如何有效引爆等比较关键的技术问题，还需要深入研究。吴健雄参与的具体工作，就是浓缩铀中十分重要的γ射线的探测问题。

经过一段时间的努力，在华盛顿州汉福得建立的核反应堆如期运行。一开始，运行得很好，但几个小时后便停止了。正在人们急得团团转之时，塞格瑞告诉他们："应该去问吴健雄！"人们立即打电报到纽约来请教吴健雄，从而使原子核连锁反应得以顺利进行。实践证明，正是吴健雄刊登在美国《物理评论》上的那篇关于铀原子核分裂后，产生的氙气对中子吸收的理论，在关键时刻，解决了核反应的难题，从而使之获得成功。

1945年7月16日，正当中国人民的抗日战争到了最关键时期，在美国新墨西哥州的沙漠中，人类第一颗原子弹试爆成功。它惊人的威力和巨大的蘑菇云，象征着一个新时代的来临。

当时，美国共生产了3颗原子弹，分别命名为胖子、瘦子和小男孩。试验时用了"胖子"，剩下"瘦子"和"小男孩"，分别于1945年8月6日和9日，投在日本广岛和长崎，死难者有数十万，其骇人听闻的杀伤力，给曾经狂妄无忌、凶残至极、毫无人性的日本强盗以巨大的震慑和打击，最终促成日本的投降和二战的结束。而这3颗原子弹，正是在吴健雄参与指导下结出的硕果。这就是吴健雄后来被人们称为"原子弹之母"的原因。

值得一提的是，吴健雄能参与美国的"曼哈顿计划"，首先，主要是由于她在原子核物理研究上有着极其重要的成就；另一方面是由于"曼哈顿计划"的学科主持人、有美国"原子弹之父"称号的大科学家奥本海默对自己这位学生特别赏识、十分信任的缘故，才能使她以一个还不具备美国国籍的外国人身份，参加到如此机密的国防科学计划的最核心工作中。

原子弹是20世纪许多科学家共同努力的产物，它所展现的悲惨毁灭景象，不但使世人惊骇，也使许多参与该计划的科学家，产生出屠杀生灵的愧疚感甚至是负罪感。但是，更多的科学家则认为，在美国发展原子弹的同时，纳粹德国也在进行类似的计划，如果不抢占先机，万一纳粹德国先期成功，将会带来更大的灾难。而中国人则以为，吴健雄不仅对美国的"曼哈顿计划"做出了特殊贡献，对中国也有着难以估量的重大贡献。因为，日本的提早投降，使得中国战场上少牺牲了不计其数的同胞。

对于后来有人与吴健雄谈到关于原子弹的摧毁性杀伤之事，她心中还是表现出极其痛心。但她还是用近乎恳求的口吻回问道："你认为人类真的会这样愚昧地自我毁灭吗？不，不会的。我对人类有信心。我相信有一天我们都会和平共处。"

不用浮名绊此身

一直以来，从事物理学研究的人们，都把"宇称守恒定律"当成物理学界必须遵循的真理，这也是研究物理的人一致笃信的基本原理之一。所谓"宇称守恒"，简单说，就是一种空间的左右对称性，即物理规律在某种变化下的不变性。而要对这个物理上的基本原理产生怀疑，是一个非比寻常的想象，一种非比寻常的举动，更需要非比寻常的理论和非比寻常的科学实验来作支撑。

事情还得从抗战胜利说起。是美国人向日本投掷的威力巨大的原子弹唤起了中国人制造原子弹的梦想，也使蒋介石看到其重要性，并把制造原子弹的重任交给了时任西南联大物理教授的吴大猷。于是，时年不满20岁，高中仅上了两年的李政道被吴教授选中，并于1946年7月离开祖国，踏上了赴美留学之路，开始了他以学习制造原子弹为主要目标的留学生涯。

那时，也是被吴大猷选中的杨振宁已经在芝加哥大学毕业后留任助教，接到吴大猷的通知后，他给李政道等人在学校国际公寓预定了房间。杨振宁是比李政道高两个年级的西南联大校友，其父杨武之又曾是李政道的老师。杨、李虽初次谋面，但因这些关系，又身处异国他乡，自然倍感亲切，很短时间便成了兄弟加密友。在攻读3年之后，聪明过人的李政道23岁就以"有特殊见解和成就"提前通过了芝加哥大学博士论文答辩，被誉为"神童博士"。

李政道首先从理论上发现"宇称不守恒"，并用大量论证事实说服杨振宁接受了他的意见。他们又共同根据对大量实验数据的分析，进一步证实了这项发现的正确性。为了慎重起见，1956年4月底或5月初的一天，杨振宁与李政道一起，驱车去面见吴健雄，把这个想法告诉这位实验物理学家，并诚挚地正式邀请他们这位尊敬的大姐，安排在实验中做出验证。

吴健雄立即对这个问题发生极大兴趣，并答应由她亲自来主持这个实验。此时的吴健雄已经认识到，对于她这个从事β衰变研究的原子核物理学家来说，进行这样的重要实验是一个不可错过的黄金机会。她想，不管实验结果证明宇称在β衰变方面是否守恒，同样是为这两个方面的科学论点提供了一个极为重要的科学实验证据。

当时，吴健雄和袁家骝已经决定一起回国，看一看阔别20年的故乡和亲人。杨振宁与李政道的突然到访，打乱了吴健雄夫妇的回国计划。当吴健雄将李、杨所托之事告诉丈夫后，袁家骝微笑着深情地看了妻子一眼，二话没说，毅然退掉一张船票，一人踏上了回国的旅程。他知道，妻子的心已经被这项富有挑战性的实验深深地吸引了。

吴健雄领导她的小组采用Co（钴）60原子核作为β衰变放射源，在极低温（0.01K）条件下用强磁场把Co（钴）60原子核自旋方向极化的方法进行检验，并为此作了周全的人员和器材准备，一次非同寻常的实验开始了。

李政道和杨振宁则于1956年6月，共同署名寄出了一篇题为《对弱相互作用中宇称守恒的质疑》的论文，并于当年10月在《物理评论》上刊出，从理论上提出宇称守恒的观点并不普遍适用。

当时，物理学界的著名大师"伟大泡利"对李、杨提出的宇称可能不守恒观点也持反对态度。当他从他的学生怀斯科夫信上得知吴健雄正在为李、杨进行这个实验时，立刻回信说："做这个实验是浪费时间，我愿意押下任何数目的钱，来打赌：宇称一定是守恒的。"

吴健雄做实验，一向是以审慎而精确著称的。经过两个多月的艰苦劳作，尽管他们已经在实验中获得了初步结果，但态度依然是谨慎的，在向外界宣布结果以前，又进行了更多细致精确的查证。同时，吴健雄还指导她的研究生，进行一些计算，看看这些实验数据与李、杨的理论数据是否吻合，是不是真正显现了β衰变的宇称不守恒效应。

吴健雄的实验终于取得了最后成功。1956年12月24日晚，平安之夜并不平安，美国首府华盛顿下起了罕见的暴雪，风雪使得华盛顿的两个机场关闭，许多往来于华盛顿和纽约间的旅客，都涌向华盛顿的联合车站，改搭火车回纽约。那天夜里，一位身形娇小的中年东方女性，也挤在人群中，独自买票乘坐当晚开往纽约的最后一班火车。她，就是吴健雄。吴健雄当时已经是世界物理学界相当出名的实验物理学家，而且她的这趟旅程，对于人类科学的历史，也有着特别不同的意义。因为她这次带回纽约的实验结果，将会使人类20世纪的物理学进展，发生革命性的重大改变。

坐在火车上，吴健雄依然思绪重重，还是有所担心。一方面她很难相信自然会有如此奇怪的现象；另一方面也害怕实验小组在实验中会出什么意想不到的差错。尽管她已经决定把实验的最后结果带回纽约，向杨振宁和李政道通报，但她从内心还在对自己说，这个结论还要再慎重，再次复核查验，并且要求李、杨暂时不向外界透露。

1957年1月2日到8日，吴健雄和4位合作者再次详细核验了他们的实验结果，一次一次地把温度降到液态氦的低温，检验所有可能推翻他们结果的因素。研究生哈泼斯甚至用一个睡袋睡在实验室的地板上，每当温度降到所需低温，就立即打电话通知吴健雄和其他三人，三人便冒着冬夜的严寒立即赶到实验室。1月9日清晨2点，他们终于将预定要进行的实验查证全部做完，5位从事这项实验的科学家聚在实验室，庆祝这个科学史上的伟大时刻，为他们推翻宇称守恒定律而高声叫道："好了，β衰变中的宇称守恒定律已经被判死刑了！"

1月15日，哥伦比亚大学为这项新的发现举行了记者会，哥大物理系当时资望最高的拉比教授，中止带薪休假回来主持这个记者会。参与这个科学新发现的哥大有关科学家，包括吴健雄、李政道、李德曼、加文等人都出席了。同日，吴健雄等人的实验报告论文寄给了《物理评论》期刊。在决定论文作者姓名顺序时，大家一致认为应把吴健雄排在首位，其他四人的名字以字母顺序依次排列。次日的《纽约时报》以头版头条报道了这件特大新闻，标题是《物理的基本观念宣称已经被实验推翻》。美国的一些重要杂志如《时代》《生活》，也都大篇幅报道了这个人类科学史上的重大事件。在这些报道中，李政道和杨振宁两位提出理论构想的科学家，自然是主要人物，而最先做实验证明他们想法的吴健雄也得到了高度评价。吴健雄等人的实验报告论文,被刊登在《物理评论》2月15日的一期上。

是年10月,吴健雄正在纽约北部一个大学讲课。奥本海默突然打来电话告诉她说:"基基,杨振宁、李政道得到了今年的诺贝尔物理学奖。"那时候还担任普林斯顿高等研究院院长的奥本海默,为此特别举行了一次晚宴,邀请吴健雄和杨振宁、李政道等人参加,并在晚宴前做了简短讲话,表示这次宇称不守恒有三个人功劳最大,除了杨、李之外就是吴健雄,还特别强调不可忽略了吴健雄的贡献。

但令人不解的是,那一年,瑞典王家科学院的诺贝尔委员会,并没有把诺贝尔奖颁给吴健雄,从而使得许多人感到意外和不满。许多大科学家都公开表示了他们的失望和不平。

李政道与杨振宁一起,就"宇称不守恒"的发现共同获得了历史上首个华人诺贝尔物理学奖,为整个中华民族赢得了荣誉,为世界华人赢得了自信,也成为中国无数青年所敬仰和崇拜的偶像。

然而,令人揪心般遗憾的是,正是这对科学事业上曾经志同道合的伙伴,共同克坚攻难的战友,却因为那个令所有为科学事业奋斗献身的人们梦寐以求的诺贝尔奖而分道扬镳了,以至近半个世纪来,两人一直相互仇视,甚至见面连话都不说了,而且时至今日依然无解。

如今都已耄耋之年的两位诺贝尔奖得主之间,无非是当年为了颁奖顺序的你前我后和论文署名的你主我次所引发的恩恩怨怨,可以共苦而不能同甘的狭隘之思,虽经大量朋友苦口婆心劝说和数十年光阴消磨,都没能消弭掉他们之间的芥蒂,从而成为科学史上一段著名的公案,成了中华民族之殇,也成了两个曾经的挚友之间一场跨世纪悲剧和旷世奇怨,让国人为之扼腕叹息。

对此,作为他们的共同导师,奥本海默感到非常遗憾,曾十分尖刻地各打五十大板说:"李政道应该不要再做高能物理了,而杨振宁更应该去看看精神科医生。"

1988年获诺贝尔物理学奖的杰克·斯坦伯格教授当年曾说:"诺贝尔奖没有同时颁给吴健雄,是诺贝尔委员会的重大失误,因为宇称不守恒的构想虽然是李、杨提出的，但却是吴健雄做实验发现并证明的。"而且根据诺贝尔基金会规定，在同一个项目中得奖人每年不得超过三人。如果当年将吴健雄列入和李、杨一同得奖，也正好符合这个规定。

尽管科学界一直有不小声音，为甘愿作为人梯，把两位年轻的中国科学家推上诺贝尔奖领奖台的吴健雄未能获奖而抱不平，而吴健雄本人对于自己没有得到诺贝尔奖，多年来从未公开表露过意见。不仅如此，她在丈夫和儿子面前也从未提起过此事，更没有显出任何抱怨之情。由此可见出吴健雄对于奖项、对于浮名的态度。不仅如此，吴健雄还对那些公开为她未能获得诺贝尔奖而"叫屈"的人们安慰之余还加以劝止说："对比胡老师的度量，我的回把'奖'不发，仅是'小事'一桩，完全不足挂齿！" 渐渐地，随着时光的流逝，也就没人再提及此事，为她鸣不平了。

直到1989年1月，才看到吴健雄在回复斯坦伯格的信上，除了恭贺他获得1988年诺贝尔奖外，也对他在信中以及在《科学》杂志上发表文章，对她所获成就的赞扬表示深受感动，极为感谢并为自己没能与李、杨同时获奖而有所想法。她说："像你这样一位近代物理的伟大批评者，所给予我这样一个罕有的称赞，是比任何我所期望或重视的科学奖项，还要更有价值。我的一生，全然投身于弱相互作用方面的研究，也乐在其中。尽管我从来没有为了得奖而去做研究工作，但是，当我的工作因为某种原因而被人忽视，依然是深深地伤害了我。"这是仅见的一次吴健雄对于自己所鸣的不平，而这离那次诺奖颁发的时间（1957年）已过去30多年了，面对评委会的不公证，吴健雄表现出极端谦卑和容忍的态度，何其让人钦佩！这种高尚的人格精神，在中华文化中是有依据可寻的，远者如东汉的"孔融让梨"。吴健雄不争"诺奖"之名，却将博大精深的中华美德昭示给了世人。

正如吴健雄的儿子后来所说："的确有很多人都认为母亲有资格获得那一年的诺贝尔奖，但是即使对她有什么不公平，她仍会继续她的研究工作。"吴健雄对诺贝尔奖的态度，似乎应了杜甫的"细推物理须行乐，何用浮名绊此身"的名句。她把无缘诺贝尔奖的不快深深地埋在了心底，甚至连丈夫和儿子都没有察觉。

爱因斯坦在悼念玛丽·居里时曾说过这样一段话，搬来用在吴健雄身上，应该是非常贴切的：

"在像居里夫人这样一位崇高人物结束她的一生的时候，我们不要仅仅满足于回忆她的工作成果对人类已经做出的贡献。一流人物对于时代和历史进程的意义，在其道德品质方面，也许比单纯的才智成就方面还要大，即使是后者，它们取决于品格的程度，也许超过通常所认为的那样。

"我对她的人格的伟大愈来愈感到钦佩。她的坚强，她的纯洁，她的律己之严，她的客观，她公正不阿的判断——所有这一切，都难得地集中在一个人身上。她在任何时候都意识到自己是社会的公仆，她的极端谦虚，永远不给自满留下任何余地。"

是啊！吴健雄的人生可以说是"上善若水任方圆"。虽然也有人说水是露珠，细小脆弱，一不小心就会被蒸发掉。但是，我们更惊叹水滴石穿的耐性，惊叹水的以柔克刚，惊叹水的坚韧不拔，惊叹水执着雕刻世界的伟大力量！

琴瑟和谐，举案齐眉

吴健雄的一生，正如居里夫人所说："在成名的道路上，流的不是汗水而是鲜血，他们的名字不是用笔而是用生命写成的。"

尽管吴健雄在验证"宇称不守恒"的实验中做出了关键性贡献，但最终却与当年的诺贝尔物理学奖失之交臂，不免令众多人为之叫屈。但吴健雄的一生，仍然以其卓越的贡献几乎囊括了除诺贝尔奖以外的所有科学或技术大奖和崇高荣誉。人们赋予了她：世界原子物理女王、原子弹之母、华人之光、东方居里夫人、物理科学第一夫人、世界最杰出女性实验物理学家等荣誉和无上荣光。这些荣誉和褒奖的社会影响，并不逊色于获得某个领域的诺贝尔奖。

美国总统福特亲自为吴健雄颁发了美国国家科学勋章，这是美国最高的科学荣誉。以色列沃尔夫基金会向吴健雄颁发了沃尔夫物理学奖，以表彰她对科学和人类的杰出贡献。这个奖项是1975年，以色列人"为了人类的利益，促进

晚年的吴健雄与袁家骝夫妇，和蔼而慈祥的老人。

科学和艺术的发展"而设立，也是专为那些应得而因为种种原因而未得到诺贝尔奖的落选者而设立的。吴健雄有幸成为该奖的第一位得主。

为了表彰吴健雄在物理学领域的杰出贡献，吴健雄工作的哥伦比亚大学授予她代表理工界最高荣誉的普平纪念奖章。普平是美国历史上的大发明家。为纪念这位伟大的科学家，普平的母校设置了"普平纪念奖章"。吴健雄的办公室及实验室所在的物理楼就叫普平楼。吴健雄十分欣赏普平的人格和工作态度。普平当年初到美国时兜里只剩下5美元，但他积极进取，最终成了大发明家和应用物理学家。

吴健雄还先后分别荣获普林斯顿大学、耶鲁大学、哈佛大学、南京大学、北京大学、中国科技大学、台湾中央大学等16所世界知名高校的荣誉博士或名誉教授称号；获意大利总统授予的"年度杰出妇女奖"；在美国自由女神像建立一百周年庆典时，获艾丽斯岛荣誉奖章；还先后受到罗斯福、卡特、尼克松、里根等多任美国总统的接见和表彰；分别当选为台湾"中央研究院"院士，中国科学院首届外籍院士等。

除了师尊之厚德铸就了弟子之丰功外，吴健雄能取得如此耀眼的辉煌成就，还要感谢椿庭之恩助推。因此，功成名就后的吴健雄，在回忆人生历程，言及父亲和家庭对自己一生的影响时激劲地说："如果没有父亲的鼓励，现在我可能在中国某地的小学教书。父亲教我做人要做'大我'，而非'小我'。"吴健雄没有辜负父望，成功地实现了"做大我"的目标。

1990年，经国际小行星组织批准，将南京紫金山天文台国际编号为2752号小行星命名为"吴健雄星"，以表彰她对物理学所做出的杰出贡献，让"中国居里夫人"的名字留在了永恒的浩瀚星空。

在筹备庆祝吴健雄80华诞之际，李政道、杨振宁、丁肇中、李远哲四位华人诺贝尔奖得主，在台北发起成立"吴健雄学术基金会"，想在庆祝80大寿之际，给她一个惊喜。谁知吴健雄获知后，一再婉拒，最后竟躲了起来。她说："我不喜欢出风头。做研究是我的本分，我只是运气好，成果还不错而已。不要以我的名字成立基金会。"最后，朋友们逼着她的夫婿袁家骝做了几次思想工作，才迫使她就范。吴健雄夫妇还同时荣获全美华人协会颁发的杰出成就奖，以表彰他们在科学上的卓越成就和为华人社会的进步与发展做出的杰出贡献。

对于吴健雄绚烂多姿的一生，中科院院士冯端赞誉道："吴健雄教授和袁家骝教授均将他们半个世纪的生涯奉献给了崇高的科技事业，道德文章，堪为当代青年人效法的楷模。"

李政道博士也曾这样评价甘愿为自己和杨振宁的成功充当人梯的老大姐："吴健雄教授是20世纪最杰出的科学家之一，在女科学家中与居里夫人并驾齐驱，彪炳千秋。"

正如吴健雄墓志铭上所说："她是卓越的世界公民和一个永远的中国人。"她是中华民族的骄傲！中华民族的脊梁！

吴健雄的丈夫，著名物理学家袁家骝博士被称为"东方居里"，晚年成为一位和蔼可亲、平易近人的老人。吴健雄和袁家骝，被科技界合二为一，尊称为"东方居里夫妇"。这是人们对这对数十年相濡以沫，刻苦奋斗，取得举世瞩目成就的科学家夫妇的最高褒奖。

"东方居里夫妇"非常恩爱，他们的爱情故事在物理界脍炙人口。在生活中，是凡人都会有为一些家庭琐事发生矛盾的时候，而袁家骝解决家庭矛盾的秘诀是："太座第一。"虽然家中的许多事情都是吴健雄做主，但她对丈夫又有一种女人对男人的天性依赖。每每遇到棘手的事，她总是对人说："等家骝来了再说。"她常向人夸耀："我有一个很体谅我的丈夫，他也是物理学家。"他们平常工作不在一起，只能周末见面，有时可能几个月才有机会相聚。很多家庭不能承受这样的"分居"生活，但他们因为彼此深爱，所以才能因相互理解并为对方做出牺牲。

正如他们的独生子袁纬承所说："在我眼里，他们并不需要像美国人那样彼此说些甜言蜜语，因为他们的行动已经表明了一切。我的父亲是一个个性很强、意志坚定的人，但他却很迁就我的母亲。"

吴健雄和袁家骝婚后仅育有一子，取名袁纬承。在产期，大科学家爱因斯坦曾亲自前往探视吴健雄母子。在对儿子的培养教育上，袁家骝夫妇注重言传身教，鼓励自强自立。也许是耳濡目染的缘故，或许是遗传基因使然，袁玮承继承了父母的专长。高中毕业后，报考了母亲长期工作的哥伦比亚大学物理系，学习8年，取得了博士学位。现在的袁玮承是美国洛斯阿洛斯国家实验室的核物理研究员。由此，袁家骝一家成为名副其实的"物理之家"。

袁家骝先后在普林斯顿大学、布鲁克海汶国家实验室任高级研究员，长期从事基础物理研究，在"中子的来源""高能质子加速器""共振子物理"等领域都有新发现和新成就。是他第一个证明了宇宙线中的中子并不是来自太空，而是在地球的大气层中产生的，是初级宇宙线在大气中产生的次级粒子，从而彻底推翻了原来的、中子是来自宇宙空间的错误论断。

袁家骝曾荣获全美华人协会杰出成就奖、工程师协会科学成就奖、古根海姆奖；受邀担任欧洲、法国、前苏联等许多国家和地区的核物理、高能物理研究机构与大学的访问教授；当选台湾"中央研究院"院士；先后被南京大学、东南大学、中国科技大学等10余所大学聘为客座教授、名誉教授；退休以后，仍担任布鲁克海汶国家实验室顾问；曾陪同中国科学家代表团访问西欧核子研究中心，从而成为新中国建立后代表西方与中国物理学家直接接触的第一人。

解放初期，蒋介石欲在台湾研制原子弹，并于1956年、1962年两次在台湾会见袁家骝夫妇，征求他们的意见。可是这对东方居里夫妇不赞成台湾研制生产有着巨大杀伤力的原子武器，建议将研制原子武器的经费用于和平利用核能，诸如用在医疗、民用电力等和平用途上。随后向台湾"中研院"建议研制当时前景十分看好的第三代"同步辐射加速器"。

袁家骝曾到台湾亲自与蒋经国面谈，引经据典，晓之以理，动之以情，说服蒋经国同意了"同步辐射计划"，从而促使该设施在10年后得以完工运转，并担任"同步辐射"研究中心指导委员会主任和董事会主席。如今，台湾"同步辐射加速器"已成为全世界最先进的4台设备之一，在台湾的民用、医学和科研上起着巨大作用。袁家骝经常来往于台湾与大陆之间，利用访问、讲学之机，为祖国的建设、海峡两岸的交往与协作而奔波，为实现海峡两岸的经济技术合作穿针引线，铺路搭桥。

正如冯端先生所言："我们怀着喜悦和欣慰的心情在评说以上不朽成就的同时，透过这些它们所留下的历史轨迹，看到了后面站着的人——那就是永垂不朽的袁家骝先生！"

吴健雄和袁家骝被人们称作本世纪华人中最知名的伉俪和神仙眷侣。袁家骝尽管也在高能物理研究方面取得不菲成就，但作为物理女皇、妻子吴健雄王冠上的宝石太璀璨夺目了，以致身处这光环之下的袁家骝产生了"灯下黑"效应，显得略逊一筹。

有人说，爱情究其根本，是寻找世界上的另一个自己。吴健雄和袁家骝相互在对方的身上找到了自己的影子。他们彼此是世界上的另一个自己。袁家骝在吴健雄身上找到了自己的梦想，所以甘愿付出所有的爱来呵护她，支持她。他们本来就有相似或相同的目标，她的成功，也就是他的成功。

她是他的妻子，是国际舞台上闪耀光芒的伟大科学家；他是她的丈夫，是甘愿永远走在她身后的那个人；他付出自己的全部，成全她的辉煌；她理解他的良苦用心，报以一世的真情。这份付出和理解，也正是世人所共同追求的爱的真谛。在人的一生中，要多难得，才能遇到可爱的人；又要多幸运，才能爱到值得爱的人。

冯端先生曾在一份杂志上这样评价袁家骝和吴健雄："他们具有第一流实验物理学家所具备的难能可贵的素质；对于物理学有深刻的理解和高度的洞察力，从而设计出精巧的实验使大自然俯首贴耳，泄露它的天机；又能巧于动手、敏于实验，将头脑中的蓝图变为实验室中的设备装置；能与合作者融洽相处，最大限度地调动他们为共同事业奋斗的积极性；更有锲而不舍的精神，克服前进道路上的重重障碍和困难，绝不半途而废；再加上以谨严的治学态度来对待每一项实验结果，使之颠扑不破，经得起多方面的考验。"

赤子难舍故土情

吴健雄夫妇虽然长期客居海外，但始终没有忘记自己的根脉在中国。大海隔不断故国情。他们婚后曾多次打算回国工作，但均因二次大战、抗日战争而"搁浅"。再往后，一方面是因为吴健雄战时曾参加了美国研制原子弹的"曼哈顿计划"而受到离美限制；另一方面是新中国成立后，中美关系日趋紧张，加上国内政治运动不断，于无奈之下，他们夫妇于1954年加入了美国籍。但他们一颗赤诚的中国心却始终未变。

就在中美关系解冻，尼克松总统访华的第二年，吴健雄和袁家骝终于第一次踏上了中国大陆这片阔别37年的生养他们的土地。周恩来总理特别在人民大会堂安徽厅设宴款待了他们。宴会上，周总理还特别就吴健雄父母坟墓在"文革"初期遭到破坏致使她此次无法祭祀一事代表党和政府表示深切歉意。看到总理那蜡黄的脸上泛出真切的歉疚之态，她的心顿时感到热乎乎的。周总理还对袁家骝说："你们袁家的人一代比一代进步了！"

北京之行后，吴健雄夫妇又先后到昆明、长沙、桂林和江苏太仓老家等地参访，祖国的大好河山令"居里夫妇"流连忘返。尤其是吴健雄与东南大学有着一世的不解情缘。此次也是吴健雄离开近50年后首次回到母校。吴健雄夫妇一共逗留了53天，之后，他们的心与祖国贴得更紧了。

"十年浩劫"结束后，历经磨难的中国迎来了又一个春天。吴健雄再次从美国风尘仆仆地扑到祖国母亲的怀抱。当得知自己的恩师施士元还健在时，她征尘未洗，马上赶到老师家中，两双手顿时紧紧地握在一起……从那以后，吴健雄基本上每年都要回国一次，每次必亲自到施老家登门拜访，嘘寒问暖，关怀备至。一次，施士元对吴健雄笑着说："记得是1958年，我从报上得知，是你成功地做出了震惊世界的'宇称不守恒'实验，真是从心底为我有这样一位学生取得这样的成就而高兴、而骄傲啊！"施老还说，"你总是先生、先生地称呼我，其实按你现在的成就，早已是青出于蓝而胜于蓝，我应该称你先生才是。"吴健雄立马收敛起笑容，认真地回答说："非也。一日之师，终身为父，您永远是我的老师。"

吴健雄70岁在哥伦比亚大学退休后，尽管紧张而绚烂的生活开始趋于平淡，但其敬业精神却退而不休，炎黄情结更加浓烈。她非常关心祖国的科教事业，多次回国访问讲学，还在中国物理学会、南京大学等校设立了多种奖学金。

改革开放后的12年间，吴健雄夫妇频繁往来于大陆与台湾之间，对北京的

"正负电子对撞机"、合肥和台湾的"同步辐射加速器"等研制计划关怀备至，提出许多建设性意见，并亲自参与筹建工作，促成了南京大学等4所高校学者赴台进行同步辐射加速器研制与使用的学术交流与访问。在他们夫妻的全程参与下，合肥的同步辐射加速器于1993年10月正式启用，使中国人在这一领域取得了与美国、欧洲在世界鼎足而三、在亚洲第一的地位。

吴健雄家乡政府深知吴健雄对其父创办的明德学校感情笃厚，遂将浏河中心学校恢复为"明德学校"，并特邀吴健雄参加了母校恢复"明德学校"校名暨明德楼落成典礼，为母校题写校名。为了把父亲创办的这所学校办成全国一流学校，一生以俭朴著称的吴健雄夫妇慷慨解囊，倾其近百万美元积蓄，设立了以父亲名字命名的"纽约吴仲裔奖学金基金会"，并先后为学校修建了"明德楼""紫薇阁"，以这种独特的方式表达她的微微寸草心，以造福桑梓，回报祖国。在参加纪念父亲吴仲裔诞辰一百周年纪念活动时，吴健雄亲自为太仓59名优秀师生颁发了首次"吴仲裔奖学金"。此后，吴健雄夫妇又无偿捐献43万元人民币向台湾宏基电脑公司订购30台电脑赠送给明德学校。据不完全统计，自1988年以来的10年中，吴健雄夫妇先后仅为明德学校就捐款近400万元人民币。

吴健雄的大学母校（肇始于三江师范学堂，先后更名为东南大学、国立中央大学、南京大学）在保留南京大学基础上拆分为二，恢复更名为东南大学后，吴健雄受聘为东南大学校务委员会名誉主任、校友总会名誉会长、名誉教授。

东南大学迎来90周年校庆之际，又恰是"东方居里夫妇"80大寿和金婚纪念。吴健雄、袁家骝夫妇专程从美国赶来参加校庆和母校为他们的寿辰和金婚举行的隆重庆祝活动。同时，为了表彰这位杰出校友并勉励后学，东南大学将原中央大学时期的科学馆，当年吴健雄在这里刻苦攻读的"江南院"更名为"健雄院"；将"分子与生物分子电子学实验室"命名为"吴健雄实验室"。

为表达对后辈学人的提携与厚望，吴健雄夫妇特设了"吴健雄袁家骝奖"，以鼓励母校年轻有为的教师；为促进物理学科的发展，夫妇俩又出资100万美元，设立"吴健雄袁家骝科学讲座基金"，用于资助母校邀请世界一流物理学家来校讲学。至此，他们几乎把毕生的积蓄全部捐助给母校的教学事业。

吴健雄由一个普通的中国女孩，成长为一位举世闻名的科学巨匠，这首先是她自己的刻苦奋斗，用一生精力凝聚起来的硕大之果，更是众位中外师长之厚德辛勤培育之优良结晶。人们爱称、敬称吴健雄为"东方居里夫人"。尽管她是1936年赴美，而居里夫人早在1934年就已作古，失之交臂，但她的人生之路、恢宏业绩和精神德操，堪比居里夫人，她无愧于这个光荣称号。

1997年2月16日，吴健雄在纽约病逝，享年85岁。同年的清明节之际，袁家骝按照吴健雄的生前遗愿，捧着爱妻的骨灰，从大洋彼岸护送回故里，将其安葬在她接受启蒙教育的母校——明德学校新落成的"吴健雄墓园"内，实现了这位在异国他乡数十年漂泊奋斗的游子魂归故里、落叶归根的夙愿。

吴健雄逝世后，中国设立了"吴健雄物理奖"，南京大学、东南大学、明德中学设立了"吴健雄奖学金"。作为国务院特邀的300名世界杰出华人代表之一，袁家骝参加了香港回归的盛大庆典活动。

经国务院批准，在东大校园内建造"吴健雄纪念馆"。袁家骝亲自选定纪念馆设计方案，并将爱妻的所有奖章、奖状、证书、聘书，有关文件、书籍和朋友及要人赠送的书画、物品、信札等遗留物，全部捐赠给吴健雄纪念馆。年近九旬的袁先生欣慰地说：把健雄的纪念物送回祖国，由她的母校保存，是我的最大心愿。现在，我如愿以偿了！

美国哥伦比亚大学将吴健雄的遗物捐赠给了纪念馆，并分两批平安运抵南京，其中包括吴健雄办公室存放的手稿、信函等共计88箱。吴健雄的其他家属也把长期保留的她生前遗物捐赠出来。纪念馆把这些珍贵文物，大都用原物、按原貌部分地再现吴健雄生前的工作和生活场景，以期在纪念故人的同时，更能示范来者。

在吴健雄先生诞辰90周年之日，也正是东南大学百年校庆大典之际，一座面积为2129平方米，整体4层，造型庄重朴实，结构简洁对称的"吴健雄纪念馆"落成开馆。纪念馆的弧形实体墙嵌入玻璃，形成强烈的曲直和虚实对比，加之烧毛面花岗岩饰面，与周围环境和谐协调的造型组图，共同隐喻着吴健雄温柔典雅的性格和永久的人格魅力。纪念馆一楼主厅，集中反映吴健雄获得的荣誉和产生的社会影响；二楼主要介绍她的科学活动和科学精神，展示她用过的工作室和部分实验仪器模型；三楼主厅主题是"从童年到回归"，介绍吴健雄的人生历程；在采用了现代金属悬挂玻璃楼面的二、三层弧形走廊上，展示着吴健雄从事学术交流、社会活动、人际交往、家庭生活等内容的若干照片，向人们展现这位杰出女性的风采。回母校参加校庆的东大学子们以仰慕、钦敬和充满激情的目光参观了吴健雄纪念馆。江苏卫视通过卫星频道对开馆仪式向全世界进行了现场直播。

袁家骝生前特别关注以他夫妇名字命名的科学讲座基金会和纽约吴仲裔奖学金基金会，因为他对这两个基金会付出了很大心血，把所有的积蓄都花在了这两个基金会里。他每年都要请国际著名科学家包括诺贝尔奖获得者来中国讲学，即使身卧病榻，仍念念不忘今年该请哪位科学家前来演讲。而纽约吴仲裔奖学金基金会已经先后投入500余万元人民币用于办好明德学校。另外，他还一直惦记着吴健雄纪念馆，因为纪念馆里收存着他们夫妇很多科研资料，他把他们夫妇一生的研究、书籍、论文都捐赠陈列其中，希望能给国内年轻一代科学家带来帮助。

袁家骝不止一次说，太仓是他的第二故乡，并表示，在他百年之后，也要回到太仓，回到爱妻身旁，与她同眠于紫薇树下。

2003年2月11日下午，袁家骝在北京协和医院病逝，享年91岁。遵照父亲生前遗愿，袁家骝夫妇的独生子、美籍华裔物理学家袁纬承亲手将父亲的骨灰盒安放在母亲的大理石墓穴，满足了父母生前的夙愿，让这对风雨同舟60载，在科学上同铸辉煌的物理学大家，在生活上琴瑟和谐的恩爱伴侣一起永久长眠于紫薇树下。

吴健雄100周年诞辰纪念日这天上午，纪念大会在太仓大剧院隆重举行，深切缅怀20世纪最杰出的物理学家吴健雄先生的光辉业绩、科学精神和爱国情怀，弘扬"求是、创新、爱国、至善"的健雄精神。下午，在吴健雄墓园，举行了隆重瞻仰吴健雄、袁家骝墓园仪式。

孟夏的午后，艳阳高照，风轻云淡，墓园绿树成荫，芳草萋萋，紫薇初绽。全体来宾及明德中学师生代表向吴健雄、袁家骝墓三鞠躬，以寄托哀思。

明德师生朗诵纪念诗《紫薇花开》，缅怀二位教授对科学事业的执着追求、对科学难题的勇于探索、在科学实践中敢于创新的精神，以及他们"身在海外，心怀中华"的博大情怀。吴健雄夫妇之子袁纬承致辞后，来宾向长眠于墓园的"东方居里夫妇"敬献了鲜花。

胡适先生曾说过："生命本没有意义，你要能给它什么意义，它就有什么意义。与其终日冥想人生有何意义，不如试用此生做点有意义的事。"

吴健雄先生正是用她的勤奋好学、严谨求实塑造了世界核物理学界的一座座丰碑，也以她高尚的道德情操影响了一代又一代中国人，她的科学贡献和人生境界是我们不可多得的宝贵精神财富。在学习和敬仰吴健雄夫妇的同时，我们应该看到，"中国居里夫妇"对人类科技事业做出的杰出贡献；看到他们琴瑟和谐的夫妻感情；看到他们生活节俭却慷慨解囊于家乡教育事业的拳拳爱心和对祖国的一片赤诚；尤其要看到健雄先生高调做事低调做人，视荣誉如鸿毛，不为浮名绊此身的优秀品质和人格魅力。

参考文献

[1] 周自群.一颗永远不落的星——记世界核子物理学女皇吴健雄[J].人才开发，1997.

[2] 李政道.厚德载物 积健为雄——深切悼念杰出的物理学家吴健雄先生[N].人民日报，1997.

[3] 工月清.居里夫人、施士元、吴健雄的故事[R].新语文教案，2002.

[4] 袁纬承.我的母亲吴健雄[J].科学大众，2002.

[5] 洛洛.袁家骝与吴健雄的爱情故事[N].洛洛博客，2007.

[6] 柠檬.物理科学的第一夫人吴健雄[N].柠檬博客，2007.

[7] JohnRay.伟大物理学家吴健雄女士——中国的居里夫人[N].中国科大BBS站，2007.

[8] 刘晓静.获诺贝尔奖：宇称不守恒的发现[N].人民网，2010.

[9] 张昌华.曾经风雅(吴健雄博士在曼哈顿计划中的作用)[M].广西师范大学出版社，2012.

［10］太仓人.吴健雄的故事［N］.我是太仓人博客，2012.

［11］李平沙.吴健雄人文精神和科学精神的当代价值［N］.光明网，2012.

［12］吕夏池.核物理女王吴健雄的美丽科学人生［N］.中国青年网，2012.

［13］蒋晔.大师的智慧：袁家骝吴健雄［M］.石家庄：河北人民出版社，2013.

［14］朱琪红.李政道、杨振宁获诺贝尔奖的"幕后英雄"吴健雄［N］.中国青年网，2013.

［15］张德强."原子弹之母"吴健雄的传奇人生［J］.黄河.黄土.黄种人，2014.

陈省身

——求证人生九十载

数学天赋兮渐行渐显

辛生，是一代数学天骄陈省身的号。所谓辛生，顾名而深思其义，应该是隐喻陈先生出生在辛亥之年。

经查阅有关资料，果真如此。1911年10月10，辛亥革命爆发，大清王朝梁倾屋塌，一个改朝换代的时刻来到了。而就在此后的第18天，犹如藏传佛教的转世灵童一般，在浙江省嘉兴府秀水县下塘街一个书香门第之家，中国数学界的精神领袖、20世纪的国际数学大师、微分几何之父陈省身诞生了。

童年陈省身被父亲送进学校的第一天，就看到老师打一个学生的手心。他对此极为反感，回家对父母说："打手心的学校我不去了。"这样，只读了一天小学的陈省身就辍学在家。好在陈母识文断字，亲自指导儿子读书，几年下来，成绩并不亚于在校接受正规教育的同龄孩子，并以优异成绩考入秀州中学。

陈省身自幼酷爱数学，似乎与数学有缘，堪称数学小灵童。一次，做过秀才的父亲从外地带回一部竖排印刷的《笔算数学》，居然会引起少年陈省身的浓厚兴趣，并能坚持读下去。陈父后来考进天津法院工作，子随父行，没有选择，11岁时，陈省身随父迁往天津，家住颐寿里90号，转读扶轮中学。他在班上年纪虽小，却喜欢独立思考，不但觉得数学有趣，还感到非常易懂好学，因此做题很快，每次考试，总是第一个交卷，课余时间喜欢看数学书，很多数学家的故事他都耳熟能详，充分显露出其数学上的天赋。

先天基因加父辈后天关注，陈省身从天津扶轮中学连跨两级，15岁便以数学第二名的成绩考入南开大学理学院数学系本科。那时的南开大学数学系由毕业于美国伯克利加州大学的姜立夫教授主持，第一批学生只有陈省身和吴大任两个。

姜立夫教授为拥有如此出色的弟子而高兴，有意识地从主观、客观方面对陈省身施加影响，大学三年级时，就让陈省身给自己当助手，为同学们改卷子，从而开始将陈省身领入数学殿堂。陈省身能得到姜教授的赏识，除了对他所钟爱的数学非常有益外，每月还可挣到10块大洋。这些钱，在当时可以买到够他吃一年的大米。

陈省身在天津生活学习的8年，度过了人生最美好的青少年时光，19岁，就以最优成绩从南开大学本科毕业。那时他想，中国的数学基础较差，在国内难以学到自己所需要的东西，要想将数学继续念下去，非出国留学不可。可是，他深知，身为公务员的父亲，是没有能力供自己出国留学的，于是，他下决心一定要考取设有留学奖学金的大学。因此，南开大学毕业后，他认准一定要考清华大学的研究生院。因为清华研究生院有规定，成绩好的学生可以通过奖学金公派出国留学。在清华大学研究生院，陈省身师从中国微分几何先驱孙光远博士，研究射影微分几何，成为中国自己培养的第一名、也是年龄最小的一名数学硕士研究生。

在孙光远教授指导下，陈省身于21岁就在《清华大学理科报告》上发表第一篇关于射影微分几何的学术论文。这篇《具有一一对应的平面曲线对》的论文受到应邀来华讲学的德国汉堡大学教授，当时德国最有名的几何学家布拉施克的高度重视，从而奠定了他以后的人生定位和研究方向。

两年后，陈省身以优异成绩从清华研究生院硕士毕业，并如愿以偿地获得出国留学两年的庚子赔款奖学金。当时，清华的庚培留学生大都选择去美国，但他认为，一方面，美国的数学没有欧洲尖端；另一方面，一年前，汉堡大学教授布拉施克到清华大学讲学期间，他们曾有过短暂交往，布拉施克很赏识他的数学才华。于是，他要求去德国留学并获得批准。就这样，陈省身得以进入汉堡大学数学系，师从布拉施克研究嘉当方法在微分几何中的应用。

当布拉施克得知曾与自己有过一面之缘的中国高才生来到汉堡大学念数学，并选择自己作为导师时，很高兴地将自己刚完成的一大沓最新论文给他看。陈省身看后，发现其中一篇论文有瑕疵并向老师指出。布拉施克反复推敲确认是实事后，不但不生气，反而发自内心高兴。他没想到，中国来的这个学生刚见面，就能看懂他的文章，还初生牛犊不怕虎，敢于直截了当指出导师文章的缺陷所在。布拉施克就此让他把论文中的缺陷给予补正。陈省身很快就以导师满意的结果纠正了原有不足。接着，布拉施克开始布置陈省身撰写论文。他立刻着手，没几天，论文就在大学学报上发表了。这样优秀的学生自然受到导师的赏识和器重。接下来，他更一路顺风，向着摘取博士桂冠的目标进取。汉堡大学是1934年11月开学，陈省身当时英文和德文都很弱，还真有勇气，就敢于直接去德国念博士，而且还一年半不到，包括自修补习德语在内，竟然完成了其他庚培生需要2~3年才能完成的学业，发表了《关于网的计算》等两篇论文，获得了博士学位。成绩的取得使布拉施克看出，陈省身除了具有天才的智慧外，更主要的，还是勤奋和刻苦。

那时，世界数学的研究前沿和顶级人才已转移到德国，其中心在哥廷根；其次是法国，巴黎也算中心之一。当然，那时的陈省身对数学发展趋势及其分支发展，还了解得并不透彻。是布拉施克发现了陈省身的数学天赋，并助推他登上数学科学的更高平台，使他具备了与世界级数学大师对话的资格和能力。

从汉堡大学获得博士学位后，由于两年的奖学金期限未到，加之得知国内又利用庚子赔款设立了中华文化教育基金会，专门资助青年学者到国外深造，于是，陈省身又向其提出申请并获批资助在国外继续学习一年。解决了经费的后顾之忧，导师布拉施克给了陈省身两个建议：一是去法国，直接跟随埃利·嘉当研究几何；二是留在汉堡，做数论研究。因为那时候，汉堡有两个很伟大的数论学家。但陈省身觉得，自己已经踏进几何学的堂门，改行研究另一数学分支不太可取，于是选择了去法国。布拉施克尊重陈省身的选择，将他举荐给了埃利·嘉当教授。

直接在几何学大师嘉当门下从事研究，其他问题都可以迎刃而解，但却面临一个最大问题，就是又得学习法语。那时的大师们不像现在，几乎都能通行英文，尤其是嘉当只讲法文，不会英文。但语言问题对于陈省身来说，几乎不能构成障碍，不懂就学，他不怕，毅然去了巴黎大学做学术访问。

巴黎那时是世界科学中心，从各国到法国念书的人很多。嘉当教授在法国名气非常大，追随者趋之若鹜。法国学生要跟他学，世界各地来的学生也要跟他学。一个人的精力和时间是有限的，即使是他表态同意接收的学生，要见他或接受他面对面的讲解依然很困难。嘉当安排每周四下午专门为学生答疑释惑。每到这一天，学生们就带着问题去他办公室门口排队轮流等着见他。会见时间是难以固定的，有时候，一个人进去谈一会儿就出来了，有时候问题多，嘉当讲得也多，外面的人就得一直候着。

很快，陈省身就能听懂法文，但口头表达还跟不上。头一次见到嘉当时，嘉当给他出了3个题目。他虽然听懂了，但不会做，也不敢用蹩脚的法语提问。不会做题也不会说话，就没有理由再要求见他了。陈省身只好加紧锻炼口语，希望能尽快实现与老师的顺利交流。

机缘有时候想躲都躲不掉。一天，陈省身在学校偶然碰见了嘉当。嘉当客气地问，好久没有看见你，怎么样啊？给你的题目做出来没有？陈省身回答，不会做，还没做出来。没想到嘉当非但没有责备的意思，反而笑着说，没关系，你来我办公室谈谈吧。

这时，陈省身的口语虽还不算十分过关，但已经有了很大长进，他立即跑到嘉当办公室，经老师只几分钟的指点迷津，问题大部分都迎刃而解了。嘉当见这位东方青年虽然语言表达差一些，但数学基础扎实，思维敏捷，一点就通，非常高兴，又给他提出一些问题。陈省身当即就敏锐地回答出了一些理解思路，得到嘉当的充分肯定，开始对他产生好感。这样几次以后，嘉当对陈省身说，你可以随时到我家来，不用再在固定的周四日到办公室来见了。刚巧，陈省身跟嘉当就住在同一条街，既然大师表了态，要见他是非常容易的。然而，陈省身觉得也不能太麻烦人家，所以就给自己规定，一般情况下，每两个礼拜去一次，每次约一个小时；去以前，把上次解答问题的思路和结果以及要问的问题，用法文写在纸上，递给老师看，省得人家听自己讲生硬的法文了。

嘉当常常给陈省身提出一些自己研究中发现或遇到的问题，有的问题陈省身做得出，有的做不出，有的，连嘉当本人也是做做想想。但往往在第二天，嘉当就会给陈省身写一封信，说昨天分手以后，他又想了想他们讨论的问题，然后把他的一些意见写在信里。而每次，他们讨论过的问题，在得到嘉当的解释指正和获得启发后，陈省身都要就这些问题经过再思索，将其融会贯通后，认真写出论文，提出自己的见地，发表在法国很有影响的杂志上，以致获得了导师发自内心的钟爱和赏识。

在巴黎的半年多，陈省身是异常紧张和辛劳的。因为除了尽快学讲法语外，每次要准备两个礼拜之后跟嘉当会见的内容，虽然要用很大的工夫来对待，但这样也使他学到了很多东西。

嘉当创造的联络理论，是微分几何学上的基本概念，范围广泛，深奥难懂，陈省身克服了语言障碍，终于掌握了要诀，取得了可喜成果。他事后深有体会地说："我跟随嘉当是一个正确的决定，因为嘉当的数学研究是当时超时空的敏捷思路，理解他的人不多，而我得益甚深，较早进入了这个领域的研究。""听君一席话，胜读十年书"。大师面对面的指导和教诲，使陈省身找到了科学门径，领悟了数学真谛，掌握了思维方式，登上了科学峰巅，以致终身受益。在巴黎，陈省身就是以这种特殊的方式跟随嘉当学习，在很短的时间内几乎读完了嘉当的所有著作，使他很快进入国际数学研究的前沿。

就在卢沟桥事变后的第三天，陈省身接到清华大学的聘请。还在法国的他完全可以继续留下与嘉当一起继续做几何学研究，但他想，国难当头，自己是公派留学生，在国外学有所成后理当回归祖国，报效桑梓。于是，他立即辞职，告别恩师，启程经美国回国。

战争迫使清华大学南迁。清华、北大、南开三校汇集长沙，成立了长沙临时大学。陈省身经香港辗转到达长沙，几个月后，再随临时大学组成的"湘黔滇旅行团"徒步68天"大学长征"赴昆明，受聘于新组建的西南联合大学数学系教授。他积极参与"中国数学会"活动，开设"圆球几何学""外微分方程"等课程，还和有关教授一起，多次举办诸如"近世代数""形式几何"等讨论班，开阔了学术视野，浓厚了研究气氛，为推动我国数学研究做出了应有贡献。

陈省身曾对西南联大有过这样的描述："设备图书什么都没有，条件差，也没房子，记得我和华罗庚、王信忠挤在一个房间，因为地方小，连箱子里的一点书都不愿意打开。但就是在这样的环境里，也能做出成绩来。"从法国巴黎归来的陈省身和从英国剑桥归来的华罗庚原本就是先后一年的清华校友，又都是数学同行，从此成为很要好的朋友。那时，陈省身与华罗庚都是西南联大闻名遐迩的年轻教授，包括许宝騄在内，被称为联大的"数学三杰"。

人们都说嘉当的外微分方法是一根"魔杖"，当时真懂和能用的人很少，连大数学家H·外尔都说："嘉当的书难读。"但陈省身却掌握了这根魔杖，独得其中之秘，并运用自如。他由法国带回了嘉当的数十篇论文，尽管确实艰涩难懂，但他仍孜孜不倦地苦心研读，并依据自己的感受，写信关照学生徐利治："盼注意大问题，少涉细节，亦不必多写论文。"他认为，论文质量比数量更重要。

一年后，陈省身结婚成家，尽管那时由于通货膨胀，入不敷出，生活十分艰难，但他依旧刻苦努力，不断在煤油灯下撰写论文，寄到国外发表，不仅稿酬可用来贴补家用，其数学造诣更引起了国外同行的极大关注。尤其是发表在普林斯顿大学与高等研究院合办的《数学纪事》上的两篇文章，得到数学家H·外尔和A·韦伊的高度赞赏。他们那时就认为，陈省身的数学研究已经达到了"优异数学水准"，是"迄今所注意到的最有前途的中国数学家"。

数十年后，陈省身在回忆自己年轻时代这段紧张而愉快的经历时颇有感触地说："年轻人做学问就应该去找这方面最好的人。""要学一个东西，不能说只做大问题，小问题也要会做，要是大师傅，不一定只会烧个鱼翅，炒个肉丝也要炒得好。我跟着嘉当就学了很多。"

应该说，自从陈省身在德国汉堡大学获得数学博士学位之后，他的数学人生就和自然生活揉捏在一起，再也无法分开了。也许是因为深切体会到了数学之美，陈省身拥有一个几乎完美的人生。从20多岁入数学之门直到93岁去世，他的脑子像一台机器一样，一直为数学运算了70多年。

几何造诣兮高山仰止

1943年7月，二战正酣，整个世界都陷入战争混乱中。美国普林斯顿高等研究院的创始人之一，奥斯瓦尔德·维布伦教授来信诚邀陈省身到他那里去做研究。但那个时候要到美国去，谈何容易，钱从哪儿来？路经何处走？都成了问题，更无法先回上海与刚刚生产的妻子和幼儿告别。陈省身把自己的难处告诉了维布伦。最后，是维布伦教授出资费，促成了陈省身赴美。

陈省身只身乘坐美国飞虎队的军用飞机从西线经印度、中非、南大西洋、巴西前往美国。那时，乘坐军用飞机是非常艰难的旅行。飞机每到一个空军基地，搭乘者就要在基地住下，然后拿个条子随时看公告，只有上面出现自己的名字，才可以继续往前飞一段。就这样，陈省身绕了大半个地球，前后用了近十天，才辗转抵达普林斯顿。

那时候的普林斯顿却因二战之祸得福，成了当年德国哥廷根那样世界最好的数学研究中心，因为欧洲的好多数学家及物理学家诸如爱因斯坦、冯·诺依曼、E·诺特等犹太人或与犹太人有关而受迫害的科学家都到了那里。

陈省身对普林斯顿的生活环境与科研条件非常满意，这一年，无疑成为他一鸣惊人的一年。32岁的陈省身全身心投入到微分几何研究，发表了多篇匠心独运的论文，给出了高斯-博内公式的简单内蕴证明。由于对嘉当的联络理论和纤维丛理论某些关系的深刻认识，而强调微分几何的大域观，使得该理论可以应用在其他许多数学分支上，从而登上了经典微分几何的最高峰，为整体微分几何奠定了基础，成为发展现代微分几何学的超级大师，让人们看到了"一个微分几何的新时代开始了"。他在发表的《闭黎曼流形高斯-博内公式的一个简单的内蕴证明》一文中称："这是我一生最得意的工作。"

在普林斯顿高等研究院的两年中，除了数学研究取得举世瞩目的成就外，陈省身还有幸结识了当时担任高等研究院教授的爱因斯坦。爱因斯坦曾约陈省身到他家做客。给陈省身留下的最深印象，是他书架上的一本看上去时常翻阅的老子《道德经》德文译本，从而使他悟到，原来西方有思想的科学家，还都很喜欢老庄哲学，崇尚道法自然。此外，他还与数学大师H·外尔和A·韦伊建立了深厚的友谊，从而使他对数学研究的方法和途径更臻成熟。

国际数学联盟主席霍普夫曾说："推广高斯-博内公式是微分几何最重要和最困难的问题，纤维丛的微分几何和示性类理论……更将数学带入一个新纪元。"而陈省身自己也曾骄傲地说："我一生最重要的工作是在普林斯顿完成的。""就在那个时候，我把嘉当的东西发展了。所以从几何学以后的发展来说，我的工作是基本的。"

整体微分几何的兴起和发展，是一个凤凰涅槃、浴火重生的过程。一次，陈省身从普林斯顿外出赴会，在火车上邂逅一位美国知名数学家。交谈间，那位数学家听陈省身说是研究微分几何的，便随口应道："Oh！它已经死了！"因为那时，经典微分几何的发展已臻止境，确实是死了。但是，这只涅槃凤凰，居然在陈省身更高的拓扑视野中获得了重生。因此，后来有人评价说："是陈省身救活了美国的微分几何，陈省身就是现代微分几何。"陈省身的弟子丘成桐更是明白地宣示道："现代微分几何，嘉当是祖，陈省身是父。"陈省身的微分几何之父声名就此传开。

正当陈省身在普林斯顿的数学研究如日中天之际，由于中国抗日战争的胜利，他却猛踩一脚刹车，戛然而止，选择了调头回国。那时，美国也刚从战争中恢复，很需要人才，包括普林斯顿在内，很多地方和朋友都诚恳邀请他留下。而陈省身却想，祖国艰苦卓绝的八年抗战刚刚胜利，十分需要人才，必须回国服务，才对得起自己的民族和列祖列宗，于是他毅然放弃了美国所许诺的优厚待遇，义无反顾，坚决回国。

回国后，陈省身积极参与创建中央研究院数学研究所，并接替当时在美国访学的所长姜立夫任代理所长，主持全面工作并亲自操持将原本在上海岳阳路的数学所迁到南京九华山。与此同时，陈省身入选中央研究院第一届院士。那时的陈省身满腔热血，着重于训练新人，有使不完的劲。他从全国各大学选出一批最好的毕业生集中到上海，由他每周讲12个小时的拓扑学课程，希望能够为国家培养一批数学人才。吴文俊、廖山涛、陈国才等，都是当年他一手培养出来的国际知名数学家。

1948年底，中国大地正在巨大的政治变革中颤抖，战火频仍，硝烟弥漫，通货膨胀，民不聊生。南京政府已经难撑局面，处于风雨飘摇之中。一天，陈省身忽然接到普林斯顿高等研究院院长、原子弹之父奥本海默的电报说："如果我们可做什么事便利你来美，请告知。"与此同时，印度孟买的塔塔研究院也邀请他去那里工作。陈省身几个昼夜不能成寐，面对国家乱象和学界友人的诚邀，他思绪万千，左思右谋，最终选择了自己曾经工作并做出卓越成就的、已经非常熟悉的普林斯顿高等研究院，决定携全家赴美。

陈省身知道自己此次无法短期回国，需要一个长期职位养家糊口。他首先在普林斯顿高等研究院担任"维布伦讨论班"的主讲人，与在那里担任数学教授的老朋友外尔一起，愉快地度过了1949年春季学季。当时正值芝加哥大学的斯通教授正着手罗致一批世界一流数学家，欲将芝加哥发展成世界上最好的数学研究中心。而那时，陈省身的好友、著名数学家韦伊就在芝加哥大学执教。于是，陈省身受聘担任芝加哥大学数学系教授，首开了"大范围微分几何"课程。在此后的11年中，陈省身指导了10位杰出的博士研究生，培养出一批才华横溢的数学家；在坎布里奇举行的第11届国际数学家大会上做了题为"纤维丛的微分几何"的演讲，大范围微分几何由此得到世界公认；复兴了美国的微分几何，形成了以陈省身为轴心的微分几何学派。

11年后，陈省身受聘加州大学伯克利校教授。伯克利校靠近旧金山湾区，有着温暖的气候和优美的环境，数学系发展前景更为广阔，陆海空交通也相对发达，促成了陈省身下决心迁居伯克利。在此后的20年中，在陈省身的指导下，逐渐将微分几何汇入数学的主流，从而使伯克利校成为微分几何和拓扑学科的研究中心，使伯克利校在数学界的地位大大提高并吸引了许多优秀学生，先后有31名研究生获博士学位。"拓扑"一词是陈省身根据英语所创造的数学新名词，指的是研究连续性现象的一个数学分支。

这一时期，陈省身结合微分几何与拓扑学的方法，使得关于流形整体结构的纤维丛理论基本成形；给出了高维的高斯–博内公式的内蕴证明；把欧拉–庞加莱示性数、施蒂菲尔–惠特尼示性类等刻画整体的概念和局部的曲率联系起来；又把一般微分流形的球丛推广到复流形上的复球丛，引进了一种全新的示性类，被学界命名为"陈氏级"或"陈氏示性类"；还与有关数学家、物理学家合作，创立了包括陈-韦伊定理、陈-博特定理等等，为理论物理的发展奠定了坚实的数学基础。陈省身首次将纤维丛概念应用于微分几何研究，其微分纤维丛理论与杨振宁30年后提出的规范场理论不期而遇，殊途同归，其影响遍及数学的各个分领域。陈省身在上述基础上撰写的《微分几何》教材，成为经典，在近代几何学领域产生了深远影响。

作为20世纪伟大的几何学家，陈省身在整体微分几何上的卓越贡献，影响了整个数学的发展，被誉为是继欧几里德、高斯、黎曼、嘉当之后的继承者与开拓者，是数学领域又一位里程碑式的人物。后来的大数学家詹姆斯·西蒙斯曾在加州大学伯克利校攻读数学博士，两人合作研究出了著名的量子力学反常现象的基本工具，陈-西蒙斯微分式。其中"陈类理论"与陈-西蒙斯微分式，深入到数学以外的其他领域，远远超过了微分几何与拓扑学的范围。

华人在20世纪能够进入国际数学和物理主流圈的，只有陈省身和杨振宁。当年，杨振宁和米尔斯研究非交换规范场所得成果，世称杨-米尔斯理论，揭开了物理学研究的新篇章。"规范场论"因为要表现复杂的物理现象，需要更大范围的数学工具，用的就是陈省身所做的数学模式，使曾经获得诺贝尔物理学奖的杨振宁终于明白了规范场和纤维丛之间的理论关系，彻底读懂并领略到维纤丛理论和陈-韦伊定理的美妙所在。在感到异常震惊的同时，他说："真的有触电的感觉。""还有更深的，更触及心灵深处的地方：到头来，忽然间领悟到，客观的宇宙奥秘与纯粹用优美这一价值观念发展出来的数学观念竟然完全吻合，令人感到悚然。这种感受恐怕和最高的宗教感是相同的吧。"

杨振宁对陈省身的研究成果一开始并不理解，觉得数学家们为什么竟然可以凭空想出这些概念来，而且让他感到惊异的是自己和陈省身在不同的领域里研究了20多年，最终竟然会殊途同归。于是，杨振宁特意驱车前往师尊在伯克利附近小山的寓所，先是激动地告诉他："终于把你的理论和我的物理结合起来了……物理学的规范场正好是纤维丛上的联络。你的数学还不知道我的物理，你怎么就搞出这个理论了？"接着就向恩师请教其中的奥秘。

陈省身首先说："这就是数学的魅力！"接着，他向杨振宁耐心解释道，"这些概念不是梦里想出来的，它们是自然的，也是实在的。有时候，人们觉得数学很抽象，比方说爱因斯坦的广义相对论，主要就是把物理现象解释成几何，这个几何就是黎曼所研究的几何。"杨振宁做的"规范场论"，即杨-米尔斯理论，用的就是陈省身研究的数学，因为要表现物理现象，太简单的数学不够用了，要用比较复杂的几何内容。要用数学表示这个数跟那个数有关系，就是函数。现实中，简单物理现象好对付，只有一个变数的话，它的空间是一维的，就是一条直线。但更多时候是比较复杂的，跟要研究对象的关系不止一个，会有好些个变数，所以就需要高维的空间，二维三维或二度三度的空间，就有多变数的函数。如果情况更复杂一点，由若干条线交织在一起，需要一串一串的空间，这就构成了数学中的所谓"纤维丛"。而陈省身就是发展了"纤维丛"的数学理论。杨振宁所研究的东西，要用的数学模式就是陈省身的这个理论。

陈省身的一席话，听得杨振宁心服口服。此时的杨振宁将数学与物理比喻成"像两片有共同根茎的树叶，顺着各自的脉络，奔赴生命的前程"。但他全然没有想到，各自奔赴生命前程的陈数学和杨物理竟又在登峰造极之境欢然相会。"谁为为之？孰令听之？"是啊！在陈省身所熟读的那封两千年前的《报任安书》中，司马迁不为人所理解而受辱，悲愤至极，才发出了"为谁去做，让谁来听"的呼喊。而此时，一位数学大家，一位物理学诺奖获得者，这对师生情长、情挚意笃的世交，我不专为你去穷根究底，你也不存在非要用我的科研成果。但是，他们居然分别在各自的科研道路上殊途同归，最后走到了一起，造化的安排是不可思议的。这种引人共鸣的情感，古人有之，今人亦存，这是怎样的一种感慨啊！在感动之余，杨振宁欣然命笔，即兴赋诗一首：

物理几何是一家，共同携手到天涯。

黑洞单极穷奥秘，纤维连络织锦霞。

进化方程孤立异，对偶曲率瞬息差。

畴算竟有天人用，拈花一笑欲无话。

为了表达对师尊兼挚友的崇敬之情，结合陈省身在数学领域的地位和造诣，杨振宁再赋《赞陈氏级》诗一首：

　　天衣岂无缝，匠心剪接成。
　　浑然归一体，广邈妙绝伦。
　　造化爱几何，四力纤维能。
　　千古寸心事，欧高黎嘉陈。

最后一句把陈省身列为继欧几里德、高斯、黎曼、嘉当之后最伟大的几何学家，构成五峰相望，共指长天。在数学界，无人不知这首诗，都认为这个评价是客观公允的。

在伯克利校工作期间，陈省身加入了美国国籍，并被美国人文与自然科学院推举为院士。此后，陈省身分别当选为美国数学会副会长；获美国数学协会颁发的肖夫内奖；获颁美国国家科学奖章，这是美国在科学、数学、工程方面的最高奖，他和吴健雄是最早获得该项殊荣的华人科学家；获德国洪堡奖；获美国数学学会斯蒂尔奖，以表彰他对"整个数学工作所产生的长期影响"。此间，陈省身还担任第三世界科学院创始成员，先后被选聘为中国科学院、英国王家学会、俄罗斯科学院、意大利林琴科学院、法兰西科学院等国的外籍院士。

陈省身一生指导过50多位博士研究生，培养出包括杨振宁、廖山涛、吴文俊、丘成桐、郑绍远等在内的大批世界级数学领域的精英人物，为发展人类科技事业尽心竭力，是名副其实的"桃李满天下"的杰出教育家。陈省身在伯克利校退休时，从世界各地赶来300多名数学家，其中多数是他的学生，大家一起用歌声颂扬他的丰功伟绩，向他欢呼致敬。不久后，陈省身获得了有数学诺贝尔奖之称的世界数学最高奖——沃尔夫奖，奖金约10万美元。颁奖证书上写道："在整体微分几何上的卓越成就，其影响遍及整个数学。"

2009年6月，国际数学联盟宣布设立继"菲尔兹奖""内万林纳奖"和"高斯奖"之后的第四项国际数学大奖——"陈省身奖"。"陈省身奖"是陈省身女儿陈璞和她领导的基金会资助国际数学联盟创立，首次以华人数学家名字命名的，为表彰全球数学家终身成就的数学大奖，以此纪念已故数学泰斗陈省身，旨在鼓励数学家并支持数学学科的发展。"陈省身奖"为终身成就奖，每4年评选一次，每次获奖者1人，不限年龄，不限数学分支，授予"凭借数学领域的终身杰出成就赢得最高赞誉的个人"。获奖者除获得一枚奖章外，还将得到50万美元奖金。鉴于陈省身在国际上享有极高的学术声誉，他分别荣任世界十余个国家科学院院士、名誉院士，近20所大学和科研院所的博士、名誉博士，名誉教授、客座教授等。

博观约取兮养德修身

陈省身自幼跟随祖母背唐诗、宋词和佛经，在天津上扶轮中学时才11岁，除了数学出类拔萃外，文科也很优秀，先后在《扶轮》校刊上发表过内容包括几何演算、小说《立志》和诗歌《纸鸢》等多篇文章，且以文学类居多。可见，陈省身那时已经养成了难舍的文学爱好，其文学功底已经相当厚实了。

从《纸鸢》的诗意可见，15岁的陈省身就懂得了自由的意义，明白受束缚和任人摆布的痛苦；甚至已经觉悟到必须依靠自己的勤奋努力获得成功。随着年龄的增长，他渐渐领悟到自己对于这个世界的非同寻常的意义，开始脱却浮躁和浅薄，注重自由、简单和快乐。

从少年跨入青年时期的陈省身思维敏捷，命笔迅速，作文一写就是两三篇，把认为最好的一篇留给自己，其他的拿来送朋友；他讲义气，善结交；课余，他最爱去图书馆，经常在书库里一坐就是几小时，历史、文学、自然的书籍都涉猎，读过《说唐全传》《封神榜》《七侠五义》《红楼梦》之类的古典文学。除数学要求精读、巧思外，其余书籍，只求泛读，博观约取，每有意会，以修身养性为要。

成年后的陈省身虽已入数学之道，但依旧爱好广泛，勤学博识，喜欢于数学研究之暇读历史、哲学和小说，其中武侠小说是他的最爱，从中畅游历史的宽远深邃，感受哲学的至理内涵，体会作品的艺术之美。他甚至从中悟出，文学作品和数学王国中的壮美风光与高深境界居然是相通的。他不光会写数学论文，还会写历史论文，会吟诗作赋。针对五千年博大精深的中华文化，陈省身曾说："一个中国数学家不可以没有中华文化的涵养。"这大概就是他为什么能当选为美国人文与自然科学院院士的缘由吧。因为美国人文与自然科学院是美国历史最悠久、地位最崇高的荣誉团体，从社会各领域选举每个时代最优秀的学者及最具影响力的领袖人物成为其院士。

中国古典文学家、博士生导师叶嘉莹教授说自己与陈先生相识是"美好的机缘"。与陈省身同期，受聘从加拿大回南开大学讲学的叶嘉莹在上课时，忽然发现台下坐着白发苍苍的陈省身夫妇。在这之前她一直以为，陈先生"一定不认识我们教古典诗词的这么渺小的人"。谁知道这位世界著名的伟大数学家居然屈尊坐在台下听自己为青年学子讲课，叶嘉莹深受感动。南开大学为叶嘉莹庆祝80华诞时，陈省身写了一首七律相赠，被这位著名诗人一直珍藏。

陈省身75岁生日时，独邀了叶嘉莹和南开艺术学院教授范曾在南开附近一家饭店对酌小庆。两位纯文学艺术大家为一位数学大师贺寿。席间，范曾提议作诗助兴。一向就喜欢吟诗作赋的陈先生欣然同意，他顾不得这是在班门弄斧，稍加思索，随即娓娓道出：

百年已过四之三，浪迹平生我自欢。

何日闭门读书好，松风浓雾故人谈。

大画家范曾为数学家片刻不忘数学的"百年已过四之三"句拍案叫好。叶嘉莹则以专家诗评的口气赞道："的确好。宋人有'问向前、犹有几多春，三之一'句。自有词以来，用分数入词者，可谓千年一遇，而又出于陈先生之口，自然妙趣横生。"

叶嘉莹所举之例，是东坡居士《满江红·东武会流怀亭》上阕中的末句。原词是："东武南城，新堤固、涟漪初溢。隐隐遍、长林高阜，卧红堆碧。枝上残花吹尽也，与君更向江头觅。问向前、犹有几多春，三之一。"叶嘉莹说的"千年一遇"，意思是用分数作词是很难得一见的。苏轼大约生活在1100年，与此时前后相距约800年，故喻为"千年一遇"，同时将陈省身诗与唐宋八大家之一相提并论，亦表示对陈先生的尊重。随后，范曾和叶嘉莹都用此句为首句，各作一首诗，逗得陈先生开怀大笑。

读了范曾所著《庄子显灵记》，使91岁的陈省身有如当年读杜甫《秋兴八首》的感慨。他在为《庄子显灵记》所作的《序文》中阐述了人与自然的辩证关系，说明了五百年科学的发展开启了人类对自然的了解，也影响了人类文明的发展。《序文》文思敏捷，脉络清晰，逻辑严谨，将科学发展、人类文明、自然变化和检讨中华"孝"文化以及当年和爱因斯坦见面等看起来风马牛不相及的话题以寥寥数语串在一起，但深层次思路却清晰可辨，可谓言简意赅，微言大义。一位终身求证数理的大数学家，能运用简洁的文学语言，表达其深刻思想含义的，实属凤毛麟角。尤其是《序文》中谈到他当年进爱因斯坦的书房，看到爱因斯坦的书虽不算多，却有德文版的老子《道德经》。简短几句，既点出道家作品与《庄子显灵记》的关联，又以爱因斯坦研究中国老子，以示中华文化博大精深，影响深远；既表达对道家学说的敬重，又暗示国人对古文化传承有失荒疏；既肯定了《庄子显灵记》的思想意义，又褒扬了范曾大师的文思才情，是具有一石数鸟之功的神来之笔。

　　北京举行国际数学家大会时，陈省身担任大会主席。在闭幕会后的记者招待会上，记者无休止的提问使年迈的他自感招架不住，于是灵机一动，想出招数说："现在招待会已经进行了一个半小时，下面一个问题如果大家能够回答，招待会继续进行，答不出来，对不起，招待会到此结束。请问各位，有谁知道《史记》作者司马迁是怎么死的？"记者们个个瞠目结舌，没人能答。事后，陈省身说："其实记者们胆子大一点的话，就说《报任安书》里的内容就可以了。"

　　其实，史书上并没有司马迁的死因记载，以至于后人颇多猜测。多数学者倾向于是受任安的牵连而被汉武帝处死的。理由是他的《报任安书》在送达任安之前，任安已被处死，狱卒接信后交给了皇上。因信中对汉武帝多有不满而被认为是任安的同党也被处死了。看来，陈省身不但深知这段历史，还是赞成这一历史猜想的。陈省身对司马迁表现出来的高风亮节和满腹经纶钦佩有加，尤其把《报任安书》中的"修身者智之府也，爱施者仁之端也，取予者义之符也，耻辱者勇之决也，立名者行之极也。士有此五者，然后可以托于世，列于君子之林矣"这段精辟论述作为自己修身养性的座右铭并终身实践之。

　　司马迁用百回千转之笔，在《报任安书》中表达了自己的光明磊落之志、愤激不平之气和九曲回肠之情,通过富有特色的语言,真切表达了激扬喷薄的情感,峻洁高雅的人品和抱屈不辍的精神,可谓字字血泪,声声衷肠,气贯长虹,催人泪下。这段故事充分证明,陈省身不仅熟读,而且深刻理解了《报任安书》的全文和历史背景,并对司马迁这样的大文豪报以深切的同情和爱戴,否则,他不会有足够的底气来对付并难倒那些记者们。

陈省身历史知识底蕴深厚,还可从他的一篇《论清太宗孝庄皇后》的史学论文中看出一斑:"孝庄在历史上出名,主要是由于清初'太后下嫁'的故事。这是一个不负责任的猜测。她是顺治的母亲,康熙的祖母。康熙即位时才8岁,孝庄是太皇太后,有巨大的影响,是康熙初年的当政者。这段时间是清朝康雍乾三朝150年繁荣的基础。中国历史把她忽略了,是很不公平的。"只几句话,100多字,便把孝庄太后的历史地位、历史功绩、康乾之盛和作者的观点立场写得清清楚楚。如对这一历史阶段不了解或知之甚少,是写不出这样句句千金的文字的。紧接着,他仅用500来字,便将多尔衮入关、联吴、败李、灭明,6岁福临称帝,孝庄巧以"摄政王"抚御多尔衮,顺治亲政,康熙8岁登基,吴三桂叛变等历史事件陈述得淋漓尽致,还据理驳斥了关于"顺治出家""董小宛"等文人们的无聊之谈,肯定了孟森的研究成果。

90高龄的陈省身参观浙江兰亭后,当晚默写了一遍王羲之的《兰亭集序》。身边陪同人员找原版比对后,发现只有三字之差。陈先生得意地自诩"不简单"。

陈省身曾有过这样的说辞:"我得力于吾国两名成语自励,即'日新日日新'的精神和'登峰造极'的追求。"陈先生所说的"日新日日新"来自于商汤王刻在洗澡盆上的句子:"苟日新,日日新,又日新。"此话原本是说洗澡的问题:假如今天把一身污垢洗干净了,以后便要天天坚持下去,弃旧图新。如将其引申于精神上的洗礼,品德上的修炼,思想上的改造,又何尝不是如此呢?这使人想到基督教徒的每日忏悔,想到一本描写"干校"生活的名曰《洗澡》的书。其实,中华文化中所说的"澡雪而精神""澡身而浴德"等指的就是精神上的洗礼。既然陈先生认为他的一生被此典故所激励,他也许不一定会像商汤王那样把它刻在浴盆上,但我们可以想象,陈先生一定有可能把它书写后置于床头、书案，作为自己的座右铭。

陈省身对名满天下的武侠小说家金庸及其作品的欣赏已有数十年，是个典型的金庸迷。一天，金庸来南开大学出席致聘名誉教授仪式并以南大名誉教授身份登场演讲，"迷倒"了全校的"金庸迷"。银发如雪的九旬数学大师也居然端坐在听众席上，异常引人注目。有这样一位德高望重的超级"金庸迷"同堂听讲，学子们自是喜出望外，当演讲结束，陈先生离场时，全场学子报以经久不息的热烈掌声，以表达对这位数学大师的敬意。在陈省身的藏书中，有金庸的全套作品，其中的《笑傲江湖》是金庸在香港亲手送给他的。

有人说，数学文化需要基础文化构造，好的数学家要有好的数学文化。数学文化和其他文化的交流才能提升数学本身。数学里有对称，文学里有对仗，两者从文化的本质上说，是异曲同工的。陈省身对这种说法是认同的。他认为，数学是一门艺术，是关乎心灵与智力的学问，这是常人难以达到的境界。金庸先生赋予其武侠小说一种高度的文学美感和哲学内涵，这种内涵和数学的境界也是相通的。

陈省身还特别喜欢哲学和诗文，其精神气质与其说是数学家，毋宁说是哲学家或诗人。他既是一位追求精神生活的哲人，也是一位发现和讴歌自然秩序之美的诗人，尤其喜欢老庄哲学，酷爱陶渊明和李商隐的诗。

作为一代数学大师，陈省身的一生是数学至上主义。"我会做数学，我也只会做数学。"陈省身一生除了有一些文学历史、诗词歌赋爱好外，一直在数学领域跋涉，没有跌宕起伏，没有大起大落，没有罗曼蒂克，更没有花边绯闻；他的成长一帆风顺，婚姻长久而美满；他与政治无染，与浮名无缘，是一位淡泊名利的隐者，是国际公认的造诣深厚、品德高尚的伟大数学家。说陈省身无染政治是指他不愿意染指政治，其实，他很有办事、行政的能力。用一位台湾人的话说，陈省身的能力可以当总理，他很会团结人，看问题非常透彻，做事情非常有条理。新加坡总理李显龙在剑桥读过数学，陈省身借事发挥道："数学家可以管国家，而管国家的却做不了数学。"看来，他不是不会玩政治，只是不愿染指政治。

在数学之外，陈省身尤爱围棋。上世纪90年代，中国围棋棋圣聂卫平有一次来天津。数学家有机会和他对弈一局。结果自然是输了。棋圣对他的评论是:"比初段要高一点。"这个评价很令这位数学大师高兴过一阵子。

有一次,陈省身夫妇去参观罗汉塔,看着看着他突发奇想:如果数学领域有菩萨的话,那数学的菩萨应该是黎曼、庞加莱等,包括他自己在内的其他人都只能是"罗汉"。陈省身自谦"罗汉",言下之意,像他这样的几何学之父,也只配立于罗汉之列,还没有达到做菩萨的境界。其他人,就更应该老老实实搞研究、做学问,而不应该去追求名利地位了。但实际上,在数学的殿堂里,他早已是一尊端坐于欧几里德、高斯、黎曼和嘉当之列的活菩萨了。

陈省身特别欣赏无为而治,寻求宁静淡泊,不争名分地位,不屑哗众取宠,甚至不愿意接受媒体采访。他常以自己的导师嘉当的数学人生为例,勉励今天的数学家要淡泊名利,勤奋工作。他说:"在20世纪的数学家里,嘉当是对21世纪的数学界影响最大的一位。"他认为,科学家应该以其学术成就赢得社会荣誉和声名,以其高尚品德和人格魅力获得人们发自内心的尊敬。他还说过:"数学没有诺贝尔奖是数学的幸事。""这是一片安静的天地,没有大奖,也是一个平等的世界。""我希望大家欣赏数学的美,减少竞争心理。""争奖是可耻的!"

著名数学家丘成桐是在时任伯克利校数学教授陈省身的力荐下,才被该校从一所中文大学破格录取入该校数学系主修数学的,自1969年开始师从陈省身以后,选择了导师的成名领域微分几何作为自己的主攻方向,在恩师的指导和提携下,勤奋刻苦地数十年跟随恩师一步一个脚印,直至走向成功。陈省身比早年丧父的丘成桐年长38岁,先生视学生为己出,将满肚子数学知识倾囊相授,终使丘成桐获得数学界最高荣誉之一的菲尔兹奖,成为该奖项唯一的华人得主。菲尔茨奖没有奖金,只有一枚刻着古希腊阿基米德头像的奖章。由于菲尔兹奖只授予在现代数学中做出突出贡献的40岁以下年轻数学家,陈省身已经没有获得这个奖项的可能。然而,一年后,73岁的陈省身获得了世界数学领域的另一最高奖——沃尔夫奖,也成为该奖项的第一位华裔数学家。

菲尔兹奖和沃尔夫奖同被誉为数学界的最高荣誉,被称为"数学诺贝尔奖",陈省身和丘成桐竟然分别获得了这两个最高奖项,而且至今,华人中也只有他们师徒获得，因此，成为有口皆碑的数学界双璧。

陈省身总是倡导一种快乐人生，把不断寻找和发现乐趣作为生活的动力。他一再说，成功者的内心必定简单、快乐；人生也是一样，越是单纯的人，就越容易成功；快乐就是爱，就是使一切平常的东西变得有意义；生命有无意义，包括事业成就、家庭生活、健康长寿等等，无一不与快乐有关；一个人应该专心致志、心无旁骛、坚韧不拔做他所选定的事业。

就在陈省身即将走完人生尽头的前两个星期，他在向出席天津市数学年会的100余名研究人员及天津各大、中学校的数学教师发表演讲时诚挚地劝慰道："数学家主要看重的应该是数学上的工作，对社会上的评价不要太关心。"他缅怀自己的恩师，"嘉当62岁才当选法国科学院院士，他是个很正统、很守规矩的人，我跟他去做工作那年是1936年，他69岁，除了在巴黎大学做教授，还在很小的学校教书。他这个人对于名利一点都不关心。普通人对他的工作和对他不是很了解，只有当时最有名的数学家欣赏他。所以，他的名望是在去世之后才得到的，人们因为他的工作才记得他的名字。"陈省身还说，"伟大的数学家黎曼，一生没有得过任何奖励。"

在张奠宙和王善平合著的《陈省身传》中，将陈先生93年人生历程中的闪光点，诸如科学登顶的自信，爱国爱乡的情怀，选择人生的明智，为人处世的豁达，如实地展现在读者面前。在书的前言中有这样几句话："陈省身，世界的数学大师，中国的数学泰斗，他走遍全球的科学胜地，当选最有价值的各国科学院院士，他的名字被各种肤色的数学家颂扬。"作者最后还有一段议论："在发现规范场和纤维丛关系之前，陈省身很少关注物理。他只是埋头研究他钟爱的数学，把微分几何的房间打扫得清静干净，里面的物件井井有条，四周不乏华丽的装饰，使这所数学宫殿富丽堂皇。但是，当他打开窗户一看，外面是辽阔的物理学大海，清风徐来，海天一色，无限壮观，几何宫殿和物理大海竟然如此和谐统一，只能感叹造化之巧。"

是的，规范场和纤维丛，是用不同语言写就的两篇大制作，作者各不相谋，文章铢两悉称，仿佛互相的对译。这背后一定有更深的原因，原因何在呢？不在人际，而在天人之际，在"道可道，非常道"的"造化之巧"。这本书是纪实体裁，没有华丽而离奇的虚构。读它，您将从陈先生的平凡和伟大中受到感动和激励，获得智慧的启迪和生活的教益。

93岁高龄之后，陈先生还每天早晨4点起床解世界难题。其思维如静影澄璧，清晰而透彻，闪烁着青年人般的好奇心和发现欲，在人类历史上，还不曾有第二位数学家像他一样，表现出老而弥坚的弘毅精神和不屈意志。然而，这并不是苦役般的劳动，而是"很好玩"。这就是大师！这就是天才！

陈省身针对人们对大师之产生各有不同认识解释道："一半机遇，一半天赋。"此答妙语惊人，非大师不可作如是说。这并不有悖《中庸》"好学近乎智"的结论，好学者，只是"近乎"，而达到峰巅的"近"并不是"等于"。古往今来，大师绝对是极少数，不可限以年月，计以指标，给以条件，不知何年、何月、何地、何因，他们霍然而起，伟然而生，卓然而立，是无法解释和预料的。

陈先生谈话，有时滔滔不绝，有时要言不烦，有时天下地上，有时海阔天空，全看其性质而定。对待最严重的问题，往往用最简洁的语言，斩钉截铁，不加任何修饰。正如尼采关于天才所云："若狂也，若忘也，若游戏之状也，若万物之源也，若自转之轮也，若第一之推动也，若神圣之自尊也。"作为一位数学大师，陈省身的精神境界亦如晨曦清露、中夜细霰，远望之有，谛视之无。但它无时无刻不在浸润着慧智之域，带给人们天心月圆、花开满枝的胜景。

赤子情深兮反哺桑梓

尽管陈省身在国外早就铸有大成，人生已然辉煌无尽，但长期以来，在他心中，总有一种游子漂泊之怅，家国之思之切。这种感觉越来越强烈。过去，为了生活，为了家庭，为了子女，为了事业，整天忙碌奔波，埋头科研，倒也觉得有所寄托，心安理得；如今孩子长大了，独立飞翔了，事业有成了，收入丰厚了，誉满天下了，反倒觉得生活越来越枯燥无味，越来越不自在。脑子里只有他们师徒获得，因此，成为有口皆碑的数学界双璧。

陈省身总是倡导一种快乐人生，把不断寻找和发现乐趣作为生活的动力。他一再说，成功者的内心必定简单、快乐；人生也是一样，越是单纯的人，就越容易成功；快乐就是爱，就是使一切平常的东西变得有意义；生命有无意义，包括事业成就、家庭生活、健康长寿等等，无一不与快乐有关；一个人应该专心致志、心无旁骛、坚韧不拔做他所选定的事业。

就在陈省身即将走完人生尽头的前两个星期，他在向出席天津市数学年会的100余名研究人员及天津各大、中学校的数学教师发表演讲时诚挚地劝慰道："数学家主要看重的应该是数学上的工作，对社会上的评价不要太关心。"他缅怀自己的恩师，"嘉当62岁才当选法国科学院院士，他是个很正统、很守规矩的人，我跟他去做工作那年是1936年，他69岁，除了在巴黎大学做教授，还在很小的学校教书。他这个人对于名利一点都不关心。普通人对他的工作和对他不是很了解，只有当时最有名的数学家欣赏他。所以，他的名望是在去世之后才得到的，人们因为他的工作才记得他的名字。"陈省身还说，"伟大的数学家黎曼，一生没有得过任何奖励。"

在张奠宙和王善平合著的《陈省身传》中，将陈先生93年人生历程中的闪光点，诸如科学登顶的自信，爱国爱乡的情怀，选择人生的明智，为人处世的豁达，如实地展现在读者面前。在书的前言中有这样几句话："陈省身，世界的数学大师，中国的数学泰斗，他走遍全球的科学胜地，当选最有价值的各国科学院院士，他的名字被各种肤色的数学家颂扬。"作者最后还有一段议论："在发现规范场和纤维丛关系之前，陈省身很少关注物理。他只是埋头研究他钟爱的数学，把微分几何的房间打扫得清静干净，里面的物件井井有条，四周不乏华丽的装饰，使这所数学宫殿富丽堂皇。但是，当他打开窗户一看，外面是辽阔的物理学大海，清风徐来，海天一色，无限壮观，几何宫殿和物理大海竟然如此和谐统一，只能感叹造化之巧。"

是的，规范场和纤维丛，是用不同语言写就的两篇大制作，作者各不相谋，文章铢两悉称，仿佛互相的对译。这背后一定有更深的原因，原因何在呢？不在人际，而在天人之际，在"道可道，非常道"的"造化之巧"。这本书是纪实体裁，没有华丽而离奇的虚构。读它，您将从陈先生的平凡和伟大中受到感动和激励，获得智慧的启迪和生活的教益。

93岁高龄之后，陈先生还每天早晨4点起床解世界难题。其思维如静影澄璧，清晰而透彻，闪烁着青年人般的好奇心和发现欲，在人类历史上，还不曾有第二位数学家像他一样，表现出老而弥坚的弘毅精神和不屈意志。然而，这并不是苦役般的劳动，而是"很好玩"。这就是大师！这就是天才！

陈省身针对人们对大师之产生各有不同认识解释道："一半机遇，一半天赋。"此答妙语惊人，非大师不可作如是说。这并不有悖《中庸》"好学近乎智"的结论，好学者，只是"近乎"，而达到峰巅的"近"并不是"等于"。古往今来，大师绝对是极少数，不可限以年月，计以指标，给以条件，不知何年、何月、何地、何因，他们霍然而起，伟然而生，卓然而立，是无法解释和预料的。

陈先生谈话，有时滔滔不绝，有时要言不烦，有时天下地上，有时海阔天空，全看其性质而定。对待最严重的问题，往往用最简洁的语言，斩钉截铁，不加任何修饰。正如尼采关于天才所云："若狂也，若忘也，若游戏之状也，若万物之源也，若自转之轮也，若第一之推动也，若神圣之自尊也。"作为一位数学大师，陈省身的精神境界亦如晨曦清露、中夜细霰，远望之有，谛视之无。但它无时无刻不在浸润着慧智之域，带给人们天心月圆、花开满枝的胜景。

赤子情深兮反哺桑梓

尽管陈省身在国外早就铸有大成，人生已然辉煌无尽，但长期以来，在他心中，总有一种游子漂泊之怅，家国之思之切。这种感觉越来越强烈。过去，为了生活，为了家庭，为了子女，为了事业，整天忙碌奔波，埋头科研，倒也觉得有所寄托，心安理得；如今孩子长大了，独立飞翔了，事业有成了，收入丰厚了，誉满天下了，反倒觉得生活越来越枯燥无味，越来越不自在。脑子里成天就是故土、亲人、祖茔、乡梓、村陌、国家这些字眼或形象在走马灯似的这个去了，那个又来，如果不换一个环境，不换一种活法，好像生命就难以为继了似的。

新中国成立后，身居海外的科学家们在时局变迁的背景下分别做出了回国与去国的不同抉择。以华罗庚为首的一批科学家放弃国外丰厚的工作待遇与优越的生活条件回到国内。陈省身也曾于1950年1月写信给他在西南联大时的学生徐利治说："近友人又信电促归。弟本无意在国外久居，但怕回国管行政，以致踌躇观望耳。"此后，又在7月的信中写道："国内一切进步，时得报道。此间图书馆有科学院中西文出版品，有时并可得读国内报纸。现在战事结束，进步当更迅速。兄于此时返国，使命甚大。个人工作外，尤盼能多提携后进。"

英国李约瑟博士在《中国科学技术史》第三卷《数学》的最后一节中提出了三个问题：一、中国传统数学为什么在宋元以后没有进一步得到发展？二、中国传统数学为什么没有发展为近代数学？三、为什么近代自然科学不是发生在中国古代或近代，而是发生在伽利略时代的欧洲？这些问题，不但狠狠激发起作为炎黄子孙的数学大师陈省身的扪心深思，而且字字如枪弹，痛击着这位海外游子的心。

从上世纪70年代初开始的"保钓运动"，数、理学界的领头人是杨振宁。陈省身是其中最坚定的支持者和数学界的组织者。他们联名在美国《纽约时报》刊登公告，抗议日本政府占领历来就属于中国的领土钓鱼岛！表现出浓厚的爱国情结。

中美关系刚刚解冻，陈省身就迫不及待地紧随杨振宁之后，携夫人郑士宁回到了魂牵梦萦的祖国，与时任中国社会科学院院长郭沫若商谈中国数学发展事宜。陈省身曾这样说："华罗庚在国内，是我们民族的骄傲，深入人心，我比他做得差的就是这一点——我在国外，入了美国籍。在我的有生之年，要为中国做些事情。"这是他从1948年底离开祖国23年后，以71岁高龄首次重返故土，尽管自己是美国籍，但故园情怀却无法排解。陈先生带着一种歉疚的心情，决心把晚年的精力献给祖国。

两年后，陈省身第二次回国时，看到从"文革"初期的严重混乱到日渐恢复正常秩序的祖国感受颇深，欣然赋诗一首。诗名《回国》：

飘零纸笔过一生，世誉犹如春梦痕。

喜看家国成乐土，廿一世纪国无伦。

那时，大师就预言，21世纪的中国将会无比强大。陈省身曾说："我要改变的是中国人不如外国人的心理状态！"此后，陈省身开始频繁地出现在中国的科技舞台上。

1977年9月26日，邓小平在北京首次会见了陈省身。

陈省身初中时代曾就读于嘉兴秀州中学，从小受到秀州中学"爱国、爱校、爱科学"校风的熏陶。在他心目中，爱国跟爱校密不可分。陈省身1980年9月访京期间，与母校秀州中学部分在京校友相聚、合影，表达了对母校的怀念。在阔别60多年后，他首次访问了秀中，并捐资为母校设立"陈省身奖学金"。在向母校师生做报告时，他说："60多年前，我在这里读书。我们这一代把向祖国奉献青春当作自己无上的荣光。以后的60年，要看你们的了。看你们为祖国贡献多少才华！"说得同学们热血沸腾。

陈省身退休前夕，时任南开大学副校长胡国定专程赴美，到加大伯克利校拜访陈省身，目的十分明确，就是希望这位国际数学大师退休后能回南开大学继续工作。他们谈了3次，主题都是围绕南开建一个数学研究所，邀陈省身回南开担任这个所长。胡国定的耐心和雄心打消了陈省身此前的一些顾虑，他详细谈了今后建立数学研究所的大政方针和细枝末节。然而，当美方得知他退休后要回国，还要到南开大学担任数学研究所所长的消息后，为了留住陈省身，破例为他成立美国国家数学科学研究所并以退休返聘的方式任命他担任首届所长。陈省身在无法推辞的情况下，提出了"只任一届，到期就辞聘"的条件。

在出任由自己亲手创办的美国国家数学研究所第一任所长三年期届满时，陈省身立马提出辞职申请，在美方的苦苦挽留下，不得不答应继任名誉所长。在正式被批准辞去所长后，他如释重负地说："我的前半生奋学执教在国外，后半生余热将发光在故土。"

时任教育部副部长何东昌根据陈省身和胡国定达成的、退休后回母校创办数学研究所的君子协议，及时向陈省身发出邀请，特聘他担任南开数学研究所所长。陈省身接到聘书后激动地说："我在南京九华山办的第一个数学研究所夭折了，这次我拼着老命决心要把南开数学研究所办好，办成世界一流的数学研究所。"于是，他于1984年8月正式回到南开大学赴任，成为中国改革开放后第一个由国家批准的外籍所长和第一个引进的高层次人才，从而满足了陈省身以南开数学研究所为教学科研基地，发展中国数学科学的夙愿。

鉴于此，邓小平在北京第二次会见陈省身夫妇并设午宴招待，热情鼓励他创办南开大学数学所并担任所长，盛赞他为发展中国数学事业所做的努力。

经过近一年的辛勤筹建，南开大学数学研究所正式成立。陈省身立下誓言："为南开数学所我要鞠躬尽瘁，死而后已。"这是包括美国数学研究所在内，他此生担任的第三个数学研究所创始所长。他提出了一个雄心勃勃的计划，每年围绕一个数学重点方向，邀请10位世界一流的数学家前来讲学，并从全国挑选100名优秀研究生与青年教师来听课和研究。

陈省身的老朋友，热心中国科学与教育事业发展的香港亿利达集团董事长刘永龄先生倡议并捐资，由中国数学学会决议，设立了"陈省身数学奖"，这是国内数学史上的第一个奖项。

邓小平第三次会见陈省身大妇时，陈省身对邓小平说："我虽已年逾古稀，但身体还好，愿把最后的一点心血，献给祖国，帮助祖国搞好数学。"在这次会见中，陈省身向邓小平提到国内知识分子生活待遇偏低，是导致不少好的数学家长期在国外的根本原因，由此引发了提高知识分子工资待遇、颁发国务院特殊津贴等一系列尊重知识、尊重人才的政策措施的出台。

在南开大学为陈省身举行的执教50周年庆祝会上，陈省身将他的10万美金沃尔夫数学奖亲手交给南开大学校长母国光。那天，周培源等众多社会名流及其弟子都纷纷致辞赞扬陈省身的非凡贡献。听到众人的赞美，陈省身却说，大家说我的话，许多都是不实的，我也许要逐条更正。范曾当众朗读了他的即兴诗作：

纤维胡老说奇丛，便使神思入太空。
造化沉浮多幻变，天衣散合总趋同。

  千秋大智穷抽象，一代学人沐惠风。

  此世门墙无我地，宁园小坐说云峰。

  当读到"千秋大智穷抽象，一代学人沐惠风"时，陈省身竟用手捂住了脸。会后，陈省身将五辆名牌汽车和1万多册数学藏书也捐赠给了南开数学所。

  陈省身十分关心母校的发展。秀州中学建造中心教学楼时，他欣然命笔，题写了"日新楼"三字，意取"日新日日新"精神，勉励母校师生严谨治学，勤奋不懈，做到青出于蓝而胜于蓝。陈省身曾在第三次访问母校时，挥笔写下了"百年树人，钟声远扬"8个大字，热情赞颂母校的教学成就，同时为校刊《秀州钟》题写刊名，乐意为母校物色外籍教师并出资为母校建立英文书籍图书馆。

  陈省身在接受时任国家主席江泽民会见时提出建议，应该在中国开一次国际数学家大会。他认为，这个国际会议在许多国家都开过了，应该轮到中国了。中国是个重要国家，有不少数学人才，年轻人才更多，要让他们有机会接触国际上最活跃的数学家，知道数学界的最新动态，能参与国际上的研究。此后，陈省身一直为此做出努力，作为影响遍及20世纪整个数学界的微分几何领袖，他利用自己的国际影响，还给世界各国著名的数学家每人写了一封热情洋溢的邀请信。

  1995年，陈省身当选为首批中国科学院外籍院士，同年，天津市人民政府授予陈省身"荣誉市民"称号。从那时起，他就萌生了和夫人郑士宁女士回国定居的打算。

  在我国数学会举行第7次会议时，85岁的陈省身专程回国参加，庆学会华诞，当听说故乡正在筹办嘉兴学院时，他十分高兴，愉快地接受了担任该院名誉院长的聘请，并为嘉兴学院题词："明日嘉兴大学"。郑士宁女士也应聘担任该院客座教授。此后，自称嘉兴之子的陈省身几乎每年都要回一次嘉兴，已然成为嘉兴的一种精神化身，还曾于77岁时动情地作文一篇《嘉兴，我的故乡》。

  当陈省身了解到南开大学有来自嘉兴的11名同学后，高兴地召集这些

"小老乡"到他的寓所"宁园"座谈，并兴致勃勃地说："70年前嘉兴到南开读书的只我一个人，现在你们来了11人，真不简单，故乡数学事业自有后来人。希望你们年轻人将来胜过我，使中国成为21世纪数学大国。"一个时期来，在嘉兴，设立了陈省身纪念馆、"省身讲堂"和"陈省身奖"……陈先生题写的校训"方正为人、勤慎治学"镌刻在嘉兴学院大门口的石碑上，激励着无数学子。而他和他物理学家的女婿朱经武相继成为嘉兴学院的名誉院长，更传为佳话。

陈省身携夫人从海外归来第四次访问秀中母校时，出席了母校为他建造的铜像揭幕仪式并满怀深情地说："我是教书的人，我想我们应该有一个募款活动，替母校捐一点钱，做一些政府不能做的事。"他当场表态，"我个人愿意捐1万美金。"还在庆祝大会上即兴讲话，强调校训，"爱国、爱校、爱科学"。

晚年的陈省身爱国激情更加炽烈，义无反顾地说："我最后的事业在中国。"他把晚年的事业平台设在南开，立志为祖国培养第一流的数学人才。他每年都回南开数学研究所主持工作，痴心不改做数学研究，孜孜不倦培育新人。新千年伊始，已89岁高龄的陈省身正式决定回国定居，实现了落叶归根的夙愿。从1972年第一次回国至定居南开，陈省身已经把人生的后28年，奉献给了哺育他成长的祖国，使中国成为具有国际影响力的数学研究基地之一。

从第一次回国，就希望为中国的数学做点事情，一直到南开数学研究所呱呱坠地，他一手将这个"婴儿"一天天"拉扯"成长起来。陈省身曾说："我有两个孩子，现在我把南开数学所作为第三个孩子。我多年积蓄，存了一些钱，对我已经无用了。"此话的意思是，除了已经长大成人的一双儿女外，还有南开数学研究所这个"孩子"尚处幼年，是他最后的牵挂。他和夫人早早立下遗嘱，将遗产一分为三，儿子陈伯龙、女儿陈璞和南开数学研究所这个嗷嗷待哺的"幼儿"各一份。陈省身将这三分之一（约100万美元）的财产，用于建立"陈省身基金"，供南开数学所发展使用。此外，他不仅捐出国家和学校给的津贴、补贴、奖金，甚至连自己的生活费也捐了出来。

陈省身每年选择一个主题，聘请国内外一流专家学者到南开大学，为青年数学家们开办讲习班。这样的学术活动连续举办了十几次，培养了一批又一批优秀数学家，终使中国的数学平均水平迅速接近了世界先进水平。

南开大学在校区东南隅的林荫深处，为陈省身盖了一幢淡黄色的二层小楼，供他们夫妇回国时居住。陈省身把这栋别致小楼命名为"宁园"，意取三重：一是搞科学的人，从数理到人文，往往要讲到道德，讲到人与人的关系，需要倡以"宁静致远"；二是深感自己的时间不多，且总是不够用，需要安心工作，减少干扰；三是表达对夫人郑士宁的绵绵深情。小楼唯有草木相伴，绝无车马之喧。从此，"宁园"便成了他们夫妇回国后的家。

定居南开后的陈省身亲自为本科生讲课，指导研究生，呕心沥血地推动我国数学学科的发展，90高龄的他提出建议，在南开大学建立国际数学研究中心。中心大楼动工建设后，施工现场离宁园不远，已经难以站立行走的陈省身常常坐着轮椅去建设工地，亲眼见证大楼渐渐拔地而起，并满意地说："从规模和配套设施上看，这座大楼已可称得上是'世界数学中心的No.1'。"

在第一次21世纪中国数学展望学术会上，陈省身提出了"我国数学科研率先赶上世界水平"的口号，发表了"把我国建设成数学大国"的构想。这一伟大构想得到了中央领导同志的充分肯定和高度评价，被时任国务委员、国家教委主任李铁映形象地称为"陈省身猜想"。

"陈省身猜想"点燃了国人数学大国的希望之火，将永远激励着后来者去努力实现之。陈省身用自己的行动和对数学的热爱、对真理的追求，告诉人们应该怎样对待数学科学。用他自己的话说："我想说明，外国人能够做到的，中国人也能够做到，甚至会做得更好。"并为此这样写道："一朝数学大国日，家祭无忘告乃翁。"

为了实现"数学大国"的梦想，陈省身还把自己最出色的学生，如当年在美国毕业时的第一名，麻省理工学院数学博士陈永川，法国巴黎大学数学博士张伟平等著名数学家召唤回国，回到母校，成为中国数学界的中坚力量。

实践证明，陈省身的决心已经兑现，在南开数学所的办学模式也取得了巨大成功。在第七届国际微分几何学术讨论会上，我国被录用的67篇论文中，一半以上出自南开数学所。在陈省身的努力下，在美国加州举行的国际数学联合会第10届会员国代表会上，通过了中国数学会和中国台湾数学会作为一个整体加入国际数学联合会的决议。会后，陈省身同时邀请两岸的数学家到他家聚餐，共庆中国数学率先实现了海峡两岸的统一。

陈省身对将要出任香港科技大学校长的女婿朱经武给予积极支持，并殷切地说："应该为理想做点事，为中国人做点事。"第二届晨兴数学奖在台北举行的第二届世界华人数学家大会上颁发，并将特设的晨兴数学终身成就奖颁予陈省身。为庆祝陈省身90华诞，天津科技馆为他竖立了半身铜像。

2002年8月20日，由陈省身建议并力促的国际数学家大会如愿在北京隆重召开。时任国家主席江泽民出席大会。这是国际数学家大会成立一百多年来首次在发展中国家召开，也是在停止15年后的第一次召开，这个荣誉是非常高的。被推拥为大会名誉主席的陈省身在开幕式致辞时郑重宣布："中国成为数学大国的梦想已经实现，我们要做数学强国！"会上，陈省身回忆起，自己曾经是1950年国际数学家大会上发表演讲的6人之一，能在这个大会上获得发言权，也是数学界的最高荣誉之一。陈省身当时拿的是中国护照，日本官员要检查他的行李，他说："你要检查我的行李是因为我是中国人，对不对？"日本官员表示认可。陈省身说："那好，请你帮我把文部省的邀请函还回去，我现在走了。"然后转身就走。最后是日本海关负责人亲自出来向陈先生躬身道歉，才把他又请了回去。今昔相比，这位华人数学家不禁感慨万端。

2003年，美国数学科学研究所决定将扩建的摩天楼命名为"陈省身楼"。该楼的落成，将成为美国人为中国人和中华文明建树的一座永恒的丰碑。

陈省身将获得的有东方诺贝尔之称的首届邵逸夫奖100万美元奖金，全部捐献给了世界各地最有名的数学研究所，并在捐献附信中提出："希望将来在中国数学家到贵所时能给以更多的照顾。"他说："以后中国数学家到国外访问，会得到较好的照应。""帮助别人，也是帮助自己。"这句话充分反映了他高尚的人生境界。他还把南开大学匹配邵逸夫奖而奖给他的100万元人民币也全部捐给国内外的许多高校和研究机构。

陈省身曾表示，自己一生只会做一件事，就是数学。天下美妙的事件不多，数学就是美妙的事之一。数学注重抽象思维，可以培养人的思想方法，调整考虑问题、分析问题的角度。他的一生从未离开数学，把一生都献给了数学，晚年时自费制作了被命名为"数学之美"的挂历，向公众普及数学知识；他把一个人一生中的时间看成是一个常数，特别强调应该集中精力做好一件事。92岁高龄时，他说："数学仍在不断地陶冶着我"，还在无休止地演算数学，整日里思考着几十年悬而未决的几个数学难题。就在逝世前的一个月，还在为南开师生讲解自己关于"彭家勒猜测的新处理""六维球面上的复结构问题""外微分系统""芬斯勒几何"四大研究方向的观点和见解。而这4个题目中的任何一个都足够耗费一个年轻人大量的时间和精力，有的甚至要投入一辈子来研究。陈省身在如此高龄还在考虑解决这4个重大数学难题！如何不让人钦佩、敬重、感动！

以诚相待兮广交挚友

就一般来说，科学家由于长期从事某一领域的专门研究，甚至是终身沉醉于或痴迷于或献身于自己所酷爱的专业，他们大都与世隔绝，缺乏社会交流和人际往来。因此，在人们心目中，这类人士往往是不谙世事的书呆子，其社会生活显得孤独乏味，社会经历显得简单纯粹，为人处事显得幼稚低能。然而，陈省身却反其道而行之，除了他的科学人生辉煌卓著，光艳照人外，他深谙"世事洞明皆学问，人情练达即文章"的道理，因此，他的常人生活也是异常精彩纷呈、五光十色的。

老老实实做人，踏踏实实做事，先做人，后做事，是陈省身数十年来一直积极倡导并亲力躬行的。他能取得旁人难以企及的辉煌成就，除了天赋，恐怕与其一贯秉持的"诚实"态度不无关系；他是一位性格豁达，与人为善，乐于合作的大师；他不像常人所想像的那样，似乎做高深数学研究的大师往往孤僻乖戾，缺乏趣味；他一向生活简朴，语言幽默，平易近人，很好接触，是一位平凡质朴的长者。

陈省身有两句名言："我一生中没有敌人。""帮助别人也是帮助自己。"他确实没有敌人，他以超人的能力包容了所有的人。世界上优秀的科学家很多，但能够像陈省身那样处理好人际关系的不多见；他可以和各国政要交往，与数学界最重要的领袖人物合作；他更乐于帮助朋友、提携后辈；他应邀到世界各地访问讲学，甚至和许多饭店的大师傅谈笑风生。陈省身确实到处是朋友，到什么地方都会受欢迎，无论在国内、国外，无论面对高官、民众，在哪里他都能说得上话，接得上嘴，而且一呼百应，这不仅是一种为人处事的艺术，更是一种高尚的人生境界。而这一切，皆得益于他的博学和修养。

与陈省身师生情谊持续了30年后的丘成桐在一次与友人谈论到陈省身时说："陈先生很懂得和人交往，做人很潇洒，就算遇到不喜欢的人，也不会表现出来……"丘成桐还自谦地说，自己始终没有学会陈先生的做人技巧。而针对陈省身的科学造诣，丘成桐说："我们以毕生的精力，也做不到陈先生十分之一的工作。"这应该是略带谦虚之词，但绝不是对恩师的阿谀奉迎之词。

从小就在有意无意中养成了在师生或朋友或同事之间进行感情的投入，老师或同学或同事或朋友的困难，陈省身历来都不视为小事，他善解人意，乐于助人，急朋友之难，想朋友所需。在美国普林斯顿期间，法国刚打完仗，基本生活物资极缺，连糖都买不到，重情重义的陈省身常常给居住在巴黎的嘉当老师买些寄去。嘉当特别感动，回信给陈省身说："几天前收到了你的邮包，这使我非常感动。我和我的全家都要感谢你……尤其是我那六个分别住在巴黎和普瓦蒂凯的孙儿们，他们将津津有味地享用祖父最好的学生从美国送来的美味的可可。那大一些的孩子将会饶有兴趣地得知这位年轻的数学家出生于中国，这对他们将是一堂生动的世界地理课。"因此，嘉当先生的几位儿子都跟陈省身成为好朋友。

在芝加哥大学执教期间，在一次应邀到哈佛大学演讲中，陈省身结识了后来被称为应用数学之父的林家翘。不久，林家翘应邀到芝加哥大学演讲，校友兼同事在异国邂逅，分外高兴，又都是搞数学的，有共同语言，话语投机，相见恨晚，于是往来增多，成为挚友。

在陈省身一生所交朋友中，当数杨振宁与之相识最早，渊源最深，相交最长，友情最笃。陈、杨两家有着长达两代人的交谊，还与杨振宁之间有着双重师生情缘。造化的安排早就把他俩联系到了一块。

杨振宁7岁时，由周培源带领，从江苏宜兴老家进京，随父亲杨武之到清华大学生活的次年，比杨振宁年长10岁的陈省身考入清华大学理学院师从杨父武之攻读硕士，并经常到杨家做客，视杨振宁为小弟弟。后来，在西南联大，杨武之和陈省身成了同事。陈省身和清华数学教授郑桐荪的女儿郑士宁结婚时，杨武之是证婚人，为他们促成了一桩美满幸福的结合。陈省身曾经在文章中写道，是老师"成就了我一生的好姻缘"。

陈省身曾是西南联大很有名的数学老师。杨振宁当时是物理系学生，选了他的"微分几何"课。杨振宁曾说："陈先生上课非常奇妙，简直像变戏法一样。后来，我听他在美国的学生讲，看他上课的板书，简直让人惊讶。当他算一道题的时候，经常越算越长，写满了一黑板，而陈先生一点都不着急，依然有条有理地算下去。算到最后，神奇的事情发生了，长长的演算一项一项都相互消去了，最后剩下了一个极为简洁的结果，我们都觉得他有一种化腐朽为神奇的力量。"一次，杨振宁遇到一道想了好几天也没想出来的难题向陈省身请教。陈先生一句话就让他茅塞顿开，迎刃而解了。"一句话能把我苦思冥想的问题解决，这足见陈先生的大智慧。"杨振宁说。这正应了陈省身"应该把奥妙变为常识，把复杂变为简单，把懊恼变为快乐"的一贯思想。陈省身善于把数学中化大为小的思想方法应用于现实生活和事业上，尽量把遇到的困难划分成许多小的部分，这样一来，每一小部分就显然容易解决了。

研究"数之学问"的人，都好像有点怪，在陈省身心中，对人的称呼，其亲疏尺度也是有"数"的。一般亲切的称谓是直呼其名，更亲切的是省掉其姓，这样的人几乎只针对杨振宁，他呼之为"振宁"。而对待另一位好友范曾，从称"范曾先生"到"范曾兄"到"范曾"，其间经历了20年的演变。陈省身与范曾相交于上世纪70年代，媒介是杨振宁，否则，就没有陈、范的一段情缘。

范曾与陈省身初次晤面就感觉他属于异相之人。除眼大有神，闪射异彩外，耳朵奇大、奇长、奇厚、奇阔，还坚挺硬朗、垂吊如珠。因此，范先生借用《滕王阁序》中名句，"四美具，二难并"来形容，认为这样的耳朵千万人难寻其一，是大福大贵之相。还感觉陈先生鼻息共鸣、纳吐不凡；声如钟磬，清亮高彻，如深山古寺之梵音法鼓。

回国定居南开校园后，陈省身与范曾同在南大执教，除了数学界同行外，范曾是他往来最多、过从最密、感情最笃的朋友了。这位世界知名大画家是第一位获聘联合国教科文组织"多元文化特别顾问"的中国人，其作品被中、美、日、法等多国国家级美术机构收藏。陈省身非常喜欢范曾的艺术风格并虔诚地崇拜他的艺术造诣，尽管经常奔波在世界各国讲学，还抽时间专程到日本冈山"范曾美术馆"参观，之后，特意驰书范曾，谈他看过作品后的喜悦之情。为答谢陈先生之赏契，范曾特绘了一幅《老子出关图》相赠。其后，这幅作品一直挂在陈先生当年在旧金山的寓所里。

尽管他们是年龄相差27岁的忘年之交，但范曾是性情中人，能言善辩，风趣幽默，很对老人的性格。每当范曾回到南开，总要去拜访陈省身，并邀陈老的弟子和好友葛墨林、陈洪、张伟平等相聚小酌。陈先生每次见到范曾都打心眼里高兴，像孩童似的笑得无比灿烂，长时间不见范曾，他会着急，会跑去问葛墨林："范曾怎么还不回来？"范曾回到天津，老人知道了，就会给葛墨林打电话，告诉他："你知不知道，范曾已经回来了！"

为了支持范曾创建南开大学东方艺术系，陈省身捐款五万元。这些钱对范曾来说，虽并不具有决定性意义，可这五万元对范曾产生的精神力量却无穷尽，使范曾牢记心头，终生不忘。

获得第一届邵逸夫数学奖后，好谐谑的陈省身笑着对范曾说，咱们吃饭可有钱了，以前吃饭都是你请客，以后该反过来了。范曾挑战式地问："多少钱？"

陈省身答："不连南开的等额匹配，100万美金，绝够我们吃饭之用。"

"哈，一言为定，你这笔奖金，我们必须吃完之后，才允许你离开人间，一年我们吃它一万元美金，你还得活上100年。"

"193岁，嗯，可以的，一万美金太奢侈，人民币吧。"

"哈哈，那吃它800年，你比上古传说中活了800岁的彭祖还高寿。"说罢，两人相与大笑。

按照南开大学规定，南开的教授在国内外获得大奖，学校再颁发同等数额的奖金。陈省身获得的奖金数额太大了，南开一下子拿不出这笔钱，校领导颇为难堪。陈省身闻知，偏要演算一道独特创意的数学题。他说："这个奖金我得要，一分钱也不能少。不过我拿到奖金后，会全部回赠给南开大学。"这既不违南大的章法，又表达出陈先生的爱心，各账各清。大数学家行事，令人钦佩！

陈省身平生用得最多的一词是"好极了"。这三个字表示了他大地般的宽容和弥勒一般的度量。任何人一听即为之雀跃、欢畅。陈老85岁寿辰时，许多弟子和朋友来贺，光是各种各样的"老寿星"就送来许多尊，列于他的客厅橱柜上。可以想见，这些"老寿星"被送来时，他肯定都奉上了一句"好极了"。随着日积月累，越来越多，以致于无处存放，他发愁了。范曾灵机一动，为陈先生出招：用来在以后的寿辰之日颁发"陈省身奖"。因为那些未上釉的瓷像底部可以写字，便请陈先生亲笔在寿星底座上签名，转赠给来祝寿的宾客。领到"奖"的宾朋无不欢天喜地。轮到范曾领奖时，他得到的那尊寿星底座是瓷质，写不上字，可他发现寿星的头部是陶质的，无釉，便请陈先生把名字签在寿星头上。于是，这尊头上写着"省身"两字的老寿星便成了范曾的宝贵珍藏。大数学家仙逝以后，范曾的这件珍藏犹如天下奇石、东周铜鼎、隋唐木雕般成了无价之宝。不仅范曾如此，物因人贵，叶嘉莹先生处，也将她获得的"陈省身奖"放在同样重要的位置。

陈省身91岁高龄时向范曾郑重提出："你能不能以杨振宁和我为题材画一幅画？"

范曾很愿意画这两位伟大人物，他说："那当然行，我一定画！"范曾懂得陈先生的意思。陈省身的纤维丛微分几何理论，杨振宁和李政道的宇宙不完全对称定律，可以称为20世纪数学和物理的美丽而奇妙的不谋而合。他们都是炎黄子孙，龙的传人，归国游子。陈先生是世界数学界最高荣誉"沃尔夫奖"获得者，杨振宁是诺贝尔物理学奖获得者。范曾在哪里去找这样的好题材？他不仅乐意画，而且一定要画好！

范曾心中有数，不画则已，画就要出类拔萃，不同凡响。他知道，这不是画一般的名士行乐图，更不是画一座山，勾几棵树。这幅作品应该是两位大师的肖像画，要表达出陈省身和杨振宁的面部特征，更要画出两位大师的神态和不凡气度、博大胸襟。他想象中的画面，每个人头的直径都有80公分。这么大尺寸的肖像画，要挥笔直取，在绘画过程中是极难的，需要绝对的精心和顶级的功力。何况这是用毛笔画在宣纸上，只能用加法不能用减法，一笔下去，墨透纸背，容不得一丝一毫改动。

获邵逸夫数学奖不久，陈省身和杨振宁到来范曾家，三人自然轻松欢愉谈笑。范曾以艺术家特有的敏锐眼光细观两人的举止神态，捕捉只有大师才能表现出来的神情特征；还特意电话请来专门拍人像的摄影师，拍下他们交谈时的照片，准备作画时参照。谈到100万美元奖金的捐赠事宜，陈先生表示要将这笔钱全部捐献给他工作过的地方，杨先生不时给出出主意，提提建议。谈话悄悄进行，犹如在谈论当日的油盐酱醋，萝卜白菜价位一般，波澜不惊，平静如水。陈省身如此平淡地对待这100万美金，一元不剩，全部送光。范曾在旁听着，不禁肃然起敬。他想，这个世界上什么叫无私奉献，什么叫襟抱天地？看看陈省身，他的人生境界又有了新的感悟和升华。

7月的北京正溽暑蒸人，加之为93岁高龄的陈省身作画的承诺尚未兑现，使范曾内心有一种莫名的烦躁和紧迫感。这种感觉来得突兀，来得猝然，得快快动手，刻不容缓。他不相信神的启示，但很多事使他对冥冥不可知的天地抱着敬畏。范曾走进他足有150平方米的画室，要动手为他尊敬的老朋友陈省身和杨振宁画一幅肖像大画。这幅作品，范曾已经酝酿了很久，从尺幅、画面、构图、布局，都想了又想，斟酌再三。他斜倚在沙发上，点燃一支雪茄，袅袅轻烟裹着他的思绪飘向半空；吩咐助手在墙面贴上丈二巨宣，捡好笔枝，砚上香墨，诸事齐备，只待开笔，将满腔深情和厚爱，挥洒在这巨幅宣纸上。此前拍的照片摆在眼前，日常生活中的印象都在心中。

范曾站起身来，抓起笔走近墙面，深深吸了一口气，饱蘸深情的笔触伸向宣纸……一笔，又一笔，一条线，又一条线……画面上，两位大师正在交谈，他们之间的交流与呼应，神色和语言赫然纸面。经过一天半紧张劳作，这幅《陈省身与杨振宁》终于大功告成。范曾掷笔深深吐出一口气，再上前退后，左看右瞄，无限欣慰，脸上露出满意的微笑。

助手协助范曾将画纸从壁上揭下，铺在画案上，欣然命笔，在右上方题写

陈省身与范曾茶叙。

下陶渊明的佳句:"奇文共欣赏,疑义相与析。"如此大作,岂能无诗?而如此大画家又岂无赋诗之功力?范曾腹稿早已拟就,略加思索,挥笔在画的左侧题七律一首:

纷繁造化赋玄黄,宇宙浑茫即大荒。
递变时空皆有数,迁流物类总成场。
天衣剪掇丛无缝,太极平衡律是纲。
巨擘从来诗作魄,真情妙悟铸文章。

这首诗从宇宙发展规律,写到两位大师的贡献并将数理术语概览其中,浑然天成,自然流畅,气魄宏大,诗意盎然,音韵铿锵,格律严整,读来荡气回肠,令人拍案叫绝,既体现了对两位大师的深情厚谊,又充分表现了画家在诗词写作方面的天赋和功力。一幅存世杰作,一幅陈省身先生命题并期盼了两年之久的巨作,终于在2004年7月22日诞生了。

陈省身闻讯,坐着轮椅到范曾家看画。一进画室,就连连惊呼"杰作",

对范曾大加褒赏，称赞其技法的高超，范曾则称其灵感的获得是源于先生的学问和人品……

陈省身是89岁时坐上轮椅的。南开数学所寻找了两名护工，照顾他的日常起居。由下岗工人改做护工的李全乐和蔡庆延被挑中。一段时间后，李全乐说，这个讲话中气十足、耳朵比常人大得多的老人没什么架子，不难"伺候"。在李全乐和蔡庆延眼中，他就是挺平常的一个老人。如果说护理陈先生跟护理别人有什么区别，就在于为他服务要省事得多，因为他从不挑剔。"陈先生好像是块磁铁，他有一种吸引力。"蔡庆延说。陈省身对李全乐说过："小李，人是平等的，没有高低贵贱之分，只不过分工不同。我干的就是拿笔写写算算，你不会。反过来，你的工作我也做不到。"

两位护工帮着陈省身洗澡。浴室地面太滑，刚开始时，属猪的陈省身同二人开玩笑："我这头'猪'，就交给你们俩了。"陈省身对正在学按摩的李全乐表示："要是交学费，我替你出。"

据李全乐回忆，这位在数学界有名的美食家，在生活中极其节俭，平时对饮食并不挑剔，从未提过想吃什么的要求。服务员做什么，他就吃什么。有时在饭店点的菜没有吃完，他常常对身边人说："你努努力，把它都消灭了。"万一剩下了，他会打包带回家。赴香港领取"邵逸夫奖"时，陈省身穿着时任香港科技大学校长的女婿朱经武的皮鞋便上了颁奖台。

陈先生极重感情，回南开定居后，他定期把昔日的同学和朋友召集聚会。他喜欢跟年轻人聊天，海阔天空，不只是数学。他生前，南开数学院的许多学生都来过他家，许多同学还有他亲自签名的照片。曾有一个陌生的晚辈拿着一张老照片找上门来。他认出照片里是自己少年时代的邻居、母亲当年的好姐妹，赶紧请客人进门。此后，他常请这家人做客。一次，把客人送走后，陈省身跟李全乐开玩笑说："小李，你看我当个外交家没问题吧？"李全乐开玩笑道："绝对没问题，您走南闯北，是老江湖了。"陈省身听后，哈哈大笑。

陈省身的学生、著名数学家、中科院资深院士吴文俊这样评价陈省身："他对我的影响是决定性的。1946年，陈先生把我吸收为当时的中央研究院数学研究所实习研究员，从此，我走上了数学研究的道路。一天，陈先生对我说,你整天看书看论文已经看得够多了,应该还债。看前人的书是欠了前人的债,有债必须偿还,还债的办法就是自己写论文……这对我此后学术工作的影响是难以估计的。"

陈省身的另一弟子张伟平说:"陈先生就像一块巨大的磁铁,我们数学所就是陈先生的'儿子'。陈先生周围有一个磁场,将南开的数学精英聚拢在他周围,将全世界杰出华人聚拢在一起。"

陈省身珍惜师友感情,定居南开后,为恩师姜立夫先生立了铜像。他与吴大任是在姜立夫这个园丁培育下,南开大学数学系这棵树上最早结出的两个硕果。吴大任晚年中风在床,生活不能自理,陈省身听说后即去看望,见老同学晚景如此惨淡,难过得老泪纵横,于是出资聘了专业护理人员,保证吴先生24小时有专业人员护理。

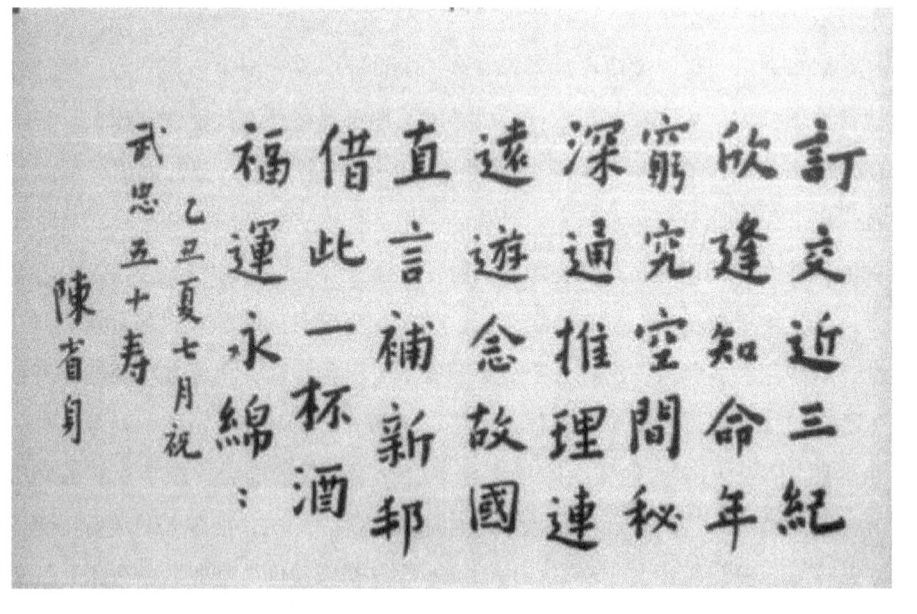

陈省身手迹。

仁爱宽厚兮教子持家

陈省身和夫人郑士宁相逢、相识、相恋于清华园。当年，不满20岁的陈省身从南开大学考入清华研究院攻读硕士。年方二八、文静端庄的郑士宁也于同年入读东吴大学生物系。两人本不相识，是郑士宁的父亲、柳亚子先生的大舅哥、清华数学系创系元老郑桐荪教授一眼看中陈省身的绝代才华，料定他将来必在数学领域成大器，有意将其招为东床。郑桐荪的好友、清华数学系教授杨武之看出其心意，也觉得陈省身和郑士宁两人很般配。杨、郑两家的关系原本就十分交好，于是，杨武之夫妇便乐意充当月下老人，为他俩牵起红线，促成这桩好事。后经杨武之、吴有训介绍，陈省身与郑士宁在长沙临时大学订婚，由于时局动荡，到昆明西南联大后才正式结为伉俪。一年后，郑士宁从昆明回到上海父母家分娩期间，珍珠港事件发生，交通中断了。那时从昆明去上海要经过香港，珍珠港事件阻碍了香港去上海的海上通道。太太无法回来，陈省身留在昆明，后来又只身去了美国普林斯顿，与太太和幼子彼此隔断天涯，一别就是数不尽的日日夜夜。直到抗战胜利后的1946年春天，陈省身才几经周折，风尘仆仆地回到上海，同阔别多年的妻子和还未见过面的已经6岁的儿子团聚。重逢时，儿子伯龙已经会说一口纯正的上海话，太太则止不住悲喜交集的泪水。陈省身抱着哭倒在他怀里的郑士宁向她许诺："从今以后，一家人永不分离。"

在此后的日子里，郑士宁努力为丈夫营造一个温馨、舒适的家庭环境，好让他全身心地投入研究工作。陈省身对此非常感激，1948年底决定赴美时，他首先想到的就是自己两年前对妻子"一家人永不分离"的承诺，于是携太太和儿子以及1948年2月出生于上海，刚满半岁的女儿郑璞，一家四口踏上了漂洋过海的航船。

在美国期间，陈省身以其人品与学术成就博得数学界的极高声誉，而郑士宁也因其善良厚道和热情好客，给人们留下了深刻印象。正是在和丈夫因交通中断而相互分隔的数年中，郑士宁独自一人带着儿子，整日里与柴米油盐酱醋茶打交道，练就了一手高超的厨艺，因此，每年圣诞之夜，陈省身夫妇总要邀请几十位华裔学生到家，由郑士宁亲自下厨，做出丰盛的中餐，盛情款待，让那些独在异乡为异客的年轻学子感受到家的温暖。

在一篇《陈省身、郑士宁与故里盛泽》的文章中有这样的叙述：在编纂《盛泽镇志》过程中，因征集郑士宁之父郑桐荪的生平资料，作者曾试着去信美国陈省身家，向郑女士索要其父郑桐荪的生平资料。不料仅隔一个多月，就收到了郑士宁女士的亲笔复函，并寄来了一大沓郑桐荪生平原始资料复印件……可见，这位《盛泽镇志》的编撰人是找对人了，助人为乐原本就是陈省身夫妇的为人之道和品行德性。

陈省身对自己此生的这门亲事非常满意，尤其是对老师兼岳父的郑桐荪先生崇敬有加。他后来说："武之先生促成我的婚姻，使我有一个幸福的家庭。"1948年底，陈省身偕夫人告别郑桐荪先生赴美，从此便成永诀，海天相隔，无以尽孝，思念无休，长恨无尽。

中美关系解冻后的次月，渴念祖国和亲人的陈省身夫妇回国省亲，来到故里吴江盛泽镇，去苏州五龙山拜谒了郑桐荪墓茔。遗憾的是，郑墓在"文革"中被损坏。他们伫立良久，怅然离去。

此后，陈省身经常回国开展学术活动，郑士宁总是陪伴身边，照料他的起居饮食，帮助整理文件资料。在郑士宁60岁生日时，陈省身特地赋诗一首以表对爱妻的祝贺：

三十六年共欢怒，无情光阴逼人来。
摩天蹈海岂素志，养儿育女赖汝才。
幸有文章慰晚景，愧遗井臼倍劳辛。
小山白首人生福，不觉壶中日月长。

陈省身还在"我的科学生涯与著作梗概"中写下如下的话："在结束本文前，我必须提及我的夫人在我的生活和工作中所起的作用。近40年来，无论是战争年代抑或和平时期，无论在顺境抑或逆境中，我们相濡以沫，过着朴素而充实的生活。我在数学研究中取得之成就实乃我俩共同努力之结晶。"

苏州为柳亚子先生一百周年诞辰举行纪念活动时，因郑桐荪与妹夫柳亚子同庚，自然搭边同庆。陈省身夫妇决定编写一本《郑桐荪先生纪念册》以示庆贺。为了搞清岳父在美国留学的情况，陈省身特地致信给康乃尔大学校长协助查询，结果使人喜出望外。为了编好纪念册，陈省身夫妇动员了全家及亲戚的力量，包括郑士宁的表兄、柳亚子的儿子柳无忌，还去信国内许多郑桐荪当年的学生，如周培源、王信忠等，写出了一篇篇回忆文章，由陈省身亲笔题写书名。纪念册出版后，郑士宁女士寄赠吴江100册，嘱托分送给在盛泽的学校与亲友。

新千年伊始的1月12日中午，正当陈省身忘我工作时，天大的不幸降临了。夫人竟在午睡中心脏病发作而悄然离世。事情如此突然，陈省身一时难以相信这到底是无情的现实，还是在做噩梦？61年相随相伴、情深意笃的夫人突然离去，失去了伴侣、知己和贤内助的他深感痛苦。几经思考，陈先生决定将夫人的骨灰安葬在南开数学所附近的小河畔，并在其侧为自己留下一个墓穴，准备百年后与爱妻合葬在这块他深深热爱，并为之呕心沥血的土地上。

夫人去世的第6天，天津市公安局授予陈省身夫妇在华永久居留资格。陈省身深深惋惜妻子早走了一步，没能等到她企盼已久的这一天！陈省身将夫人的大幅照片悬挂在客厅墙上，让每位来访的客人，都能一进门就感受到士宁女士那慈善温和的目光。陈省身说："很容易想她，时常一个东西找不着了，从前就说你给我找找，她就找出来。现在找不着就是找不着了。""她去世之前，我们庆祝结婚60年。60年是钻石婚了！请了些朋友，我们60多年没有吵过架。她管家，我不管，我就做我的数学，所以我们家里生活很简单。"

相濡以沫60余年的老伴突然离去，如同钻石般闪耀着光芒的婚姻生活戛然而止，陈省身只能用忘我的工作来冲淡心中的悲伤，用忘我的工作来取代对贤妻的思念。

陈省身一向主张对小孩子不能管得太凶太严，他认为，管得太多的小孩子不会有出息。好多家长望子成龙，恨铁不成钢，把孩子管得连气都喘不过来，这样管出来的孩子将来怎么能有自己的发展？

数学大师从未逼迫任何一个家庭的成员继承自己的事业。虽然女儿"陈璞"这个名字，源于他所研究的拓扑学，但这只是为了表达一份美好的愿望。在一双儿女眼中，父亲既是一个普通人，又与一般人有异。儿子陈伯龙说：

"父亲是个普通人，只不过恰好具有数学天分。"女儿陈璞则对父亲说："你是很特别，所以才成功。"针对自己的成功，陈省身自有感受，在71岁回忆往事时他曾说："我念数学不觉得困难，感到特别容易。"91岁时，已成为国际数学大师的陈省身，在出席中国少年数学论坛时居然题词道："数学好玩。"陈先生这两点感受，前者应了女儿对他的评价："你很特别"；后者应了儿子的看法："具有数学天分"。但是，虽然儿子和女儿都继承了陈省身过人的智商，但却都没有"玩数学"。

陈省身题词："数学好玩"。

陈伯龙在本科时曾经修过微分几何，遇到难题也曾向"微分几何之父"的父亲请教过，因此，本科毕业后也就自然而然地报考了数学专业研究生，但在参加第一个数学讨论班后，就意识到自己不是父亲那样的料，成不了数学家，更怕整不出名堂来，反而有损父亲的声名。父亲认为商业世界或许天地更广阔一些，可能更适合他，建议他尝试精算学。陈伯龙感激父亲给了自己充分的选择自由，并适时给予恰当的建议，转学精算，进保险业做精算师一段时间后，担任养老保险顾问约40年且成绩斐然。

陈璞起初选择学物理时，父亲也还支持，对她说："有吴健雄可以做榜样。"结婚后，丈夫朱经武是位物理学家，陈璞觉得一个家庭有一个物理学家就够了，她认为经济学较容易，于是改学经济，并获得经济学博士。这个改行决定，也是基于父亲以前曾说过："一个普通小孩，学一个东西觉得简单的话，可能会学得好一些，可能会比较有天分做那行。"经济学博士毕业后，她先在一家大银行做了5年，发现银行做的东西完全可以自己做，于是独立门户做金融中介。她认识一批台湾企业家，想在美国开银行，但美国规矩多，他们不知道怎么办，她就帮他们做。因此，几十年一直在金融界。

陈璞也很感激父亲给了她充分的选择权。她说："对我父亲来说，数学一直很简单，他觉得每个人应该都可以做。但通过哥哥这件事，他发现并不是每个人都适合做数学。"

一双儿女，虽然都没有继承父亲的衣钵，更无法像父亲那样在30多岁就发表划时代的理论，成为一代数学大师，但他们在各自的领域同样有着出色的表现。

对儿女来说，陈省身是一个"标准的父亲"，介于幽默和严厉之间。女儿谈恋爱了，他托老朋友杨振宁打听朱经武的为人。杨振宁回说："朱经武很聪明，但陈璞更聪明。"就这一句话，陈璞与朱经武成婚了。外孙朱俊杰很快长大了，学建筑设计，想见见华人建筑大师贝聿铭，作为外公的陈省身很快满足了外孙这愿望。

从父亲那里，女儿得到的最深印象是：他对每个人都很好。他看人的时候就是看你这个人，并不看你穿什么衣服、玩什么地方，有钱没有钱，不会在乎你的社会背景，更不会去拍马屁。他对每个人都很公平，他尊敬每一个人。这虽然不是件容易的事，但父亲做到了，这应该是为人的较高境界。陈璞说："在家庭教育上，父亲对我们一直很放松，让我们选择自己的路。但他也想帮忙，比如说我们遇到什么问题，他也会帮我们介绍老师，想怎么来解决，包括以后走哪条路……父亲绝大部分时间都待在家里做自己的事情。我放学回家，他一般都在，除非出去教书或者听报告。看着他这样做，我也就跟着去做。"

"他是一位慈父，对我们一点也不严厉，但他有原则。什么是对的，什么不对，都有原则。父亲不'教'，而是'做'，他以身作则。我们晚辈跟他谈话的时候，他不做空洞的说教，而是谈天。比如他对人非常宽容，但不跟我们讲应该怎么宽容，而是给我们讲一些别人的例子。他自己做，我们就跟着他学。

"父亲留给我们的最大财富主要是做人的方式；其次是无论自己会不会成功，何时会成功，不管怎样，总应该想办法做点事情，不变成社会的负担；再次就是想问题多往新的方向想，每当有新的想法产生，就努力去争取实现。"

女婿朱经武曾一度担心陈先生不接受自己。他还记得，当时有朋友甚至开玩笑建议他先复习一遍微积分和微分方程，再去见这位大数学家岳父的面。但这对准翁婿第一次见面并没有谈什么数学问题。相处久了，朱经武发现，陈省身什么都谈，对很多事情有好奇心。任何人跟他谈事情，他不会说"这不可能"，他会耐心地听人家讲，帮他们想方法，出主意。

朱经武还记得，他与陈璞结婚之初，岳父就说："'儿孙自有儿孙福'，不要太为孩子们操心，加太多压力反而是个负担。"朱经武说："我们跟他在一块儿的时候，都很快活。我们做出了一些成绩，他就很高兴。"是的，陈省身对孙辈都很关心，但他从来没有说要孩子们都要成为数学家。他教育孩子们好好学习，但也说过要随着兴趣走，并不是一定要读书才好。朱经武和陈璞的女儿学医，女婿学生化，外孙朱俊杰学建筑，陈省身对他们的选择都表示支持。

陈省身常常问朱经武："可不可以把你的超导跟我的几何连在一起？你们做晶体跟几何有关系，为什么不弄到一块呢？我相信可以解决一些问题。"

朱经武说："他有很多'谬论'，和别人想法不一样的。他自己一生里做的事情都是跟别人不一样。他就觉得人应该从框框里跳出来，做一些别人没想过的事情。"朱经武认为，岳父这一点对自己有很大的影响。他总是鼓励女婿，不要跟在别人的后头走，而是要开创自己的领域。他亲眼目睹过岳父大人在香港科技大学演讲时的盛况。讲座结束后，学生们争先恐后冲向陈省身，将他包围，要他的签名。就像那里坐着的不是数学家，而是一位摇滚巨星。"摇滚巨星"之名是加州大学伯克利校一位名叫苏菲的职员用来形容陈省身的。苏菲在天津机场偶遇一群人在接机，根据热烈场面推测，来的要么是摇滚巨星，要么是电影明星。可当那人坐着轮椅现身之后，她赫然发现，竟是自己学校的荣退教授陈老先生。

辰星陨落兮憾地恸天

2004年10月28日，是陈省身的93岁华诞。此后第5天，经国际天文学联合会小天体命名委员会讨论决定，并正式向世界公布，将中国国家天文台发现的永久编号为1998CS2号小行星命名为"陈省身星"，以表彰他为人类所做出的杰出贡献。《小行星公报》称，陈省身"在整体微分几何等领域上的卓越贡献，影响了整个数学学科的发展"。从此，广袤的天际又诞生了一颗永远发散着这位伟大数学大师一生荣耀与光辉的人文之星。

中国古代所称的辰星和西方人所称的墨丘利星其实就是水星，是靠太阳最近的行星，与太阳的角距永远不超过28°。墨丘利是罗马神话中众神的信使，他头戴双翅帽，脚蹬飞行鞋，手握魔杖，行走如飞，神通广大。水星就像墨丘利那样，行动迅速，在一个半月的时间里会沿着一段奇特的曲线，从太阳的最东边跑到最西边，平均速度为每秒47.89千米，是太阳系中运动最快的行星。

如果把数学科学比作自然界一尊恒定不变的"太阳神"，陈省身与这尊"太阳神"所保持的位置关系、敏感度以及在数学领域获取新动向，消化新知识，传递新成就的速度也用一个自然界的运动物体来形容的话，那么，他就堪称一颗辰星，即墨丘利星。

令人痛心的是，就在陈老获得行星命名，"陈省身星"升空之后仅仅经过一个满月的轮回，这位美籍华裔数学大师、微分几何之父、加州大学伯克利校终身教授、南开大学数学研究所名誉所长，因病医治无效，于2004年12月3日19时14分在天津医科大学总医院病逝了，享年93岁。

在生命垂危时，陈省身仍牵挂着中国的数学："我就是不放心，我们能不能做出好的数学来。""不要忘记中国数学事业的发展！"这是弥留之际的陈省身给南开大学校长侯自新说的最后一句话，也是这位数学大师留给世界的最后嘱托。第二天就昏迷了，之后，没有再说出一句话。一颗最珍贵的心脏停止了跳动，一位最平凡的老者离开了人世，一位最伟大的数学巨星，人们心中闪亮的辰星就这样陨落了。

党和国家领导人、中国科技界、国际著名学者，陈先生曾经学习和造访过的国外各名校等纷纷以各种形式表示沉痛哀悼。

世人一致认为，国际小天体命名委员会将一颗小行星命名为"陈省身星"是表彰他为全人类所做出的杰出贡献。刚刚度过93岁生日的陈省身自己也说："把我的名字跟天上的星星联系在一起，我非常荣幸。我是研究数学的，历史上最伟大的数学家是高斯，他最早的工作就是小行星研究。现在我有机会跟小行星有联系，觉得非常快乐。"而陈先生的生活秘书兼司机胡德岭在感情上却始终无法接受获命"陈省身星"这件事情，他把它形容为"最坏的东西"。他觉得，要不的话，为什么刚上天才一个月就陨落了，就是那颗小行星把陈先生带上了天际。

一年后，南开大学将数学研究所大楼命名为"省身楼"，这是继范孙（严修）楼和伯苓楼之后，南开大学用本校师长名字命名的第三座建筑。又两年后，宁园被辟为"陈省身故居"，由范曾题写匾名。

在陈省身逝世九周年纪念日，"陈省身故居"按照主人生前的生活场景，驻留下数学大师最后的岁月后正式对外开放。简洁优雅的一楼中式客厅中，悬挂着陈先生亲自设计制作的，名为"数学之美"的科普挂历，时间定格在2004年12月；在一块草绿色黑板上，留有他手写的板书；客厅西墙上，还是张挂着陈先生夫人的大幅照片；书房墙上，依旧挂着范曾为陈先生画的那幅遗像，慈祥的面容仿佛在启口欲言："晚来天欲雪，能饮一杯否？"书房里除了大量数学专著和手稿、影碟、相片、各种奖章外，还有《红楼梦》等几大名著，《老子》《庄子》、古典诗词、围棋、医学以及金庸的全套小说和张爱玲文集；展品包括他晚年喜欢穿的华服，出席正式活动穿的天津产海鸥牌西装，获赠的天津荣誉市民金钥匙，用过的打字机以及他喜欢的围棋、麻将、扑克牌等，充分展示出他从少年时代举家移居天津，离开数十年后，晚年再度落叶归根，回到初梦萌生的地方，也是他生命旅程的最后归宿。

这位热爱生活的老人离世而去后，给人们留下的，不仅是数学事业的宝藏，更有人生情感的掘不完、用不尽的金矿。参观"陈省身故居"，如置身巍峨山巅，奔涌云海，疾驰松涛，那万千气象，犹如这位年过九旬的智慧老人在传播科学精神，讲述人生精彩。

"天津是我的第二故乡"。"死后就埋在南开"。这是陈省身曾动情说过的两句话。陈先生逝世后，按照他生前遗愿，人们把他和夫人郑士宁一起，安葬在他们深深热爱并为之呕心沥血的南开大学"省身楼"与南门之间的内津河北岸一处绿树掩映、青草茵茵的斜坡上。这里，就是陈省身夫妇永远的栖身之所了。

2011年6月18日，南开大学和时年89岁的杨振宁博士，共同以物理前沿讨论会的方式为陈省身数学研究所暨杨振宁创办的数学研究所属下的理论物理研究室庆祝25周岁，同时举行陈省身夫妇纪念碑（墓碑）揭幕及墓园落成仪式，以庆贺陈先生百年诞辰。仪式由中科院院士、陈省身数学研究所所长龙以明主持。陈省身女儿陈璞，美国科学院院士、中科院外籍院士、女婿朱经武，杨振宁和夫人翁帆，南开大学党委书记薛进文和校长龚克，陈先生生前好友范曾以及前来参加纪念讨论会的中科院院士和南开大学师生共同出席了揭幕式。

纪念碑由两块石头组成，一块是弧形汉白玉，另一块是贴在汉白玉上的黑色花岗岩，整体横截面呈曲边三角形，一面凹、一面凸、一面平，象征数学史上著名的"高斯-博内-陈"公式的最简单会意造型；正面如一块黑板，上半部用陈省身证明高斯-博内公式的手迹作为墓志铭，下半部刻着墓主人的姓名及生卒年月；树木与草地之间用黑白相间的石条铺成一个呈不规则的菱形广场，陈先生夫妇就长眠在菱形广场一角的地下；黑板型纪念碑前有23个矮凳，隐喻着德国著名数学家大卫·希尔伯特提出的23个数学难题，也令观览者仿佛置身于一个开放的露天教室，可以在这里坐着聆听大师教诲。

陈先生夫妇纪念碑是外孙朱俊杰设计的，初衷和理念是力求反映外公的人格本性和数学至纯的生活方式。朱俊杰用自己的所学所能完成了外祖父生前的愿望："百年后，和夫人骨灰埋在南开校园，上面盖个亭子，没有墓碑，没有坟头，却有一块黑板，供后学演习数学。"

这使人们想到了刻写在德国数学家高斯墓碑上的那首诗：

一个正十七边形，

精美地镌刻在墓碑上；

像佩戴在德国"数学王子"胸襟，

最灿烂的一枚勋章；

虽然生命之花早已谢萎，

墓前的花蕾却在阳光下绽放。

参考文献

　　［1］李新玲.丘成桐：现在三分之二的数学与陈省身有关［N］.中国青年报，2004.

　　［2］纪宇.陈省身、杨振宁、范曾：三位大师的生死之交［N］.北京科技报，2005.

　　［3］张奠宙,王善平.陈省身轶事［N］.书摘，2005.

　　［4］余玮.陈省身的钻石婚姻［N］.大众日报·电子版，2006.

　　［5］潮湖余晖.陈省身、郑士宁与故里盛泽［J］.中国绸都，2006.

　　［6］白沙海.大师情怀——记陈省身教授"爱国、爱校、爱科学"的事迹［N］.海白沙的博客，2007.

　　［7］范曾.何期执手成长别［N］.范曾个人网站，2010.

　　［8］纪宇.范曾绘画陈省身与杨振宁的新闻背后［N］.三道快枪的博客，2011.

　　［9］张奠宙.陈省身大师与数学文明［N］.谢瑾霞日志，2011.

　　［10］陈克艰.数学的精神——<陈省身传>读后缀语［J］.南方周末，2012.

　　［11］郭氏数学.陈省身——走进美妙的数学花园［N］.郭氏初中数学博客，2012.

　　［12］R·帕勒、滕楚莲.陈省身与夫人郑士宁相知相恋的婚姻生活［N］.美国资讯网，2013.

　　［13］何玉新.陈省身的美丽数学［N］.何玉新的博客，2013.

　　［14］沈秀红,陈苏.陈省身之女陈璞：父亲留给我们的最大财富是做人的方式［N］.嘉兴日报，2014.

钱学森

——巍巍之业，荡荡之勋

永恒的激励

　　钱学森是中国科技界的巨擘。从青年时代起，征服宇宙的梦想就在他心里萌发、生长、壮大，并一天天地把它的枝蔓伸向浩淼天空。而当中国人自己的火箭导弹冲上云霄，当中国人乘坐自己的飞船在太空漫步时，炎黄儿女扬眉吐气、热血沸腾的激情都和钱学森当年的梦想密不可分。

　　回顾新中国科学发展的光辉历程，国人公认钱学森：是热忱的爱国者，其爱国主义情怀是异常感人的；是中国"两弹一星"和载人航天事业的"总策划师""总设计师""总工程师"，为中国科技事业做出了关键性、历史性、不可替代的卓越贡献；其个人经历和创造性工作，代表了中国社会的发展方向、价值观取向和时代精神，推动了社会进步；为组织领导新中国火箭、导弹和航天事业的科学研究以及推动这项工作的迅速发展发挥了巨大作用，其功业永耀千秋。

　　国际社会主流声音这样归纳、总结和评价钱学森：20世纪应用科学领域享誉海内外的最杰出科学家；人类航天科技的重要开创者；空气动力学科继现代空气动力学之父普朗特尔和冯·卡门之后的第三代擎旗人；航空领域的世界级权威；工程控制论创始人；20世纪应用数学和应用力学领域的领袖人物；为新中国的成长做出无可估量贡献的影响最大、功勋最卓著的杰出代表和中国航天事业的最主要奠基人；"世界火箭之王""中国导弹之父""中国自动化控制之父""中国航天之父"，等等等等。

青年时代的钱学森。

世界上几个航天大国都有自己的"航天之父",但在这些"航天之父"中,钱学森自有独到之处。俄罗斯人康斯坦丁·齐奥尔科夫斯基是世界航天的先驱者,他系统地阐述了利用火箭实现太空飞行的设想,奠定了航天学的理论基础。但遗憾的是,由于时代关系,他只提出了航天理论,却没能亲身参与航天实践。此后被称为"俄罗斯航天之父"的谢尔盖·科罗廖夫和"美国航天之父"冯·布劳恩,都是本国航天活动的组织和领导者,是这项伟大工程的实践者,理论则相对较次。而钱学森则既是中国航天科技事业的开创者、奠基者,又在长期实践的基础上提出了一系列重要的科学理论思想,被称为杰出的科学思想家。因此,钱学森绝不愧为20世纪最伟大、最杰出、最值得后人敬仰和尊崇的功高盖世的科学巨匠和"世界航天之父"。

钱学森所获得的重大荣誉引起社会的广泛关注。1991年10月,国家授予钱学森"国家杰出贡献科学家"称号和"一级英雄模范奖章",并由党和国家最高领导人特意为他一人举行授奖仪式并发表贺词,这在共和国历史上属于首次;1999年,中共中央、国务院、中央军委决定,授予钱学森"两弹一星功勋奖章"。

2009年10月31日上午8时6分,一颗储存了大量科技信息的大脑停止了思维,一颗伟大的心脏停止了跳动,一代科学巨星从长天陨落,钱学森先生在北京解放军总医院离世了,享年98岁。

始于2002年,一年一度由群众评选出来的《感动中国》人物无一不扣动国人心弦,这些人物之所以能震撼人的心灵,能感动中国,是因为其核心价值博大精深,值得民众学习、践行。而排在2007年感动中国人物之首的,就是中国航天事业的奠基人钱学森。感动中国组委会授予钱学森的颁奖词这样写道：

"在他心里，国为重，家为轻，科学最重，名利最轻。5年归国路，10年两弹成。开创祖国航天，他是先行人；披荆斩棘，把智慧锻造成阶梯，留给后来的攀登者。他是知识的宝藏，是科学的旗帜，是中华民族知识分子的典范。"

《感动中国》人物推选员阎肃先生对钱学森这样评价：

大千宇宙，浩瀚长空，全纳入赤子心胸。惊世两弹，冲宵一星，尽凝铸中华豪情；寿至期颐，霜鬓不坠青云志；回首望去，只付默默一笑中。

国外对钱学森作出的崇高评价：

——美国著名导弹学家、钱学森的导师西尔多·冯·卡门教授："无论在哪里，他都值五个师。"

——曾经的美国海军次长丹尼尔·金布尔："中共的归国学人当中，无人重要性能出钱学森其右。"

——美国火箭专家克拉克："中国的火箭事业始于钱学森。若非钱学森，中国的太空发展不可能有今天的成就。他既是首席科学家，也是最高权威。"

——美国专栏作家密尔顿·维奥斯特："钱（学森）是帮助美国成为世界第一流军事强国的科学家银河中一颗明亮的星。"

——加州大学伯克利分校顾教授："钱学森革新了中国的飞弹科技——事实上，也改革了整个军事科技……"

从童稚到青年

有资料证实，钱学森是吴越王钱镠的第33世孙。自南宋以来，特别是明、清两代，钱氏家族曾有众多官员、文学家和著名学者临世，是一个颇有社会声望的名门望族。

钱学森的出生地一直众说纷纭。但人们基本公认，钱学森是汉族，祖籍浙江杭州，1911年12月11日就出生在杭州市。钱学森传记《蚕丝》的作者，美籍华裔作家张纯如亲自实地访问并搜集研究大量史料后认为，钱学森出生于杭州。笔者认为，这应该是最符合情理，最接近事实的一说。

从钱氏家谱看到，钱学森的祖父钱承磁育有二子，长子钱家润，字泽夫，有一子一女，即钱学榘和钱学仁；次子钱家治，字均夫，唯有一子，即钱学森。钱家是浙江著名的书香门第，并世代遵循着先祖钱镠给族人留下的"进贤使能则国强；兴学育才则国盛"的家教和"心存忠孝，爱兵恤民，勤俭为本，忠厚传家"的遗训。

钱均夫曾参加反清学潮，后留学日本，专修教育，归国后从事教育工作，从普通教师干到杭州省立第一中学校长，最后到教育部任职，成为一位终身实施"教育救国"的职业教育家。1911年12月11日夜晚，钱均夫一家迎来了大喜日子，盼望已久的儿子钱学森呱呱坠地了。全家老幼喜气洋洋，特别是夫人章兰娟看到襁褓中的儿子，更是欣喜有加，心里甜蜜蜜、乐滋滋的。忠厚善良的钱均夫博学多才，谦躬自守，为钱学森营造了一个求真务实、静修好学的家庭氛围，从小就开启了儿子的智慧之窗。因此，钱学森感于椿庭厚恩，将"我的第一位老师是父亲"常挂嘴边。

大约1914年前后，钱均夫调任教育部供职，举家迁往北京，居住在宣武门外一个独立的四合院内。从此，3岁的钱学森开始了在北京这座古老城市的成长学习历程。5岁时，钱学森就基本能读懂《水浒》，并对书中描写的那些独具个性、有血有肉的英雄们崇敬有加。父亲告诉他："你长大也可以做英雄，但是，现在必须好好读书，努力学习知识，今后才能当英雄。"钱学森天资聪颖，悟性极高，记忆力特强，此时已能背诵上百首唐诗、宋词，以及早期一些启蒙读物如《增广贤文》《幼学琼林》等。因此，亲友们及周围邻里都称他为"神童"。钱母章兰娟出生于杭州一个开明的丝绸富商家庭，从小聪明内秀，自幼习学诗书绘画，多才多艺，知书达理，性格开朗，热情豁达，心地善良，心灵手巧，尤其擅长针黹刺绣。由于丈夫平时在外供职，教育孩子的职责自然落在章兰娟身上。她总是采取启发教育，动之以情，晓之以理，让钱学森从小就养成了良好的读书习惯。

面对如此聪慧好学的儿子，钱家夫妇在高兴之余，将他送进特别为"天才"儿童设立的北京第二实验小学，发誓一定要把他教育培养成才。实验二小由旧时王府的深宅大院改建而成，是一所尝试现代办学理念的新型学校，不但环境清雅，师资力量雄厚，更有许多参加过五四运动的青年教师，把活跃的新思想带进了校园，既传播新思想，又普及新教育。邓颖超就是其中一位。钱学森有幸在这里度过了一段难忘的童年岁月。多年后，钱学森与邓颖超再次见面时，学生能立刻认出当年这位老师；老师也还能清晰记起这位出类拔萃的学生。

张纯如女士在她的《蚕丝》中描述钱学森在小学低年级时喜欢的一项折纸飞机比赛的游戏，说他每次折的纸飞机，掷出去总是飞得最稳最远。同学们捡起他的纸飞机仔细研究，原来他的飞机有棱有角，对称、扁平，投出去空气阻力小，便于利用风向风力。小小年纪的钱学森居然能领悟到某些空气动力学常识，这不仅使同学们，而且使老师都惊叹不已。这确实是一个特别有天赋的孩子。

随着年龄的增长，钱学森对知识的需求越发强烈，开始对父亲书橱里那些厚厚的书发生了浓厚兴趣。母亲对于儿子强烈的求知欲看在眼里，喜在心头，感到由衷的欣慰，经常挑选一部分她认为能看懂的书给儿子看，并认真给儿子讲解书中的故事。钱学森也总是认真、投入地听母亲讲述，稚气的脸上充满了对古人的崇拜与向往。

未满12岁，天资聪颖的钱学森便进入当时顶级的北京师范大学附中学习，开始了6年的中学生活。那时的北师大附中位于陶然亭北一片荒郊野地中，"无风三尺土，有雨一街泥"。伴随着小贩们凄凉的兜售叫卖声，常使钱学森感到，时局动荡不安，民族和国家存亡等问题重压在心。他从小就不喜张扬，学习又十分努力，因此更给人以"沉默寡言"的印象，虽然对美术和音乐也有相当的天赋和兴趣，但总是没有心情唱歌作画。然而，北师大附中却有一批以著名教育家林砺儒校长为首的忠诚爱国的知识分子。尤其是数学几何功底十分深厚的傅仲孙老师经常对学生们讲："我讲的道理是纯粹推理，这样推出的道理，不但教室里如此，全中国也如此；不仅全中国如此，全世界也如此；不仅地球上如此，到了火星上也还得如此！"少年钱学森对傅老师的讲述记忆深刻，潜心学习数、理、化，下定决心，要成为一名科学家。

有幸进入这所得天独厚的好学校，使钱学森受到了良好的教育。北师大附中文理皆备，尽管课业繁多，教学要求高，但因其教育方法独特，提倡消化理解，鼓励自由思考，反对死记硬背，因此，教师教得尽心，学生学得畅快。在鼓励学生学好必修课的同时，按文史、理工两部分再选修其他课程。钱学森除了选学理工作为正课外，还加修了非欧几何、解析几何、无机化学、有机化学、大代数、微积分、物理学、伦理学以及英语、德语等等。虽然课程多，但由于学习方法生动活泼，思想并没有压力。在此期间，钱学森了解到，20世纪世界出了两位伟人。一个是爱因斯坦，一个是列宁；一位是科学伟人，一位是革命伟人。而那时，谁都还不知道爱因斯坦是相对论的创始人。

针对钱学森的这段学习生活，张纯如说："第二实验小学使钱学森免于当时以严酷著称的传统式教育，周遭的气氛鼓励他主动发问，找寻答案，甚至向权威挑战。"因此直到耄耋之年的钱学森，每每回忆起那段学习生活，还颇有感触地说："我在那里受到的良好教育，是我终生难忘的。"

1929年，18岁的钱学森高中毕业，以总分前三名的成绩考进了他仰慕已久、有全国最好工学院之称的上海交通大学机械工程系，主修铁道机械工程专业。上海交大历来以"起点高，基础厚，要求严"的教学传统著称；"求实学，务实业，苦干实干"是其一贯学风；"严"字当头，考80分的不算好学生。学校规定对重要课文，必须熟读硬记，原原本本地背下来。这与北师大附中宽松的环境大相径庭。但是，这时的钱学森已经深深懂得"严师出高徒"的道理，十分理解老师们的良苦用心，始终是一个成绩出众的学生。他每天必去图书馆，自觉适应学习氛围，刻苦努力，以浓厚的兴趣和顽强的毅力学好每门功课，各科成绩都达到90分以上，在班级中始终名列前茅。以《分析化学》为例，从第一页到最后一页，他竟能一字不漏地背下来。让钱学森的好友印象深刻的是，他不仅学习成绩优异，音乐天分和对音乐的热爱也让人叹服。钱学森后来在回忆交大学习时，曾激动地说："交大教学严，要求高，我十分感谢老师们使我学到了许多终身受用不尽的知识。"

在交大后期，钱学森逐渐意识到，中国之所以落后，主要在于经济技术不发达，而日本能够率先崛起，则完全得益于科学技术的进步。尤其是1932年的"一·二八"事变，淞沪战争那隆隆炮声，让他第一次知道日本空军拥有这么多飞机，投下的炸弹顿时将上海变成一片火海。残酷的战争深深刺激了年仅21岁的钱学森，他感到，科学技术的进步才能体现国家的强盛，如果能拥有自己强大的航空工业，也许就不会遭此欺凌。他从此决心向已经学习了近4年的铁路专业告别，赴南京中央大学参加清华大学庚子赔款奖学金公费留学生全国选考，决定远赴美国学习飞机设计。他给同学说："现在中国政局混乱，我要到美国去学科学技术，学成后回来为祖国效力。"

机会总是留给有准备之人。当钱学森如愿以偿地被美国麻省理工学院航空系录取，成为当期20名留美公学的学生之一时，抑制不住内心激动，欣然说出这样一番满带豪情壮志的话："你在一个清朗的夏夜，望着繁密的闪闪群星，有一种可望不可及的失望吧。我们真的如此可怜吗？不！决不！我们必须征服宇宙。"这是1935年8月的一天，钱学森时年24岁。

立下科学报国之志的钱学森告别父母，与另外19名赴美留学生一起离开上海，乘坐美国邮船公司的杰克逊总统号启航赴美，开始了追梦的漫长旅程。大约20天后，钱学森登上大洋彼岸，来到马萨诸塞州首府波士顿的坎布里奇。这个当年虽然只有10万人口的小城，却是一个举世瞩目的大学城，哈佛大学和麻省理工学院两座世界著名大学都矗立在查尔斯河畔。

刚开始时，一些美国学生针对中国留学生成绩低下，嘲笑中国人愚昧无知。张纯如也记载了这样一件事：钱学森针对航空学课程过分注重实验的情况，曾去找系主任汉萨克表达了自己的不满。但这位系主任却答道："听着，你不喜欢这儿，就回中国去算了。"钱学森听了这些，生气地说："中国作为一个国家，是比美国落后些；但作为个人，我敢和你们任何人比，到学期末，看谁的成绩好！"事实证明，钱学森的成绩一直名列全系前茅，1936年秋，在入学仅仅一年之后，就取得了航空工程硕士学位。

为了民族的强盛

上世纪30年代初，世界航空科学从襁褓走出，来到一个关键时刻。美籍匈牙利人西尔多·冯·卡门当时已经是这一领域的顶尖人物。在麻省理工学院学习期间，钱学森得知这位大名鼎鼎、享誉世界的"超音速飞行之父"、著名力学大师冯·卡门教授在加州理工学院航空系执教，便希望能去那里接受他的教益和熏陶。

位于洛杉矶市郊帕萨迪纳的加州理工学院，是一所名师荟萃，驰名全球的理工类高校，有着最负盛名的力学和航空动力学研究中心，许多诺贝尔奖获得者、美国国家科学院和工程院院士都在这里执教，其条件之优越，环境之静雅，学风之严谨，使钱学森仰慕已久。

1936年秋，25岁的钱学森穿越美国大陆，来到西海岸加利福尼亚州的帕萨迪纳小城，怀着忐忑之心，拜访冯·卡门教授。钱学森站在冯·卡门教授面前，忐忑而谦恭地自我介绍道："尊敬的先生，我是刚从麻省理工学院来的，想由航空工程转学航空理论，也就是航空力学，希望教授能收下我这个中国学生。"

冯·卡门似乎与钱学森有着某种缘分，这位曾于3年前在清华大学做过顾问，对中国文化和中国人有着一定了解的美籍匈牙利人听完钱学森的陈述，蓝眼珠子顿时露出了一缕难以察觉的欣喜之光。在这位资深教授看来，一个从事技术工程的年轻学者不满足已有的专业知识，能感悟到理论的更加重要性，这正是具有远大志向的表现。为了进一步了解面前这位年轻人的专业功底，冯·卡门提出了一系列问题。钱学森稍加思索便对答如流，其反应之敏捷，回答之精准，观念之独到，使大师赞叹不已。他抬起头，用惊异的目光打量着这位头脑清晰、思维敏捷、才华横溢的中国学生，当即高兴地答应了钱学森希望攻读航空力学博士学位的要求，接纳了这个富于智慧、令人喜爱的中国青年。钱学森如愿以偿，从此成为冯·卡门教授领导的古根海姆航空实验室的博士研究生，并在他的直接指导下，开始了如饥似渴的航空工程理论的学习和研究。

钱学森拿出就读上海交大时练就的工夫，开始废寝忘食地读书，立志学完全世界现存的所有力学著作。整整三个寒暑，他心无旁骛，埋头研读，每天坚持12小时以上，将买来或借来的力学书籍读了个遍，还将相关的偏微分方程、积分方程、现代数学、原子物理、量子力学、统计力学、量子化学、分子结构、相对论等学科理论进行了醉心的研究，为自己奠定了深厚的理论功底。钱学森把这种学习方式戏称为"三年出货法"。他认为：基础打得不牢，总是要吃亏的，一定要积攒下足够的本钱，才能举一反三，触类旁通。冯·卡门教授是坦诚直率、性格开朗而又十分谦和的导师，十分赏识钱学森的毅力和才华，也在他身上倾注了很大心力。

三年中，钱学森除了刻苦学习理论外，其天赋和才干在实验研究中发挥得更加淋漓尽致。他一边学习，一边从事空气动力学、固体力学和火箭、导弹等领域的研究，尤其对火箭技术情有独钟，兴趣浓厚，与同窗好友马林纳等共同发起成立了火箭研究小组，取名为"火箭俱乐部"，进行火箭发动机试验。没有资金和设备，就到旧货摊上、废品仓库里去寻找废旧零件自己组装；没有试验场地，就在自家房后草坪上进行。但由于技术欠佳，点火把握不准，试验时有失败，爆炸时有发生，危险时常降临，于是，他们将这个小组戏称为"自杀俱乐部"。他们不顾成天和电机、火药、废弃零部件打交道，不顾爆炸产生的有毒气体会有损身体健康，甚至可能危及生命安全，始终认定失败是成功之母，对失败的试验结果进行深入分析，寻找原因，坚持进行一系列再试。有一次，研究小组在古根海姆大楼实验室里进行火箭喷射推力试验，不慎发生爆炸，连大楼都摇晃起来。钱学森等人被气浪掀翻在地，零件也被炸飞了，好在大家都有惊无险。冯·卡门教授对钱学森等人既支持，又担心，只好让他们到距离加州理工学院7英里以外的山谷里去做试验，还不失时机地向美国陆军航空兵司令阿诺德将军介绍火箭小组的研究成果。

在加州理工学院，冯·卡门是钱学森最信赖和最尊重的人，他总是称冯·卡门为"尊敬的老师"。三年后，钱学森以非凡的勤奋与智慧、以出类拔萃的理论与实验成果，在航空结构理论研究中取得了突破性进展，完成了《高速气动力学问题的研究》等4篇博士论文，在取得航空和数学双博士学位的同时，还收获了一个"天之子"的雅号。

此后，由冯·卡门教授推荐，受聘为加州理工学院航空系助理研究员，成了冯·卡门最得力、最信赖、最满意的助手。其间，还与冯·卡门一起，建立了以他师徒命名的"卡门-钱近似公式"。在1940年美国航空学会年会上，钱学森宣读了一篇薄壳体稳定性研究论文，引起了与会者的极大兴趣。这个难度极大而又极具实用价值的开拓性研究成果得到了同行们的高度评价，使钱学森赢得了很高声誉，从而在航空工程技术理论领域，进入了国际知名学者行列。

若干年后，冯·卡门在回忆录中这样记载与钱学森的初次会面：这位个子不高、仪表严肃的年轻人，异常准确地回答了我的所有问题。他思维敏捷、富于智慧。我立即建议他转到加州理工学院来深造。在冯·卡门的回忆录中，唯一用单独章节记述的学生就是钱学森。他写道："钱学森跟我一起解决了很多数学难题。他想象力极为丰富，不但数学能力强，而且善于观察自然现象的物理性质，在若干相当困难的题目上，都能帮助我理清观念。他的天资卓越，实在难能可贵，我们顺理成章地成为亲密伙伴。"

钱学森与同事们在阿洛约赛克建立的第一座火箭试验台，引起了有关当局的注意，并得到空军的大力支持。军方委托加州理工举办喷气技术训练班，钱学森被聘为教员。受训的学员，后来都成了美军火箭导弹部队的高级指挥官。这期间，早年在加州理工"火箭俱乐部"中的几个成员创办了一家企业，与美国军方一直合作并取得了不菲成绩。钱学森在其中担任技术指导，负责经营的经理名叫丹尼尔·金布尔，他们因此而成为很好的朋友和同事。该公司后来发展成为赫赫有名的美国航空喷气公司，丹尼尔·金布尔则成为美国海军次长。

1942年5月30日，与钱学森同年赴美留学，仅比钱学森小半岁的加州理工学友袁家骝和女友吴健雄，在双双取得博士学位之后，由院长、袁家骝的指导教授密立根作证婚人，并在他的家中为他们举行了一场别开生面的特殊婚礼。由于太平洋战争爆发，他俩在中国的亲人都不能前来参加，但是，许多在美国的同学、好友都前来出席。钱学森作为当时加州理工学院中国同学会会长，跑前跑后为这对新人的婚礼拍了一部8厘米的电影记录片。

其实那时，论学业事业，钱学森可以说功成名就；论年龄资历，也已三十出头，并且正在和一位在欧洲学习声乐的名叫蒋英的姑娘定下了终身，因此可以说，已经站在了婚姻的起跑线上。

蒋英是民国著名军事思想家蒋百里的女儿，有两个姐姐，两个妹妹，她居其中。钱、蒋两家既是浙江同乡，又是世交。蒋英4岁就与年长8岁的钱学森相识，可谓青梅竹马。唯有独子的钱均夫夫妇对蒋英非常喜爱，视为己出。两家甚至约定，现在蒋英做钱家干女儿，长大了就嫁给钱学森。1936年，蒋百里到欧洲考察结束后，曾特意到美国看望这位品学皆优的世侄和未来的女婿。目睹了德国空军迅猛发展，非常看好航空业前景的蒋百里对钱学森选学航空理论给予了明确而坚定的支持，因为他期望钱学森学航空理论能为抗击日寇空军派上用场。回国不久，蒋百里便将爱女蒋英送到欧洲，先后在比利时和法国学习声乐。既有声乐天赋又勤奋好学的蒋英，很快成为欧洲小有名气的女高音歌唱家，曾获得国际歌唱比赛首奖。遗憾的是，蒋先生于1938年在陆军大学撤往贵州途中不幸病逝。蒋百里去世后，在蒋母和钱氏夫妇的撮合下，钱学森与蒋英明确了恋爱关系。但是在钱学森大脑里，事业占据了足够大空间，把个人成家立业的私情挤占得几乎没了一席之地。眼看着与自己同时期赴美留学的学子们一个个都学有所获，业有所就，家有所成，而他自己，却还没有腾出时间来思考婚姻问题。事业，在他的心中始终居于首要的位置。

第二次世界大战时期，由于法西斯德国成功研制了V-2火箭，并在德国境内建立大规模的火箭发射基地，对反法西斯阵营构成了严重威胁，美国当局决定委托冯·卡门加紧研究远程火箭。冯·卡门向陆军军械署提交的研制计划中，推荐钱学森担任喷气研究组组长，负责理论研究。钱学森与马林纳找来了华人老同学林家翘、郭永怀、钱伟长等，从弹道分析、燃烧空热传导与燃烧理论入手，研究远程火箭理论，共同完成了美国第一个军用远程火箭的设计。钱学森还向冯·卡门建议运用新的军事思想和方法从事火箭技术研究，并主动、创造性地配合老师的工作，为美国火箭事业的建立与发展做出了不可磨灭的贡献，成为世界知名的火箭喷气推进专家。

由于反法西斯战争需要，冯·卡门被美国军方聘为科学顾问组组长并特约钱学森参加。钱学森等"火箭俱乐部"成员通过美国政府的安全审查后，辞去在加州理工担任的各项职务，到华盛顿参与到当时美国政府高度绝密的导弹核武器实战研发的"曼哈顿计划"中。美国军方大胆而慎重地启用钱学森负责火箭发动机推动导弹这一重大课题的研究。钱学森提出了三种火箭的设计建议方案，即《远程火箭的评论和初步分析》，经冯·卡门教授认可，将方案连同冯·卡门的备忘录一起递交给军方，受到军事当局的高度重视。这份方案为美国上世纪40~50年代成功研制地对地导弹和探空火箭技术奠定了理论基础。钱学森也因此立下了卓越功勋，并对美国后来的导弹核技术乃至迈入太空做出了巨大贡献，因而成为美国屈指可数的稀世奇才之一。不久，钱学森在冯·卡门领导下，又参与了为美国空军提供火箭远景发展规划的制定工作。

"二战"胜利结束后，美国组建了空军科学咨询团，在少将团长冯·卡门的率领下到德国接管、考察和研究其火箭技术。钱学森被授予上校军衔参加了这次考察，并亲自审讯德国火箭专家沃纳·冯·布劳恩和鲁道夫·赫曼，还视察了德军绝密的戈林空气动力研究所和其他地方的风洞，撰写出多份高质量报告。其中一份名为《迈向新高度》的报告，为美国空军绘制了一幅探索外太空星际航行的宏伟蓝图，得到了空军司令亨利·阿诺德上将的通令嘉奖。与此同时，钱学森将稀薄气体的物理、化学和力学特性结合起来的一项研究，成为该门类的先驱。

在此后一年多，钱学森迅速从副教授晋升为麻省理工的正教授、终身教授，承担了探索核动力火箭的研究任务，而且为了执行这个计划，他开始奔走于五角大楼与实验室之间。此时的钱学森已经成为美国科学界一颗闪亮的明星，成为世界顶级的火箭喷气推进专家。美国军方在总结"二战"中的军事技术工作时，对钱学森做出了"为反法西斯战争的胜利做出了巨大贡献"的评价。舆论则称钱学森是"制定美国空军从螺旋桨式向喷气式飞机过渡并最后向遨游太空无人航天器过渡的长期规划的关键人物"。

此时的钱学森已经34岁，还是孑然一身。而且自从"二战"结束后，26岁的蒋英就已经来到了美国。按理说，他们此时完婚应该是最佳时间。但是，钱学森还是把事业看得比爱情婚姻更重要，与已经恋爱数年的蒋英商定，将婚期继续无限期向后推迟。

直到1947年夏，在蒋百里先生已经逝世9年，钱母也已驾鹤西去之后，他俩才在钱父和蒋母的多次催促下回到上海"履行合同"，于当年初秋，在黄浦江畔的和平饭店举行婚礼，完成了一桩人生大事，也了却了父辈们几十年的夙愿。结婚时，钱学森送给妻子蒋英一架钢琴作纪念。

此次回国，已经声名大震的钱学森曾应邀在当时的浙大、交大和清华作了工程科学方面的多场演讲。蒋英也在上海举办了自己的第一次独唱音乐会，并被舆论称为中国最优秀的女高音歌唱家之一。他俩的归来，一时间在上海引起了轰动。

由于国民政府一再挽留，婚后的钱学森夫妇原本不打算再回美国，但回国后的所见所闻，给了他夫妇极大的震动。国内的混乱、丑恶、黑暗和凄凉景象如同一盆冷水，浇灭了归来游子心中的一团火。祖国怎么变成这副模样了？官僚腐败，物价飞涨；一边是达官贵人、巨贾富商的灯红酒绿，穷奢极欲；一边是劳苦大众的衣不蔽体，饿殍满地；罢工、罢市、罢教、罢课，反内战、反饥饿、反暴行的游行示威不绝于市；特务军警密布，魑魅魍魉四伏。钱学森虽然已经修成大家，但科学报国的志向在当时依然难以实现。无奈之下，这对新婚伉俪不得不怀着矛盾心理，又双双同赴美国，开始了他们在波士顿那段既让人称羡、更令他夫妇追怀一生的新婚生活。钱学森一边继续在麻省理工工作，一边更加关注祖国传来的每一条信息。

执意回国

中美关系在上世纪40年代中期到50年代中期的十年间，经历了从友好到敌对的演变过程，原因虽很复杂，但主要是基于两方面。之所以友好，是因为："二战"使中美两国成为反法西斯联盟的成员，在对待德、日法西斯问题上，是同一个战壕的战友，经历了共同的惨痛经历和战争考验。而之所以演变为敌人，是因为：抗战胜利后的三年国内战争，推翻了腐败的国民政府，共产党掌权使新中国成为国际共产主义阵营的成员，其信仰和价值观与原来的执政党背道而驰。由这一正一反两方面因素所决定，中国学生留学美国及其学成归国的问题也随之经历了一个巨大的变化过程。

前一个因素使中美关系进入黄金时代，随之而来的是中国出现学生留美高潮，国民政府成为二战后中国学生留美高潮的主要推动者。后一个因素使中美关系走向剑拔弩张，尤其是朝鲜战争爆发后，完全进入敌对状态；再加上麦卡锡主义猖獗，中国留美学生也经历了由这些复杂关系带来的波折和磨难。共产党政府明确鼓励在美留学生回新中国服务。而美国政府对中国留学生，从鼓励他们学成回国到限制回国，再到对要求回国者加以禁止、阻碍，甚至横加迫害。

政治形势把上世纪40~50年代及其更早年间留学美国的科学家变成了一个特殊群体。在历史的风云际会中，他们的命运体现在对政治与科学、去国与归国、个人与国家相互交织的多重选择中。他们中很多人将个人的荣辱得失系于国之盛衰，想回国为新中国服务，完全是一种爱国的本性使然。然而，美国政府却横加禁止，致使中国留学生有家不能回，精神备受折磨。

实际上，钱学森回国结婚之行尽管多侧面看到了令人沮丧的现实，但也在同学和亲友中获悉了许多令人鼓舞的消息。解放战争已经发生了战略性转折，蒋介石政权正摇摇欲坠，人民政权诞生指日可待。他仿佛已经看到了民族未来的曙光，坚信自己总有一天，会实现报国之志的。就在这期间，由冯·卡门教授举荐，让钱学森担任设在加州理工的古根海姆喷气推进研究中心主任，直接领导美国太空火箭的研究工作。钱学森在极端矛盾的心理下，从波士顿的麻省理工回到洛杉矶的加州理工，勉为其难地暂时接受了母校超音速实验室和古根海姆喷气推进研究中心主任职务。但由于心事重重，他只埋头做研究，很少接待来客。

1949年5月，钱学森收到了由同学转来的昔日朋友曹日昌的来信。信中告诉他，新中国即将诞生，希望他能返回祖国，领导航空工业建设。几个月后，中华人民共和国成立的消息传来，振奋人心，使钱学森心潮澎湃，激动得难以自持，再也按捺不住内心的喜悦，激动地一把将夫人抱起，朗声道："新中国已经成立，我们该回去喽！"就势给蒋英一个深深的吻。这一夜，他无论如何也睡不着，连夜向十几位中国留学生通报了这一喜讯，商讨如何尽快回国的办法，以至于接连几个晚上都难以成寝。

10多年呕心沥血的辛勤修炼，现在已经成为世界著名科学家，夫人也在音乐界享有盛誉，终于到了有资本、有条件、可以实现科学报国的理想的时候了。美国再丰厚的生活待遇，再优越的科研条件，都难以留住钱学森。他夫妇决定，一定要回国。虽然归心似箭，但现实情况却使他不得不冷静思考眼前这一切。钱学森深知自己为美国军界服务多年，作为一个兼有美军上校军阶、空军咨询团成员和海军炮火研究所顾问的科学家，较深地介入了美国的军事技术工作，美方是绝不会轻易让他离去的。

几个月后，钱学森又收到了父亲的来信。信中自然向儿子谈到了新中国的成立和祖国发生的天翻地覆变化；谈及自己病重，希望有生之年能与儿子再见一面。看了父亲的来信，钱学森想起了慈母辞世时的那一幕，禁不住又是泪如泉涌，心如刀割。

几年前，母亲逝世的噩耗传来，钱学森不远千山万水赶回家。踏进家门，只见到日夜思念的老父亲，却再没见到母亲慈爱的面容。父子相见，道不完的离愁别恨，说不尽的心中悲戚。父亲向儿子叙述了母亲离去时的情形：那是个阴沉沉的雨天，但在最后一刻天放晴了。母亲突然睁开双眼，像是寻找什么，用颤巍巍的声音说："天晴了，森儿该——该回——回来了！"守护在母亲身边的父亲说："是的，天放晴了，飞越太平洋的新航线就要开通了，咱们的学森就要坐飞机回来了，你千万要等着他啊！"但她终究没能见到儿子，带着对未婚独子的深深思念，撒手人寰。说罢，老父亲呜呜地痛哭起来。钱学森早已是泣不成声……

过了一会儿，父亲慢慢从枕下摸出一页泛黄的小纸片，递到儿子手里。钱学森打开纸片，一眼就认出母亲那娟秀的手迹，只见上面写道："窗外细雨飞，老妇命垂危。夫君煎药苦，盼子不见归。"诗笺上水迹斑斑，那是一张浸透慈母思念远方游子泪水的纸笺啊！钱学森手捧着母亲临终前留下的小诗，再也无法控制自己的悲伤，放声大哭起来。

就在钱学森收到家书的前后，随着共产党的壮大和新中国的诞生，美国国内反共思潮高涨，仇视共产党和新中国的麦卡锡主义开始迫害进步华人，在全国各地追查共产党。作为美国太空火箭研究的领导人之一，钱学森更是受到了联邦调查局的严格审查。

联邦调查局从美国共产党的一份文件中发现钱学森曾经接触过周恩来的特使，要他交代相关情况并揭发实验室里一位化学研究员是共产党，遭到了钱学森的严词拒绝。调查官认为钱学森不愿与之配合，便指控他1939年曾参加过"美共第122地方支部聚会"，随即撤销了他参加机密研究的许可证，剥夺了他继续进行喷气推进技术研究的资格。钱学森气愤之余，回头冷静一想，也好，你不让我干，我还正不想干了呢！这不是向当局正式提出回国要求的绝佳时机吗？

一辈子都想尽量做到忠孝两全的钱学森，现在却面临着不忠不孝的境地。说忠，他身处异邦，不能为祖国尽绵薄之力；说孝，他客居他乡，直到母亲离世，都难以替父母分些微之忧。正心中隐隐作痛，又思乡念父心切，加之本来早已经在盘算如何回国的钱学森，首先下决心申请退出空军咨询团，辞去喷气推进研究和海军炮火研究等相关职务，做好"走"的一切准备。但辞呈上报好长时间，迟迟得不到批准。这使他想到了已经升任美国海军部次长的自己当年的好朋友丹尼尔·金布尔。此时，钱学森在海军的职务，正好属于金布尔直管，他便把回国的希望寄托在老朋友身上，寄望他能高抬贵手，准许自己辞职，并通过他，给有关当局做做工作，准予辞去相关职务，以便请假省亲，伺机回国。

钱学森虽然尚未等到结果，暂时未能如愿，但他沉住气，密切注视着事态的发展，继续等待时机成熟。不可改变的是：管你批准还是不批准，我去心已定，就是要坚决回国！

又是几个月没有消息。一天，钱学森前往华盛顿，来到丹尼尔·金布尔办公室，一层意思是，请求老朋友打开绿灯，准予回国探亲；另一层意思是，大家多年老交情了，不能不辞而别，还是当面辞行，以示礼节和友谊。金布尔一抬眼看到进来的是钱学森，便知道将要发生什么，不禁愣住了。但他随即镇静下来，热情地握住钱学森的手。朋友毕竟是朋友，相见还是格外高兴。

作为好朋友、老同事，金布尔非常赏识钱学森的才华，对他十分器重并一直优待有加。他早也料到，共产党中国成立后，钱学森是有可能要提出回国的。但他认为，像钱学森这样的人只有在美国才有用武之地，也只有美国，才能向他提供优越的科研条件和物质报酬。可没想到，虽然他将钱学森的辞呈压了很久，但钱学森居然还是亲自来到办公室，向他当面提出了辞职回国的事，还寄希望他能在他的回国手续办理上给予帮助，看来是已经挽留不住了。

"次长先生，我是来向您辞行的。老父生病，我准备请假两个月回国探望。"钱学森既彬彬有礼，又十分平静地说。

"钱先生，你的辞呈我看过了。我希望你还是暂时不要回国，你仔细想想，只有美国才有利于你的发展。中国一无所有，你回去能干什么呢？"金布尔十分诚恳地挽留。

"次长先生，我受到麦卡锡的无理迫害，吊销了我参与机密研究工作的证书，联邦调查局还把我当'间谍'，我已经无法在美国继续工作了，准备回国去！回去哪怕种苹果。"激动中的钱学森，几句话便将自己名为请假探亲，实则借机回国的秘密暴露无遗。

金布尔虽然一时间无话可说，但已经暗自下定决心，绝不让钱学森离开美国。钱学森万万没有想到，他的辞行竟然大大激怒了这位上司。话不投机半句多。钱学森看到金布尔的脸色变了，知道不会有什么好结果，于是便告辞离去。

作为多年的老朋友，金布尔对钱学森的为人、工作和能力都十分敬佩，更意识到他头脑里装满了美国的高级军事机密，无论于公于私，都发自内心舍不得让他走。加之朝鲜战争刚刚爆发，中美两国处于敌对状态，放钱学森回国，无异于放虎归山。金布尔完全懂得钱学森的价值，出于对共产党中国的仇视，他绝不情愿让这位美国培养出来的稀世之才为共产党中国所用，于是他千方百计极力挽留。

在挽留钱学森难以实现后，金布尔又经过几天的反复斟酌权衡，又拿起电话，拨通了联邦调查局："钱学森知道得太多了，他无论走到哪里，都抵得上五个师！无论如何不能让他走了！"

1950年8月23日午夜，钱学森夫妇做好回国的一切准备。他们从华盛顿乘飞机返回洛杉矶，准备回家好好休息几天，就正式踏上回国的旅程。但是，当他们缓缓步下舷梯，将要离开机场时，一位移民局官员突然拦住了他们的去路，随之递过来一份文件，只见文件上写着：

凡是在美国受过像火箭、原子弹以及武器设计这一类教育的中国人，均不得离开美国，因为他们的才能会被利用来反对在朝鲜的联合国武装部队。

这就意味着美国当局不准钱学森回国。夫妇俩被这突如其来的文件和事态搞懵了。

钱学森夫妇气愤地回到加州理工学院，才得知海关已经扣留了他们托运的全部行李，包括作为结婚礼物送给蒋英、深受蒋英喜爱的那架钢琴。行李中还有800多公斤书籍和笔记本，是自己15年来艰辛求索的结晶，是准备奉献给祖国的一份特殊"礼物"。

在9月初某天的报纸上，刊载了一则新闻，说正准备离开美国的钱学森被移民局逮捕了。罪名是"企图携带机密文件离开美国"。正所谓欲加之罪，何患无辞。联邦调查局还声称"钱学森的全部活动，都证明他是毛泽东的间谍"！

钱学森被捕后，移民局抄了他的家和工作室，并将他押往特米那岛拘留所关押起来，不许任何人探视，也不准与外界联系。在拘留监管期间，钱学森受到种种变相的体罚和折磨，晚上每隔10分钟亮灯一次，使其天天无法入睡。但他始终不屈于当局的淫威，傲视着他们的无耻伎俩和卑劣行径。

当局对钱学森的迫害，酿成了震惊旅美华人的"钱学森事件"，使留美中国学生看清了美国当局的险恶用心，纷纷决定提前回国。事件也激起了许多美国朋友的愤怒和旅美中国人的强烈抗议。冯·卡门教授得知后，立即中断了欧洲的访问提前回国，联络了加州理工师生与各界人士向移民局提交抗议，呼吁立即释放钱学森。时任院长杜布理吉亲自前往华盛顿与当局交涉并给金布尔写信，要求放人。

金布尔收到杜布理吉的来信，得知联邦调查局的行动后，在表示震惊的同时，又推卸责任道："我没有要把他关起来的意思啊，真是糟透了。他不是共产党员，我们没有理由拘禁他。"

在许多人奔走呼号、多方营救之后，当局迫于压力，再加上没有确凿证据，在关押了半个月、收了加州理工送去的1.5万美元保释金后，暂时释放了钱学森。15天内，钱学森体重减少了15公斤，回家后更加木讷、呆滞，几乎完全不吭声了。当局要求他不能离开洛杉矶，必须定期到移民局报到，信件和电话都受到严密监视，人身自由依旧受到很大限制。从此，这位顶天立地的中国汉子，血管里流着炎黄子孙殷红鲜血的钱学森，回归祖国的决心更加坚定了。

一纸驱逐令

英雄待时而动。真正的英雄不但会认清形势，把握机会，更是会因势利导，改造形势。当他们发现形势不利的时候，不会坐困愁城，而是想方设法，摆脱困境。获释后的钱学森一直遭到软禁监控，一切涉密工作都不能再干了，只能执教于加州理工学院。面对强大的美国国家机器，个人完全无力与之抗衡。但钱学森并没有屈服，在失去自由的日子里，他一方面在搞好教学之余继续着自己的学术研究，一方面坚持斗争，寻找回国时机。他心想，减少一些为当政者服务的社会工作，倒是可以腾出更多的时间完成自己一直在思考的学术问题。他迅速化解了屈辱和悲愤，安下心来，开始著书立说。

钱学森正是在此段时间提出了物理力学概念，主张从物质的微观规律去确定其宏观力学特性，可以大大节约人力物力；开拓了物质的高温高压新领域；发表了《从地球卫星轨道上起飞》的论文，为低推力飞行力学奠定了基础；随后，在心底酝酿数年，精心撰写的《工程控制论》英文版也出版了。

《工程控制论》系统地揭示了正在形成的控制论科学对自动化、航空航天、计算机、电子通信等现代工程技术领域的深远意义和长久影响；通过对"二战"后迅速发展起来的控制与制导工程技术的悉心观察，继而对设计稳定与制导系统相关的工程技术实践进行潜心研究，发现并提炼了制导控制与制导系统设计的普遍性概念、原理与方法；成为继美国科学家诺伯持·维纳发表的《控制论》之后，对控制论的进一步发展，也标志着新兴的工程控制论学科的诞生与创立。这本书因能赋予人们更宽阔、更缜密的眼光以观察老问题，为解决新问题开辟意想不到的前景而轰动国际学术界，推动了上世纪50年代"系统工程"概念和方法的出现和60年代控制论的迅猛发展。钱学森后来对此曾感慨万千地说，这虽是一段不堪回首的经历，但也是他在学术方面取得丰硕成就的绝不会忘记的一段时光，它不仅使他完成了科技著述，还教会他真正懂得了什么叫帝国主义。

在国际国内的共同压力下，美国政府于1955年4月4日正式宣布撤销禁止中国留学生回国的命令。可是，钱学森作为特例，回国依旧无望。5月初的一天，洛杉矶中国城一家食品店老板给钱学森家送蔬菜，无意中将一本旧《中国画报》垫在了菜篮子下面。钱学森夫妇看到，在随文配发的开国大典照片上，与毛泽东一起，在天安门城楼检阅游行队伍的领导群中，居然有一位是他们青少年时期就认识的、他们两家父辈的恩师兼好友陈叔通老人。

一个灵感立即涌出钱学森的脑海，他想，要想回归祖国，必须采取"金蝉脱壳"之法，而此时，能帮自己实现"金蝉脱壳"的人已经出现，那就是父亲的这位好友陈叔通。钱学森思前想后，决定"以子之矛攻子之盾"，来个"金蝉脱壳"，实现"曲线回国"，于是马上决定给陈叔通写信求助。

钱学森在一片香烟纸上写道："……阻碍归国的禁令已于4月被取消，然我仍深陷囹圄，还乡报国之梦难圆，省亲探友之愿难偿，凄凄然久之……恳请祖国助我……"随信附上一张剪报。之后，他摆脱联邦调查局的监视，将信夹在寄给比利时小姨妹的家书中悄悄投进邮箱，寄望蒋英的妹妹能辗转寄给陈叔通。

陈叔通很快收到了这封海外来信，深知这封非同寻常的来信的分量，当即亲自送到周恩来手上。总理看信后大喜过望，兴奋地说："这真是太好了，据此完全可以驳倒美国政府的谎言！"周总理立即拨通外交部的电话，命外交部火速把信转交给正在日内瓦出席中美大使级非正式会谈的中方首席代表，时任驻波兰大使的王炳南，并指示道："这封信很有价值。这是一个铁证，美国当局至今仍在阻挠中国平民归国。你要在谈判中，用这封信揭穿他们的谎言。"

新中国成立后，国家急需像钱学森这样的科技人才。毛泽东、周恩来等最高领导人都十分关注钱学森求归不得的遭遇，决心通过外交途径加以解决。朝鲜战争结束后，大批美军被俘人员的家属向美国政府请愿，强烈要求政府出面让中国遣返他们的亲人。当时中美尚未建交，不便直接接触，美方迫于这一形势，促成了1955年4月开始的美、英、中、苏、法五国在日内瓦召开国际会议，讨论解决朝鲜战后的相关问题。中方认为，通过外交途径斡旋解决留美科学家回国的时机到来了。

中方代表王炳南曾于6月5日与美方代表约翰逊就两国侨民问题进行磋商时，直接提出了中国平民回国的问题，并尖锐抨击了美国政府阻挠留美人员回归祖国的无理行径。但因消息不通，谈判时实证不足，美方代表矢口否认。同时，美方向中方提交了一份被中国拘禁的美军人员名单，要求中国释放他们回国。因为在这次会议上未能达成协议，中美双方决定摆脱第三方介入，定于8月1日改在波兰华沙就美国被扣押人员的遣返问题继续举行双边会谈。

为了对美国向中国摇动的橄榄枝表示诚意和回应，中国政府主动释放了4名被扣押的美军飞行员。周恩来指示王炳南更大度地做出让步，并以此为条件，也要求美国停止扣留钱学森等中方留美人员。

中美大使级会谈如约开始。王炳南率先对约翰逊说："大使先生，在我们开始讨论之前，我奉命通知你：除了已经释放的4名飞行员外，中国政府又于7月31日按照中国的法律程序，再次决定提前释放阿诺维等11名飞行员，他们已经离开北京，4天后即可到达香港。我希望，中国政府所采取的措施，能对我们的会谈起到积极影响。"

可谈到钱学森回国问题时，约翰逊却故作惊讶道："钱学森，这个人我知道，可是他自己表示不愿意回中国呀！""没有证据表明钱学森本人要求归国，美国政府不能强迫命令啊！"在这节骨眼上，王炳南亮出了钱学森写给陈叔通的亲笔信，理直气壮地驳斥道："既然美国政府早在今年4月就发表公告，允许留美学者来去自由，为什么中国科学家钱学森博士在6月还写信给中国政府请求帮助呢？这可是他亲笔所写呀。显然，中国学者要求回国依然受到美国的阻挠。"在事实面前，约翰逊无言以对，终于同意钱学森等人回国。

这段故事就是在钱学森回国问题上，为什么民间一直流传着中国政府用两次、共15名被俘美国飞行员换回一个钱学森的看似有些牵强、但又确有此事的根据。3天后，钱学森意外地接到了美国移民局的回国通知。但令人异常气愤和遗憾的是，这个所谓通知书竟然是一纸遣返钱学森回国的驱逐令。

在美国的整整20年里，钱学森经历了成功与失败，欢乐与磨难，荣誉与屈辱，厚爱与冷遇，虽然为了工作需要而申领了绿卡，但却一直保留着中国国籍。他回忆说："我在美国那么长时间，从来没想过这一辈子要在那里待下去。我这么说是有根据的。因为在美国，一个人参加工作，总要把他的一部分收入存入保险公司，以备晚年之用。我一块美元也不存，许多人感到奇怪。其实没什么好奇怪的，因为我是中国人，根本不打算在美国住一辈子。"

从1950年8月到1955年9月，整整五年的软禁生活虽然漫长，但对于有着坚强意志和非凡毅力的炎黄子孙钱学森来说已经不算什么，他们夫妇俩终于顽强地熬过来了。今天他终于可以离开这块既给了他知识和才能，又使他蒙受欺凌与折磨的土地，既爱又恨的心情久久无法平静。他冷静一想，虽然当局给的是一纸驱逐令，但毕竟可以回国了，在气愤之余，还是感到了一丝慰藉。

行前，钱学森去向自己的恩师冯·卡门教授告别。这位世界著名的航空理论权威激动地说："我看了你的《工程控制论》，你现在在学术上已经超过我了。我为你感到骄傲！"

1955年9月17日，梦寐以求的回国愿望终于实现了。钱学森携妻子蒋英和儿子永刚及女儿永真，与其他归国科学家一起，登上了香港招商局的"克利夫兰总统号"轮船，踏上了回国的途程。在他们托运的行李中，依旧包括了那架送给妻子的钢琴。因为在被软禁期间，正是蒋英的琴声和歌声，陪伴他度过了那段晦暗的日子，那些跃动的音符也浸入到他的著作中。在《工程控制论》的首页，钱学森写下了"此书献给我的妻子——英"。

在得知钱学森离开美国后，金布尔感慨道："我们终于把他逼走了。这是美国有史以来所做的最愚蠢的一件事！"加州理工学院院长杜布理吉则意味深长地讥讽道："他可不是回去种苹果树的！"

据当时媒体报道，在轮船到达马尼拉港口时，一名记者用英语向钱学森提问。钱学森用中文答道："对不起，现在我要说中国话了！"美联社一名记者问："你究竟是不是共产党？"他回答说："我还不够做一名共产党员。"有记者问："在美国时是否经常有人监视你？"钱学森答："有没有人监视我，只有美国人知道！"

乘克利夫兰总统号回国。

经过近半个月海上颠簸，钱学森一行预计于10月1日抵达香港。为防备不测，确保这批归国科学家的绝对安全，国务院通过有关部门秘密布置，让香港招商局安排，在他们所乘轮船停靠香港码头之前，先在外海抛锚暂停，让钱学森等人提前从海上迅速离船转移。

据钱学森的儿子钱永刚后来回忆：从香港海关大门到罗湖海关大门之间有一段300米双方都不管的通道，在这段过渡地带，很有可能发生不测。夫人蒋英设计了一套保安计划，将两个小孩交给随行人暂时看管，一旦遇到不测，由蒋英扑倒在钱学森身上，用身体保护他的安全。就这样，钱学森及其家人终于历经磨难，踏上了祖国的土地。在步出罗湖口岸时，他双手紧紧握住按照陈毅副总理特别指示、中科院派来迎接的代表朱兆祥的双手，感慨万端地说："我一直相信，我一定能够回到祖国的。今天，我终于回来了！"

接到钱学森不久，朱兆祥就给外交部发了一份"钱学森等已抵深圳，当晚抵广州，之后经杭州赴上海"的加急电报，同时抄报总理办公室。时任广东省最高领导陶铸会见并陪同钱学森一行参观了建国后的广州建设成就。之后，钱学森一家在朱兆祥陪同下一路北上，一路参观访问，到处都感受到新中国对他的热情欢迎，使他5年来备受压抑的心情豁然开朗。他们先到杭州老家，继而到上海，去看望已定居上海的父亲。到上海那天，正好是儿子永刚7岁生日，钱均夫为从未见过面的孙子准备了长寿面，一家三代人第一次团聚了。钱均夫对儿子的归国感到欣慰，也为他的成就感到骄傲，这正是他毕生所期望的结果。在前后20多天中，钱学森先后会见了阔别多年的家人和亲友，于阳光明媚的金秋时节回到了阔别多年、梦牵魂绕的北京城。

中科院副院长吴有训和在京的著名科学家华罗庚、周培源、钱伟长、赵忠尧等20多人赶到车站迎接。当晚，中科院院长郭沫若为钱学森等人举行了热烈而隆重的欢迎宴会。

第二天，钱学森便带领全家来到天安门广场，仰望着雄伟壮丽的天安门和高高飘扬的五星红旗，激动得大声欢呼："我终于回来了！"他细细观察这片日思夜想、曾经放飞过童年梦想的故土，觉得与八年前在上海街头见到的那种贫穷、战乱、屈辱笼罩之下的景象宛如天上地下。从强烈的反差中，感到既亲切又陌生，一种从未有过的感慨油然而生：如今的北京商市繁茂，秩序井然，生机勃勃；胡同洁净如洗，人们扬眉吐气，处处洋溢着当家作主的喜庆气氛；这一切使钱学森深切感受到祖国建设情况蒸蒸日上。

1955年钱学森归国，受到中科院副院长吴有训（右）和北大教务长周培源（中）欢迎。

任重道远

钱学森的回国也许可以用"天佑中华"来解释。抗美援朝战争爆发后，美国政府公开对中国进行核威胁。新中国的最高层清醒地意识到，要打破美国的核威胁，就必须拥有自己的核武器。为此，毛泽东与苏联领导人举行会谈，希望得到苏联的帮助。不久，钱三强、钱学森等一批身在海外的科学家，纷纷冲破阻力陆续回到祖国……

钱学森回国的消息，迅速传遍了大江南北。两天后，钱学森夫妇接到周总理的邀请，总理要在中南海西花厅的家中为他们接风洗尘。一见面，总理就大步流星迎上来，紧紧握住他的手说："学森同志，欢迎你归来，我们的国家太需要你了！"

12月某天，钱学森应周总理邀请，在中南海向最高领导层作了一次关于火箭导弹方面的报告，之后，便开始了他全新的事业，而最先迈出的第一步，就是作为综合组组长参加制定国家《十二年科学技术发展规划》，与此同时，是负责筹建中国科学院力学研究所。力学是科技发展的基础学科。中科院此前一直未建立力学研究所，钱学森是从零开始。紧接着，由钱学森主持形成的一系列从宏观到微观的计划、设想、规划、意见、展望等紧锣密鼓地相继出台。

1956年是钱学森一生中最难忘，也是最繁忙的一年。1月5日，中科院力学研究所正式挂牌成立，钱学森被任命为所长，钱伟长为副所长。随后，周总理和国防部、中科院领导安排钱学森到当年的绝密单位，被称为103部队的哈尔滨军事工程学院参观。求贤若渴，惜才如命的中央军委副总参谋长兼"哈军工"院长陈赓大将特意从哈尔滨赶来北京迎接。

哈尔滨的腊月零下30几度，钱学森一下车，便不顾天寒地冻，在陈赓陪同下直接来到露天小火箭试验台前。陈赓迫不及待地问："钱先生，您看我们中国人搞导弹行不行？"

钱学森干脆地答道："外国人能搞的，难道中国人不能搞？中国人比他们矮一截?"此时的钱学森,激情燃烧在心中,终于将憋在心里几十年的这口气吐了出来,心情无比畅快。

回京后,钱学森得知,陈赓是带着国防部长彭德怀的期望,专程就此事来请教他的。彭德怀在会见钱学森时,直截了当地说:"我们不想打人家,但若人家打过来,我们也不能没有还手之力呀!"他问钱学森:"我们能不能先搞出一种短程导弹,比方说射程500公里,这需要什么样的人力、物力和设备条件?估计需要多长时间可以造出来?"钱学森想了想说:"搞导弹当然不是一件容易的事,需要有一支搞研究和设计的队伍。美国从军方开始支持搞导弹,到搞出第一枚导弹,用了近10年时间。我想,我们有5年时间是可以的。"

回国后,钱学森先是从广东经浙江、上海到北京,沿途所见所闻,已经令他感触良多,这次再到东北工业区走一圈,被新中国成立后所取得的巨大成就和祖国各地欣欣向荣的发展形势以及流露在人们脸上的对于幸福生活的欣喜所感染,回京没几天,就抑制不住心情的激动,提笔给尚在美国的同事和好友们写信,以自己的切身感受劝说他们也能尽快回来,共同参加祖国的建设。

春节前夕,钱学森致信给年长他两岁,同在加州理工的同学兼挚友郭永怀。"永怀兄:……快来,快来!……请兄多带几个人回来……这里才是真正科学工作者的乐园!"

春节刚过几天,由周总理和叶剑英元帅交办,钱学森主持起草的《建立我国国防航空工业的意见书》完成了。《意见书》提出了我国火箭、导弹事业的组织草案、发展计划和具体研制步骤,还建议推荐了拟调来参与工作的专家名单。

元宵节前的一天上午,在周恩来的安排和陪同下,毛主席在中南海菊香书屋会见了刚回国3个多月的钱学森。

"听说美国人把你当成5个师呢!我看呀,对我们说来,你比5个师的力量大多啦!你那个关于《建立我国国防航天工业的意见书》,我仔细看过了,写得很好呀!"

"主席,我刚回国,对国内情况不甚了解,只是对我国的国防建设特别是航空工业建设提了些不成熟意见。"

毛泽东摆了摆手道：

"这些精辟独到的建议，只有你这位工程控制论创始人才提得出呀！"毛泽东说。

"我们决定根据你的工程控制论，组织各个学科、部门一起奋力搞导弹。学森同志，我想请你来牵这个头，有信心吗？"

"主席，这么重要的任务，我怕干不好哩。"

"世上无难事，只要肯攀登！你钱学森是工程控制论的开山鼻祖，还怕干不好！"

在毛主席磅礴气势的感染下，钱学森坚定地点了点头。

几天以后，周恩来拿着一叠材料，再次来到菊香书屋。毛泽东问道："恩来，根据钱学森同志的工程控制论，我国第一个导弹、卫星试验基地的情况准备得怎样了？"毛泽东关切地问。

"基地已选好，只是领导小组人选还没有定下来。"

"就请钱学森当组长吧！"毛主席的手掌在座椅扶手上重重一按，表明他早就下了决心。

"好！"周恩来点点头，将手中的材料递给毛主席：

"这是钱学森等科学家根据工程控制论写的报告，请主席过目。"

3月14日，周恩来亲自主持中央军委常务会议，并邀请钱学森列席，认真讨论了他起草的《意见书》。会议决定组建导弹航空科学研究的领导机构——国家航空工业委员会，钱学森参与筹备。

又过几天，还是在菊香书屋，毛泽东请来的科学界贵宾陆续到达。看到钱学森走来，毛泽东热情地招呼道：

"学森同志，来，来，坐这儿来。"毛主席指着身旁的座位，请钱学森落座。

随即，钱学森向毛主席以及参会领导汇报了关于火箭和导弹的研制问题：

"如果苏联遵守两国签订的协议，提供的模型能尽早运来，我们在3、5年内就会有一个大突破，争取把第一枚导弹打出去。因为我们对工程控制论的研究，远远走在他们的前面，而研制火箭导弹是无论如何离不开工程控制论的……现在关键是燃料问题,苏联答应给,但迟迟没运来。"

毛主席望了身旁的周恩来一眼,皱了皱眉头。

钱学森并没有注意到主席的表情,接着说:

"我们准备先搞出图纸和模型,在不依靠外援的基础上拿出我们自己的东西。就像刚才总理说的,我们搞火箭导弹,包括搞卫星,要有立足于国内的思想准备。"

听到这里,毛主席异常兴奋,插言道:

"学森同志,你谈得好呀!现在我们搞尖端技术,也是在打硬仗,打一场工程控制论的硬仗呢!我们过去的辽沈、平津、淮海三大战役为什么取得胜利,就是运用了'集中优势兵力,各个击破敌人'的战略思想。学森同志,实际上,这也是你的工程控制论在军事上的运用,只是当时没有这个名词,还没有人总结出这套理论罢了!"

钱学森笑着说:

"因而,主席才应当是工程控制论的创始人啊!"

钱学森被一代伟人渊博的知识和谦和的为人所倾倒,沉浸在深受信任和关爱的激动之中。

力学研究所正常开展工作后,钱学森经常用幽默风趣的语言鞭策鼓励年轻人:"年轻人嘛,觉还是要睡的,但不必太早,每天十一二点再睡吧!个人问题嘛,当然要考虑,但不必太着急,我36岁才结婚,也没有耽误第二代呀!"钱学森为力学所营造了勤奋与严谨的工作作风,为力学所承担国家重大课题奠定了技术和干部基础。

5月26日,周恩来、彭帅、聂帅等召开专题会议,决定成立导弹研究院。由钱学森负责我国第一个火箭、导弹研究机构的筹建工作,从而成为钱学森主持并创建中国导弹火箭事业的开端。

从美国归来的郭永怀到达广州时,因工作繁忙无法脱身的钱学森委托前往迎接的同志捎去亲笔信说:"永怀兄:……今天是足踏祖国土地的头一天,也就是快乐生活的头一天,忘掉那黑暗的美国吧!……我们为你准备好了办公室,是一间朝南的在二层楼的房间,淡绿色的窗帘,望出去是一排松树。希望你能满意。你的住房也已经准备了，离办公室只五分钟的步行距离，离我们也很近，算是近邻……"字里行间充溢了喜获人才的兴奋和激动。

聂荣臻元帅在解放军第466医院小礼堂，宣布"国防部第五研究院"正式成立，钱学森成为临时负责人这天，正好是他回国一周年的日子。在新组建的五院200余人中，除了10多名将帅和20多位没有见过导弹的"专家"外，剩下的就是156位刚刚走出校门的各专业的大学应届毕业生。

次年2月，周总理签署国务院令，正式任命钱学森为国防部五院首任院长。聂帅向大家介绍了钱学森，并请他上台讲话。钱学森面对全场期待、信任的目光和热烈的掌声，用坦诚谦和的语言激动地说："同志们，我们是白手起家。创业是艰难的，困难很多，但我们绝不向困难低头……对待困难有一个办法，这就是'认真'两字，只要认真，我们一定能克服困难，一定能完成党和国家交给我们的光荣任务。"钱学森言简意赅的讲话像一篇宣言书。从此，他带领国防部第五研究院的科研人员开始了艰难的创业和无畏的登攀。

当时的状况是，人员不懂技术，缺乏图书资料，没有仪器设备，一切从零开始。钱学森抓的第一件事是举办"火箭导弹扫盲班"，他自编讲义，主讲内容包括人造卫星与导弹概论。每期7讲，一连举办三期。对于具备理论知识的专家们，钱学森将他们集中到寓所，开小课，一起讨论技术上的疑难问题。从美国普渡大学研究生院毕业回来的"娃娃博士"邓稼先和一批年轻的科技人员开始投入到原子弹的理论学习与研究之中。

作为一院之长，这可忙坏了钱学森，他不仅要管计划安排、技术决策、机构设置、人员配置、仪器设备、课题确定等科研的分内事，还要为全院职工的柴米油盐、吃喝拉撒和衣食住行操心，但尽管应接不暇，他仍像一团火似的全力以赴。因为他懂得，现在，是为自己的祖国付出，为国家的兴旺发达和人民的幸福未来流汗，再苦再累，心情都是舒畅的。可是一段时间后，由于琐碎事务牵扯了太多的精力，影响到正常的科研和技术工作，他不得不写信给聂帅，要求辞去院长，只担任副院长，以便全力抓科研、技术和业务工作。聂帅将钱学森的信转报给周总理。总理掂量后，觉得这确实是个问题，便将空军司令员刘亚楼调来当院长，钱学森任副院长，主抓项目。

根据"先仿制，后改进，再自行设计"的发展方针，我国向苏联提出了有关国防尖端技术援助的要求，并为此组建了以聂帅为团长的谈判代表团通报苏联征询意见。钱学森以国防部五院院长身份被列入代表团成员。但苏方回电表示，尖端技术装备必须具有相当级别的政府官员和高级军衔的军官才能参观。

当聂帅就这一问题请示周恩来时，总理诙谐地说："美国政府早在1945年就授予钱学森上校军衔。现在12年过去了，我们共产党人为什么不能让他当将军呢？你回去和彭老总商量一下，必要时开个军委会，我也参加，把这个事定下来。"于是，中央军委很快做出决定，授予钱学森中将军衔。于是，钱学森以中将身份，随代表团飞往莫斯科，参加了中苏《关于生产新式武器和军事技术装备以及在中国建立综合性原子工业的协定》的签字仪式。协议规定，苏方从1957~1961年底，除供应四种原子弹样品与技术资料外，还允诺在1960~1961年间供给射程达1000公里的导弹技术资料。

与此同时，国际自动控制联合会成立并推举钱学森为第一届理事会常务理事，成为该组织第一届理事会中唯一的中国人。

年底，国防部五院派出技术室主任任新民前往满洲里，接回一枚苏联提供的"P-2"教学导弹。全院技术人员一边学习，一边进行研究仿制工作，并取得了很大进展。可是，随着中苏关系越来越紧张。苏联仅在运来了"P-2"教学导弹之后，就单方面撕毁协议，并于1960年撤走了援华的全部专家，中断了援助，撕毁了全部257份、包括给我国提供原子弹、火箭、导弹样品的协议。中国的航天事业面临着夭折的危险。

撤走专家的第二天，钱学森来到聂帅家，两人深情地对视着，久久没有说话。最后，还是聂帅先启齿问道："学森，你觉得我们的事业还能继续下去吗？"

"能，当然能！"钱学森坚定地回答。从来不在外国人面前服输的他，脸上充满着自信。因他已作了全面的分析和反复的思考，深信自己的专家队伍有共同的人生经历，共同的爱国热情，共同的强国之愿，共同的民族自尊，这样的队伍是绝对过硬的、可靠的，是能干出惊天伟业来的。

"毛主席已经说话了，赫鲁晓夫不给尖端技术，我们就下决心自己搞！有你的技术支撑，我相信我们一定能搞出自己的火箭来！"聂帅激动地说。

随后，聂帅等受周总理委托，在人民大会堂宴请了有关科学家。聂帅在祝酒时动情地说："逼上梁山，靠别人是靠不住的，就靠我们大家，党中央寄希望于我们自己的专家。"

就是在这次宴会上，钱学森才得知自己回国的详细经过。对新中国最高领导层在自己回国的问题上，动了这么多脑筋，费了这么多周折，花了这么大的代价而深受感动，禁不住深情地说："如果没有中华人民共和国，恐怕我还得流落异乡，饮恨终身。"

荒诞岁月事，啼笑皆非情

在人类历史上，许多国家和民族都曾发生过一段荒诞时期，产生过荒诞事件，出现过荒诞人物。

美国以参议员约瑟夫·麦卡锡为代表煽起的全国性反共"十字军运动"，即麦卡锡主义，从1950年初开始泛滥到1954年底彻底破产的前后五年里，美国国内反共、反民主逆流诽谤、迫害民主进步人士及持不同政见者，致使无数人难于幸免。其影响波及美国政治、经济、文教、外交和社会生活的方方面面，从而成为美国历史上一段恐怖、丑陋和不堪回首的时代。

而在钱学森回国的一年多后，中国也开始"发疯"了，甚至比美国的麦卡锡主义有过之而无不及。从1957年的"反右"开始，到"大跃进"和"四清"运动，再后来就是那场史无前例的"文化大革命"。

经过麦卡锡主义的摧残和惨痛教训，这时的钱学森思维更加缜密、治学更为严谨，在他已经成熟，但还比较年轻的头脑里，既有了物质的自然科学形态，也开始懂得什么叫人类的意识形态。

当年，在美国生活、学习、科研达20年之久，接受过美式完善训练和培养的钱学森被美国所抛弃，他别无选择，只能丢下自己的科研事业回到祖国。那时，世界之大，唯有自己的祖国和中国共产党给了他一个平台，给了他一份真挚的亲情。因此，他历尽磨难回来了。

现时的人们也许怎么也无法推测，当1957年"反右"运动开始，当55万人被错划为"右派"，大批知识分子、爱国民主人士和一些党员干部受到迫害的时候，被美国驱逐出境、才回国不到两年的天才科学家钱学森在思考什么？但有一点可以肯定，他遭遇了回国后的第一次强大震撼。钱学森亲眼见到无数有风骨、有才华、有建树的知识分子被戴上右派帽子，下放农村，关进监狱，其中就有与自己同宗同族同窗同事且关系甚密的清华大学教授钱伟长。

最先触动钱学森心灵的，是1957年初，全党开始整风后的一件事。一天，驻苏大使刘X奉命把钱三强、钱学森找到一起，征求两位科学家对党内整风的意见。当时，已经参加工作9年，入党也已经3年的钱三强先是很深沉地说了这样几句开场白："我自认为，党对我十分信任。我既然参加了这个组织，就应该爱护这个组织。党要求我帮助党整风，又派人来征求意见，我应该讲出真心话。"之后，钱三强满腔热情，没有任何顾虑地对党的领导工作提出了建议，"……应该吸收法国、苏联方面的经验，改进体制，充分信任知识分子，让他们有职有权……"

当时的钱学森刚回国不久，对情况不够了解，也就没谈什么意见。但是，他分明感到，钱三强的态度是坦率、真诚的，提出的建议也是切实可行、很有价值的。

刘X走后，钱学森有些不解地问："他们想干什么？"钱三强很坦然地回答："礼贤下士。"

钱三强自认为自己是一位忠诚的共产党员，是在为改进党风献计献策，纯属善意。可是，他提出的建议，仍然被认为是不尊重党的领导，实质上是取消党的领导，是反党言论。随后，"反党言论"的帽子，就这样扣在了钱三强头上。

随着运动的深入，党中央发出《关于组织力量准备反击右派分子进攻的指示》，党中央机关报《人民日报》同日发表了《这是为什么？》的社论。接着，钱学森的老朋友、交通大学和加州理工的校友、清华大学物理教授徐璋本便以"反革命罪"被捕入狱了。

回国刚两年的钱学森还没有适应中国的政治人事环境，对老同学深表同情，每月都接济失去经济来源的徐璋本家属。之后，反右之风愈加吃紧，身居保密大院的钱学森无奈安排门卫加设来访预约登记，昔日的朋友除非工作上有往来，否则一概回避。老熟人再也不容易见到他了。

又过不久，钱学森在一次科学工作者集会上谈到民主和自由时，一改过去对科学与民主的认识，语调中有了微妙变化，并使人嗅出他话语间带有浓烈的政治色彩和意识形态气味。他说："右派分子好像是在替人民要求民主和自由。但是他们所要求的民主和自由，是一种不要领导和组织的民主和自由。这种民主自由是没有的……有社会的组织工作，就要有领导。目前的问题是：要资本主义的领导呢？还是社会主义的领导？……当然，只能选择社会主义的领导。"

没过几天，《人民日报》报道了钱学森批驳右派分子钱伟长的消息，其中有这样的内容："……钱伟长的反党反社会主义言行不是偶然的，对自己所犯的罪行还没有很好认识。他说要把清华大学办成像加州理工学院。传播这个资本主义学校制度，却是一种对人民对党的反叛行为……钱伟长完全是一个说谎话耍政治手腕的人，没有一点科学家的味道，是最恶劣和狠毒的政治野心家。"

在反右激流刚过之后的一天晚上，钱学森来到中科院党组书记张劲夫家里，谈了自己在美国的遭遇，郑重地提出了入党要求。但是，由于曾与钱伟长来往较多，竟然也成了他入党的障碍，被称为政治立场不够坚定，思想上划不清界限而迟迟不被批准。为此，钱学森曾向组织写了长达7页的"思想检查"，对自己过去的历史，尤其是在美国的经历作了详细交代，还深挖了回国以后的思想。比如，他说自己对思想改造的艰巨性、长期性认识不足，一回国就急着想把杭州老家的房产交给国家，以为把那点东西一交，自己就成为"无产阶级"了，"思想就轻松了"。他承认这是"资产阶级思想的一种幼稚病"，还"没有下决心从根本上改造自己的人生观、世界观"所致。

张劲夫对钱学森要求进步的行动给予了鼓励，充分肯定了他的"思想检查"。力学所党支部召开有部分群众参加的支部大会，征求意见。钱学森认真听取大家的意见并做了详细记录,在会议结束时表示虚心接受大家的意见,一定要在工作中注意改正自己的缺点错误。力学所党支部这才通过了他的入党要求,批准为预备党员。

此后,在"除四害"运动中,钱学森主动带领力学所的专家学者,一同到野外,参加到围剿"麻雀"的斗争中。钱学森还撰文表明自己的政治立场:"在我们党的领导下,经过整风以后,全国掀起了一个大跃进高潮。在这个高潮中,我们每个人也受到了很大的鼓舞。从前看起来不能做到的事,现在也能做到了……只要我们把心掏出来,把心交给党,交给人民,我们科学事业的大跃进是一定的。"

在如此话语和行动所反映的思想指导下,这位活了半辈子也不一定见过麦苗,对农业生产并不熟悉的科学家,以他超级大科学家的身份,在当时水稻亩产千斤亦属罕见的情况下,论证了粮食亩产可以过万斤。1958年6月16日,正值夏收时节,在粮食高产"卫星"开始"放"起来,浮夸风正越吹越猛的时候,在《中国青年报》第四版上,发表了钱学森一篇题为《粮食亩产量会有多少?》的短文:

"前年卖粮用箩挑,去年卖粮用船摇,今年汽车装不了,明年火车还嫌小!"

这是江西井冈山农民的一首民歌。我们的土地正在农民双手豪迈的劳动中,出产给人们更多的粮食。6月12日中国青年报第一版上发表了一个动人的消息:河南省遂平县卫星农业社继小麦亩产2105斤以后,又有2亩9分地平均每亩打下了3530斤小麦。

土地所能出产的粮食产量碰顶了吗?

科学的计算告诉人们:还远得很!今后,通过农民的创造和农业科学工作者的努力,将会大大突破今天的丰产成绩。因为,农业生产的最终极限决定于每年单位面积上的太阳光能,如果把这个光能换算农产品,要比现在的丰产量高出很多。现在我们来算一算:把每年射到一亩地上的太阳光能的30%作为植物可以利用的部分,而植物利用这些太阳光能把空气里的二氧化碳和水分制造成自己的养料,供给自己发育、生长、结实,再把其中的1/5算是可吃的粮食，那么稻麦每年的亩产量就不仅仅是现在的2000多斤或3000多斤，而是2000斤的20多倍！

这并不是空谈。举一个例：今年河南有些特别丰产试验田要在一亩地里收160万斤蔬菜。虽说蔬菜不是粮食，但到底是亩产160万斤！

所以，只要我们有必需的水利、肥料等等条件，加上人们的不断创造，产量的不断提高是没有问题的。今天条件不具备，明天就会创造出来，今天还没有，明天一定会有！

在这篇短文旁，还配发了一幅署名娄桑的漫画，画着太阳手持太阳能对小麦说："你把这些都吃掉，还能长大两千倍！"

这篇后来被称为"力斤亩"的文章发表在团中央机关报上，而且图文并茂，很容易引起人们的关注，因此，影响巨大。

在钱学森的文章出来一个月后，1958年7月23日，《人民日报》在社论《今年夏收大丰收说明了什么？》中指出："没有万斤的思想，就没有万斤的收获。只要我们需要，要生产多少就可以生产多少粮食出来。"可见当时的农业"卫星"是多么的闪亮！"大跃进"浪潮是何等的壮观！

"放卫星"导致高征收。产量是虚假的，可征购却是实打实的。农民的口粮和下一年的种子全被收走了。农民不愿交或交不出，就反右倾、反瞒产、反私分，抓人、打人、关人，造成冤死者无数。

同年10月27日下午，在中关村参观中科院"大跃进"成就展览时，毛泽东对钱学森说："你在那个时候敢于说四万斤的数字，不错啊。你是学力学的，学力学而谈农业，你又是个农学家。"

钱学森回答说："我不懂农业，只是按照太阳能把它折中地计算了一下，至于如何达到这个数字，我也不知道。而且，现在发现那个计算方法也还有错误。"

毛泽东听后笑着说："原来你也是冒叫一声！"这句话把大家引得哈哈大笑。

由此看来，粮食产量浮夸风、放卫星的失控局面之所以席卷全国，钱学森的文章的确起到了推波助澜作用，甚至影响到了毛泽东的判断力，也从客观上助推了违背自然规律的大跃进空想和狂想。

一年后，钱学森又在他的《农业中的力学问题》中做了精确计算，使亩产的潜力上升为5.85万斤，从而为"大跃进"和粮食产量"放卫星"作了"科学"的论证。受钱学森的影响和激励，担心被插白旗和打右派的全国大专院校和科研单位的知识分子，也都争先恐后加入到轰轰烈烈的"挖深耕""除四害"和"放卫星"的群众运动中。

1959年夏，毛泽东看到各路神仙在"大跃进"中太辛苦了，提议在庐山召开一个初衷是"纠左"的全国省级干部会，即"神仙会"，好让大家一边总结反思，一边休整一下。会议从7月2日开始，经过两次延长，开到了月底。7月30日，会议再次延长并升级为中共八届八中全会，继续开到了8月16日。通过长达45天的会议，钱学森的直接领导，胆敢犯颜苦谏、为民请命的国防部长彭德怀大元帅，这位为共和国立下赫赫战功的我军的高级将领，人民解放军的缔造者、共和国十大元帅之一，却因为一纸"万言书"，竟被自己党内激烈的"反右倾"政治炮火击中而陨落……

1959年中期至1960年，人类历史上空前的大饥馑笼罩全中国，神州大地万户萧疏。1960年1~2月份是死人的高峰期，许多农民全家死绝，许多村庄在地图上消失，床上地上摆满死尸，整个农村哀鸿遍野，饿殍满地，惨不忍睹。中科院在一份国情报告中曾经提到：三年大饥荒"成为本世纪中国最悲惨的事件之一"。

就在1959年11月12日，经中科院党委批准，钱学森由预备党员转为中国共产党正式党员。这一天，钱学森激动得彻夜难眠，他不无感触地说："我在美国是学自然科学和工程技术的，一心想用自己学到的科学技术报国，不懂得政治。回到祖国后，我通过学习才慢慢懂得马克思主义，懂得点政治，感到科学与政治一定要结合。"此时的钱学森激情有加，他不仅在自然科学领域获得了成就，在意识形态领域也首次获得巨大成功，他要把全部知识和智慧贡献给自己的祖国，要做出更多成就，以报答党和国家的知遇之恩。

如履薄冰，如临深渊

"文革"时期，也正是"两弹一星"会战最关键的时期，钱学森正以全部精力领导导弹和卫星的研制计划。可以推想，这也是钱学森思想和工作压力最大、任务最繁重的时期。

关于钱学森在这段时间的经历，他的助手兼秘书涂元季在他逝世后，在与凤凰卫视播放的访谈节目中提到："他非常非常地谨慎处事，所以这几十年走过来，他不仅没有倒，而且还成了优秀共产党员，那也不容易啊！中央很保护他。他自己也很注意处理各方面的关系，甚至很注意自己的言行，跟中央保持一致。""他内心有多少，我们不要去问。"毋庸置疑，钱学森的不倒，对我国的航天事业又是非常非常重要的。

乍一听涂元季的这句加了两个"非常"的话，让人似乎感到，其中包含着某种不便明说的隐忧。人们更值得从涂元季这段很有深意的谈话中窥视其奥秘。首先，他用了两个相连的"非常"来描述钱学森的谨慎处事。然后感叹道，他几十年来不仅没有倒，还成了优秀共产党员。言外之意，科学家历经"文革"而不倒，是难能的，小概率的。经历过那个时期的科学家，十之八九不仅倒了，死于非命的也不在少数。那么，钱先生怎么过来的呢？涂元季给出了两个原因："中央很保护他"，"他自己……跟中央保持一致"。

这段话对于钱学森，应该是比较精准的概括。至于他内心如何想的，涂先生叫"不要去问"。因为实事求是地回答，或过分追其究里，难免会有损钱先生的形象。为了奉行"假话全不说，真话不全说"的"季羡林原则"，最好还是"不要去问"。然而，要经得起历史的检验，"不要去问"不是一种负责任的态度，或者用从前人们常说的话：不是"共产党员光明磊落的态度"或者"彻底的唯物主义者无所畏惧的态度"。

当然，追寻一个人的内心世界，尤其是钱学森这样受到保护性隔离的人的内心世界，对于家庭以外的人，不是一件容易的事。尤其是，据涂元季在《作为一名共产党员的钱学森》一文中说，早在1958年，钱学森向党交心所写的检讨和其他材料"都定为'绝密'级，不准向外扩散"。看来，从那个时候开始，党和国家的高层领导就启动了一项已经由美国完成了一半——送给中国一个现成的世界一流的火箭专家——的秘密计划，而且，还要把这位在美帝国主义那里受过迫害的"苦大仇深"的世界一流火箭专家继续培养成为一名"优秀的共产党员"和"又红又专"的楷模，向国人和世界昭示社会主义的优越性和马列主义改造自然、改造人的无限威力。

苏联撤走专家以后，中国的"两弹一星"计划就全部要靠中国人自己来实现了。这对钱学森来说，正好获得了自我发展的更大空间。毛泽东、周恩来把这副重担放到了钱学森身上。争气的钱学森没有让毛泽东、周恩来的期望落空。

世人皆知，钱学森所领导的原国防部五院属于军队单位，后来虽改为七机部，但仍属于双重管辖。"文革"中新组建的由钱学森兼任院长的空间技术研究院，实际上是七机部的变身，更是直接纳入了军队编制。因此，1966年8～9月间，正是军队这堵铜墙铁壁，替钱学森挡住了红卫兵破四旧、抄家风潮的第一道冲击波。

不幸的是，在钱学森回国后，才由国务院任命在当时的中央文史馆任职的老父亲钱均夫却住在军队这堵"铜墙铁壁"之外，"文革"一开始就被停发了工资，直到1969年逝世，3年没有收入。这在经济上对钱学森虽然不是问题，但在政治上无疑让钱学森感到了相当的寒意。父亲当年的任命在很大程度上是因为儿子的地位，现在是否意味着"横扫一切牛鬼蛇神"的扫帚也会扫进他的家里？涂元季先生的那句欲言又止的半截话"他内心有多少，我们不要去问"。说穿了，没说出来的那半截也许就是"忧虑和惶恐"几个字。

这样的心情表现在行动上，就是为了减轻群众运动的冲击，他曾主张大学都不要办了。学生应该参加到科研课题组中，在完成科研任务的过程中接受教育，像学唱京剧一样，跟着工人师傅和老的科学家边干边学，按照需要才上一些课。

诚然，他的这种意见同他一贯强调要学好基础课程的主张是完全相悖的。

但这种做法在那时中国的高级知识分子中并不罕见，最为著名的是郭沫若发表在1966年4月28日《光明日报》上的一番话。当时，郭老预感到"文革"风暴的猛烈，便抢先识趣地向当局和群众表明："拿今天的标准来讲，我以前所写的东西，严格地讲，应该全部把它烧掉，没有一点价值。"

当然，郭沫若写的东西并没有按他的意见烧掉，大学也没有按钱学森的意见解散。1968年7月12日，毛泽东在接见中央文革碰头会成员时还说："大学还是要办的。我这里主要说的是理工科大学还要办，但学制要缩短，教育要革命……"当时，知情的人们都认为，这些"最高指示"就是针对钱学森先前的话而说的。

时任七机部副部长的钱学森，作为当权派，机关内部最初也有一些针对他胡说八道的大字报，这些都不足为奇。严重的是七机部群众分成了对立的两大派，而且，钱学森还遭遇了七机部的夺权事件。

发起夺权的组织头头是叶挺将军的儿子叶正光。1967年1月23日晚，叶正光把部长王秉璋、副部长钱学森和其他四个副部长召集到部长办公室，通知他们七机部被夺权了。钱学森听了一下子变得面无血色，差点昏了过去。叶正光赶紧扶他坐下，告诉他不要担心，他是受到保护的，然后，让各位部长表态。钱学森立即表示支持夺权。王秉璋和另外两位副部长坚决反对，并拒绝交出印章。第二天召开有数百人出席的会议，钱学森平静地发言，赞扬叶正光和造反派，而且说，这是他第一次呼吸到新鲜空气。事后看来，这次"夺权事件"对钱学森只是一场虚惊，他除了从此要到普通职工食堂排队打饭外，仍然是七机部的主要领导。

真正让钱学森感到震惊的是科技界接连不断的死讯，而其中最戳痛他心肝的是姚桐斌和赵九章两员卫星和导弹方面的大将的冤死。

1968年6月8日中午，七机部两派发生武斗。七机部一院党委委员，703所所长，时年46岁的姚桐斌被一帮戴红袖章的人无端毒打，惨死在家中。姚桐斌的死，震惊了研究所，震惊了钱学森，震惊了七机部，震惊了国防科委，震惊了党中央！当秘书将这一消息告诉正在人民大会堂开会的周恩来时，总理手中的茶杯掉在了地上……

时任七机部军管会副主任、海军副司令员杨国宇少将，在他的《将军军管日记》中有这样的记述：军宣队受命组织对姚桐斌尸体的解剖，先是姚妻不同意。杨国宇对她说："如不解剖，权威部门不做出结论，将来别人说姚桐斌同志是自杀，看你咋办？"这样，姚妻才同意解剖。

接着，另一派来人说：姚桐斌是周总理从德国要回来的材料专家，被无故打死了，我们要将尸体抬到天安门，昭告全世界。终于费尽周折，才将姚桐斌的尸体解剖了。法医验尸结论为："姚桐斌同志是钝器伤头致死。"

姚桐斌是1946年考入英国伯明翰大学工业冶金系研究液态金属凝固过程的公费留学生，在金属液体理论研究中曾取得突破性进展，在国外工作期间已经加入中国共产党。1957年9月回国后，担任国防部五院一分院材料研究室主任。五院改为七机部后，任一分院党委委员兼703所所长，被授予中校军衔。作为中国极其优秀的第一代航天材料工艺专家和技术领路人，一位功勋卓著的科学家，却死得荒唐。

赵九章是40年代回国的留德博士，气象和空间物理学家，中科院地球物理研究所所长，代号为"651"的卫星设计院院长，中国人造卫星最早的倡导人之一，资历和地位都和钱学森差不多，只是因为他的领导机构属中科院，不属于军队系列，少了一层铜墙铁壁保护。就在姚桐斌被打死后4个月，赵九章在中关村的家中把平时攒下的几十粒安眠药全部倒进嘴里，躺在床上去了……

赵九章自杀后，时任国防科委副主任罗舜初将军打电话向周恩来报告。周总理放下电话，清癯的脸上顿时蒙上了泪影……

赵九章的姨夫是国民政府那位曾口出狂言"举起你的左手打倒帝国主义，举起你的右手打倒共产党"的国民党内赫赫有名的极右派戴季陶。其狂言还曾被毛泽东引用。正是因为与戴季陶的在那时看来是要命的社会关系，才使得赵九章早在"文革"初期就靠边站了。在忍受了挂牌、游街、批斗和体罚等虐待和侮辱之后，终于选择了自杀。

姚桐斌和赵九章的死，不仅让钱学森失去了在导弹和卫星计划方面的得力助手、同事和战友，更给他传递了一个不寒而栗的信号。那就是，他与他们都有着类似的背景——都属于被人们称为"海归"一类的人。

"海归"人员在"文革"中很多都被打成"间谍"或"特务",特别是在"清理阶级队伍"中,绝大多数留过学的高级科研人员都有一番不堪回首的遭遇。当时,在中科院的中关村福利楼上,贴着一幅影射科学家们归国的大标语:"来者不善,善者不来。"有一副对联甚至这样写道:"留学归国是特务,被捕出狱皆叛徒——基本如此。"在《竺可桢日记》里,大量记录了时任中科院副院长竺可桢先生痛心疾首的心声。据《20世纪50年代归国留美科学家访谈录》作者之一王德禄掌握的资料,仅20世纪50年代回国的留美科学家,就有8人自杀,多人被关入监狱。自杀的分别是:清华大学周华章、周寿宪;北京大学董铁宝;中科院力学所林鸿荪、程世祜;南开大学化学所所长陈天池;大连化物所萧光琰;兰州化物所陈绍澧。被关进监狱的仅以1968年清华大学为例,就有谢毓章、高联佩、许健生、王明贞、俞启忠、王振通等。

钱学森明白,自己同赵九章和许多自杀、被关的高级科学家一样,不仅是"海归",还照样有着复杂的"社会关系"。岳父蒋百里就是国民党"反动军队"的一级上将。幸运的是,姚桐斌和赵九章等人的死,使得周恩来感到保护科学家的紧迫性,及时开列了一份"重要科学家保护名单",要求保证名单上的每个人的生命安全。

就在钱学森听到赵九章死亡噩耗的第6天,近代中国物理学奠基人之一、北大物理系教授饶毓泰在北大燕南园51号家中的自来水管上上吊身亡。也是在同月,也是从美国归来的力学家、北大数学力学系教授董铁宝,在学校附近的树上上吊自杀。同年12月,火箭燃料研究基地大连化学物理所的化学家萧光琰不堪刑讯逼供,服安眠药自杀。三天后,他的妻子和女儿也用同样的方法结束了自己的生命。

被钱学森尊为兄长的最亲密战友郭永怀,1968年12月在从西北的导弹试验场乘飞机返回北京时,飞机在北京机场失事而因公殉职,被授予烈士称号。但郭永怀那位在中国科技大学教英语的夫人李佩,因有留美经历,照样被列为"美国特务嫌疑"受到隔离审查,致使她在绝望中服安眠药自杀,经抢救才活了下来。

钱学森与罗沛霖的友谊是从在上海交大读书、共同爱好音乐开始。钱学森在加州理工任教时，罗沛霖又在那里读研究生，几乎每个周末都在钱家度过。钱学森回国以后，罗沛霖是他家常客，但是也因妻子杨敏如是翻译家杨宪益的妹妹而被隔离审查，进而全家都被"特嫌"。钱学森的岳母是日本人，罗、钱两人的亲属中有许多生活在海外，包括蒋英的姐妹和他自己的堂兄弟钱学榘。他能不受追究和牵连，完全是由于"中央很保护他"。他心里当然明白，中央哪天不保护了，或者一时顾不过来，忘了保护或保护不力时，他就会落到他认识的那些"海归"和"海外关系"们同样的下场。

为了表明自己在这场运动中旗帜鲜明地同走资派划清界限，钱学森曾贴了一张大字报揭发正在关押中的直接上司、原国防科委副主任，"两弹一星"现场试验总指挥张爱萍的"大国沙文主义"。原因是他在60年代初陪同张爱萍到发射场的路上。张爱萍指着地图对他说："这里是蒙古，从前都是中国的领土。"

1970年初，姚桐斌妻子彭洁清所在的外交学院分院宣布解散，全体师生员工下放到农村插队落户。恰在此时，姚桐斌7岁的女儿染上了急性肝炎，住进了医院。情急中的彭洁清壮着胆子给周总理写了一封要求暂不插队的信。

5天后，周总理将彭洁清的信批转给了有关领导："……暂不忙动员彭洁清插队，请与七机部军管会副主任杨国宇同志、钱学森同志一谈……周恩来，1970年3月30日。"

钱学森将总理的批示当作尚方宝剑，在杨国宇的密切配合下，才将姚桐斌妻子留在了北京。

那时的周总理，就为了解决七机部两派的矛盾纷争问题，曾隔三岔五地亲自主持给他们开会。据杨国宇日记记载，1969年6月16日晚上，总理又在国务院会议厅主持七机部两派开会，从21：50一直开到17日凌晨06：00。连共和国总理都陷入这样的境地，作为科学家们直接最高领导的钱学森，在这一历史阶段的处境和压力，是可想而知的。无论谁来提笔，都难以描述钱学森那时的苦衷和心态。

钱学森后来说："'文革'中，如果没有周总理保护，恐怕我这个人早就不在人世了。"这话不单是反映了钱学森对周恩来的感激之情，也反映了他对于当年中国政治现状的悲哀。

比较起来，在'文革'中，假如钱学森处在赵九章、董铁宝、饶毓泰、萧光琰、罗时钧、罗沛霖等人的地位，失去了中央的保护，从七机部副部长的地位沦为"反动学术权威""走资派"加"特嫌"，受到"隔离审查"，同家人完全断绝联系，所有的人都同他"划清界限"，而且不知道哪一天是尽头。这样一落千丈的境遇对他来说，能够忍受得了吗？更不用说揪斗、游街等人身侮辱和当时普遍使用的体罚和刑讯逼供了。果真如此，钱学森会不会追随他们而去，不知道那时的他，会不会有过这样的思想准备。

这样的猜想，是有一定的根据的。回想1950年9月7日，钱学森被美国移民局关进了拘留处，他后来回忆说："我被关了十五天，不准同任何人说话。到了晚上，看守每隔十五分钟开一次灯不让我安睡。这使我瘦了三十磅。"

功业耀千秋

上世纪60年代，苏联、美国都成功发射了射程达1万公里以上的洲际导弹，这意味着携带核弹头的导弹可以打到世界上任何一个地方。为了打破核垄断、核讹诈和核威胁，中国也决心要掌握导弹核武器。然而，没有运载工具的核弹，就相当于没有枪的子弹，没有中远程的导弹作为载体，核弹只是一只没有胳膊的拳头。因此，导弹的研制成为当务之急。

是英雄，就要能够看清形势发展并顺势而起。"反右斗争"和"三面红旗"等严峻挫折并没有丝毫动摇钱学森强烈的事业心，反而更增添了他顽强拼搏的勇气。在当时全国经济、科技、文化一片凋敝的情况下，钱学森领导的导弹研究和生产制造工作不但始终没有停滞，还好事连台，成就一个接一个，当然，其中也不免有失败和挫折。

1960年6月10日，也就是苏联专家从中国撤走仅仅17天，在钱学森领导下，用国产燃料发射了中国第一颗近程弹道导弹，并准确命中目标。5个月后，在戈壁滩的大漠中，一枚名为"东风1号"的"仿制弹"发射成功。火箭全程飞行550公里又407米，历时7分37秒，极大地振奋了正处于严重天灾人祸之中的全中国人民，增加了全民族的自尊心和自信心，增添了奋发图强、战胜困难的勇气和力量！在钱学森领导下，中国的火箭科学家们，发愤图强，卧薪尝胆，把对苏联撤走专家的"生气"变成自力更生的"争气"，仅用一个月时间，便完成了一枚被命名为"东风二号"的导弹研制总体方案，在得到中央军委批准后，投入到紧张的制造工作中。

然而看过纪实性革命史诗电视连续剧《国家命运》的人们也许不会忘记这样一组画面：周恩来把王淦昌、郭永怀、彭桓武等科学家请到家里吃饭，眼看着一桌素席被众人吃得盘干碗净，总理的泪水忍不住滚落下来说："这桌上连一盘肉菜都没有，我周恩来对不起你们啊……"

尽管全国正处在十分困难的时期，钱学森还是经常深入地处沙漠戈壁的试验基地指导工作。一次，聂帅千方百计，给钱学森等几位科学家送去一些猪肉。炊事员为他们做了一碗红烧肉。平时和颜悦色的钱学森，一下子把脸沉下来，大声批评道："你们知不知道，现在全国人民都生活困难，连毛主席、周总理都吃不上肉，你们居然给我们做红烧肉，党性到哪里去了！"不仅如此，他还把自己刚出版的两部科学巨著的稿费作为党费上交，表示要和全国人民共渡难关。

1961年，国防部五院建成了第一、第二、第三3个分院，为导弹研制奠定了组织机构和科研技术基础。同年，钱学森编著的《物理力学讲义》正式出版。

次年春节前夕，我国自行研制的箭体上写着"独立自主，自力更生"八个大字，昭示着我国科学家信心和力量的"东风2号"中程导弹台试成功后装上了西去的列车，秘密运抵试验基地准备发射。然而，这枚导弹发射后只飞行了69秒，就坠毁在距离发射台680米的戈壁滩上，像小孩子初学走路一样，狠狠地跌了一大跤，这对刚刚起步的中国导弹事业，无疑是一次重创。事故的发生，对钱学森的打击犹如五雷轰顶。

沉痛的心情同样萦绕着每一个人。在返回驻地的路上，几辆大轿车内，竟然没有一句话。发射前，人们根本没有失败的思想准备，庆贺宴早已准备好了。为了尽快使人们从失败的阴影中摆脱出来，重新鼓起大家的自信心，钱学森来到人们当中。他必须使大家懂得，科学是不讲情面的，它绝不会迁就人们的感情。现在要紧的不是哭鼻子、不是骂娘，而是冷静下来找原因，认真吸取教训。只见他面带微笑，好像什么事也没有发生过，面对满面愁容的科技人员，用幽默、诙谐的话语道："同志们，不就是摔下来一个'东风2号'吗？今天它掉下来，明天我们再将它射上天去，没什么了不起的。科学试验嘛，如果每一次都保证成功，那又何必试验呢？就制造出来直接拿去用好了。遭受失败，可以使我们得到锻炼，而这种锻炼比成功更重要，更宝贵。"

从失败中清醒过来的钱学森强忍创痛，引导大家认真检查，仔细分析，总结出深刻教训，决定组织科研攻关，重新修改设计方案，加强地面试验，一个一个系统，一道一道工序逐个检验，严格把关，绝对"不带疑点上天"。

1963年12月，中央明确了我国的核武器发展方向应该以核导弹的研制为主。而仅仅一年时间，中国导弹研制已突破了最为艰难的瓶颈，技术水平迈上了新台阶。继改进的"东风2号"中程导弹发射成功后，又连续成功发射了三枚自行研制的中程导弹。至此，中国的核弹运载工具及其发射技术进入成熟期。

科学发展永无止境，成绩只能说明过去。钱学森带领科学家团队，继续向更高层级迈进。鉴于我国弹道导弹已经取得突破性进展和国际上航天器发展的新情况，钱学森敏锐地意识到，人类探索太空的时代已经到来，便与著名科学家赵九章、郭永怀等提出建议报告，早日制定我国人造卫星研制计划并列入国家任务。报告引起了党中央和国务院的高度重视，立即采纳并付之于行动。随后，钱学森又提出了第一颗人造卫星的规划设想。

也就是1964年，在钱学森主持下，集中了3000多名技术人员共同智慧的《1965年—1972年我国火箭技术发展途径的意见》正式出台，这就是著名的"八年四弹"计划。按照这一计划，中国将在1965年-1972年的八年时间，研制出中近程导弹、中程导弹、中远程导弹和洲际导弹。如果这个计划能够顺利完成，钱学森就在某种程度上实现了自己带着屈辱离开美国时的诺言，帮助自己的祖国扬眉吐气。时年54岁的钱学森，兴奋之情溢于言表。这年10月16日，中国将原子弹固定在一座铁架上试爆成功，在罗布泊上空腾起蘑菇状烟云，世界为之震撼，这为即将到来的两弹结合试验乃至整个中国航天技术建立起了自己牢固而坚实的基础。年底，钱学森作为我国导弹核武器研制的顶级功臣，被选为人民代表，出席第三届全国人民代表大会第一次会议。

曾几何时，在苏联撤走专家后，毛泽东气得咬牙说："当了裤子也要把'两弹一星'搞出来。"此话传到赫鲁晓夫耳朵里，他针锋相对道："……想自己搞？哼！我看不仅得不到原子弹，到时恐怕连裤子都穿不上。"从国际政治形势来看，就在中国第一次核爆炸试验成功前后，毛泽东在国际共运内的死敌，赫鲁晓夫被他的同僚们赶下了台。从国内经济形势来看，一段最困难的时期已经过去。两桩特大好事相继出现，使毛泽东特别高兴。三届人大会议期间正值毛泽东71岁生日，一向反对为其祝寿的他却一反常规，于12月26日，在人民大会堂一间不大的房子里，品字形地摆了三张桌子，破例为自己举行了一次小规模生日宴会，特意邀请了钱学森参加。毛泽东看了工作人员拟定的3桌名单后，拿起铅笔将钱学森的名字从另一桌调整到自己所在桌位上。于是，毛泽东右侧的主宾位上坐着世界顶尖知识分子钱学森，左侧的副主宾位上坐着斗大字不识半升的劳动模范陈永贵，依次还有大庆油田的"铁人"王进喜。这样的座席安排，不得不把刘少奇、周恩来、朱德、聂荣臻、邓小平等领导同志安排到了旁桌落座。

宴会开始，毛泽东笑着说："今天，请各位来叙一叙，主要是因为我们的原子弹爆炸了，我们的火箭试验成功了，我们中国人在世界上说话，更有底气了！"他破例将一杯茅台酒一饮而尽，把话锋一转，指着身边的钱学森对大家风趣地说："我现在特别向在座的诸位介绍一下我们的钱学森同志。他是我们的几个王呢！什么王？'工程控制论王''火箭王'！他这个王用工程控制论一发号令，我们的火箭就上天，所以各位想上天，就找我们的'工程控制论王'和'火箭王'钱学森同志！"

就在毛泽东举办生日宴会的当天，三届人大一次会议通过了以国防部五院为基础成立第七机械工业部的决议，统一管理导弹、运载火箭的研究、设计、试制、生产和基本建设。钱学森受命担任七机部副部长。五院原来各分院继续作为七机部下属机构，职责不变。而原子弹的研制部门还是在二机部。

1965年10月，国防科委召开了人造卫星工程总体方案讨论会，对规划设想进一步具体化、细致化，要求卫星能成功地飞上去、转起来，地面测控系统要抓得住、跟得上，全球人民能看得着、听得见；还制定了进度计划：1965～1966年完成技术方案论证，建成地面测控系统；1969年完成正式样品试制；重量定为100公斤；发射时间预定在1970年或1971年。由此，我国人造卫星工程正式启动。领导研制发射人造卫星的神圣使命又历史性地落到了钱学森身上。

中央根据以钱学森为首的科学家团队提出的"两弹结合"，即"东风2号"导弹与核弹头的对接发射设想。经过两年努力，一枚中近程导弹运载原子弹，即核弹组装完毕。核导弹不同于一般的常规导弹，它的实弹测试必须万无一失，稍有不慎，弹头可能会在发射现场爆炸，或者中途掉下来，或者打偏，造成无法估量的损失。过去，美国都在别的国家，苏联也是利用荒无人烟的西伯利亚做试验，而中国因条件所限，只能将核弹打到自己的国土上，而且弹道还不得不穿越有人居住的区域上空。按照国际经验，发射失败的比例是万分之六，加上东风二号第一次试验失败的场景对于每一个参与其中的人来说，都记忆犹新。为了确保万无一失，周恩来下了三道命令：一是要求七机部保证，导弹发射出去不会中途掉下来；二是要求二机部保证，万一导弹掉下来，也不能发生核爆炸；三是要求导弹飞越的区域，比如甘肃柳园等地的居民全部撤离。钱学森面临的压力是空前的，可想而知的。

1966年10月27日上午9时，东风二号甲导弹伴随着巨大的轰鸣声拔地而起，经过让人窒息的9分14秒，罗布泊弹着点传来消息，核弹头精确命中目标，飞行距离894公里，在距地面569米上空爆炸。"两弹结合"的首次试飞一举成功！喜讯像春雷一样迅即传遍中华大地，举国欢腾，万人空巷，中国拥有导弹核武器的大国梦终于实现了！

半年多后，又从罗布泊传出一声巨响，天空顿时出现了两个太阳，其中一个太阳是中国人自己研制的第一颗氢弹试验成功。这一响，响在了法国人的前面。至此，我国提出的"两弹一星"，即导弹、原子弹和人造卫星任务，仅剩下"一星"有待继续完成了。与此同时，钱学森将"宇宙空间技术"正式定名为"航天"。他说:"用'航天技术',不用'宇宙空间技术',不要夸大。"

还是在我国第一颗原子弹爆炸成功后,美国国防部长麦克纳马拉曾说,中国虽有原子弹,但在五年之内不会有运载工具,并推断中国至少要十年之后,才能掌握导弹核武器。事实雄辩地证明,中国从原子弹研制成功,到两弹结合试射成功只用了两年多时间。

这一时期,正处于"文革"动乱最严重时期,荒唐之事不断出现。在卫星研制过程中,研制单位在仪器上刻了毛主席语录,有些零部件还镶嵌了毛主席像章,严重违背了"不带疑点上天"的规定。这使钱学森颇感为难,后经聂帅请示周总理同意,才将这些政治附属品撤下。除了荒唐事层出不穷外,钱学森本人也受到了运动的严重冲击。聂帅多次与钱学森倾心长谈,希望他能排除干扰,发挥特殊作用。钱学森百感交集,含泪与聂帅拥抱,慨然允诺。

尤其是钱学森手下一位得力的材料专家姚桐斌被无端打死事件和曾与自己一起制订人造卫星研制计划的赵九章的死,一次又一次血淋淋地触及了他的灵魂,使他曾多少次伤心落泪,头要炸了,心也要碎了。但工作还是要干!事实证明,这期间,成绩依旧是卓著的。"两弹"就是在这期间试验成功的。

为免受"文革"影响,周总理断然决定,正式组建空间技术研究院,纳入军队编制,由钱学森兼任院长。从此,这支身穿绿色"防护衣"的中国空间技术队伍,在钱学森领导下,又奇迹般地茁壮成长起来。从那时起,钱学森总是穿着一身军装,一双布鞋,往返奔波于北京与各个试验基地之间。要将人造卫星送入预定轨道,必须有强大推动力的火箭,它至少具备两个条件:一是能飞出大气层;二是飞行速度必须达到第一宇宙速度。为此,应当制造一种多级火箭,每级各飞一程,逐级加速,最后将末级上装载的卫星送入轨道。要将理论设计变为现实,关键在于精密研制和艰苦试验。

1970年4月24日下午5时30分,在戈壁大漠的试验场里,"长征1号"运载火箭喷射着烈焰,负载重量100公斤的"东方红1号"卫星腾空而起,疾速飞向太空。"箭星分离!""卫星入轨!"晚上9时50分,地面收到了来自茫茫太空中卫星发射的《东方红》乐章。中国的人造卫星上天了!中国的声音传遍了全世界！至此，中国成为继美、苏、法、日之后，第五个自行研制并发射卫星成功的国家。而且无论是卫星重量或发射周期，都超过了其余四国的第一颗卫星，这是举世瞩目的成就。

在一周后举行的"五一"节庆祝大会上，钱学森在天安门城楼与毛泽东、林彪、周恩来站在一起，兴致勃勃地昂首遥望节日的夜空，寻找被自己及其团队亲手送上太空的中国人自己那颗会唱歌的星！

毛泽东更加高兴了，他谈笑风生地说："我们要不受人家欺负，就不能没有这个东西！"

钱学森此时也正在心底叨念着：让美国人好好看看吧，我钱学森回国，绝对不是回来种苹果树的。然而，"东方红1号"被送上了太空的喜讯并没有让钱学森感到多少轻松，因为由于"文革"动乱，在他指导下制定的"八年四弹"计划无论如何也无法按期完成了。钱学森还在思考，要想检验洲际导弹的技术水平，就必须进行全程飞行试验，而射程上万公里的导弹在自己的国土上是无法完成的，必须考虑在公海上进行。而在海上进行试验，就必须建立一套完备的海上测量船队，但这个耗资巨大、技术难度要求极高的项目，在"文革"期间，无论如何是无法实现的。

钱学森从此又为着既要实现击中万里之外的目标，又要推进太平洋全程试验整整忙碌了10年。1980年5月20日，美国合众社向世界发了一篇专稿，标题是《中国导弹之父钱学森》。文章写道：主持研制中国洲际导弹的智慧人物在许多年前曾经是美国陆军上校，美国政府因为害怕他回到中国，扣留了他五年之久。他的名字叫钱学森，今年69岁……"他无论走到哪里，都抵得上五个师！"的著名断言，已经被事实所证明。

钱学森不仅将中国航天系统工程的实践提炼成航天系统工程理论，还于1979年正式提出"系统科学"概念，80年代初又提出把社会系统划分为经济、政治和社会三个组成形态，相应于三种社会形态应有三种文明建设，即物质文明建设、政治文明建设和精神文明建设。社会主义义明建设应是这三种文明建设的协调发展。

这一方向的研究，一直延续在他晚年所从事的国家科学技术、宏观经济预测与管理，以及现代复杂工程系统的开发管理等世界性难题中。从改革开放30多年的发展实践来看，不仅需要经济系统工程，更需要社会系统工程。若论20世纪后半叶对中国发展带来巨大影响的科学技术，当数"两弹一星"，即以原子弹为代表的核武器技术，以火箭为代表的导弹技术和以人造卫星为代表的航天技术。而"两弹一星"功勋居首者，当属钱先生。钱学森可谓是"两弹一星"功臣中的功臣，是贡献厥伟的最关键人物。钱学森的一生，把在自己童年时仍以黄包车为主要代步工具的中国，在不长时间内，变成坐拥宇宙飞船的世界强国。

退出领导岗位后的钱学森，一直牵挂着生活在"两弹一星"试验基地上的人们，思索着如何用科学改变那里的环境。他说："我国沙漠和戈壁大约16亿亩，和农田面积一样大……沙漠和戈壁的潜力远远没有发挥出来。"

晚年的钱学森被选为中国科协主席，肩负起了领导全国各自然科学的协作协调工作。作为一名世界级顶尖科学家，他始终站在世界科学发展的峰巅俯视科学的发展潮流，关注中国赶超世界科学发展的动向以及涌现出来的新生事物，高瞻远瞩地提出适合我国国情的建设性科学创见，推动着中国科技总体水平不断提高。

勇探科学新领域

1979年3月11日，《四川日报》报道大足县发现一个能用耳朵认字、鉴别颜色的儿童。同年4月15日，《北京科技报》报道北京市石景山区模式口小学一位二年级学生耳朵认字的消息。

以上两桩儿童"特异功能"报道，竟然引发了上世纪80~90年代那场长达近20年为探索科学新领域的"人体科学"之争。时已年近古稀的钱学森奋不顾身，主动出击，成为引领这场"史无前例"被他亲自命名为"文化革命"的事实上的执旗人。

1980年6月4日，钱学森接受《自然杂志》记者采访时说："一项新的科学研究，在刚提出的时候，总是有人反对，带头的人也总是要受到反对，因此要有勇气。要挺住腰板。"在谈话中，他首次提出了"人体科学"这个概念。

此后的一年半，先后有北京、浙江、安徽、河南、四川、重庆、哈尔滨市、太原市、湖北轻工学院等省市和单位相继成立人体特异功能研究组织。到1981年11月9日，中国人体科学研究会（筹备）第二次全体委员会议在上海举行时，已有24个省、市、自治区的委员出席，其发展迅猛如雨后春笋。

从1981年2月开始到1987年10月为止，钱学森先后在各种报和会议上发表了大量文章、报告和讲话，其主题均为"人体科学"。其中仅在航天医学工程研究所（507所）就作了100多场次报告或发言，后来整理成《人体科学与现代科学纵横谈》一书。以下是钱学森的一些有关论述和讲话摘录。

——人体特异功能的研究工作很重要……现在承认的人越来越多了，将来一定会更快地发展起来……

——气功、中医理论和人体特异功能蕴含着人体科学最根本的道理，不是神秘的，而是同现代科学技术最前沿的发展密切相关的，因而它们本身就是科学技术的重大研究课题。

——真正吸引着我们沿着这条曲折又艰险的道路去探索的是：这可能导致一场21世纪的新的科学革命，也许是比20世纪量子力学、相对论更大的科学革命。我们当中谁来做这场未来科学革命的启蒙者呢？谁呢？

——搞这个事业很不容易。但我们相信，搞下去一定会导致一次科学革命，就是认识客观世界的一次飞跃。如果搞得好，这场革命在21世纪就会到来。

——（不要把人体科学）单纯地看成一个科学技术问题，它还是一个社会活动……是一场捍卫辩证唯物主义的战斗。

——什么叫唯象科学？就是只知其然，不知其所以然。

——人体特异功能是真的，不是假的……有人试图解释它，我看不行，因为它远远超出现代科学的范围……它真正变成科学革命时，本身就打破现代科学体系，最后将引起科学革命。

——（人体科学）和共产主义有相似之处。千万不要认为是个简单的事情，这涉及人的思想、意识的革命……是一场真正的"文化革命"。

——人体科学越来越是一个发展前途很大的领域，而且是整个科学发展的一个重要方面，很有可能因这方面的发展引起科学革命。

1987年5月3日，国家科委批准成立中国人体科学学会。钱学森被推举为名誉理事长。8月，清华大学气功科研协作组把与严新（气功的主要推崇者）作实验的6篇论文提交中国气功科学研究会。钱学森在《稿件审查意见书》上批道："此稿内容为世界首创，确实无可辩驳地证明了人体可以不接触物质而影响物质，改变其分子结构。这是前所未有的工作。所以应立即发表，及时向全世界宣告中国人的成就！"

1988年12月，人民军医出版社出版钱学森等著的《论人体科学》。

一年后，四川人民出版社出版钱学森等著的《创建人体科学》。

钱学森曾表示，要以一位科学家对社会主义建设的热情，在有生之年建立一套系统科学体系，用来指导社会主义建设。在钱学森1993年亲自编制的《现代科学技术体系》中，把现代科学技术分为十大部门："自然科学、社会科学、数学科学、系统科学、思维科学、人体科学、地理科学、军事科学、行为科学和文艺理论。"在这个复杂而巨大的系统中，新涉及到两个方面的子体系。

一是思维科学体系。在钱学森看来，思维科学由三部分组成，除了我们熟悉的抽象（逻辑）思维学外，还有形象（直感）思维学和灵感（顿悟）思维学。钱学森说："灵感思维可能和有特异功能的人的思维差不多。比如，有些具有特异功能的人能耳朵认字，能预报地震……人的灵感也是一种特异思维。"

二是人体科学体系。钱学森认为，人体科学是"研究人体的功能，如何保护人体的功能，并进一步发展人体潜在功能，发挥人的潜力"。"从人体科学到马克思主义哲学的桥梁是人天观"，又分三个部分："宇宙人天观，把人放到宇宙中考察；宏观人天观，考察人体内部与环境的关系；微观人天观，考察人天观的量子力学基础。特别是宏观人天观的素材是中医理论和气功理论，我们中国人、中国科学工作者是责无旁贷的"。

钱学森曾对气功的科学意义发表看法说："练气功功夫深的人，高级气功师，还具有透视人体，透视地下构筑，发气拒敌，十步之外摔倒人等功能。这就把气功同现在人们注意的人体特异功能联关起来。高级气功师的特异功能是后天练出来的，而十岁左右少年的特异功能是经过诱发的先天秉赋……研究少年儿童的特异功能是件重要的工作，近来已取得进展，这是可喜的，但我们应该以更大的努力结合高级气功师的实践去研究气功；建立'气功科学技术'这门学问……限于仪器设备等条件而不够严谨，达不到开发新科学领域所要求的清晰、确凿程度。王伽林同志为了在这种条件中取得无可置疑的科学结果，竟在自己身上开刀，剖腹测量胆汁流量与练功的关系，这种精神，令人肃然起敬。"

钱学森进一步思考并告诫："为什么在中国长达两千年的实践中的气功、中医、特异功能，却断断续续，得而复失，道路那样曲折？是人们的偏见吗？是的，偏见令我们失去真理，我们要警惕啊！"

为抛弃偏见，钱学森号召对古籍中关于气功、中医理论、特异功能、人与人的遥远感受，以及其他事例，经过鉴别，去粗取精，去伪存真，整理出来。他还把"特异功能"、气功和中医整合到一起，认为"三者一致""三位一体"，最突出的是特异功能，第二是气功，第三是中医。

钱学森力挺"特异功能"是坚信必将带来"科学革命"。他认为："从古以来，人没有能动地去发掘人体的潜在能力，今后应该用现代科学技术进行研究，自觉地发掘人的潜力。所以对中医理论、对气功、对特异功能，都要进行研究，最后都可归结到开发人的潜力上来。"钱学森将"特异功能"规范为"人体科学"，奇望其进入科学殿堂，从而引发"科学革命"。他谈道："什么叫搞人体科学的？搞人体科学的就是搞人体特异功能的。因为这个特异功能，人家反对的很多，有的人要打棍子扣帽子，所以我就把它换了一个词，不叫特异功能，叫人体科学，委婉一点。"

钱学森力挺对特异功能的研究。尽管这个新事物现在还不被人所认识，被现代科学体系所接纳，但他相信，经过认识和研究，真正变成科学理论，其本身就打破现代科学体系，再前进一步，最后将引起一场科学革命。可见，在钱学森看来，"人体特异功能"是尚未被人类明确认识和利用到的潜在能力。

"人体科学"的目标之一就是以传统气功和中医为突破口，期望找出诱发人体潜能的科学规律。如此，他便把特异功能与气功、中医结合了起来，可谓极具中国特色。

这里还有一段精彩插曲。1982年3月5日，时任国防科委科技委主任兼中国气功科学研究会、中国人体科学学会和中国人体科学研究院三个组织理事长的张震寰致信《人民日报》总编辑胡绩伟，对《人民日报》2月25日第三版报道李昌、于光远批评所谓"人体特异功能"的研究和宣传的文章表示不满。张震寰的信4月10日被转到时任中共中央总书记胡耀邦那里，总书记态度非常鲜明，批示道：

"转乔木、任重、方毅、力群同志。这个问题1979年一开始我就怀疑，作过三次批语，提出这不是我们的科研方向，报刊上不要介绍和宣传。有些话我可能说得绝对了一点，但我的主张是站得住脚的。但后来管不着了，报刊上登载不少。现在我们主张守住这两条线，请宣传部门把关。"

看到胡耀邦态度如此坚决，钱学森于一周后的5月5日，亲自给中宣部副部长郁文写了一封名为《以党性保证人体特异功能是真的》的短信。信中质问道："……上海出版的《自然杂志》就被命令，将即发排的五月号中撤出几篇有关人体特异功能的科学研究论文。难道党对有争议的科学研究能这样处理吗？难道前车之鉴还少吗？不是发动批判过摩尔根遗传学吗？还有批判控制论，批量子化学共振论，批人工智能，还有批数量经济学，批形象思维。为了党和人民的利益，我建议您通知上海市宣传部门的同志，正确处理《自然杂志》的问题，不要禁止它刊登科学论文。我也向您表白我的判断，并以党性保证人体特异功能是真的，不是假的。有作假的、有骗人的，但都不是人体特异功能。人体特异功能和气功、中医理论是密切相关的。"

这封颇具分量的信很快经中宣部部长邓力群转送到总书记手中。胡耀邦碍于这位毛主席座前科技元勋的崇高威望，又特别作了一次礼让三分的批示：在科学上还没有充分证实之前，报刊上不宣传、不介绍，也不批评，这两者我看是稳妥的，公正的，要坚决这么办。但可以允许极少数人继续研究这个问题，也允许他们办一个小型的定期的研究情况汇编，发给对这方面有兴趣的科学工作者阅读和继续探讨。"

对钱学森来说，科学的研究和思考永远没有尽头，70岁以后的钱学森又进入了学术高产期。他针对中国干旱少雨的西北地区提出的沙产业、草产业理论，在内蒙古等地区取得很大效益。在建筑和文化艺术方面，也提出了大量独到而系统的见解。

伟大的科学家，往往都有着狂放不羁的个性，也许正是这种超过常人的自信，才能让他们具备洞察未来的能力和假设未知的胆量。大师就是大师，无一例外充满着个性色彩。正如张纯如所说："在我的心目中，钱老是一位才华横溢的科学家。任何伟大的科学家，都有着天马行空的想象力。你看，牛顿、爱因斯坦，哪一个不是具有艺术家一般的狂傲气质。"

轶闻趣事动人心

钱先生离世后，人们从不同角度和侧面回忆了他一生鲜为人知的轶闻趣事，桩桩件件，都触动着人们的心扉，使后人始终保持一份对钱老的崇敬和思念，一份永恒的不了情。

从1935年赴美留学到1955年含愤而归，钱学森在美国留下了15000多页的科研手稿。这是一位科学家长达20年科研历程的完整记录。钱学森回国后，他曾经的美国好友兼同事弗朗克·马波最先发现了他为解决薄壳变形难题写的研究手稿，包括图表、演算、公式推导、数据列表等，竟长达800多页。马波从中遴选出主要的，汇编成一部《钱学森手稿》两卷，共500多页，于1993年委托钱学森的学生，中国两院院士郑哲敏带回，实现完璧归赵。这本书与其说是手稿，莫如说是艺术品。其中无论中文、英文，大字、小字、计算、图表，都工工整整，一丝不苟，连一个小小的等号，也长短一致，整整齐齐，中规中矩，使人想到王羲之的《兰亭序》和张择端的《清明上河图》，进而体现出他唯美的人格魅力。1996年，马波先生又将他随后搜集到的钱学森手稿全部送还，存放在中科院力学研究所。之后，由郑哲敏先生担任主编，涂元季先生担任编委，定名为《钱学森手稿》，由山西教育出版社出版发行。

据钱老在麻省理工的一位学生麦克回忆：钱教授教学很认真，全心全意放在课程上。他希望学生也付出相同的热忱学习，如果他们表现不如预期，就会大发雷霆。有一次，钱先生要求麦克做一些有关叶扇涡轮引擎的计算。麦克说："我算了好一阵子，到了午餐时间，就吃饭去了。回来的时候，他就发脾气说：'你这是什么样的科学家，算到一半竟敢跑去吃饭！'"

钱学森的天才是不容置疑的。张纯如笔下的钱学森，更加有血有肉，生气充盈，因而，也更加使人崇敬，受人喜爱。她在为创作《蚕丝》的采访中了解到，麻省理工的学子对钱学森佩服不已。有一回，钱先生正在黑板上解一道十分冗长的算式，有个学生问了另一个与此题目无关、但也十分艰深难懂的问题。钱学森起初不予理会，继续在四个十英尺长、四英尺宽的黑板上，写满了算式。"光是能在脑袋中装进那么多东西，就已经够惊人了，"一位叫做哈维格的学生回忆道，"但是更令我们惊叹的是，他转过身来，把那位学生所提的另一个复杂问题也随之解答出来！他怎么能够一边在黑板上演示一个冗长算式，而同时又解决另一同样繁复的问题，真是令我大惑不解！"

然而从根本上说，钱学森的天才和智慧，主要还是来源于勤奋。据他在加州理工的一位犹太裔校友回忆："有个感恩节或圣诞节假日的一大早，我在学校赶功课，以为全幢建筑只有我一个人，所以把留声机开得特别响，还记得我听的是特别响亮的乐曲《时辰之舞》。乐曲高潮到一半时，有人猛力敲我的墙壁。原来是我打扰到了钱学森。我这才知道中国学生比犹太学生更用功。后来他送我几份他写的关于近音速可压缩流体压力校正公式的最新论文，算是对于曾经向我大吼大叫聊表歉意。"

在张纯如笔下，钱学森有着十分粗犷而任性的硬汉形象。譬如她写道，钱学森教学，没有小考、大考，也不布置家庭作业。课后，学生们只能绞尽脑汁地温习课堂笔记，那都是纯数学，一个方程式接一个方程式。期末考试，钱学森出的题目极难极难，全班差不多都吃零蛋。学生有意见，找上级教授告状。钱学森对此回答："我又不是教幼儿园！这是研究所！"

60年代出生的上海交大党委副书记徐飞教授说："钱学森一个人，真的顶得上5个师！"在徐飞的青春年代，这些话曾让青年们血脉贲张，激励着他们像钱学森一样为中国的未来而努力进取。

除了那些有幸与他接触的人，对于绝大多数中国人来说，钱学森是一个偶像，一个标志，一个符号。组成这个偶像的元素是刻苦和奋进；组成这个标志的元素是严谨和一丝不苟；而组成这个符号最重要的两个元素则是科学和爱国。

据钱永刚追忆："父亲多次说过，高校要按照培养科技创新领军人才的模式来办。他认为，我们目前大陆境内所有的大学没有一所大学是按照这个模式办的，所以培养出来的学生不敢说前人没有说过的话，不敢做前人没有做过的事，很多是人云亦云，你好我好。对这，他不满意，说这是教育体制的问题。进入21世纪了，这个问题应该引起国家的高度重视，否则总有一天会发现，我们国家什么都有，就是没有高质量人才。到那时候再回头反省，就为时已晚了。"

钱学森作为一名科学家，很严谨，但作为上级，又很讲领导艺术。有一次，钱老与在身边工作的专家汪成为谈起软件问题，聊着聊着，他突然对汪说："你说得很好，要不你先动笔把自己的想法写一写。"于是，汪成为很快就软件工程及其发展写了一篇文章交给钱学森。第二天，当他到钱老办公室问看没看过时，钱老微微一笑道："我给你念首诗吧。"说着念了起来，"爱好由来下笔难，一诗千改始心安。阿婆还似初笄女，头未梳成不许看。"钱老念完问他："你知道这是谁写的？"汪成为想了想说："是清代袁枚的吧！"说罢他猛然醒悟，赶紧补充道："钱老，你把那篇文章还给我，我修改后再交给您。"钱老笑着问："明白了？"过了几天，汪成为将修改后的文章交给钱老。钱老仔细看了一遍，说："这回你是认真的。"

据钱永刚说，有一年，近代力学系的学生毕业考试，钱学森出了一道题："从地球上发射一枚火箭，绕过太阳，再返回地球，请列出方程求出解。"时至中午无人答出，"还晕倒了几个学生"。他说："先吃饭吧，回头接着考。"饭后学生们重返考场，时至傍晚，只有几个学生及格。一场考试表明学生数学基础不牢，钱老当时决定，全班推迟毕业，再主攻半年数学，打好数学基础。如今这个班里的很多学生都成了院士，忆及当年，都觉得那半年获益匪浅。

钱永刚还给出了一张父亲在美国和回国后的收入支出账单。

在美国时以美元计算的收入：担任海军炮兵导弹工程项目协调人每年5万元定薪，外加每个项目给3000~7000元不等的奖金，平均每月都会有两到三个项目；大学讲师、物理研究所兼职，每月分别给2000和1600元；即使在1950~1955年软禁期间，按照美国政府的规定，物理研究所每年还是给钱教授照发3万元工资。1955年，美元兑人民币汇率为1比2.52。支出方面，当时纽约上东区200平方米左右的豪华公寓，每套售价仅约11万元；一部最好的劳斯莱斯轿车也不过2万元。

回国后的人民币收入：中科院按照教授一级决定他的工资标准，即每月335.80元；1957年起每月增加学部委员津贴100元；中科院每年年底给500元左右奖金。蒋英每月工资190元。《工程控制论》出版后，得了一笔不菲的稿费，他把这笔钱捐出来为农村考上来的连买把尺子的钱都没有的学生买了一批学习用品；1959年获得3700元稿费，他将其作为党费上缴；1962年，《物理力学讲义》《星际航行概论》出版，又获得3000多元稿费，1963年再次获得11568元稿费，全部被他捐献；1957年苏联给2.6万卢布的礼金（当时折合人民币14700元）和1978年补发的3400元工资，也全部被他上缴。到1990年以前，钱学森和他人合作著作7部，将自己应得的稿费14238元，全部赠给合作者，自己分文未留。1994年，又获得"何梁何利基金优秀奖"，奖金高达100万元港币，谁知支票汇到后他看都没看，就写了一份委托书，捐给了我国西部的治沙事业。改革开放以后，港商还给过两次，共200万港元，他全部交给了国家。退休后，以2007年为例，每月的退休金按国一档执行，每月8000元。钱老仅仅留下此笔收入，作为自己的日常生活开支。

据钱永刚透露，父亲对50年代美国政府亏待他的往事一直耿耿于怀，他说："就像先把人家请来作客，然后一脚踢他出门。""如果我父亲在这个国家犯了罪，当然无话可说。可是他奉献了20年青春为美国卖命，对这个国家的科技有莫大贡献，得到的报酬却是被赶出国门。因此自从回国以后，就不曾接见美国记者或学者，也不曾回过美国。他回国以后的最大心愿就是要为中国人争气，给美国人好看。"

改革开放后，对外交流逐渐增多。一些美国科学家和在美华裔科学家多次邀请钱学森访美，均被他谢绝了。美国总统科学顾问基沃思访华，会晤时任国家科委主任宋健时表示，钱学森对美国的科学技术进步特别是军事科学的发展做出过重大贡献，想邀请他访美，并由美国政府和有关学术机构表彰他的重要贡献。

胡耀邦获知这一消息后亲自劝钱学森说："你在国际上影响很大，一些国家邀请你，就出去走走。你出去和别人不一样，对推动中外科技交流会有很大影响。"钱学森却回答说："总书记，当年我回国的事很复杂，在目前这种情况下我不宜出访美国。"

后来，钱学森对此很直白地解释说："当年我离开美国，是被驱逐出境的。如果现在去美国，将'证实'了许多完全错误的东西，这不是我应该做的事。"对于美国人给他的荣誉，他说，"如果中国人民说我钱学森为国家，为民族做了点事，那就是最高的奖赏，我不稀罕那些外国的荣誉和头衔！"

钱永刚后来说："要父亲重返美国，只有一种可能：那就是美国政府公开道歉，对1950年把父亲当作罪犯囚禁，并让他度过了五年悲惨生活的错误，要表示歉意。当然，父亲心目中的道歉方式倒也不需要总统出面，只要任何一名政府官员公开承认，美国40多年前做错了就行。"

正因为钱学森后来一直拒绝回美国，以至于1979年5月19日，加州理工大学颁赠他"杰出校友"奖也因无法亲领而留下遗憾。这是一个很高的荣誉，在众多毕业生中，只有极少数最优秀人才有可能获得这个殊荣。但学校规定，这个奖需要获奖者亲自到场领取。当年钱学森在加州理工最要好的朋友马波教授曾邀他回校参加颁奖典礼。校长杜布理吉还跟卡特总统的科学顾问普雷斯多方协商，最终撤销了对钱学森的驱逐令，可他还是不肯回去。奖章和证书一直存放在加州理工的展览室里。直到2001年12月9日，钱学森90寿辰前夕，加州理工才打破惯例，派马波教授代表校方专程把奖章和证书送到他的病榻前。这是一次跨世纪的老友重逢，90高龄的钱老双手捧着22年前母校为他颁发的奖状和奖章，百感交集，激动得老泪盈眶。

国际理工界授予钱学森"小罗克韦尔奖章"和"世界级科学与工程名人"称号，以表彰他对火箭导弹技术、航天技术和系统工程理论做出的重大开拓性贡献时，党和国家领导人特意在中南海紫光阁召开大会以表庆贺。虽然钱学森已将近半个世纪未涉足美国的土地，但科幻小说家克拉克在长篇小说《2010年，太空漫步》第二集中，还是把一艘中国太空船命名为"钱学森号"。

中国航天第一人杨利伟乘神舟五号载人飞船飞上太空，返回地面后不久，便和总装备部部长及飞船总设计师一块去拜见他这位航天科技界的祖师爷。三年后，钱老又在家里会见了神舟六号的两位飞行员聂海胜和费俊龙，躺在床上和他们亲切握手。

钱老从不准任何人为他著书立传。身为科学家，他一生做人有四条原则：不题词，不为人写序，不出席应景活动，不接受媒体采访。四不原则确保钱老将宝贵的时间完全用于科研和教学，也体现其淡泊名利的坦荡胸怀。

钱学森在与夫人蒋英的情感生活方面，更是传为美谈。在党和国家授予他"国家杰出贡献科学家"荣誉称号颁奖仪式接近尾声时，钱老忽然谈到了蒋英："我们结婚44年的生活是很幸福的。在美国政府对我迫害期间，她管家，为此付出了巨大牺牲；蒋英是女高音歌唱家，与我的专业相差很远，但，正是由于她为我介绍了音乐艺术，使我丰富了对世界的深刻认识，学会了广阔的思维方法……"钱老对夫人一往情深的这一番话，获得全场热烈掌声。

钱学森与蒋英从小认识。钱学森赴美留学，蒋英随后在德国柏林上学，虽然相隔万里，但两人一直鸿雁传情。在美国受迫害的岁月中，蒋英包揽了所有家务，放下了她热爱的歌唱事业，全力配合钱学森完成《工程控制论》。在蒋英的艺术熏陶下，钱学森对音乐艺术也有了更深沉的感悟，给他的科学事业增添了艺术色彩，归国后，俩人在报纸上合作发表过《对发展音乐事业的一些意见》一文，对中国音乐事业的发展提出了宝贵意见。因此可以说，钱学森与蒋英的结合，是科学与艺术的珠联璧合，他们心手相连，相依相伴度过了62个春秋，谱写了一段完美的爱情佳话。

第二届霍英东杰出贡献奖在广州番禺颁奖，作为获奖者之一的钱学森因行动不便不能前往，组委会邀请82岁的钱夫人蒋英出席。临去广州前，蒋英向钱学森辞行。钱学森当着儿子的面与夫人打趣道："钱归你，奖（蒋）归我。"蒋英略作思考："那咱们说好了，你要奖（蒋），我要钱。"说罢两人相视一笑。

据钱永刚回忆，钱学森经常对身边的工作人员说："我姓钱，但我不爱钱。"在他心目中，"钱"在绝大多数时候指的是他的姓氏。

作为国防科技事业的主要领导者，钱学森不仅担负着技术统领的重任，而且在进行"两弹结合"的导弹核武器发射试验期间，为了确保万无一失，他亲自以表格的方式，把各种可能存在的问题一一列出，详细到晶体管、电位器、电容器、开关插座、螺钉螺帽等等。这对需要思考诸多大事的技术统帅来说，更加难能可贵。

在钱学森的书房里，不仅摆满了各种科技书籍，还有他认真阅读勾画过的《像雷锋那样做人》和《雷锋辞典》等。他把雷锋的思想和行为上升到行为科学的高度，进行认真概括和总结，力图提炼出带有规律性的一般规则。

温家宝总理在看望钱学森时，他曾感慨地说："回过头来看，这么多年培养的学生，还没有哪一个的学术成就，能跟民国时期培养的大师相比！""现在中国没有完全发展起来，一个重要原因是没有一所大学能够按照培养科学技

钱学森和夫人蒋英。

术发明创造人才的模式去办学，没有自己独特的创新的东西，老是'冒'不出杰出人才。这是很大的问题。"这就是94岁高龄的钱学森对过去几十年中国教育提出的十分中肯批评，为未来的教育事业留下的发自肺腑的期望。这个非常沉重的临终遗言，就是发人深省的所谓"钱学森之问"。

功过是非任评说

钱学森像一座光芒四射的灯塔，那塔灯永远闪烁着辉煌之光，永远为后人照耀着奋进的道路。他像一座丰碑，永远矗立在我们的心中。

可以肯定地说，没有钱学森，中国的"两弹一星"不可能如此迅速地登上世界舞台；而没有"两弹一星"，中国的国际地位也不可能在较短的时间内上升到今天的高度。这显然是钱学森此生中最伟大的科学成就和历史功绩。这也是中国共产党和人民政府对钱学森的公开评价和主流媒体的正面报道，也是包括对他持有某些不同意见和看法的人们一致公认的历史事实。

钱学森的一生是极富戏剧性的一生。他亲历了"反右""大跃进""对功关系""文革""改革开放"等一系列重大的政治历史事件，亲自参与了制造原子弹、导弹、实施太空计划，对于这样一位生活在特定历史阶段的科学家，我们站在民间的角度，站在百姓的立场，到底应该对他如何评价才算公道，才既能对得起已经走了的这位科学大师，又能正确引导后人来实事求是地认识他，评价他，看待他呢？

人就像一枚硬币，有两个面。一个面标示着它的价值，另一个面展示着它的形象。钱学森当然也不例外。关键是我们如何评价他的人生价值，如何看待他的人格形象。

自钱学森回国至98岁高龄辞世这段历史，在中国乃至世界华人中产生很大反响，引起诸多评论。歌其功者自不必说，争议最大的是被视为上世纪"大跃进"时期浮夸风"推手"的"万斤亩"公案和80年代的"人体科学革命"公案。而这两个争议最大的公案，都是在他专业之外发表的见解。

关于"万斤亩"公案，著名作家叶永烈先生采访了诸多当事人，详细考证了"万斤亩"的来龙去脉，并将他的个人结论以《钱学森"万斤亩"公案始末》为题发表在2011年3月3日的《南方周末》上。

叶先生列出了从国内到国外在"万斤亩"问题上几例批评和反批评的意见。

批评意见之一：在《中国青年报》2000年1月1日刊发的署名刘健、王胜春的《理性照耀中国：赛先生世纪行》一文中写道："……连个别著名科学家也跟着起哄，论证'如果充分利用太阳能，粮食亩产确实可以达到几十万斤'……后来毛泽东检讨说，他上了科学家的当。这场唯心主义闹剧，终于以上千万农民饿毙而告终。"

批评意见之二：美国《航空周刊》亚太区主管布朗林·派瑞特2008年1月6日在该刊发表的《钱学森为中国太空事业奠基》一文中写道："他（钱学森）为农业产量给出了糟糕的科学建议，可能鼓励了毛主席在1958~1961年间推行了灾难性的大跃进经济政策。"

批评意见三：《新周刊》在2009年第12期发表署名吴晓波《钱学森的伟大只欠一个道歉》的评论文章说："希望对于1958年的那几篇论文以及所产生的后果，想听到一个98岁的伟大老者的最后一声道歉。行将百岁的钱学森，度过了一个壮丽而伟大的人生，他所欠的，或许只剩下这　个道歉。"

反批评意见之一：钱学森的弟子，中科院院士郑哲敏针对那几篇"万斤亩"文章说："科学家思考这些问题，我觉得完全正当。因为科学家说一个事情时，总是有前提的，如果怎样，就会怎样。"

反批评意见之二：原国务委员宋健说："我发现，在中国有少部分人，特别是在钱学森回国以后，对于他对我们的国家、对我们的军队和国防事业的贡献，了解并不多，有的人根本不了解，抓住一点，不及其余，无限上纲，结果使人很愤怒。"

叶先生称：钱学森早在《人民日报》放出第一颗"高产卫星"之前，就已经开始研究粮食亩产问题，并于1958年4月~1959年9月这一年半时间里，曾经七论"万斤亩"问题并一一列出了六篇论文和一封信的名称、发表时间和出处。叶先生特别指出：引起激烈争议、使钱学森蒙尘半个多世纪的《中国青年报》1958年6月16日发表的《粮食亩产量会有多少？》（以下称"钱文"）的文章不能算是钱学森的。理由是这篇文章的开头两段明显不同于钱学森行文的风格，是编辑加工的。

叶先生将责任归咎于《中国青年报》，批评是编辑把钱学森在1956年春就开始思考、研究的科学问题，跟1958年"大跃进"中的所谓亩产万斤的"高产卫星"联系在一起，使钱学森变成为农业"高产卫星"提供科学依据的推手！叶先生说是尹传红先生揭秘了关于"钱文"的出笼秘密，并经过几番周折，找到了当年《中国青年报》刊登"钱文"的"操盘手"——时任《中国青年报》科学副刊编辑的Z君。

尹传红说是Z君告诉他：那篇"钱文""是我根据钱学森在一次会议上的发言整理的。整理稿让他看过，征得他同意，就署上他的名字发在《中国青年报》上了。"

叶先生曾联系Z君以求证实。但年事已高的Z君借口身体欠安，不愿再谈往事，无法核对。

为了弄清不同版本的毛泽东曾两次谈到"钱文"的事，叶先生走访了毛泽东当年的通讯秘书李锐，对文献和当事人做了双重考证。

文献反映有两次：一次是李锐在《反思大跃进》中提到，毛泽东秘书田家英问毛泽东："您也不是没当过农民，您应当知道亩产万斤是不可能的。"另一次是李锐在《直言——李锐六十年的忧与思》中说他曾直接问毛泽东："您是农村长大的，长期在农村生活过，怎么能相信一亩地能打上万斤、几万斤粮？"这两次，毛泽东都回答说："看了钱学森写的文章，相信了科学家的话。"

李锐在《庐山会议实录》中还提到，时任湖南省委第一书记周小舟曾当着毛泽东的面说："……刮共产风不能怪公社书记，主要怪上面。哪里有什么万斤亩，上有好者，下必甚焉。"

关于毛泽东谈论那篇"钱文"的相关记载，都出自李锐笔下。李锐提及的当时在场的田家英、周小舟都已成故人，无法对证。

叶先生于2010年5月13日走访了已93岁高龄的当事人李锐。李锐也承认，毛泽东跟他谈起"钱文"总共有两次，一次在武昌，一次在上海。但是，两次都是单独谈话，没有做专门记录，未见诸档案，成了难以采信的孤证。

经过以上采访、考证和分析，叶先生给出了三点评价。

一是"万斤亩"在科学计算上是正确的。

二是由那篇"戴帽穿靴"的"钱文"引出的种种严重后果，与钱学森无关。

三是把钱学森夸大为"大跃进的推手"，是"亩产万斤"浮夸风的"元凶"，是违背历史事实的。

叶先生的《钱学森"万斤亩"公案始末》发表后，引来了社会一片唏嘘之声。其中一位吴拯修先生于2011年3月在《叶永烈为钱学森"亩产万斤"翻案客观吗？》一文中指出：叶先生所得出的结论大可商榷，其资料并不足以支撑叶先生的三点"客观评价"。由这些资料得出相反的结论，在逻辑上也是成立的。于是，吴先生对叶先生的三个评价提出了如下质疑。

针对叶先生的评价一，吴先生指出：水稻专家袁隆平先生希望到2015年，我国的水稻大面积亩产提高到900公斤（2014年10月10日，农业部派专家组对湖南省溆浦县横板桥乡红星村，袁隆平指导试验的超级杂交稻进行了现场测产验收，平均亩产1026.70公斤。笔者注）。钱先生的那个科学计算，也许1000年以后可以实现，因此只是画饼充饥，是一种信仰。现在快60年过去了，说明这个计算没有实际指导意义。如果尊重历史、尊重事实，在那时发表这样"正确"的文章，本身就是一个错误。因为不管出于什么原因，它只能为当时的狂热氛围提供理论依据。

针对叶先生的评价二，吴先生指出：叶先生排除了钱学森是看过Z君的"整理稿"并且同意发表这种最大的可能性。因为按常理，报纸要发表署名文章，是不可能不给被署名者看一看的。如果钱学森不同意，《中国青年报》是不敢发表的。那样的话，蒙受不白之冤的反倒是《中国青年报》了。

针对叶先生的评价三，吴先生指出：钱学森和当年的浮夸风有没有关系，是什么关系？叶文对李锐回忆两次和毛泽东的谈话，述而不评，只强调李锐的说法是孤证，不予采信。如果说李锐的话是孤证，那么尹传红的话更是孤证。就叶文所披露的材料而言，读者没有理由不相信李锐的话，并相信在当时的氛围中，钱学森的文章确实影响过毛泽东。因为，正如当年的《人民日报》社论所言，"没有万斤的思想，就没有万斤的收获。"科学家想到了，"从衬衫左边的口袋里掏出计算尺一拉"，计算是无误的。这"卫星"能不上天吗？

吴先生坚定地认为：钱学森的几篇文章确实与大跃进有"斩不断，理还乱"的关系，吴晓波先生说"欠一个道歉"，不能说是没有道理的。与其在这个问题上煞费苦心地为之开脱，还不如探讨当年为什么一位受人尊敬的科学家会卷进热昏的潮流中，更加有历史警示意义和现实意义。

吴先生最后说："……'万斤亩'公案的问题，既涉及堪称伟大的科学家，又关乎共和国一段触目惊心的历史，是恰恰需要严肃认真对待的。我从内心希望叶先生的结论能够成立，只是希望证据更加扎实，论述更加严谨，经得起历史的检验。"

要承认，那几篇"万斤亩"文章，是一名卓越科学家在受到荒诞的时代潮流所裹胁后所表达的也许是最缺乏常理的见解，是钱学森一生中的一个失误。一些经历过那个年代的老知识分子，更愿意把钱学森当时的错误，解释为钱先生对毛泽东的无限崇拜和感激之情。他们说："我们都曾经非常迷信，要承认这一点。"

至于"人体科学革命""公案"，时任国家科委副主任，著名经济学家于光远成为持不同观点的主要代表人物。但这是科技领域对待未知世界问题的"百家争鸣"，当属常事。

正如钱学森当年所指出："对于人体，对于自然界，科学不能解释的地方还多着哩！一项新的科学发现，在刚提出的时候，总是有人反对的，科学史上这样的例子太多了。总要有人带个头，首先提倡；带头的人也总是要受到反对，因此要有勇气，要挺住腰板。"

有科学家认为，科学的研究和思考永远没有尽头，截今为止，原本认知的物质，仅仅是这个宇宙的5%。由此看来，人类对了自身及其对自然界的认识，还很肤浅，远远没有到位，还有许许多多自然现象，并没有完全被揭示出真相和本质。因此，笔者认为，人非圣贤。钱学森在"万斤亩"问题上所作的探索，无论其对与错，作为后辈的我们，都应该对这位对中国乃至全人类作出伟大贡献的科技巨擘多一些谅解和包容,绝对不能,更不应该去苛求他。尤其是在他身后还不断地翻出这本历史旧帐对他进行指责乃至谩骂,是不可取的。

参考文献

[1] 钱学森.自然辩证法,思维科学和人的潜力[J].哲学研究,1980.

[2] 杨国宇.将军军管日记(1967—1969)[J].天涯,2000.

[3] 丁香园.反对伪科学——中国特异功能20年[N].丁香园的博客,2004.

[4] 涂元季.作为一名共产党员的钱学森[N].人民日报,2005.

[5] 刘健,王胜春.理性熙耀中国——赛先生世纪行[N].中国青年报,2005.

[6] 钱学森.钱学森书信选[M].北京:国防工业出版社,2008.

[7] 黄小坚.钱学森回国的艰难历程[N].人民日报海外版,2009.

[8] 磐石."两弹一星"的科学家及五十年代归国留美科学家的归程及命运[N].磐石的博客,2009.

[9] 王振权.从钱学森论粮食高产看他的科学精神[N].王红灯的博客,2009.

[10] 华新民.文革中的钱学森[J].记忆,2010.

[11] 文献影视片.钱学森(解说词)[N].科技日报,2010.

[12] 叶永烈.钱学森"万斤亩"公案始末[J].南方周末,2011.

[13] 吴拯修.叫永烈为钱学森"亩产万斤"翻案客观吗[J].南方周末,2011.

[14] 伊人.面对曾经的荒诞[N].东方网,2011.

[15] 张纯如.钱学森传〈蚕丝〉(翻译版)[M].中信出版社,2011.

[16] 钱学森.钱学森文集[M].上海交大出版社,2011.

[17] 王德禄,刘志光.20世纪50年代归国留美科学家的归程及命运[J].科学文化评论,2012.

[18] 王德禄,高颖,程宏,杜开昔,等.20世纪50年代归国留美科学家访谈

录［M］.湖南教育出版社，2013.

［19］丛书.国家记忆——钱学森与中国航天60年［M］.北京：中国宇航出版社，2016.

郭永怀

——永怀忠诚昭日月

> 浩气丹心万古忠诚昭日月；
> 佑国福民千秋俎豆永山河。[①]

深情召唤

新中国成立之初，百废待兴，急需大量高级科技人才，国际国内各方也齐心协力争取留学生早日回国参加祖国建设。而反华势力的阻挠再加上台湾当局对于海外人才的争夺，在很大程度上增加了新中国政府吸引留学生归国工作的艰巨性和复杂性。在中、美与国、共极其复杂的政治格局下，争取在美国的留学生回新中国就如同一场战争。在周恩来的直接关怀下，新中国政府采取了民间、官方、国内、国外多管齐下的措施，以最大诚意和细致工作来争取广大留学生归国，充分反映了共产党和人民政府对留学海外人才的重视。

在国内，政务院召集有关政府部门及群众团体组成了专门机构，统筹回国留学生的接待及工作、学习和生活安排，对留学生实施了"在自愿的基础上早日学成回国为人民服务"的政策。在美国，中国留学生成立了"中国留学生回国服务社"，专门为回国留学生服务。与此同时，为了减少留学生回国的阻力，中国政府给予了有力支持，做了大量强有力的外交斡旋。中国留学生回国

---

① 清乾隆皇帝题，北京地安门关帝庙对联。

服务社和留美科协的努力工作在广大留美学生中掀起了强烈的爱国主义浪潮，对中国政府的外交争取工作起到了积极配合和推动作用。

1950年2月，被美国伊利诺大学聘为终身教授的知名华人数学家华罗庚毅然辞去职务，舍弃丰厚的物质生活待遇和优越的科研条件，携妻儿回国，并在回国途中发表了一封给中国留学生的热情洋溢的公开信，号召留美学生积极回国为自己伟大祖国的建设和发展献计出力。华罗庚在信中说：

青年时代的郭永怀。

"朋友们：道别，我先诸位而回去了，有千言万语，愧无生花之笔来一一地表达……谁给我们的特殊学习机会，而使得我们大学毕业？谁给我们所必需的外汇，因之可以出国学习？还不是我们胼手胝足的同胞吗？还不是我们千辛万苦的父母吗？受了同胞们的血汗栽培，成为人才之后，不为他们服务，这如何可以谓之公平？如何可以谓之合理？……朋友们！"梁园虽好，非久居之乡"，归去来兮！……为了抉择真理，我们应当回去；为了国家民族，我们应当回去；为了为人民服务，我们也应当回去；就是为了个人出路，也应当早日回去，建立我们工作的基础，为我们伟大祖国的建设和发展而奋斗！"

就在华罗庚一行归国以后，随着朝鲜战争的爆发，美国政府关于中国留学生回国的政策发生了巨大的改变。他们为了封锁新中国，对留学生返回中国进行百般阻挠，在美国各地发生了监视中国留学生活动，收回一些留学生护照，甚至采取了对留学生传讯问话、扣留、拘捕等卑劣手段。

最严重的是留学生被美国当局逮捕入狱。1950年8月，钱学森一家买好船票准备回国，登船前被美国当局扣留，被拘捕关押在特米那岛上15天，后来被软禁了整整5年；同年10月，李恒德准备回国，移民局没收了他的护照，禁止他离开；同月，颜鸣皋准备回国，在开船前两周突然被捕，被关押在纽约埃利斯岛；1951年5月，黄葆同准备回国，当局以"居留证过期"为由将其逮捕，关押在埃利斯岛；10月，朱廷儒和毛汉礼先后被捕；1952年1月，杜连耀被捕；如此等等。

朝鲜战争结束后，被禁止回国的中国留学生先后两次给美国总统艾森豪威尔写信质询，给中国总理周恩来写信要求协助回国，还给联合国秘书长哈马舍尔德写信，使得美国扣留中国留学生的事情进一步公开化。这些努力终于争取到中美日内瓦谈判上增加了中国留学生回国议题，迫使美国政府宣布撤销禁止中国留学生回国的命令。

钱学森回到祖国不久，便第一个致信给比他年长两岁的郭永怀，希望他也能早日回归祖国，继续在力学研究方面共同战斗，为自己的祖国服务。他在信中写道：

永怀兄：每次都说归期在即，听了令人高兴……已经把你的大名向科学院管理处"挂了号"，自然是到力学所来，快来，快来！……老兄回来，还是可以做气动力学工作，我们的需要绝不比您那面差，带书的时候可以估计在内……请兄多带几个人回来……这里才是真正科学工作者的乐园！……此致！

钱学森
1956年2月2日

其实，当郭永怀在康奈尔大学所在的小镇绮色佳收到钱学森的来信时，他已经在准备启程回国。钱学森信中的"快来，快来！"仿佛是弟弟在向哥哥急切地招手，快快回家！同时撒娇地告诉哥哥带点什么回来：最要紧的是"带书来！带人来！"郭永怀读后，回归之心更如箭在弦上。

9月中旬，郭永怀、李佩夫妇和女儿乘坐的"克利夫兰总统号"轮船抵达香港，因工作繁忙无法脱身亲迎的钱学森只得委托前往迎接的同志捎去亲笔欢迎信：

永怀兄：这封信是请广州的中国科学院办事处面交，算是我们欢迎您一家三众的一点心意！本想到深圳去迎接你们过桥，但看来办不到了，失迎了！我们一年来是生活在最愉快当中，每一天都被美好的前景所鼓舞……今天是足踏祖国土地的头一天，也就是快乐生活的头一天，忘却那黑暗的美国吧！我个人还更要表示欢迎您，请您到中国科学院的力学研究所来工作。我们已经为您在所里准备好了你的办公室……您的住房也已经准备了……自然我们现在是"统一分配"，老兄必定要填写志愿书，请您只写力学所。原因是：中国科学院有研究力学的最好环境，而且现在力学所的任务重大，非您来帮助不可……由于上述原因，我们拼命欢迎的，请您不要使我们失望……即此再致欢迎！

郭永怀和夫人李佩。

附：力学所现有兄旧识如下：钱伟长、郑哲敏、潘良儒。

钱学森

1956年9月11日

才踏上祖国大地，刚迈入海关大门，就一股暖意扑面而来，这位浪迹海外多年的游子感动得泪水滚滚而下……

很快，郭永怀一家三口在中科院接待人员陪同下抵达北京中关村，第一时间见到了先期一年回国的钱学森，二人从百步之遥就开始奔跑，然后拥抱在一起，兴奋得热泪盈眶。

传奇求学路

郭永怀1909年4月4日出生在山东省荣成县（今威海市荣成市）滕家镇偏僻农村的一个世代务农的农民家庭，排行老四；因家境贫寒，从小放牛拾柴，9岁才开始在三叔郭文秀开办的石岛明德小学读书识字；毕业后，入青岛大学附中，成绩一直拔尖，受到校方特殊奖励；初中毕业后考上南开大学理工预科班。郭永怀特别珍惜难得的学习机会，勤奋好学，还发起组织了名叫"微社"的读书会，与同学们一起，克坚攻难，钻研学问；两年后转入物理专业本科，师从顾静薇教授并得到垂爱。

顾静薇发现郭永怀对光学特别感兴趣，建议他参加北京大学的入学考试，并师从著名光学专家饶毓泰教授攻读光学。郭永怀如愿以偿考取了北大，时年24岁，因成绩优秀，毕业后，被饶毓泰留在身边担任助教兼做研究，后来和吴大猷等物理学大家一起研究喇曼效应。一个地道农民的孩子能够走上这样一条学有所成之路，在当时社会是极为罕见的。可以说，正是饶毓泰先生最先发现了这匹中国现代力学领域的大黑马。

郭永怀的家乡荣成县位于山东半岛最东端，东与日本隔海相望。是威海卫[①]的最前沿。

1894年中日甲午战争，威海卫海军基地陷落，清政府北洋舰队全军覆没。此后，威海民众陷入水深火热之中。1895年4月17日，李鸿章代表清政府签订了割地赔款、丧权辱国的"马关条约"。

国家的积贫积弱，清朝政府的腐败无能，日本的无耻侵略，在郭永怀幼小心灵上刻下了深深的印痕，留下了满腔的义愤。

"七七事变"后仅三周，日军攻陷北平。莘莘学子原本平静的学习生活被彻底打乱了。为躲避战祸，保护师生，北大暂时停课解散，郭永怀不得不一度回家乡任教。

就在郭永怀回威海执教期间，威海卫再次沦陷。日本强盗对中国进行了更大规模、更惨无人道的入侵。

威海的反复沦陷，铁蹄下民众的凄惶之声，使郭永怀深切感悟到，一个没有强大军事力量的国家，将永远被动挨打。

威海卫沦陷后，郭永怀重回北大，与师生们一起，克服重重困难，历尽艰苦跋涉，经长沙辗转西迁到数千里外的昆明，在西南联合大学物理系边工作边

---

① 明洪武年间，为防倭寇袭扰而在山东半岛东端濒海一带设卫，称威海卫。

学习。

在西南联大期间，郭永怀与清华大学来的钱伟长、林家翘、傅承义、段学复、汪德熙等人一起，借住在联大旁边昆华中学高中部的一个小小四合院里，而且与钱伟长、林家翘三人共宿一室。

两代人都饱受日本侵略者蹂躏的郭永怀，为了实现科学救国的抱负，他决定在研究领域上改弦更张。刚好从美国留学归来的周培源教授在流体力学方面有突出造诣，于是他放弃了自己曾非常喜爱并已经很有基础的光学专业，师从周培源，开始了与抗战关系相对密切的、流体力学中一个有名的难题——"湍流理论"的研究。

正是在青春年少时期，郭永怀先后得到过顾静薇、饶毓泰、周培源等教授的指导，不仅具备了坚实的数学物理基础，而且更加坚定了他"科学救国"的远大志向。

1938年夏，中英庚子赔款基金会留学生委员会举行第七届公派留学生招生考试。消息传来，郭永怀毫不犹豫地报了名。在被日本侵略的年代，青年学子都想着选择学习工程技术，以便实现科学救国的抱负。当郭永怀得知此次考试设有航空工程领域的力学专业时，便再次放弃了自己刚刚投入的"湍流理论"研究，改报与军事工程关联度更为紧密的航空力学专业。

1939年春，榜单公布西南联大有7人考取庚款留英公费生，郭永怀、钱伟长和林家翘3人同时被航空力学专业录取。

原本通知9月3日自香港赴英，而当这群青年经越南海防抵港时，"二战"爆发，航路中断，被告知回昆明等候通知。年底，郭永怀一行又接通知从上海登船出发赴英。能在纷乱时局下出国留学实属不易，因此大家兴奋异常。谁知刚上船就传出消息，他们将在日本横滨停船三日，接受日本政府的签证后登岸"观光"。当时正值日本强盗在中国横行霸道、无恶不作的时期，被强迫进入敌国观光是一种莫大的羞辱，一群满腔热血的中华青年顿时震怒了，他们向英代办提出强烈抗议，并一致决定：一、不登岸观光；二、不接受敌国签证；三、全体带行李下船，拒绝出发。英代办以取消留学资格相威胁。郭永怀毫不妥协，他斩钉截铁地说："宁可不出国留学，中国人也要有自己的骨气！"他的凛然正气唤起了同胞们的民族自尊心，同学们毅然再次返回昆明。

1940年8月，郭永怀与钱伟长、林家翘三人同时被英庚董事会改派加拿大多伦多大学。他们再次在上海集合，乘坐"俄国皇后号"邮船，经过28天的海上颠簸和陆路辗转，抵达加拿大多伦多大学，成为该校第一批来自中国攻读硕士的留学研究生。

有趣的是，郭永怀和钱伟长、林家翘三人又同时跟随在爱尔兰籍应用数学家、系主任辛格教授门下从事力学研究，仅花了半年多时间，就先后以出色的工作态度和研究成果，获得了硕士学位。这样的学生在辛格事教多年中，是绝无仅有的。辛格教授为此感到欣慰和骄傲，并挂在嘴边赞叹了许多年。在辛格教授指导下，郭永怀以《可压缩黏性流体在直管中的流动》的论文获得硕士学位后，又选择了空气动力学领域一个重要理论问题作为博士论文题目。因为辛格认为，这一课题已经超越了数学范畴，建议并推荐他去当时国际空气动力学研究中心——美国加州理工学院继续深造。

友谊与学识相长

郭永怀欣然接受了辛格导师的建议，很快动身前往位于美国洛杉矶北郊的帕萨迪纳加州理工学院。原本已在加州理工学院的钱学森得知郭永怀从加拿大来本校，亲自驾车前往机场迎接。从此，郭永怀结识了比自己年少两岁、已先期学有所成、并在航空工程技术理论领域进入国际知名学者行列的钱学森，并结为至交。

加州理工学院是一所名师荟萃、享誉全球的理工类高校，有着最负盛名的航空动力学研究中心和古根海姆喷气推进研究中心，美国国家科学院和工程院院士都在这里执教。其中有20世纪应用科学领域享誉海内外的最杰出科学家、人类航天科技的重要开创者、钱学森曾经的导师冯·卡门教授。其师资之高精，学风之严谨，条件之优越，环境之幽雅，是郭永怀仰慕已久、求之不得的研习圣地，为他在空气动力学领域一试身手提供了有利条件。郭永怀有幸如愿以偿地师从空气动力学大师冯·卡门教授研习空气动力学。

当郭永怀向导师冯·卡门提出要进行当时空气动力学方面极具挑战性的前沿课题——跨声速流体的不连续性进行研究时，冯·卡门教授十分高兴，他钦佩这位中国学者的胆略和勇气，赏识他所具有的雄厚应用数学基础和不畏艰难的学风，喜欢他的直率、刻苦、执着的孜孜不倦的求知欲，于是便异常爽快地接受他在古根海姆航空实验室从事空气动力学博士研究。

这期间，周培源教授利用休假赴美访学，来到加州理工学院从事湍流理论研究，并推荐林家翘到加州理工学院攻读博士。两年后，在辛格教授指导下获得博士学位的钱伟长也来到加州理工学院喷射推进研究中心任研究工程师，同时跟随冯·卡门教授在喷射推进领域做博士后研究。从此，在冯·卡门的学术大家庭里，郭永怀、钱学森、钱伟长、林家翘、傅承义成为最要好的"五哥们"，共同的理想、信念和爱好把他们紧密地联系在一起。

最有意思的是，当年郭永怀在西南联大借住的那个小四合院，多年后竟然走出了郭永怀、钱伟长、林家翘、傅承义、段学复和汪德熙等6位科学大家。郭永怀与钱学森、钱伟长、周培源、林家翘、傅承义、孟昭英等许多留美学者，经常于周末聚集在一起，或讨论学业，或交流信息，更常常谈起时下中国的前途。由于那时只有周培源有家，大家就经常在周家聚会。钱学森、孟昭英等都具有较高的烹饪技术，主动承担炒菜任务。其他不会炒菜的就收拾饭桌和洗刷碗筷。其他闲暇的时候，钱学森和周培源还开车带着大家到海边去野餐和游泳。

从1941年5月郭永怀来到加州理工学院古根海姆空气动力学实验室结识钱学森起，到1946年离开帕萨迪纳的几年中，他俩结下了深厚的友谊，成了"五哥们"中最知心、最要好，最亲密的一对。

郭永怀这个颇有几分书呆子气的老大哥，最乐意让小弟钱学森开着车，拉着自己到处兜风；去美国西部最具魅力的风景名胜区观光游览，去洛杉矶附近的各个海滩游泳。他们去辽阔的凯巴布高原观赏那一望无际、苍凉壮观、被大自然撕裂的原野和鬼斧神工造就的科罗拉多大峡谷；前往内华达州的沙漠，去探寻传说中时常着陆地球该处的外星人和不明飞行物（UFO）；去纳帕溪谷体验那传递着特殊文化气息和美好生活方式的葡萄酒庄和异国酒文化；去圣迭戈参观海军军港等等。因为钱学森本来就属于美国海军知名科学家，他手持机密研究许可证，带着兄长郭永怀，参观圣迭戈海湾里的军舰和航母。这一切，使这位从小生长在大海之滨的郭永怀更是眼界大开。

1945年注定是科学奇迹迸发的一年。这年，郭永怀依靠自己在数学和物理及空气动力等学科的扎实功底和刻苦努力，凭借名师的精心指导和良好的研究环境，出色地完成了有关跨声速流体不连续性研究的论文，获得了博士学位，他被留在加州理工学院古根海姆航空实验室，与钱学森一起做研究员，这为他在以后10年的研究工作中取得丰硕成果奠定了坚实的基础。这年7月，美国进行了人类历史上第一次核试验；8月，日本广岛、长崎分别遭美国投掷的原子弹袭击，科学的威力让世界为之发抖，邪恶最终受制于正义，从而结束了第二次世界大战。

次年5月，在钱学森的配合下，他俩合作向美国国家航空顾问委员会提交的《可压缩无旋亚声速和超声速混合型流动和上临界马赫数》论文，解决了跨声速流动中，机翼上何时会出现激波这个重要的理论和计算问题，首次提出了上临界马赫数概念，并得到实验证实，大大促进了超声速飞行器的设计，为解决跨声速飞行问题奠定了坚实的理论和数学基础。

与此同时，郭永怀还进一步用稳定性理论解释实际临界马赫数会介于上下临界马赫数之间的原因，这也是对高性能气动外形设计的一项先驱性工作。

黑马临空出世

1908年，也就是郭永怀来到人世的头一年，莱特兄弟首次实现了人类飞行梦想。20世纪上半叶是飞机从螺旋桨转向喷气推进的时代，接近声速的喷气式飞机已经出现，平均时速达到了300~400公里，从而迈进了人类航空史上第二个里程碑。

此后，人们为进一步提高飞行速度而继续奋斗，科学发达的美国更是加紧了航空高速飞机的研制。许多飞机设计师和心怀壮志的飞行员都想超越声音的速度。于是，一架架新型飞机被制造出来，一个个勇敢的飞行员向声速发起冲击。但不幸的是，当飞机以接近声速的速度飞行时，阻力会突然剧增，升力骤降，头重尾轻，舵面失灵，甚至机翼、机身发生强烈振动，严重时会导致机毁人亡。在现实面前，一架又一架飞机折翼蓝天，一位又一位飞行员无功而返，甚至献出了宝贵生命。于是乎，声速成了"声障"，这道艰深的技术难题摆在了科学家面前，成为一道难以逾越的鸿沟。

声障是提高飞机飞行速度的难关。而郭永怀好像就是专为人类突破声障而降生的。

1946年10月，冯·卡门的大弟子威廉·西尔斯在康奈尔大学航空科学部的基础上创办了航空工程研究生院，正好因缺乏人才来找导师冯·卡门求援。冯·卡门一拍脑门说："你就让郭永怀跟你一块去好啦！"有共同导师的推荐，一个是求贤若渴，一个是英雄正需用武之地，于是，郭永怀欣然同意到康奈尔大学赴任。康奈尔在纽约上州的伊萨卡，也称为绮色佳。

郭永怀一到康奈尔大学报道就受任为副教授，不久被聘为教授，成为康奈尔大学航空系的五位创始人之一和包括威廉·西尔斯和康脱洛维茨在内的三个主持人之一，而且一干就是10年。这10年，是郭永怀从事空气动力学科研的黄金10年。这10年，他着重对跨声速理论与黏性流动进行了深入研究，取得了举世瞩目的巨大成就。

关于郭永怀提出的上临界马赫数的问题，钱学森曾这样评价："他具备应用力学工作所要求的严谨与胆识。当时航空技术的大问题是突破'声障'进入超声速飞行，所以研究跨声速流场是个重要课题，但描述运动的偏微分方程是非线性的，数学问题难度很大。永怀同志因这个问题对技术发展有重大意义，故知难而进，下决心攻关，终于发现对某一给定外形，在均匀的可压缩理想气体来流中，当来流马赫数达到一定值，物体附近的最大流速达到局部声速，即来流马赫数为下临界马赫数；来流马赫数再高，物体附近出现超声速流场，但数学解仍然存在；来流马赫数再增加，数学解会突然不可能，即没有连续解，这就是上临界马赫数。所以真正有实际意义的是上临界马赫数而不是以前大家所注意的下临界马赫数，这是一个重大发现。"由这段话足以见得，钱先生对郭永怀的学术成果评价极高。

郭永怀到达康奈尔大学不久，就对跨声速气动力学，即为解决声障问题提出了又一个新课题。他认为：既然超出上临界马赫数不可能有连续解，在流场的超声速区就要出现激波，而激波的位置和形状是受附面层影响的，因此必须研究激波与附面层的相互作用。这个问题比上临界马赫数问题更难，连数学方法都得另辟蹊径。

但是，经过一段时间的研究，郭永怀终于找到了规律，先后发表了《关于中等雷诺数下不可压缩黏性流体绕平板的流动》《弱激波沿平板边界层的反射》《物体在有旋流中所受的力和力矩》《大振幅球面波或柱面波的传播和冲击波的产生》《斜冲击波与片流动边界层的交互影响》《绕机翼的二维跨声速流》和《二元连续跨声速流的稳定问题》等论著。这些研究成果，解决了跨声速流动中的重大理论问题，受到国际学术界的公认和普遍重视。

郭永怀用两种不同途径直接考虑了弱激波从平板边界层的反射，得到了平板上压力分布、流线曲率、分离点等物理量的变化规律，包括层流与湍流边界层的情况。他的结论同实验结果十分一致。这对于机翼上出现激波后，气动特性变化的分析研究具有深远意义。

19世纪末，法国的庞加勒提出了变形参数法。20世纪50年代，英国的莱特希尔发展了庞加勒思想，提出了变形坐标法。在随后的几年中，郭永怀推广了庞加莱的变形参数法和莱特希尔的变形坐标法，使其对于一阶方程即使是在非线性的情况下也适用；还将边界层方法同变形坐标法结合起来，以消除边界层前缘的奇异性，发展了奇异摄动理论。

在钱学森1955年发表的《应用力学进展》一文中，为了纪念对奇异摄动理论做出贡献的开创者，将这一方法命名为"PLK"方法。其中P代表庞加莱，L代表莱特希尔，K代表郭永怀。PLK方法后来成为国际公认的奇异摄动理论中的变形坐标法，在力学和其他学科中得到了广泛应用，从而使摄动理论成为比较完整和系统的一门学科，郭永怀则是这门学科最重要的理论奠基人之一。这不仅是郭永怀的又一重大发现，还因此成为解决"声障"问题而驰名世界的现代空气动力学领域的大黑马。

由于郭永怀等成功地解决了跨声速飞行中的空气动力学理论难题，最终攻克了"突破声障"的理论堡垒，1947年10月14日，人类才首次突破声障，实现了超声速飞行，从而迈进了人类航空发展史上第三个里程碑。

郭永怀之所以能在空气动力学领域取得这两项重大成果，有人将其科研治学风格归纳为"将工程科学与数学紧密结合"。

这种学术风格正是继承了冯·卡门教授在加州理工学院的科研和执教风格。而郭永怀凭着自己坚实的数学物理基础，将这种风格提高到了更臻完美的程度。

家难回

作为爱国科学家，郭永怀认为科学是全人类的，应该造福所有的民族。但科学家是有祖国的，中华儿女终究要回归祖国，这是爱国者的必然归宿。

当年，郭永怀一进康奈尔大学校门，就向校方代表威廉·西尔斯声明："我来贵校是暂时的，在适当的时候就要离去。"

校方一时间并不理解郭永怀的话意，觉得他特奇怪，给他送来一张表格要他填写，其中一栏是："如果发生战争，是否愿意为美国服兵役？"具有强烈民族自尊心的郭永怀提起笔，立即在空格栏填了个大大的"No"。对于让他申请加入美国国籍的移民局来信，他一直不屑一顾，搁置不答。郭永怀从不参加涉及美国国家机密的项目，按照他的话说："如果那样，我回国时就不那么容易了。"只有在空气动力学领域那些令人烦畏且高深莫测的纯数学难题，他才参与处理。

新中国成立前夕，钱学森接受了母校加州理工学院委任的超音速实验室和古根海姆喷气推进研究中心主任职务，从麻省理工学院再次开车西去途中，路过康奈尔时，拐进去看望了郭永怀。

这次，钱学森已经与蒋英结了婚。郭永怀也在康奈尔大学结识了攻读管理学硕士的江苏镇江留学生李佩，并与她结为伉俪，因此成了两家人的团聚。老朋友三年后重聚，自是千杯万盏，诉不完的离愁别恨，再加上还有该校一位曾经是加州理工的老朋友Sears夫妇在场，大家都是冯·卡门老师的学生，学术见解一致，谈起来自然十分投机。

由于一直在潜心钻研学问，已经快到不惑之年的郭永怀来到康奈尔大学时，在感情上还是一片空白。正在此时，青春靓丽的李佩来到了绮色佳。一次，李佩听说航空研究生院有一位青年华人学者做航空方面的报告，觉得好奇，就跑去听了，从此与郭永怀相识。那时候，在康奈尔大学的中国留学生不多。因为都是炎黄子孙，共同的文化需求，难耐的思乡之情，相互的信息交流，促使大家常一块儿聚会聊天，吃顿家乡饭菜什么的。郭永怀平常间不善言谈，更不会当着很多人哇啦哇啦，大家都公认他是沉默寡言的人。但有心的李佩很快发现，这位少言寡语的华人教授并不只是个"书呆子"，他对古典音乐情有独钟。于是，她买来一个留声机和一些唱片，邀请他共同欣赏贝多芬、莫扎特、柴可夫斯基……在美妙的音乐声中，两颗心开始靠近……一次两次，感情逐渐加深了。二人最终步入了婚姻的殿堂。

两年后，他们的爱情结晶——可爱的女儿郭芹降生，给这个家带来了无限温馨。

郭永怀和夫人李佩、女儿郭芹在一起。

在美国工作期间，尤其是在康奈尔大学的日子里，郭永怀除了一心扑在科研上，还时刻挂念着处在激烈战火中的祖国和水深火热中的家乡父老。他曾不止一次地看到类似公共汽车后面一排写着"有色人种座位"的种族歧视文字，每看到一次，就激起一次他内心的愤怒和对祖国的向往。他一直在等待机会，要用自己学到的科学知识为祖国服务。在他心中，爱国情结根深蒂固，常存着"我是中国人，祖国需要我"的警句。报效祖国，对祖国做出应有贡献，早已成为他人生的第一要义。他深深地懂得，只有把祖国建设强盛了，身居海外的游子才不至于受到国外人的欺辱。

新中国诞生前夕，郭永怀在康奈尔大学参加了中国留学生的进步组织——留美中国科学工作者协会。大家谈论得最多的，还是中国的前途和命运。当然，还有一个非常秘密的话题，那就是通过什么途径，在什么样的时机，把自己学到的科学知识贡献给祖国。大家都在焦灼中等待着。尤其是华罗庚先生回国途中在船上发表的《告留美人员的公开信》通过新华社向全世界播发后，信中引用的"梁园虽好，非久居之地"这句名言，令郭永怀深有同感。

当郭永怀从钱学森的来电中得知新中国成立的消息后，恨不能一夜之间飞到母亲怀抱，便与妻子李佩商量着准备回国，并向有关当局提出回国要求，但却由于他在学术上的突出成就，被当局拒绝了。随后没多久，钱学森被美国政府扣留的消息传来，使得他不敢贸然行动，只得默默地在焦灼中等待机会。

钱学森被美国当局羁押的事，在美国是一件大事，尤其是在留美学者中反响更大，最后演变成一桩国际政治事件。由于与钱学森非同一般的关系，郭永怀当然第一时间就知道了。为了能使钱学森早日解除监禁，郭永怀曾在康奈尔大学多方为其筹集保释金，他自己更是慷慨出资相救。钱学森事件对郭永怀产生了很大影响，使他回国的决心更大了。钱学森获释后，为了不给他增加麻烦，郭永怀甚至连电话都很少给他打，有时实在忍不住拨通了电话，也不说话，只将话筒对着事先准备好的正在播放捷克作曲家斯美塔那交响音乐《我的祖国》的留声机，用这种方式来表达对挚友的安慰和对祖国的牵念。每当这时，钱学森便立即会意，这是永怀大哥在用作曲家那宏伟绚丽、充满爱国热情的乐曲来慰藉正处于软禁中的自己。

事实上，就在钱学森被扣留的同时，郭永怀也引起了美方的高度关注并一直密切注视他的动向。

1953年冬，郭永怀在康奈尔大学有一个休假年。奇异摄动理论中变形坐标法的创始人，著名"PLK"方法中的代表之一，英国著名教授莱特希尔先生曾经力邀郭永怀前往英国讲学。这时，朝鲜战争刚刚结束，美国政府拒绝了为郭永怀办理赴英签证，并以高薪邀请他参加国防机密研究项目，希望以此挽留他，却遭到了郭永怀委婉而坚决的谢绝。既然美国政府不批准郭永怀出国，他便正好应钱学森的邀请，偕同妻子李佩利用休假到加州理工学院讲学顺带访友。钱学森曾如是说："他讲学，我也有机会向他学习奇异摄动法。"还说，"郭永怀做科学研究是迎着困难上，不是躲避困难，全世界都解决不了的问题他解决了，就要有这种精神。"

那时，钱学森的情绪还是很不好，美国政府不但不允许他回国，还一直在限制他的人身自由，他满腔怒火，异常激动，向多年的知己倾诉遭到当局迫害的情况。其实，郭永怀的心情也并不比钱学森好，但他尽量克制地规劝说："不能性急，也许要到下任美国总统选举后，形势才能转化，我们才能回国。"他们握手发誓，只要一有机会，就立即动身回国。

直到朝鲜战争结束后将近两年，在国际国内的共同压力下，在中国政府的外交努力下，终于出现了这种机会。就在美国政府正式宣布撤销禁止中国留学生回国命令的3个月后，康奈尔大学为了尽可能地挽留郭永怀，在晋升他为终身教授的同时，又布置他参与一个较长时间才能完成的科研项目。

用郭永怀妻子李佩的话说："禁令一取消，老郭就坐不住了，整天和我盘算着回国的事。"

美国有关当局对中国留学人员进行一次填表摸底。郭永怀在回答"为什么要到美国来"的问题时坦率地说："到美国来，就是为了有一天能回去报效祖国。中国是我的祖国，我想走的时候就要走。"

这年9月，钱学森告知郭永怀自己被允许回国的消息并问他是不是能够一块儿回去时，郭永怀无可奈何地说："暂时还不能，因为我还承担着一个研究项目，要到次年年中完成之后才能够走。"看到自己的好友终于能够得以回国了，在为钱学森高兴的同时，郭永怀的回国之心越发迫切了，尽管完成手上的科研项目还有待时日，他还是立即向当局正式提出了回国申请。

　　美国的许多朋友，包括已经加入美国籍的华人朋友都劝他，康奈尔大学终身教授的职位很不错，孩子将来也可以在美国受到更好的教育，为什么总是挂记着那个贫穷落后的家园呢？郭永怀说"子不嫌母丑，家穷国贫，只能说明当儿子的无能！我自认为，作为一个中国人，有责任回到祖国，和人民一道，共同建设我们美丽的山河。"

　　美国当局为了阻拦郭永怀回国，找借口将他和李佩无理轮番传讯达1年多。在此期间，一些对共产党和新中国持有误解的人建议他们，即使要回国，也要去台湾。如果不愿到台湾，就别离开美国，无论如何也不要去大陆。但这一切，丝毫没有动摇他回新中国的决心。郭永怀甚至还请了律师向美国移民局交涉，据理力争。美国政府迫于舆论和中美大使级谈判中达成的协议压力，不得不答应让他一家回国。

　　在还没有计算机的年代，郭永怀的稿子也不用打字机，都是自个儿手写的。钱学森1950年回国时的前车之鉴，郭永怀记忆犹新，为了避免有关当局节外生枝，制造麻烦，在做回国准备时，一向沉默的郭永怀做出了一个惊人之举。他决定把他所有的教学讲义手稿，还有其他科研文稿全都烧掉。妻子李佩曾高声劝阻说："何必烧掉？回国还有用！"郭永怀两眼闪着泪光，声音哽咽着说："烧了省得找麻烦。这些东西是带不走的！都在我脑子里。"

　　一大堆纸张既不能在家里烧，也不方便在后院烧，因为他家后院周围都是邻居，人家还不知道他家是在干什么呢，觉得太不合适。后来，院长威廉·西尔斯决定在一个公园里请全校师生参加野餐会，为郭永怀饯别，这才为他创造了时机。因为在美国有些公园里，都有备好的烤肉炉子。于是，在野餐会快要结束时，郭永怀趁着炉子里面还有一些炭火余烬，立即把他事先准备好的整理得十分规范的讲义一页一页撕下，投入火中烧起来。在场的同事、同学和学生们看着闪闪的火焰，许久默默无言，有的人甚至流了泪。因为那是一位知名科学家半生心血的结晶啊！有教授说，你还是不用回去的好。你们中国国内的政治情况改变这么大，还不知道回去后会面临什么呢，现在决定不走还来得及。一些印度、巴基斯坦的学生也说，郭老师，你有这样的成就，随便走到哪儿，都可以做出贡献。也有些中国学生感慨地说，郭老师这个举动，给我们指明了方向，使我们从现在起就知道完成学业后，应该到什么地方去了。

事实证明了郭永怀的机智和远见。在他们搭乘的克里夫兰总统号轮船即将启航时，突然，几个身着深蓝色制服的联邦调查局人员来到同船回国的核科学家张文裕、王承书夫妇舱房，搜查了他们所有的行李，使开船时间推迟了两个小时。在这焦急的等待中，郭永怀夫妇在甲板上暗暗为张文裕夫妇担心，生怕他们一家被扣下。同时，李佩也为郭永怀烧掉了书稿暗自庆幸，因为人的头脑是无法搜查的。

就这样，郭永怀终于在祖国的协助和自己的努力下，于1956年9月30日，国庆节的前一天经深圳罗湖边检站入境，回到了阔别16年的祖国。

植桃育李

几天后，周总理在中南海接见郭永怀并征询他有什么要求。郭永怀说：在国外16年，做梦都在想着能尽快将学到的知识用以报效祖国，我个人没什么要求，只想尽快投入工作……

钱学森向组织推荐郭永怀作为自己的帮手，担任于半年多前刚成立的中科院力学研究所常务副所长并获得批准。从此，"兄弟俩"在力学所一人深谋远虑，主抓宏图大略和远景规划，一人立足当前，主抓基础工作和人才培养；一个大刀阔斧，刚毅果断，一个认真细腻，周到全面；二人正好形成互补，契合无间，开始了共同奋斗的报国圆梦岁月。这就是后来科学界所称羡的"冯·卡门学派兄弟搭档"。

为了动员更多学有所成的海外留学人员回国参加祖国建设，郭永怀以自己回国半年多来的思想、工作和生活体会，在《光明日报》发表《我为什么回到祖国——写给还留在美国的同学和朋友们》的文章。他说："自从1949年人民政府建立以来，在共产党领导下获得的辉煌成就，连我们的敌人也不能不承认。在这样一个千载难逢的时代，我自以为，每一个中国人，都有责任回到祖国，和人民一道，共同建设我们美丽的河山。"

郭永怀在中科院力学所走马上任后的第一件工作，就是以力学规划专业组副组长的身份参加制定《国家十二年科学技术发展规划》。

上世纪50~60年代，正是西方科技发展最迅猛的时期，美国尤其处于上升阶段。有许多承载着科技前沿的文字资料是十分珍贵的无价之宝。郭永怀回国之前，非但不能多带资料书籍，还将他十几年来呕心沥血搜集的前沿技术资料、科研手稿和讲课备课教案等科技成就全部付之一炬，这有如将自己的亲生儿子扼杀在摇篮内那样的剜心之痛。郭永怀当时心中只是想，只要能顺利回到祖国，一切都可以通过努力和辛劳加以挽回或重新开始。

现在，人是回来了，但带回的学术资料却寥寥无几。为了把国家的科学事业搞上去，需要做的第一件事就是把自己带回的一点有限资料全部整理完善后捐献出来，作为创建资料室的基础，尽快把力学所的资料室建起来。

就在同一时期，磁流体这门新兴学科引起了国际上的广泛关注。郭永怀抓住这一苗头，全力以赴投入空气动力学、飞行力学和固体力学研究，并和周培源、钱学森、钱伟长一道规划设计我国高等院校力学专业设置，同时还倡导建立了高超声速空气动力学、电磁流体力学和爆炸力学等新兴研究领域。为将这些领域的研究铺开，郭永怀组织了在京老、中、青空气动力学高超声速讨论班，研讨了许多前沿领域的重大课题。

郭永怀在力学所筹建并领导了磁流体力学研究室，为这个研究室选定了三大科研课题，即磁流体和等离子体稳定性、磁流体直接发电、同位素的电磁分离。他还以敏锐的眼光提出了很富创造性的"磁流体发电原理应当和原子能技术结合起来"的建议。同时，郭永怀还根据爆炸力学在国民经济和国防建设中的重要地位，组建并指导力学所爆炸力学研究室，组织制定了第一个全国性爆炸力学规划，提出了爆炸力学在国防和民用方面的许多重要意见，并直接指导完成了《三峡水坝抗核爆炸模拟实验中相似关系换算》的技术报告。

郭永怀在力学所不仅在筹建研究室、培养人才、完善实验设备、规划研方向、指导具体研究等方面做了大量卓有成效的工作，而且还身体力行，参与许多具体课题的研究，尤其在高超声速讨论班上提出了许多重要思想和精辟见解，并在一份《现代空气动力学问题》的报告中指出：高超声速空气动力学应该是我国随后一个时期的重点研究方向。他认为：当飞行马赫数超过5以后，介质的动能足以激发分子内部自由度，因此必须考虑振动松弛、离解与复合、电离与中和化学反应等效应的影响；在计算高超声速无粘流体绕钝体的流动时，最关心的是物面上的物理量，因此应当正确分析激波层中物面附近物理量的数量级关系。他指出：对于钝体绕流，在一定条件下，后身流场中会产生"悬挂"激波，并提出了小钝锥熵层分析法，解释了压力过度膨胀和回升现象，还为寻求确定激波形状的简易方法进行了探索。

早在回国以前，郭永怀就同他在康奈尔大学航空研究生院亲自带出来的博士研究员谈镐生探讨过回国后如何培养力学人才的问题。刚好，就在郭永怀回国的当年，我国恢复建立了研究生制度，给英雄创造了用武之地。

郭永怀深感人才是我国科技事业发展的重要保证，并将培养大批优秀人才视为己任，尤其是把培养学术接班人这一艰巨任务摆在他工作安排的突出位置，然后身体力行去实践。于是，他积极筹划力学所的研究生培养，不久，便与钱伟长一道共同组织并领导建起了清华大学力学研究生班。在第一批招生中，他一人就带了5名研究生，还担任了班主任，承担起流体力学学科研究生培养的繁重教学任务。

除负责研究生班的日常工作外，郭永怀还亲自执教，讲授《流体力学概论》。郭永怀向来主张，培养人才一定要"言教、身教，以身教为主"。在教学和科研实践中，他总是采用启发式的方法，循序渐进地对年轻人施以指导和帮助，重点强调掌握科研方法，提高科研本领；亲自带领研究生到相关高等院校实验室参观，在一些关键问题上给予启示性讲解，再让他们各自动手为课程安排一个实验计划，使之做到理论与实际紧密联系；他经常同年轻人一道，通过解决一个个带有普遍性的具体技术问题，培养起学生的理论分析和实验研究两方面的综合能力；临毕业前，还亲自指导学员们的毕业论文选题和实验操作与写作，无论再忙，每周都至少安排一次时间与辅导教员和学员碰头，了解学员的进展情况，帮助解决遇到的问题。

一年后，郭永怀兼任起中国科技大学化学物理系主任和北京大学数学力学系教授，由于有着丰富的教学研究经验，知识渊博，见解深邃，因此讲课别具一格，深受学生喜欢。后来，中国科大需要开设边界层理论课程，没有教材，郭永怀几次放弃休假疗养的机会，亲自同助手们一起编写讲义，经过几个月的艰苦努力，终于编出了第一流的《边界层理论讲义》。

郭永怀就像一个辛勤的园丁，不辞辛劳地植桃育李，对青年一代总是极力扶持提携。时有清华大学的张涵信向某刊物投寄了一篇和郭永怀联合署名的论文，由于题目是郭永怀建议的，写作过程中又得到他的许多指点，因此署上了他的名字。该文经刊物编辑审查通过后送请郭永怀定稿时，他大笔一挥勾掉了自己的名字，并对编辑说："说实在话，我从回国之日起，已把个人科研上的得失置之度外，不署我的名有利于青年人独立工作和迅速成长。"

在教学实践中，郭永怀常将自己比作一颗石子，甘愿为青年人的成长铺路。他从评论和剖析学者们成功与失败的经验和教训入手，使初入门道的研究人员深受启发。凡听过他课的人都感到受益无穷。每堂课都凝结了他的心血。就连当时已经在中国流体力学领域颇有名望的陆士嘉女士也常常赶来听他讲课。陆士嘉曾评价说：一门枯燥的力学科学，只有他能讲得这样传神。

清华大学力学研究班前后共办了三届，毕业生达290多名。这些学员后来分布在全国各地各个部门，特别是在国防科研单位和重点院校的力学系或力学专业教研室，起到了顶梁柱的作用。因此，郭永怀堪称我国近代力学事业的重要开拓者之一。

郭永怀星期天和节假日从不休息，早出晚归，埋头书案，工作成为他的最大乐趣，连从美国带回来的两箱新唱片也因没时间听，一直未拆封，一段时间后，全部送给了中央人民广播电台。他爱好集邮，从清朝到当时的国内外邮票，整整搜集了3大本，也全部无偿赠送给了国家邮政总局；他原本十分喜爱摄影，现在也顾不上了……他曾在日记中写道："当前的打算是早日培养一批骨干力量，慢慢形成一支专业队伍。"

这期间，郭永怀当选为中科院数、理、化学部委员；领头创办了《力学学报》和《力学译丛》，并担任主编；翻译出版了《流体力学概论》《爆炸力学》等多部学术论著；积极参与新兴的高超声速空气动力学、电磁流体力学等多项课题研究，其成果不断引起国际科学界瞩目，其学术成就和高尚的人格受到人们的敬仰。

郭永怀始终秉持"实事求是，服膺真理"的做人原则，从不因人废言，从不人云亦云，从不屈服于权贵，从不迎合错误潮流。

钱伟长在"反右"中被划为右派后，郭永怀夫妇依旧一如既往地到清华大学去看望他。郭永怀在担任《力学学报》主编时，一贯严格要求来稿的科学性和创造性。尽管钱伟长被打成了"右派"，但由于他对钱伟长的学术功底十分了解，仍然聘请他担任编委并支持他正常工作。一次，一位名牌大学知名教授向《力学学报》投一篇稿件。钱伟长审稿时，发现论文中竟有多处错误，认为不宜发表。那位教授向编委会提出"左派教授的文章不许右派教授审查"的意见。郭永怀对此说："我们相信钱伟长的意见是正确的，这和左、右无关。"对于此节，钱伟长在晚年回忆往事时，依然对郭永怀充满感激之情。

1966年，当"文革"风暴乍起时，在力学所召开的批判政治部主任田泽普的大会上，"造反派"做出了"将田泽普永远开除出党"的决议，并要力学所党委委员们上台表态。时任所党委委员的郭永怀义正词严地说："我们的党章还没废除吧！我记得党章上规定，要开除党员，应该经过基层党支部讨论，层层审批后才能做出决定。我们总该按党章办事吧！"由于郭永怀讲了别人不敢讲的真话，保住了田泽普的党籍，捍卫了真理和党的原则，匡扶了正义。

郭永怀非但不认为繁忙的工作会带来劳累，反而把为祖国工作看成是一种人生的乐趣。他说："作为一个中国人，特别是革命队伍中的一员，我衷心希望我们这样一个大国早日实现现代化，早日建成繁荣富强的社会主义国家。"郭永怀还欣慰地在日记上写道："由于几年的工作，已经见到效果。"

游子梦圆

  鉴于力学研究所由原本只有几个研究组的小科研所很快发展壮大起来，中央给中科院提出了"上天、入地、下海"的发展计划，第一次把"上天"的任务正式提了出来。

  1958年2月，原一机部、二机部和电机部合并称为一机部，原三机部更名为二机部，主管核工业和核武器，同时在二机部下成立第九局。一天，时任新二机部副部长的钱三强来拜访钱学森，开门见山地说，国家提出要加强核武器的理论研究，决定将刚成立不久的二机部九局更改为第九研究院，请支援一位功底扎实的力学专家。钱学森略一沉思，将右手之拳猛击在左掌心，郑重地说："我看永怀可以。"

  其实，钱三强早就知道郭永怀的力学功底和人格魅力，他正需要郭永怀来解决爆轰物理试验中遇到的难题，只怕钱学森吝啬，不便于指名道姓罢了。于是他故意反问一声，以图证实："是郭永怀吗？好！好！好！"钱三强连说了三个"好！"从此，郭永怀担任了二机部第九研究院副院长。

  这对于郭永怀来说，意味着将要接触国家重要机密，默默无闻地为祖国献身。这位在美国坚持拒绝接触机密的力学家，在自己祖国召唤时，却毫不犹豫地临危受命，投身到原子弹研制的绝密工程中，与实验物理学家王淦昌、彭桓武共同构成了我国核武器研究的最初3大支柱，组建起一支由105名专家学者组成的特殊队伍。

  就在我国核武器研制工作刚起步时，苏联突然致函中共中央，拒绝向中国提供原子弹的数学模型，随后又停止供应一切技术设备和资料，撤走全部援华专家，撕毁了全部科技协议，包括给我国提供原子弹、火箭、导弹样品的协议。苏联单方面撕毁协定和合同，给刚刚起步的我国核工业带来了意想不到的困难。

  毛泽东当时曾气得咬着牙说："当了裤子也要把'两弹一星'搞出来。"

在国内连饭都吃不起的时候，毛泽东竟然大笔一挥，在张爱萍等起草的《关于原子能工业建设的基本情况和亟待解决的几个问题的报告》上作了如下批示："在今天的世界上，我们要不受人家欺侮，就不能没有这个东西！"时任国防科委副主任、核武器研发的军方直接领导人张爱萍表示："中国人就是再穷，也要有一根打狗棍！"于是，核封锁的铜墙铁壁被冲破，研制"争气弹"的两弹工程继续进行，而且要快，要抢，就是不能让任何人敢于小瞧我们！一场关于尖端武器的"上马""下马"之争从此宣告结束。

在当时我国一无图纸，二无资料的情况下，郭永怀通过苏联早期的一些支离破碎的技术图纸和实弹模型，依葫芦画瓢，开展起原子弹的理论探索和实弹研制工作，并迅速掌握了原子弹的构造原理。在郭永怀的积极倡议和有效指导下，我国第一个有关爆炸力学的科学规划迅速制定出台，从而引导力学走上了与核武器试验相结合的道路。

早在1957年10月4日，苏联就成功发射了人造地球卫星；1961年4月12日，苏联宇航员驾驶"东方"1号宇宙飞船首次进入太空……邻国在高科技领域频频取得的辉煌成果，成为对中国科学家们的激励和鞭策。在随后的三年内，中科院共召开了12次星际航天座谈会。郭永怀就运载工具、推进技术等问题发表了许多重要的独到见解，并当选为中国航空学会副理事长。

当时，饥饿袭击着全国人民，也袭击着两弹工程的指挥员、科学家和所有工作人员。纪实电影《国家命运》给观众呈现了这样一组画面：周总理把郭永怀、王淦昌、彭桓武等科学家请到家里吃饭，眼看着一桌无法再素的饭菜被众人吃得盘干碗净，总理忍不住落泪道："这桌上连一盘肉菜都没有，我周恩来对不起你们啊……"国家总理请从事高精尖项目研发的科学家们吃顿便饭，居然拿不出一个肉菜。

可是就在次年7月，也就是在中国最困难的时期，郭永怀向他所在单位的党组织提出了入党申请，誓死要为祖国的"两弹一星"奉献自己的一切。在被批准成为一名中国共产党党员之后，他曾喜笑颜开地说："我入党了。像我这样的人，在美国学习、生活、工作多年，能成为一名共产党员，党对我是多么的信任……"

郭永怀在第九研究院一直负责核武器的总体结构和外形设计以及环境模拟实验等关键技术的把关。在弹体结构设计中，他提出的许多独特设想，都在后来逐步得以实施，包括薄壳结构、通用核航弹等，对核武器的轻型化、实战化和系列化都具有重要意义。郭永怀特别关心"安全论证"课题的研究。"安全论证"就是研究当飞机投下核弹后，能否以及怎样安全躲过光辐射、冲击波的威胁。在他的技术倡导下，经过严格的计算与分析，每次核试验，飞机都能安全返航。

时任中科院学术秘书的张开善先生曾回忆记述了郭永怀当年执着于"两弹一星"事业的一段感人故事。他说："60年代初，中科院为了照顾专家观看一场精彩的国际乒乓球赛事，特地分配给郭永怀两张票。郭永怀带着夫人李佩前去观看，谁知看了半小时就退场回家了。认识他的人都不得其解。在一次闲谈中，我问他：'这场比赛入场票非常紧张，你怎么看了半小时就回家了？'他先笑，后严肃地说：'我看了一会乒乓球，就坐不住了。中国运动员发奋顽强的精神着实感染了我，我想如果我们科研事业也如此发奋顽强，也一定能把核武器搞出来，于是我就提前退场回家思考一些问题。'事后，当报纸公布我国乒乓球一共拿下了好几个冠军时，郭永怀欣慰地说：'中国在世界乒乓球比赛取得的胜利，让中国人扬眉吐气，我们有信心研制出原子弹，让中国人再一次更大地扬眉吐气。'"

当年在研制原子弹过程中，争论也是很热烈的。原子弹分为"内爆"型和"枪法"型两种。"内爆"型比起"枪法"型技术难度虽大，但有发展前途。如"内爆"型研制成功，就可在它的基础上研制出威力更大的氢弹来。为了能使大家更了解爆炸力学，郭永怀不惜亲自讲授爆炸力学；在对核装置引爆方式上，他大力支持"争取高的，准备低的"的方针，以"内爆"型为主攻方向，研究解决了一大批理论和技术难题。为确立核武器装置的结构设计，郭永怀提出了"两路并进，择优选用"的办法，为第一颗原子弹爆炸确定了最佳方案，对一些关键问题的解决起了决定性作用。这一方案不仅为第一颗原子弹研制投爆所采用，而且为整个第一代核武器的研制投爆所一直沿用。此外，他还负责指导反潜核武器的水中爆炸力学等相关技术研究工作，在潜-地导弹、地-空导弹、氢氧火箭发动机和反导弹系统的研究试验中，都做出了巨大贡献。

美、苏、英三国1963年签署了《禁止大气层、外层空间和水下进行核试验条约》，其所指十分明显，就是要阻止中国成为核国家。压力反而变成了动力。党中央及时下达了更为明确的命令：做好一切准备，一定要在1964年内爆响第一颗原子弹。

中央为了加快核武器的研制步伐，决定将原来集中在北京的九院专业科研队伍，陆续迁往青海新建的核武器研制基地。该基地位于海拔3800多米的高原地区，试验现场寂寞荒凉，寸草不生，高原缺氧，压力失衡，气候变化无常，冬季零下40多度，一年中有八九个月离不开棉衣。

在为第一颗原子弹奋斗的日日夜夜，作为场外试验委员会主任委员，郭永怀多次深入温差极大的大漠戈壁爆炸试验现场指导工作。他原本体质就差，再加上营养跟不上，身体瘦弱，刚过半百便已雪染双鬓，还经常出现头晕、胸闷、心悸、厌食等不同程度的高原反应；他始终和年轻人一起出入帐篷，风餐露宿，坚持工作，中午实在累了，就在什么也没有的铁皮床上躺一会儿；爆轰物理实验，是突破原子弹技术的重要一环，为了取得满意的爆炸模型，他带领队员反复试验，甚至还亲自跑去搅拌炸药；为了及时研究新情况，他频繁奔波于北京和戈壁基地之间，更加重了高原反应的复发频率，严重损害着他的身体健康。

其间，他确实也曾想过，那些留在美国工作的同学朋友们，在科研经费和实验条件充分满足的情况下，还享受着优厚的住房、出行和薪酬待遇，而自己，却何以在如此天壤之别的环境下艰苦工作，甚至连淡水都成了一种奢侈品。但一想到这是为了自己国家的发展强大，为了祖国母亲的美好未来，为了十数年如一日报效祖国梦想得以实现，他觉得，这一切都是应该的，是儿子为母亲应该尽的一份力，奉献的一份爱。

在郭永怀参与领导和积极努力下，我国第一枚国产近程导弹"东风一号"发射成功；1964年6月29日，完全属于中国自行设计的第一颗中近程东风二号地对地导弹全程试射获得成功；同年，他结合我国两弹的研制实践，提出了云粒子侵蚀课题和电磁波与等离子体鞘套以及尾迹中流动之间的相互作用等问题；10月16日，中国第一颗"内爆"型原子弹试验成功。当蘑菇状烟云扶摇升腾之时，在现场的郭永怀和战友们无不欢呼雀跃！喜极累极的他，满含热泪浑身瘫软在沙砾地上。这一声巨响，横空出世，升腾在空中的蘑菇云，像一剂兴奋剂，让国人立刻来了精神！周总理和邓小平、贺龙等7位副总理在人民大会堂亲切接见了郭永怀等参加第一、二次核武器实验的专家和学者，并为他们设宴庆功……

　　原子弹的爆炸成功，党和人民的表彰激励，使郭永怀深受鼓舞。同年9月，他受命参与第一颗人造地球卫星"东方红"的研究和组织领导工作。1966年10月27日，恰好是郭永怀回国的第10年，我国第一颗导弹与原子弹"两弹结合"的"东风二号甲"地对地导弹飞行爆炸再次获得成功！从此，我国拥有了自己的导弹核武器。在此次试验中，钱学森参与的是导弹研制，郭永怀参与的是核弹头研制，这也是两位好友的又一次合作。1967年6月17日8时20分，我国第一颗氢弹空爆试验成功。氢弹亦称"热核武器"，是中国继第一颗原子弹爆炸成功后，在核武器方面的又一次飞跃，标志着中国核武器的发展进入了一个新的阶段。从第一颗原子弹爆炸到氢弹爆炸，美国用了7年零4个月，英国用了4年零7个月，苏联用了4年，而中国只用了两年多，就完成了从原子弹到氢弹的历史性跨越。

　　上述两大胜利，郭永怀功不可没。经过一系列实践充分证明，他提出的云粒子侵蚀是实现全天候攻击和反弹道导弹必须解决的关键技术之一。

　　昔日若未洒下把把汗水，今朝哪能收获累累硕果。

　　陈裕泽先生当年只有20多岁，刚从郭永怀曾经任教的北京大学数学力学系研究生毕业后来到九院工作，现在中国工程物理研究院任职。他回忆起这段让中国人陶醉、鼓舞、振奋的历史时说："由于工作繁忙，郭教授每天一大早便赶到现场，了解装配进展情况和系统联试结果，一旦发现问题便及时研究处理。一天接着一天飞快的工作节奏，让他这个年轻小伙子都有些吃不消。在将要进入正式试验阶段的那些日子里，郭永怀每天都要忙活十几个小时，有时是通宵达旦，吃饭也是大家席地而坐边研究边进餐。其实，又何止是试验前后的那段时间是这样，从1964年首次核试验到1968年底的8次核试验，在这4年多时间里，郭永怀的大多数日子都是这样度过的。"

生死十秒间

> 生死十秒 千秋俎豆永山河；
> 惊世一举 万古忠诚怀华夏。

"十年浩劫"时期，也正是"两弹一星"会战最关键的时期，身为试验委员会主任委员的郭永怀将全部心力都投入到"两弹"的研制和紧张的试验中。

1968年，是中国历史上极不平常的一年。这一年，正是"十年浩劫"进入最关键的"清理阶级队伍"的一年，也是归国科学家们最为艰难的一年。正是在这一年，从许多的科学家们当中"清理"出很多"间谍"或"特务"来。而且这些"间谍"或"特务"们，绝大多数都是在国外颇有造诣、声名显赫、享受着优厚待遇、从事着高端研究的高级知识分子和学科带头人。他们历尽千辛万苦，受尽万般磨难，甚至冒着蹲大牢、掉脑袋的危险从海外归来，目的就是一个，那就是为了祖国的繁荣富强。但他们中的许多人在这一年却遭受了极不公正的待遇。

当时，在郭永怀等科学家们集中居住的中科院中关村福利楼上，贴着一幅影射科学家们"归国动机"的大标语："来者不善，善者不来。"在那些被"清理"出来的"间谍"或"特务"中，仅郭永怀认识的50年代从美国归来的科学家就有周华章、周寿宪、董铁宝、林鸿荪、程世祜、陈天池、萧光琰、陈绍澧等8人自杀。尤其凄惨的是萧光琰，他本人于12月10日服安眠药自杀，其妻甄素辉和15岁的女儿于4天后也以同样的方式离开了人世。除了死的，还有更多的被关进了监狱。

在40年代回国的留德博士，中科院地球物理研究所所长，中国卫星设计院院长赵九章服安眠药自杀的第6天，北大物理系教授饶毓泰先生也在北大燕南园51号家中的自来水管上上吊身亡了。他是近代中国物理学的奠基人之一，是郭永怀在现代力学领域的出道伯乐，曾亲自指导他从事研究。消息传来，郭永怀几乎不能自持，悲痛万分，捶胸顿足地呼喊道："天哪！为什么会是这样？"

就连郭永怀这样一位为中国的"两弹一星"呕心沥血的大科学家，在"文革"中，虽然他本人因为长期无可挑剔地工作在青海试验基地而躲过了此劫，但他那位在中国科大教英语的夫人李佩，照样被列为"美国特务嫌疑"受到隔离审查，致使她在绝望中服安眠药自杀，经抢救勉强活下来后还是被下放到安徽合肥，连续6年没让回北京。

事实上，李佩非但不是什么"美国特务"，还曾经是在国际民主妇女联合会上代表中国女性发出声音的第一人。1945年11月26日，第一届国际妇联大会在巴黎召开。西南联大刚毕业的李佩，被选中与当时留学法国的李惠年等几位女性，在巴黎组成了中国妇女代表团。大会期间，李佩提出应该给共产党的代表保留一席之地，并见到了当时来巴黎参加国际工会的共产党高级干部邓发。这项工作，李佩一直干到1947年2月出国留学时为止。出国前，李佩还给国际妇联发报，请他们以后直接跟共产党方面的邓颖超、蔡畅联系，并附上了联系方式。1947年11月，来自中国解放区的蔡畅，当选为国际民主妇女联合会副主席。

就在这种情况下，郭永怀仍然无怨无悔，全身心投入"两弹一星"的研究和组织领导工作，只是每次从青海回到北京，原本指望可以利用回家的机会，补一补身子，松一松神经，缓一缓疲乏，解一解口馋的，但这一切全都成了痴心妄想，每次都只能独自住在招待所。这需要多么高尚的精神，多么坚强的毅力，又要忍受多么巨大的痛苦和煎熬！他们的唯一爱女郭芹，由于得不到父母家庭的照顾，瘦弱多病，在随后的"上山下乡"号令下，他夫妇依旧二话没说就将女儿送到了内蒙古草原插队，后来，因患癌症而早早地夭折了。

郭永怀在一周内，先后为含愤而死的导师饶毓泰和共同从事"两弹"研究的战友兼同事赵九章送行。1968年10月中旬，他再次赴青海试验基地，筹划我国第一颗导弹热核武器的试验工作。经过认真检查，周密计算，他指出：试验理论方面存在"过早点火几率"问题；实验操作方面存在设计内球新结构问题；材料加工方面还应考虑产品自热和装配贮存问题；在整体系统方面有

"弹、伞、机"等的协同配合问题等等。郭永怀从这次热核试验的准备情况瞻望1969年和以后的任务，大胆提出了今后设计要重新考虑上述各方面的问题，为我国热核武器的机动性、安全性和小型化指明了方向。

1968年11月底，正处于某项试验的关键时刻，郭永怀再次赶赴青海试验基地，做试验前的最后检查，为实施试验做最后准备。12月4日，郭永怀发现一个重要数据存在问题，急于赶回北京研究核对，他乘汽车匆匆从青海基地赶到兰州，在换乘飞机的间隙，还听取了课题组的汇报。

当时国内航线大都是苏制的小型飞机。周总理和聂帅都认为国内空航不成熟，乘飞机既不舒适也不安全，曾叮嘱科学家们尽量不要乘坐飞机。这天，在一起工作的挚友彭桓武、王淦昌等也劝他："飞机太小，你还是坐火车走吧！"

郭永怀回答说："我搞了一辈子航空，还怕坐飞机！搞航空的人都不敢坐飞机，那让谁来坐？坐飞机省时间，坐火车得花两天时间。"

劝告归劝告，其实，了解郭永怀的人都知道，他把时间看得太金贵了，为了抢时间，赶进度，他还是经常乘小型军用飞机飞来飞去，往返于北京和基地之间，已经成为一种常态。

就在临上飞机前，大家还劝他明天天亮再走。他坚决地说："夜航打个盹就到了，第二天可以照常工作。"于是，当夜幕降临时，郭永怀拖着疲惫的身体登上了赶赴北京的飞机。

12月5日凌晨6时许，北京机场夜幕低垂，曙色初白，风声呜咽，寒气逼人。一架小型军用飞机飞临北京机场上空，准备降落。在距地面约400米时，机身突然失去平衡，就在即将着陆的一瞬间，飞机偏离跑道，一头扎向1公里外的一片玉米地，随着一声巨大的轰响，腾起一团火球……

失事现场惨不忍睹，13具烧焦的尸体散落一地，面目全非，难以辨认。当救援人员认出郭永怀的遗体时，却吃惊地发现，他同27岁的警卫员牟方东面对面紧紧地抱在一起。当人们把两具烧焦的遗体吃力地分开后，中间竟掉出了装着绝密文件完好无损的土黄色公文包和仅剩下他常穿的那件夹克衫的前胸两襟……在飞机遇险，生命行将结束的最后瞬间，他心中想到的就是用身体保护好绝密的中国热核导弹试验数据资料！除此之外，只捡回了他的一个眼镜玻片。郭永怀就这样在回到祖国12年后，以这样的方式殉职了，时年59岁。

当噩耗传到周恩来耳中，他良久不语后，忽地将右手高高举起，一拳猛击在沙发扶手上，伴随着一声长叹，双眼顿时被泪水模糊了。

总理随即下令彻查事故，并指示《人民日报》发布这一不幸消息。随后特别强调："以后，我们国家重要的科学家，尽量不安排坐飞机，更不要集中乘坐飞机。"

中央领导震惊了，整个国内科技界震惊了！

还在为赵九章和饶毓泰之死眼泪未干的钱学森听到消息后，心如刀绞，伤感不已，洒泪叹息道："太可惜了，一个全世界知名的优秀力学专家离开了人世。""中华民族失去了一个天才的儿子。"

科技界的人们更是为这位惨遭不测的伟大科学家顿足垂泪！

当有关领导把飞机失事的消息电告身在安徽的李佩时，她虽然一时懵住了，但却居然挺住了，她没哭。

是一颗爱国之心，将他送回了需要他付出心智的祖国；是一腔报国之志，使他义不容辞地扛起了中华民族伟大复兴的历史责任；是轰的一声巨响，让中华民族摆脱了任人宰割的境地；是他和他们的呕心沥血，把中华民族国防自卫能力推进到了世界先进水平！

在当时的情况下，有关方面只能为郭永怀在八宝山革命公墓举行了一个虽然小型，但也还算隆重的追悼会。中科院院长郭沫若致悼词，钱学森、钱三强、王淦昌等生前好友参加了追悼会……为了表彰郭永怀的丰功伟绩，于他蒙难的20天后，授予了他烈士称号。

这位伟大的科学家就这样走了。就在郭永怀牺牲的第22天，我国第一颗热核导弹试验成功！那震颤人心的轰然巨响，彷佛是为郭永怀送行的礼炮声……在一年半后的1970年4月24日，由他参与设计的我国第一颗人造卫星"东方红号"响彻太空。之后，核弹、导弹、卫星，被合称为"两弹一星"。在中国的"两弹一星"高级科学家中，郭永怀是唯一一位在"两弹一星"三个方面的研制中都做出关键和卓越贡献的伟大科学家。

在钱学森《写在<郭永怀文集>的后面》一文中，有这样一段描述："现在已是80年代的第一春。还要倒数到第11个冬天，郭永怀同志因公乘飞机，在着陆事故中牺牲了。是的，就那么十秒钟吧，一个有生命、有智慧的人，一位全世界知名的优秀应用力学家就离开了人世；生和死，就那么十秒钟！十秒钟是短暂的。但回顾往事，郭永怀同志和我相知了近30个年头，而这是世界风云多变的30个年头呵……郭永怀同志是一位优秀的应用力学家，他把力学理论和火热的改造客观世界的革命运动结合起来了。其实这也不只是应用力学的特点，也是一切技术科学所共有的，一方面是精深的理论，一方面是火样的斗争，是冷与热的结合，是理论与实践的结合，这里没有胆小鬼的藏身处，也没有私心重的活动地；这里需要的是真才实学和献身精神。"

这是作为积淀了近30年深情的挚友钱学森在郭永怀蒙难11年后所发出的感慨。其中既寄托着对老朋友、老大哥、老同事的深切怀念和惋惜之情，也体现出对郭永怀的由衷钦佩和热情颂扬。其中，特别是关于"冷与热结合"的论述和赞语，早已成为经典，在科学界广为流传。1982年12月，中国科学出版社出版了《郭永怀文集》。

是啊！十秒钟是短暂的，但就是在这十秒钟内，郭永怀唯一想到的是，自己可以离开人世，身体可以被烧焦焚毁，但这包绝密资料一旦化为灰烬，对祖国，对人民来说，却是巨大损失呀！于是，他将资料袋放置于自己胸前，与警卫员牟方东紧紧地抱在了一起……铸成了一位在烈火中永生的民族英雄。英雄是石，能敲出希望之火；英雄是火，能点燃历史之灯；英雄是灯，能照亮人类之路；英雄是路，能引领后人走向灿烂的明天！

在郭永怀牺牲20周年时，他的生前老师、同窗好友、同事以及学生聚集在力学研究所举行报告会。周培源、钱学森、钱三强、王淦昌、彭桓武等到会并撰写纪念文章。聂荣臻、张爱萍等题词纪念。同时，在中科院力学所大院东侧绿荫丛中为郭永怀建了一座纪念亭，上面刻着张爱萍将军手书的"永怀亭"三个大字，亭中立有郭永怀的汉白玉雕像，他和警卫员牟方东的骨灰就埋葬在塑像下，英雄的光辉形象将永存人间。

1990年，中国科学出版社出版了《郭永怀纪念文集》。从1991年开始，中科院力学所设立了以郭永怀名字冠名的奖学金，作为对力学所品学兼优研究生的最高奖励。中科院院士郑哲敏与李家春在《科学和技术结合的典范——纪念郭永怀先生诞辰九十周年》一文中这样总结了郭永怀的一生："他总是将当前有重大应用背景的科学问题作为自己的研究方向，尤其是同国家和民族利益紧密相关的问题；他善于通过观察和思考，提出既能反映问题本质，又能具体进行定量分析的简化数学模型来进行研究；他能运用一切现有的有效数学手段，或研究和发展新的数学方法，得到满足工程需要的解答；分析所获得的结果，深入研究其中的规律，进一步指导未来的工程实践。这是他取得重大科学成就的关键。"

1999年9月18日，中共中央、国务院、中央军委授予了23名科技工作者以每枚由515克纯金制成的"两弹一星功勋奖章"。国家主席江泽民在讲话中盛赞他们是"祖国的功臣，民族的脊梁"，并将"两弹一星"精神归纳为24个字："热爱祖国，无私奉献，艰苦奋斗，自力更生，大力协同，勇于登攀。"

逝世31年后的郭永怀以烈士身份被追授"两弹一星功勋奖章"。勋章由其妻李佩代领后，于2003年9月18日赠给了中国科学技术大学。

是啊！郭永怀为了自己的祖国，放下光鲜功名，舍弃洋房豪车，冲破艰难险阻回归一穷二白的故土，甚至隐姓埋名，到大漠戈壁默默拼搏，过着"饥餐沙砾饭，渴饮苦咸水"的生活。他的不朽业绩，和百年来为了祖国独立而抛头颅洒热血的无数前辈一样，将成为一座为实现中国梦而永远挺立在中华大地上的不朽丰碑。

在郭永怀全身心致力于我国核武器发展的8年多时间里，从原子弹到氢弹装置再到核航弹、导弹核武器，他究竟倾注了多少心血和汗水，有谁能说得清楚！然而，郭永怀生前经常挂在嘴边的却是这样的话："作为新中国的一个普通科技工作者，特别是作为一名共产党员，我只是希望自己的祖国早一天强大起来，永远不再受人欺侮。中国强大了，在世界事务中就会发挥更大作用……"这就是一个归国赤子的真挚朴实的赤子之心。

关于郭永怀当年离家赴西北从事核武器工作的事，李佩曾回答记者采访说，作为妻子，她那时根本就不知道他到底在干什么。有一次他偶然说起，西北生活挺艰苦，想自个儿烧杯热茶都没条件。于是她就从一个朋友那里弄来一个小电炉，买了个小锅，他回来时带走了，别的事从来没说过。直到第一次原子弹爆炸成功，王淦昌请他们夫妇去吃饭，当他们举杯庆功祝酒时，她才有所醒悟，原来钱三强连着到家几趟，就是跟他谈去西北参加原子弹、氢弹研制的事。

留美归国科学家、"两弹一星"元勋、中科协名誉主席朱光亚评价说，郭先生是一位才华横溢、有远见卓识的著名科学家和技术领导人。他理论功底深厚、思维敏捷、思路开阔，注重理论联系实际，善于准确把握科学研究方向；他从不计较个人得失，不图名利；从不以名教授、名专家自居，谦虚谨慎，平易近人；他十分重视年轻科技人才的培养，关心青年人的成长，常把自己比喻成"一个铺路的石子"，在工作中很注意树立大家的威信，体现了一名科学家的坦荡胸怀。

郭永怀回国后指导的首批博士研究生、中科院院士俞鸿儒说，郭所长说到他为什么回国，说知识分子从个人取得成果这一点来看，回国是要受损失的，因为当时咱们各方面都不如美国。但回来就是要为国家服务，要为中国的科学事业打基础。

为了纪念这位赤胆忠心、鞠躬尽瘁的儿子，授奖大会后，郭永怀的家乡，中共山东荣成市委、市人民政府做出了辟建郭永怀纪念馆的决定。伴随着郭永怀纪念馆的开放，共和国"两弹一星功勋"郭永怀先生的伟大业绩，将永志后人……

参考文献

[1] 李家春,戴世强.郭永怀小传[M].北京：知识出版社，1983.

[2] 郑哲敏.郭永怀纪念文集[M].北京：科学出版社，1990.

[3] 郑哲敏.郭永怀先生诞辰九十周年纪念文集[M].北京：北京气象出版社，1999.

[4] 戴世强.当好铺路石子，培育新一代力学英才[J].学位与研究生教育，1999.

[5] 张开善.回忆我国核武器奠基人之一郭永怀[N].北京青年报,2001.

[6] 徐焰.郭永怀生死之际护公文[N].北京青年报,2001.

[7] 孙吉香,柳长刚."两弹一星" 功臣——郭永怀[N].科学网,2003.

[8] 冯秀芳,戴世强.郭永怀先生学术思想初探[M].上海:上海大学出版社,2005.

[9] 钱学森.钱学森书信选[M].北京:国防工业出版社,2008.

[10] 戴世强.生死关头见丹心[N].戴世强的博客,2009.

[11] 戴世强.一身正气扶正义[N].戴世强的博客,2009.

[12] 郭永怀.郭永怀文集[M].北京:科学出版社,2009.

[11] 王文华.钱学森与郭永怀的深厚友谊[N].王文华的博客,2015.

[12] 金志涛,王士波,许运江等.两弹元勋郭永怀:报国之心关不住[N].生活时报,2009.

[13] 戴世强.此情绵绵 永无尽期——记郭永怀-李佩伉俪[N].戴世强的博客,2010.

[14] 王德绿,范岱年,程宏.郭永怀夫人——20年后再访李佩[N].王德绿的博客,2011.

[15] 王德禄,高颖,程宏,杜开昔,等.1950年代归国留美科学家访谈录[M].长沙:湖南教育出版社,2013.

钱伟长
——失之东隅收之桑榆，桑榆匪晚奔驰不息

"三钱"的最后离世者

2010年7月30日6时20分，钱伟长先生与世长辞，享年98岁。钱伟长与钱学森、钱三强一起，被周恩来总理称为"三钱"①。钱伟长被称为中国近代力学的奠基人之一，也是国内年龄最大、任职时间最长的高校校长，是"三钱"中的最后一位离世者。又一位科学巨匠走了，到天国与他的家族精英和师兄弟们重聚去了！原本以为，钱先生能活过百岁，力学界的弟子们已经在准备共庆他的百岁华诞，如今，这期望竟成了泡影！钱先生的辞世，是我国科技事业的巨大损失，成为后辈学子们的巨大悲痛！

"钱伟长同志是我国近代力学奠基人之一，著名的科学家、教育家，杰出的社会活动家，中国民主同盟的卓越领导人，中国共产党的亲密朋友，中国人民政治协商会议第六届、七届、八届、九届全国委员会副主席，中国民主同盟

---

① 据说"三钱"均为吴越王钱镠之后：钱学森生于1911年12月；钱伟长生于1912年10月；钱三强生于1913年10月，各自相差一年。他们有许多共通之处：出身于书香门第，毕业于清华大学，留学于欧美并学成归国；钱伟长1946年回国，是"三钱"中最早的一位；此后，钱三强于1948年、钱学森于1955年回国；他们都将一生贡献给了中国的科技事业。1992年6月28日，被称为中国原子弹之父的钱三强去世，享年79岁；2009年10月31日，被称为中国航天之父的钱学森去世，享年98岁。若论我国力学界最具影响的力学家，当属周培源、钱学森、钱伟长、郭永怀四人。人们公认他们是中国近代力学事业的奠基人。他们中，郭永怀于1968年、周培源于1993年先于钱学森逝世，钱伟长是走得最晚的一位。

第五届、六届、七届中央委员会副主席和第七届、八届、九届名誉主席，中国科学院资深院士、上海大学校长。"①

"钱伟长同志的一生是爱国的一生，奋斗的一生，奉献的一生。他顾全大局，坚持原则，严于律己，宽以待人，生活简朴，清正廉洁。他对国家和人民无限忠诚，对中国特色社会主义事业充满信心。他为中华民族的伟大复兴殚精竭虑、不懈奋斗，深受人们的尊敬和爱戴。他的高尚品格和无私奉献的精神永远值得我们学习。"②

学生时代的钱伟长。

是的，他的一生是爱国的一生。他这样认为，也这样实践，更被民众公认。对于祖国，他一往情深，终身热爱，矢志不渝。

是的，他的一生是奋斗的一生。他从不屈服于命运，敢于抗争，勇于进取，从不懈怠，永不止息。

是的，他的一生是奉献的一生。他倾全力投入科研教育事业，祖国的需要，就是他的专业，鞠躬尽瘁，死而后已。

他顾全大局，坚持原则，一切从祖国的繁荣昌盛和平稳发展出发，坚持真理，求真务实，襟怀坦荡，直言不讳。

他严于律己，宽以待人，先天下之忧而忧，后天下之乐而乐，心里总是装着包括对莘莘学子、妻子儿女和人民大众的关爱。

他生活简朴，不求奢华；清正廉洁，身后几无恒产；就是留下的那些藏书，临终也叮嘱子女悉数捐赠，赤条条来，干净净去！

---

① 经中央审定的《钱伟长同志生平》。
② 《钱伟长同志生平》。

有道是：现实可能过誉甚至错捧了一个不肖之徒，但历史不会；现实可能曲解甚至冤屈了一位刚正之士，但历史不会。

桑榆匪晚，奔驰不息

钱伟长辞世后，其长子钱元凯发表了这样一段讲话："在父亲去世的短短几天里，我在上海大学深深体会到全校师生员工对他的理解和对他的爱。一位百岁老人辞世时，在他身边有这么多贴心的亲人，我们感到欣慰……在我父亲的治学生涯里，一再强调读书和实践。他出身清贫，是读书使他获得了知识，知识改变了他的人生，给了他报效祖国的信念和勇气。他一再强调是书给了所有人公平的受到教育和获取知识的权利……所以他一生爱书、读书、收藏书。他能留给我们最宝贵的精神财富，就是他用毕生的精力和积蓄所收藏的这万卷图书。他70岁才来到上大，从此，这位年过半百的老人，就把自己全部的心血投入到上大的建设之中。他期盼在这里实现他振兴教育的理想和希望。这26年里，他把上大的师生当作自己的亲人，当作自己的儿女，他的家就在上大。所以，在他去世以后，我们尊重他的遗愿，把他的全部图书、书架和他的部分个人资料捐赠给上海大学，让我们与上海大学的全体员工共享这份遗产……捐赠书是他这辈子为上大做的最后一件事情，最后一件实事。我们知道对于几万上大人来说，区区万本书是微不足道的礼物。但是，我们总希望上大能接受它，珍重它。"

钱元凯的讲话，既传达了儿子对父亲的深刻理解，也透露出钱老的生命轨迹，更蕴含着一位科学大师的成功真谛。

《钱氏家训》云："利在一身勿谋也，利在天下必谋之。"钱伟长一生谨遵家训，爱国主义红线贯穿着他的漫长人生。无论顺境还是逆境，他都以爱国主义为准绳毫不犹豫地做出了鲜明抉择，即使被打成"右派"，承受着各种屈辱和磨难，但报国之情矢志不渝。当有人问他对被打成右派之后这些年所遭受的不公待遇的看法时，他爽朗地说："祖国是我们的母亲，哪有母亲不爱自己的子女的？你能说母亲错打你几下屁股，你就记恨了吗？天下没这个事情。我们对祖国对人民的责任感就应当是永恒的。"钱伟长不仅自己身体力行，而且将爱国作为教书育人的着力关键点，他总是语重心长地教导学生、后辈，一定要把国家利益放在第一位，个人利益服从于国家利益。他说："我们培养学生首先应该是一个全面的人，是一个爱国者，一个辩证唯物主义者，一个有文化艺术修养、道德品质高尚、心灵美好的人；其次，才是一个拥有学科、专业知识的人，一个未来的工程师、专门家。"他用60多年的报国路诠释了自己一直坚持的专业就是：爱国。

有人评价钱伟长太全面了，在科学、政治、教育每个领域取得的成就都是常人所无法企及的。是啊！这个评价是恰当的。他学识广泛，研究的题目杂，人们称他为"万能科学家"。他对此解释说，其实不是万能，只不过会学习、会看人家的东西而已，看懂了在别人的基础上再做下去，爬在大科学家的肩膀上，就可以高瞻远瞩。但也有人说钱伟长不务正业，今天干这个，明天又干那个。这个评价虽稍带贬义，但也无可非议。钱伟长对此解释说："我没有专业，国家需要就是我的专业。"凡国家需要的，他都干。他心口如一，是这样说的，也是这样干的。他是看国家哪方面需要，就尽心尽力去干，他有这个能力和底气，而且只要他决定干的，就一定能干好。

然而，钱伟长整整丧失了26年的珍贵年华。他曾深表惋惜道："从1957年到1983年的26年间，正值壮年而又成熟的一段漫长的大好岁月，没能善自掌握而白白消耗掉了。"诚然，1960年，组织上虽然从名义上给他摘掉了"右派"帽子，但在那个年代，摘掉右派帽子的人并不意味着平反，仍被称为"摘帽右派"，仍未恢复正常工作。一直到1978年9月，全国被错划为右派的55万人除极少数外，才陆续获得平反。

1979年夏，党中央专文公布55名党外人士被错划为右派分子者一律予以改正并恢复名誉时，钱伟长"是还活着的7人之一"。即使到了这时，清华大学还有人说："清华的右派谁都可以平反，就是钱伟长不能。"清华大学在重新审查469名右派分子时，有4人未获改正，其中就包括钱伟长。钱伟长在他的《八十自述》中这样写道："……由于众所周知的原因，我的右派改正问题受到阻挠达3年之久……在中央决定把我调任上海工业大学校长一个月后,才勉强给了一张'改正书'。"

钱伟长非常热爱他人生关键性起点的清华大学。在清华,他度过了美好的青春年华,从一个懵懂青年成长为有志向有抱负的学人,在漫长的人生中留下了不可磨灭的印记。直到1983年1月到上海工大履新为止,整整45年啊!他从不讳言,直至耄耋之年,对于当时的校长梅贻琦、对于恩师叶企孙、吴有训、马约翰和其他师长以及同学们,始终念念不忘。

想当初,他踌躇满志,竭尽全力,回归祖国,兼职三校,传授力学,成为我国近代力学事业的先驱者;在反饥饿反内战的行列中,成为清华园出名的"民主教授",企盼着云开雾散的一天。

怎能忘,他意气风发,喜迎解放,倾力奉献,培桃育李,呕心沥血,为清华大学教育发展献计献策;全身心投入到教育改革,屡创辉煌,社会活动活跃,期待着国家科教事业的发展振兴。

然而,清华园却给他留下了一段苦涩的记忆,几道深深的印痕。尽管他凭着报效祖国的信念和坚强不屈的意志,依然坚守岗位,但总归受到各种约束和掣肘,于是,萌生了调离清华园的意念。

郭永怀遗孀李佩教授清楚地记得钱伟长曾对她说:"我要感谢邓小平,是他解放了我。""邓小平确实曾对他说:'现在上海工业大学正在物色一人做校长,我看你就到上海去吧。'"

用极"左"思想划分人的社会位置和政治身份这一行政传统并没在改革开放初期彻底摒弃。1983年1月,中组部下令调钱伟长任上海工业大学校长,并注明该任命不受年龄限制。钱伟长作为与钱学森、钱三强齐名的科学家,既没给他的清华副校长转正,也没让他出任北大、科大之类的"名牌大学"校长,而只是让他去执掌一所京城以外的水准一般的大学。加之此时的他,已经是71岁的古稀之人,钱伟长却二话没说,高兴地接受任命,当天就辞去清华副校长职务,带着三个愿望,离京赴任了。

戴世强先生在《他缘何选择了上海工业大学》一文的题记中说得非常好:"他选择了上海工业大学,是他的明智,由此觅得了纵横驰骋、一展宏图的良机；上海工业大学选择了他，是它的幸运，由此赢得了蓬勃发展、迈向先进的契机。"钱伟长入掌上工大，对于他本人和上工大来说，都有着非同寻常的意义。

钱伟长只把当校长作为本职工作而不是往上爬的阶梯和跳板，走马赴任上工大后，基于高等学校的两个根本任务：一是出人才，二是出成果，他大刀阔斧地拆掉了"四道墙"，即拆除学校与社会之墙，办成开放型大学；拆除教学与科研之墙，倡导教学与科研相结合；拆除院系与专业之墙，减少条块割据；拆除教与学之间的墙，让教师既教学，又科研，增加学生的学习主动性，拉近与科研实践的距离。

钱伟长励精图治，大胆实施"推墙"改制，演绎出了现实生活棋局中的"倒脱靴"，其无限美好的夕阳之光，有如万里长江"千堆雪"溅出的一朵晶亮浪花。对此，他曾情深意切地说："……繁重的教学行政工作，丰富的政治社会活动，广阔的学术科研天地，使我的生活无限充沛而有意义，虽然岁月催人老，愿夜以继日地奋发工作，以补偿26年来失去的珍贵年华；愿以自己点滴的汗水，汇入祖国社会主义波澜壮阔的奔腾洪流中去。"

可以猜想，那时，那个美丽的梦始终萦绕在钱伟长心中：一定要把上海工大办成像美国加州理工那样世界一流的高等学府！10年不行，20年！20年不行，50年！50年不行，100年！他坚信，只要披荆斩棘，奋勇向前，薪火相传，没有办不到的！

谁知仅仅5年，在1988年国家教委主持对全国高等学校的评估中，给了上海工业大学这样的评定："钱伟长校长高瞻远瞩地对学校的改革和提高，起了积极作用，在教学改革，学科建设，教师队伍建设，开拓国际学术交流渠道等方面，做出了重要贡献。上海工业大学适应经济发展的需要，培养输送高级专业人才，承担科研任务，选送科研成果，开展科技服务，办学指导思想是明确的。"这是对钱伟长办学指导思想的充分肯定，上海工大成了大学教育改革的试验田。

据司机讲，钱伟长的工资关系一直在全国政协机关，他担任上海大学校长，既没有在上大要房子，也没有在上大拿工资，从1983年到上大开始，就一直长年栖身于招待所。他的房间与普通标准间略有不同的只是，有里外两间，外间用以会客。

一直以来，钱伟长秉持"祖国的需要就是我的专业。"即使在最艰难岁月，也没有放弃科学研究，写出的稿纸垒起来有1米多高。当然，在他身处逆境之时，有些稿件大都胎死腹中了。

钱伟长64岁才开始自学计算机。主持上工大校务后，以其深厚的文字功底，靠看资料钻研电脑事业，从百忙中抽时间研究中文信息处理，以古稀之龄创造了高速易学的宏观字形编码输入法，简称"钱码"，获得1985年上海科技发明奖。1986年4月，在全国第一届汉字输入方案评测会上，在34种方案中，"钱码"被评为A类方案，单人输入速度第一，被选为中国中文信息学会理事长。哪里有华人，有汉字，哪里便有钱码，享誉海内外的钱码成为他人生的一大亮点。

追求真理，顾全大局，实话实说，刚正不阿，是钱伟长性格中的亮色。去掉这个，钱伟长就不成其为钱伟长了。

"反右"运动30周年前夕，三个当年的老"右派"联名发起将在1987年春举办一场"反右运动历史学术研讨会"。时任民盟中央主席、副主席的费孝通、钱伟长收到邀请后，觉得不妥，极力规劝中止，要求民盟全体成员不要参与。此后不到半个月，由中科大开始的全国性学潮爆发。钱伟长针对此次学潮说："我还是实话实说，邓小平领导的改革开放成绩是主要的，有些问题的解决需要时间。现在这个稳定建设的局面来之不易，中国再也经不起动荡了。学生还是要完成主业，把功课学好，将来好好建设祖国。我这个出自肺腑的想法学生最终会懂的。"

邓小平在一次讲话中说："在这次学生闹事中，民主党派表现是好的，周谷城、费孝通、钱伟长等几位著名的民主人士的态度是好的，不好的倒是我们有些共产党员。"

77岁高龄的钱伟长受命出任"支援贵州毕节试验区规划实施专家顾问组"组长，一干就是14年，为试验区的发展倾注了大量心血。1990年以后，钱伟长凭借叔父钱穆曾为国学大师和台湾资政的政治关系，先后出任中国海外交流协会会长，中国和平统一促进会会长，香港和澳门特别行政区基本法起草委员会主任委员和副主任委员，为香港、澳门回归及和平统一大业上下奔走，立下了汗马功劳。

钱伟长出任上海工大11年所做出的辉煌业绩，得到了上海市委、市政府以及国家相关部门的充分信任，决定将原上海工大与上海科大、上海大学和上海科专四校合一，组成新的上海大学并由时年82岁高龄的钱伟长担任校长。钱校长老骥伏枥、大刀阔斧地改革整合，迅速组建起了一座崭新的上海大学，并在新上大立了一块"自强不息"的石碑。这其实是源自清华大学"自强不息，厚德载物"的校训，也寄寓着钱老对清华大学的难以释怀。钱伟长将范仲淹的名句"先天下之忧而忧，后天下之乐而乐"写入校训，随时用其精神教育启迪学子，寄望他们继承这一宝贵的精神财富，用对学校、对社会、对祖国、对人民的出色贡献作为自己的人生目标。此后，新上大无论是办学水平与效益，还是整体办学条件在全国高校中都跻身先进行列，远胜诸多徒有虚名的985重点大学，办成了一所国家211工程重点综合性大学。他的个人业绩和业界声望也几乎超过了所有985"名校"校长，事实雄辩地证明：一个合格的大学校长，才可能领办好一所大学；也只有说真话，办实事的人，才会最终取得成功。

钱伟长虽然只在美国加州理工学院呆过短短四年，但这所名校在他脑海里却留下了深深的烙印，从那里学来的许多先进理念，一直希冀得以借鉴和贯彻。遗憾的是，厄运和坎坷，吞食了他太多的美好年华，破碎了他的美好梦想。待到可以有所作为之时，已是耄耋之年。这正好解释了在校长岗位上的他，为何如此夙兴夜寐、殚精竭虑！

钱伟长一贯是非分明、嫉恶如仇，对于错误言行，要么口诛笔伐，要么采取行动，在他眼里，是绝对揉不进砂子的。这种性格，早在"反右"运动的大是大非中彰显得淋漓尽致，并因此惨遭25年摧折。但江山易改，本性难移。有一次，应用数学和力学研究所发现一名研究生毕业论文涉嫌假算。钱校长知道后生气地说："现在就假算，将来不是要祸国殃民吗？"于是提议研究生在学位论文答辩前，要组织考核程序。就这样，在国内学术不端之风盛行之时，上大力学所得以成为一片"净土"。

从担任校长开始，每年7月，钱伟长都要出席本科和研究生的毕业典礼，都会顶着烈日，奔波于延长、宝山、嘉定三个校区，和每个班级拍一张毕业照，用老人发自内心的微笑，诚送学生离去。他说："这是校长的职责，校长就应该亲自把自己的学生送走，送到国家的各个岗位上去！"

花了二十多年的时间，钱伟长凭借独特的教育理念，使原来只有800名学生规模的上海大学，发展为在校生3万人。那时，有几个人知道地处大上海北部的这所高校？然而，在后来全国30多所高校的本科教学评优中，上海大学居然名列第一。人民看到了，社会承认了，学子们切身感受到了：这是一所正在腾飞的、发展中的一流高校。

钱伟长勇于探索、积极开拓的精神，深入实际、认真实践的作风，不凡的学识与智慧、气度与胆魄，深深感染和激励着广大民盟成员。他于1996年主动辞去民盟中央副主席职务，推动了民盟领导班子的新老交替，体现了老一代民主党派领导人轻个人进退、重事业兴衰的优良品德和高尚风范。

当年，著名画家李延声为时年84岁高龄的钱伟长画了一幅肖像。画完之后，钱伟长立即提笔，不假思索地在画上题写了"桑榆匪晚，奔驰不息"八个大字，除将其晚年壮志隐喻其中外，还寄寓着虽午逾七旬才来到上人，但以人生的最后光景，拼其所能，创出不菲业绩，以弥补或挽回因被打成"右派"所空耗的26年美好年华。正所谓"失之东隅，收之桑榆"。

香港举行何梁何利奖励基金"科学与技术终生成就奖"授予钱老的颁奖典礼时，颁奖人是同样具有"右派"经历的国务院总理朱镕基以及香港特首董建华。当主持人宣布由朱总理为钱伟长颁奖时，在主席台就座的朱镕基快步走来，这位当年的清华高才生搀扶着当年的清华老校长走上台，深情地说：我是钱校长的学生，现在我要为老师颁奖致贺。全场顿时掌声雷动……

在改革开放后的15年间，钱伟长每年推出一本新书，最后一篇学术论文出版于他90岁那年。上大的学子们应该还清楚地记得，他最后一次为学生颁发毕业证书是在93岁那年，最后一次出席国际会议是在95岁那年。因此，用"春蚕到死丝方尽"来描述钱伟长对事业的执着，应该是再恰当的不过的了。

钱伟长对中国的教育体制和教育方法存在的诸多问题和弊端有着最深刻的感悟和最清醒的认识，且具有最大无畏的直言苦谏精神。他当年一针见血地指出中国教育存在的问题，其实直到今天仍然普遍存在，那些半个多世纪前的尖锐批评和所谓右派言论，今天看来仍然是有效、正确的，反映了一个伟大科学家的真知灼见和作为一个正直中国人的良心与良知。

2005年，既发生了"钱学森之问"："为什么我们的学校总是培养不出杰出人才？"又提出了"钱伟长之问"："百姓之忧，民族之忧，你想到了没有？"如果用历史唯物主义的观念来看，其实，两问的答案都已经包含在钱伟长半个多世纪前的"反动""右派"言论里了。钱伟长认为，教育不仅仅是把知识交给学生，而是要把获取与处理知识的能力交给学生。高等教育的主要目的就是让学生获得科学的方法和辩证逻辑思维，这样的教育才是和谐、有序的教育。这样的教育培养出来的才是"全面发展"的人才，才是具有"创新精神"的人才，才是高层次的人才。

2010年，钱伟长被评为感动中国十大人物之首位，荣誉头衔为"赤子"。感动中国组委会给他的颁奖词是："从义理到物理，从固体到流体，顺逆交替，委屈不曲，荣辱数变，老而弥坚，这就是他人生的完美力学，无名无利无悔，有情有意有祖国。"这段颁奖词，极其恰当地表述了钱伟长坎坷而绚烂的一生。

炎黄之情，家国之念

散居在今江、浙一带的钱氏家族，人才辈出，无锡尤甚。其中的主要聚居地在无锡"七房桥"和"七尺场"。所谓"一门六院士"，指的就是居住在"七房桥"的钱穆、钱伟长、钱易、钱俊瑞、钱临照、钱令希六人，而传奇人物钱钟书父子，则居住在"七尺场"。

1912年10月9日，钱伟长诞生在七房桥村一个虽为书香门第但却并不富裕的家庭。那一年，他四叔钱穆从外地归家，应长兄之邀为这位初生长侄取名为

"伟长"。儿时的钱伟长常跟着祖母、母亲采桑养蚕；同小伙伴们放鸭捉蟹，采摘野菜，糊火柴盒，甚至为人编织衣物以贴补家用；由于营养不良，身材矮小，也没正规上过小学、初中；16岁时，父亲钱挚英年早逝，使他陷入极度悲痛之中，家境也更加窘迫；因交不起学费，只好随在苏州高中任教的钱穆生活学习。因此，钱伟长一生深受四叔钱穆的影响。钱穆不仅资助钱伟长完成中等教育，而且让他跟着自己博览群书，帮助他打下了深厚的国学功底。

考高中时，由于小学没有学过四则运算，中学没有学过三角和几何，也未沾边过物理、化学，更与外语无缘，钱伟长仅以文科优势以末名进入四叔任教的苏州高中，得到了包括钱穆、吕叔湘、陆侃舆、沈同洽等一代名师的指点。尤其是数学老师严晓帆让他每晚去教师宿舍为他额外补课，陪他一起开夜车，无意间也为日后钱伟长习惯开夜车埋下了伏笔，而且是"六十年一贯制"。钱伟长后来曾感慨道："在苏州高中老师们的引导下，使我走出了为解决个人生活而学习的小径，启迪了我追求真理、追求学术探索的无尽向往。"

19岁那年，钱伟长高中毕业，语文考题是《梦游清华园记》，他写了一篇450字句句严谨、环环入扣的赋，老师竟一字也无法改动，不得不给了他100分；历史考题要求写出24史的名称、作者、卷数、做解释的人物等，许多考生望题兴叹，而钱伟长却答得分毫不差，仍旧得了100分。虽然出此考入了清华大学历史系，但钱穆得知后，却批评他语文答卷写得太骄傲，太狂放，实不可取。

由于家境贫寒，幸得实业家吴蕴初设立的清寒奖学金资助，才圆了大学梦。不料"九一八"事变爆发，日本侵占了东三省。和当年渴望救亡的大多数热血青年一样，钱伟长听到这个消息非常震惊，决定弃文从理，放弃文学梦，立志强国，坚决要从历史系转入物理系，寄望能实现科学救国。他说："我要学造飞机大炮，振兴中国军力。"

但高考时，除文学、历史获双满分外，物理只考了5分，数学、化学加起来20分，英文没学过，是0分。以这样的成绩结构，读文史类专业还算够格，但要转入理科，学习物理，系主任吴有训怎么也不肯收他。钱伟长天天去跟吴教授，软磨硬泡整整一个礼拜。吴有训被这个有志青年的坚定决心所打动，终于有条件地答应了。吴主任说："你那么坚决，可以。但一年中，化学、物理和高等数学要都能考70分,就先让你试读。不然,第二年就转系。"钱伟高兴快地接受了这个条件,刻苦学习,迅速成为物理系最好的学生。事实证明了师生俩的选择都是对的。

钱伟长在其回忆中这样写道:"我在大学本科四年中,得了终生难忘的良好教育。当时物理系有吴有训、叶企孙、萨本栋、赵忠尧、周培源、任之恭等6位著名教授,不仅讲课动人,而且同时都刻苦努力在实验室里从事自己的实验研究工作,他们经常工作到深夜。系内的学术空气浓厚,师生打成一片,学术讨论'无时不在也无地不在',有时为一个学术问题从课堂上争到课堂下……系里经常有研讨会,有时还有欧美著名学者来短期讲学、学术访问,如欧洲著名学者玻尔、狄拉克、郎之万都在清华讲过学,使同学接触到世界上第一线的问题和观点。"

本科毕业后,钱伟长以第一名成绩考取清华大学研究生院,直接师从吴有训教授做稀土元素的光谱分析和X光衍射实验研究,同时在黄子卿教授指导下研究溶液理论。

幸运的是,钱伟长入读清华之日,正是著名教育家梅贻琦执掌校政时期。梅校长所坚持的学术领先、优教优育、无为而治的办学理念给清华大学带来了十数年的辉煌,使钱伟长从中受益颇深,学业突飞猛进。他经常从早上四五点学到晚上,甚至深夜;跟当时的数学系学员比赛"谁是清华第一用功生";不仅学习物理系的所有课程,还根据学校自由选科的原则,修完了数学系的主科课程;不仅数理化几科全面赶上进度,还从此奠定了这几个学科的坚实基础。

正如钱伟长在《八十自述》中所说:"在大学四年和研究院的两年中,大大提高了我对科学技术的认识,如饥似渴地追求着科学发展的国际轨迹,培养了阅读国际科技文献的爱好,对于数学、物理、化学各方面的新发展都精神奋发地去理解,去搜索。和同学彭桓武、张宗燧、傅承义等经常为一个新问题争辩到半夜两三点钟,这样的条件可惜一辈子中只有六年,这是最不可忘怀的六年。"

就在钱伟长考取清华大学研究生院一年多后,爆发了"七七事变",之后仅三周,日军攻陷北平,学子们原本平静的学习生活被彻底打乱了。一时间,高等学府都向西南迁移。国立北京大学、清华大学及私立南开大学三校联合在昆明成立了"西南联合大学"，由清华校长梅贻琦主持校务。

在西南联大期间，钱伟长继续从事稀土光谱分析和X光衍射研究，与校友林家翘、傅承义、段学复、汪德熙以及北大的郭永怀等30几人，挤住在昆华中学高中部的小四合院里，且与林家翘、郭永怀同宿一室。这个小院成了藏龙卧虎、群英荟萃的地方。面对破碎的祖国山河，他做梦都在想着到西方国家学习顶尖的科学技术，以便实现科学救国。

一年后，中英庚子赔款基金会留学生委员会举行第七届公派留学生招生考试的消息传来，钱伟长毅然放弃了自己正在从事并已很有基础的稀土光谱分析和X光衍射研究，与同室的郭永怀、林家翘一起，报考了只有一个名额的航空力学专业，并开始了紧张的复习准备。

考试结果公布，钱伟长与郭永怀、林家翘的五门功课全优，总分竟一模一样地并列榜首。在重庆的考选委员会上，清华教授叶企孙和北大教授饶毓泰为他们据理力争，终于让英庚款基金会同意破例同时录取了他们仨。

原本通知9月3日自香港赴英，而当这群青年经越南海防抵港时，"二战"爆发，航路中断，被告知回昆明等候通知。其间，钱伟长从王竹溪教授那里，借到一本拉夫所著《弹性力学的数学理论》，看到当时国际弹性板壳理论的各种近似处理非常混乱，于是开始研究并寄望能形成一种统一的、以三维弹性力学为基础的内禀理论。

年底，钱伟长一行又接通知从上海登船赴英，谁知刚上船就传出消息，将在日本横滨停船二日，接受日本政府的签证后登岸"观光"。一群血脉贲张的中华青年面对这种莫大羞辱震怒了，向英代办提出强烈抗议，并毅然走下轮船，再次返回昆明。

1940年8月，钱伟长与郭永怀、林家翘三人同时被英庚董事会改派加拿大多伦多大学并顺利入学。又同时师从爱尔兰籍应用数学家、系主任辛格教授从事力学研究。钱伟长攻读弹性力学，郭永怀和林家翘专攻流体力学。

钱伟长在第一次见到辛格时，惊喜地得知导师也在研究板壳的内禀理论。只不过，辛格用的是宏观内力素张量求得在外力作用下板壳的张量平衡方程，称之为宏观方程组；而钱伟长则是从微观视角列出方程组，因而被称为微观方程组。辛格认为：虽然两种理论所用的力学量和符号有所不同，但其实质是等同的。尽管他和导师采用不同方法进行了相同实质的研究，但那时，辛格已经是世界知名大教授，而钱伟长则是他刚刚收入门下的硕士研究生。

钱伟长仅花了半年时间，就以出色的工作态度和研究成果，获得了硕士学位。郭永怀和林家翘也同期完成了各自的研究课题。三人几乎同时获得硕士学位。

之后，钱伟长继续在辛格教授指导下攻读博士学位，并有幸协助辛格和爱因斯坦的大弟子因费尔得以及温斯坦、史蒂文森等知名教授，创建了北美首个应用数学系。

后来，辛格教授提出把他和钱伟长的两种理论结合，写成一篇论文，用以汇入世界导弹之父、应用力学大师冯·卡门教授60岁祝寿文集。于是，由钱伟长执笔，仅用50天就完成了《弹性板壳的内禀理论》一文，发表于冯·卡门祝寿文集内。该文集有26位作者，除钱伟长是未到而立之年的青年学者外，都是当时赫赫有名的学术权威，其中还有爱因斯坦等。论文发表后，立即受到数学和力学界的重视，成为钱伟长的成名之作。爱因斯坦看到后感叹道："这位中国青年解决了困扰我多年的问题。"从此，钱伟长开始跻身一流科学家之列，受到国际数学和力学界的青睐。在此后的一年中，钱伟长把上述理论进一步展开，完成了他的应用数学博士学位论文，并于1942年获得理学博士学位。当时出于二战的需要，他也曾做过一段电磁波的研究，而且在理论和实践上也都颇有建树。

之后，钱伟长来到美国加州理工学院航空系及喷气推进研究中心担任研究工程师，跟随钱学森的导师冯·卡门教授作博士后研究，又与先期到来的郭永怀、林家翘一起，在冯·卡门教授领导下研究空气动力学。从此，在冯·卡门的学术大家庭里，钱学森、钱伟长、郭永怀、林家翘、傅承义等成为最要好的"五哥们"。

次年，冯·卡门教授主动提出要与钱伟长合作研究薄壁构件的约束扭转问题。他谈了一些初步想法后，给钱伟长3个月时间思考、探索，希望做出系统的理论阐述。钱伟长日夜奋战，仅用一个月就完成了此项工作，写出了《变扭率的扭转》一文。冯·卡门赞叹不已，称誉这是一篇经典论文。此文由他俩共同署名发表在美国《航空科学月刊》上，成为国际弹性力学理论的经典之作，被国际上公认为该领域的奠基人。

钱伟长还和钱学森、郭永怀等多次探讨，希望回国后办一所比加州理工学院还要好的大学，让美国人也到中国来留学，以此报效祖国。钱伟长等人的梦想，终于在65年后得以实现。2009年11月，美国总统奥巴马访华期间，在与国家主席胡锦涛发表的《中美联合声明》中表示："美方将启动一个鼓励更多美国人来华留学的新倡议，今后四年向中国派遣十万名留学人员。"

钱伟长在美期间正值"二战"正酣，英国遭到德国V-2火箭的威胁，丘吉尔首相向美国求援。是钱伟长和林家翘合作的"运行火箭受到干扰缩短旅程"的科研成果遏阻了德国的飞弹攻击，使伦敦避免了毁灭性打击。丘吉尔在回忆录中谈及此事时，不胜感慨，由衷地称赞"美国青年真厉害！"他哪里知道，他眼中非常厉害的"美国青年"竟然是两个庚款留英的中国研究生。

如果钱伟长沿着应用数学和力学研究这条路走下去，他完全可以成为世界力学界泰斗。然而，祖国抗战胜利的消息传来后，他归心似箭，于1946年5月，放弃高薪和优越的工作条件，以探亲名义从洛杉矶乘船回国，成为清华大学一名教授，并兼授北大、燕大的力学课程，也成为"三钱"中，出国最晚但回国最早的一位。

1948年12月，《清华大学理科报告》刊载了钱伟长当年博士论文中关于《从三维弹性理论导出壳体宏观平衡方程的证明》部分，还因此引发了一场令人啼笑皆非的著作权之争。后来成为理论力学权威的科学家特鲁斯德尔看到这篇论文后，来信抱怨是抄袭他1948年初发表的论文。于是钱伟长回信请他到多伦多大学图书馆查阅他当年的博士论文原件后，特鲁斯德尔才急忙来信深表歉意，还在信中说他的导师告诉他，他在数学学会会刊上登载的博士论文还是钱伟长1946年乘船回国途中审查并提出了近50条意见，他大都接受并做了修改才发表的，而且，他于1947年发表的关于轴对称壳的文章也是钱伟长审查的。这位不知天高地厚的晚辈过去哪里知道，钱伟长早就是这一领域的祖师爷了。从此，两位力学大师成了终生好友。

留在国内的钱伟长，除在弹性薄板大挠度问题上继续深入研究外，先后身兼多个社会职务：清华大学副教务长，全国青联常委、副秘书长，清华大学教务长，中科院学部委员，民盟中央常委，清华大学副校长，中科院力学所副所长，国务院科学规划委员会委员。在弹性薄板大挠度问题上的研究成果获国家自然科学二等奖。由此可见，解放初期的几年，作为被周总理誉称的"三钱"之一，钱伟长站在世界科技发展最前沿，参与了国家12年科学发展远景规划的制定，确立了新中国自主创新发展高端科学技术的基础，其事业可谓达到了人生的顶峰。尤其是在美国斯坦福大学结构力学研讨会上，华人教授冯元桢在宣读的《弹性薄壳的失稳》一文中，称扁壳方程为"钱伟长一般方程"，扁圆柱壳方程为"圆柱壳钱伟长方程"，此后两种方程被国际力学界统称为"钱伟长方程"；有关薄板大挠度的系统奇异摄动理论方面的研究成果，被国际力学界称为"钱伟长法"。

右派头衔，横加在头

遗憾的是，就在钱伟长事业如日初升之时，却因为自己的直言不讳，一头撞在了"反右"运动的南墙上。

1957年5月15日，毛泽东撰文《事情正在发生变化》称："最近这个时期，在民主党派中和高等学校中，右派表现得最坚决最猖狂。"同年6月14日的《人民日报》社论提出："牛鬼蛇神只有让它们出笼，才好歼灭他们，毒草只有让它们出土，才便于锄掉。"至此，一场全国性的反右派斗争正式开始。

钱伟长曾于1956年下半年，先后在《北京日报》和《中国青年》上发表过一篇《过严地管教青年是封建教育思想的反映》的文章。就是这篇2000多字的短文，成了"牛鬼蛇神"出笼的标志，成了被歼灭、被铲除的毒草，成了时为清华大学教授、副校长钱伟长被划成右派分子的主要罪状。他在文中说了这样一些意见：

"几千年来封建社会残留下来的封建教育思想的影响还是很大的。封建社会对青年的'教育'有一整套……有许多对青年的不合理的要求，就是借助于'服从祖国需要'这样的光辉的字眼混了进来，新名词混进了旧内容，确实迷惑了不少青年。

"约束和管教太多，终究是和发挥青年积极性和创造性的要求不相符合的。

"我也曾看见过活泼的青年渐渐地变得沉默寡言，青年们自小在一起的好朋友因为怕被检举搞'小圈子'而渐渐疏远了，正当的生活爱好和业务特长受到了限制，一切好像都有顾虑，甚至像吃根冰棍都可以算做生活浪费。这样动辄得咎的生活，显然只会伤害他们的锐气，是无益于青年的教育的。

"批评和自我批评在主要的原则性问题上友爱地进行是有好处的，如果是为了'批评'而'批评'，没有'对象'找'对象'，则就会产生消极的作用。在目前，这样代表着友好和关心的字眼，像'帮助'和'批评'，都变成了'管教'的代名词，实在指出了我们的封建残余是根深蒂固的。

"大学毕业以后，学非所用的人也不在少数。如有意见就给你扣上大帽子。我们强调了服从需要，很少照顾到个人的志愿和专业的培养，使青年在这些问题上受到了不应有的过多的限制。积极为这些问题提出意见的青年，总是被认为是落后分子。

"总之，对青年的清规戒律太多了，管得太紧太厉害了。我们反掉了自由主义，而让封建主义的残余从后门钻了进来。清规戒律就是不相信革命群众的积极性，就是封建社会教育思想的残余。"

钱伟长的另一罪状是煽动理工合校。1957年6月1日晚，钱伟长针对清华工程物理系20多个来访的四年级学生说："我从一开始就是反对理工分家的。院系调整把理工分了家，是一个很大的错误。教学改革中，有人说我落后，不愿学习苏联，甚至说我有反党情绪，要我做检讨。"这些话，被刊载在7月6日的《北京日报》上。

就在6月1日晚上，清华园贴出了第一批质问钱伟长的大字报。钱伟长立刻贴大字报激动地反驳："今天一晚大字报贴了满墙，问题很清楚，就是要打倒我，反正抓不着我的小辫子。这件事我要去告诉周总理，不是我滚蛋，就是蒋南翔滚蛋。我向周总理辞职，允许我辞职，就算啦，不允许我辞职，就得说个明白。"这些话，被刊载在7月14日的《人民日报》上。

钱伟长比蒋南翔大一岁，两人既是江苏同乡，分别出生在太湖之滨的无锡和宜兴；既是清华校友，又都是"一二·九"运动的热血青年；此后，一个出国深造，学习西方先进的科学技术和教育管理经验，取得了不菲业绩；一个在北平、上海从事中共地下党工作，到延安接受马列主义熏陶，成为职业革命者；20年后，两个老校友殊途同归，共聚母校，一个出任清华大学党委书记兼校长，担任"反右"斗争的领导者；一个被任命为清华大学副校长，成为"反右"运动的牺牲品。真是上天安排的缘分，是走不开、离不去的一对。

然而，"既生瑜，何生亮？"就在钱伟长和蒋南翔再聚清华园4年后，爆发了一场关于教育体制的龙虎之争。其结果是使钱伟长蒙受了22年的"右派冤案"，争论的焦点就是清华大学的培养目标问题。

从朱开物先生博客转载的一篇名为《钱伟长与蒋南翔》的文章中，可以清楚地看出当年钱伟长获戴"右派"桂冠的全过程。

蒋南翔认为，清华大学培养的是工程师。为了达到培养高水平工程师的目标，应将理工分家，将专业分细，将专业课程设置完备。当时的清华大学被看作是新中国工科大学的标杆，其办学模式示范全国。于是，一股否定欧美式教育制度而移植苏联教育模式的大规模院系调整在全国铺开。

这样的结果是使学生不堪重负，教师难承负荷，基础课被挤占，学生知识面狭窄，知识基础单薄。钱伟长在美国加州理工学院做研究4年，其成功的理工合一的教育体制给他留下了深刻印象。针对理工分家、专业过细、知识狭窄、忽视基础、知识单薄、课程繁重的事实，钱伟长对蒋南翔的办学观点提出了质疑。

著名历史学家朱正先生曾经在他的《1957年的夏季：从百家争鸣到两家争鸣》一书中这样描述当年钱伟长被打成右派的经过。

钱伟长有些什么右派言行呢？他在接受《光明日报》记者采访时说的一些

意见，以《钱伟长谈高等工业学校的培养目标问题》为题，刊载在1957年1月7日的《光明日报》上。他说，高等工业学校的培养目标是工程师的这种想法是不现实的。如果培养目标是工程师，那就必须把有关的各项知识全部传授给学生，可是事实上是办不到的。他还说，必须把培养学生具有独立工作能力和把全部知识传授给学生二者严格区别开来。高等学校不可能也没有必要把全部知识传授给学生，但是高等学校必须给学生打下一定的理论知识基础，训练学生在一定范围内获取新知识的能力，为将来成为一个工程师做好准备。他认为，当前高等教育的特点是烦琐。课程门数繁多，又是基础课，又是专业课，又是专门化课。学生一学期要学10多门课，每周学习时数在30小时以上，一天到晚在教室里换班子，上了这堂课，又是那堂课，以致走马看花，学得不深不透，更谈不上独立工作能力的培养了。他又说，西德的高等学校每周只上课17小时，美国有的工业大学每周连上课带实验在内只有20小时，它们也同样培养出了相当水平的人才。他还说，中国学校的专门化设置是采用苏联的，可是苏联的工业水平要比中国大20倍，运用人才的灵活性也比中国大20倍，按中国目前的工业水平来看，分工还不可能过细，对于人才的需求还不可能算得十分精确。因此，专业不宜分得过专过细，以免产生"学用不一致"的倾向。

1月23日，清华大学校刊《新清华》转载了《光明日报》的采访报道并加了《编者按》。可见，分歧已久的蒋校长对已于几个月前升任为副校长的钱伟长开始发招了！这一招，正好是投向水中的一块鱼饵。饵料既投，蒋校长便坐等鱼儿上钩。

而钱伟长的年轻气盛、言辞犀利和蒋南翔的老谋深算、坚毅执着，催化了这场争斗的进程和激烈程度。就在蒋南翔发招不久，钱伟长的《高等工业学校的培养目标问题》见之于《人民日报》第6版。政治上极其幼稚的钱副校长自以为是主动接招，却实际上是鱼儿上钩。因为还是那句话："牛鬼蛇神只有让它们出笼，才好歼灭他们，毒草只有让它们出土，才便于锄掉。"

在这篇文章里，钱伟长提出：假如将工程师定为高等工业学校的五年培养目标，则必然导致"四过"与"四不"诸弊端。"四过"者：目标过高，课时过多，专业过细，负担过重；"四不"者，基础不牢，能力不强，就业不易，效率不高。因此，钱伟长肯定地说："工程师是我们高等工业学校的培养方向，但是不能作为五年的培养目标。"

相对从美国回来的海归留洋派钱伟长的政治幼稚和快人快语，1933年秋就入党的老牌职业政治家的蒋南翔更为深沉老道。两个同乡校友共聚母校不到4年，就结怨成仇，成为格格不入的一对。随着1957年5月17日，新华社记者朱继功采写的《钱伟长语重心长谈矛盾》在《人民日报》刊出，这场龙虎之争的核心焦点渐渐清晰化。

蒋南翔说："怎样来加强党在整个学校中的领导作用呢……学校中不应再有党和行政相互分离的两个领导中心，而须建立全校统一的领导核心。"

钱伟长说："我是老清华了，一向是敢说敢做的，但是这些年来，当家做主的味道越来越稀薄了。许多事情很想插手，但是做不了主，因为有另外一条线总是比你走得快。"

蒋南翔说："对现在的教师来说，马列主义的世界观、人生观，他们还未建立……不能完全按照他们的面貌来教育学生……放弃了斗争，即离开了党的路线。这是领导问题。"

钱伟长说："在高等学校究竟应该依靠谁？应该主要依靠老教授。学术、教学上的重要问题应该由老教授来领导，老教授在某门专业上应该站在权威的地位，助教升讲师、讲师升教授也给老教授以绝对的决定性权利。"

蒋南翔说："今后清华要解决师资困难，必须正确解决两个问题：一是团结改造清华原有教师，一是有计划地大胆放手地培养新的师资，使他们更好地负起责任。"

钱伟长说："我不赞成蒋校长的说法：要注意使大家各得其所，要注意发挥老教授的作用，也要注意培养青年教师。我还是要谈我的看法。我反对大学毕业生就是工程师的提法，大学学习不过是打个基础，真正的学习是从生产实际中开始的。"

……

1957年下半年，清华大学针对钱伟长的"右派"言论展开了大批判，组织了多场"一边倒"的辩论。钱伟长不服输，独自一人"舌战群儒"，坚持自己的观点。后来，虽被迫做过多次检讨，但仍执着地牢牢守住自己的底线，招来了更多的炮轰和谩骂。蒋南翔在《北京日报》上发表《反右派的斗争保卫了党的领导保卫了清华大学社会主义方向》，其中写道："钱伟长是全校右派的旗帜，不仅在学校中是主要代表人物，而且在全国也有相当广泛的影响……"

就这样，1958年1月15日，一顶"右派分子"的"头衔"便严严实实地扣在了钱伟长的头上，并定为最严重的极右等级。一夜之间从天上到地下，原有职务被撤得精光，昔日地位被一掀到底，由一级教授降为三级，清华力学班也由郭永怀接管了。后因毛泽东一句"钱伟长还可以当教授嘛！"虽然免掉了去北大荒劳动改造的厄运，却从此靠边，一颗科学脑袋就此被闲置起来。

当然，这并不代表钱伟长的大脑不再思考问题，他仍执着于科学事业这个人生目标，不管处于何种艰难环境，仍彻夜苦读，坚持研究，于1964年推导出广义变分理论。但因当时依旧被称为"摘帽右派"，投递给《力学学报》的论文，未获发表。由于坐失良机，本应属于我国的科技成果，却被国外科学家抢先发表而损失了这份知识产权。

钱伟长作为杰出的科学家具有严格而崇高的科学精神，不像许多人那样甘当犬儒，放弃基本的社会良知和责任感；他宁可坐冷板凳，甘愿被关牛棚，也绝不助纣为虐，伤害文化道统；他以一颗坦荡的君子胸怀来对事为人，凡事自抒胸臆，从不遮遮掩掩，尽管为此吃尽苦头，却依然撞到南墙不回头；他只认真理，不惧权威，敢唱反调，直言苦谏；他思维活跃，富有创新精神，敢为人先；他执着，坦荡，为了祖国和人民，龙潭虎穴都敢闯，无私地奉献一切；为了科学研究，他可以把生死置之度外。如果用鲁迅先生的名言"横眉冷对千夫指，俯首甘为孺子牛"来形容钱伟长，也是非常贴切的。

钱伟长自幼着迷围棋，其父钱挚和叔父钱穆都是围棋高手，而且家学基础雄厚，又随时钻研棋书，棋艺精湛。自从被打成"右派"后，他的科研活动也一度转为"地下"。有时，他很想趁着在看书和"地下科研"之余，找人对弈，以排解心中的烦闷。但是，清华的大人们避讳他的"右派"声名，不敢与他平坐对弈。只有两位清华子弟孙立哲和胡晓明，为了向钱伟长偷师学艺，有时候悄悄来到他家，与他对战几局。

两个小棋友早就摸透了老棋友的生活规律。孙立哲往往趁天黑之后，才悄悄来到照澜院，与胡晓明接上头后，两人打着手电筒，进到钱伟长新搬入的一间连白天也不见阳光的小黑屋。钱伟长见到两个小棋友到来，便会站起来谦和地点头问候，脸上堆满了笑容。

孙立哲的父亲与钱伟长是清华前后期的校友，又都是清华教授。小时候他叫他钱伯伯，可如今叫不出口了。这类称呼，原是清华孩子们对长辈的统称，自从钱伯伯获戴"右派"帽子后，人们便意识到这种称呼缺少阶级性，实在面对面躲不开时，头一低，假装没看见。这见面打招呼的繁文缛节就都省了。"伯伯""伯母"等词，一夜之间像变戏法一样突然从清华子弟的语言中消失，与"四旧"一起被扫进了历史垃圾堆。

1968年初，已56岁的钱伟长被送到首钢特种钢厂当了一名炉前工。从此，他的主要工作就是手执钢钎火钩，守候在炼钢炉前，不时翻搅着火红的炉膛。

在下棋的空档，钱伟长经常在两个小棋友面前发表劳动体会："工人阶级真伟大，他们从不在自己的劳动成果——钢锭上写上自己姓名，而我远不如他们，写书一定要落上自己的名。"就因为有这样的感受和认识流露，钱伟长曾一度成为"臭老九"被工人改造好的典型。

中美关系解冻后，国家要组织一个科学家代表团到美、英等国访问。周恩来亲自点名要钱伟长参加出访并叫秘书派车去找钱伟长来参加预备会，这才知道他还在特种钢厂劳动。总理秘书受命亲自赶到钢厂，看到钱伟长正在一个炉前，手握长长的钢钩往炉膛里使劲，汗水把厚厚的劳动布工作服都湿透了。当钱伟长得知情况时，不敢相信这是真的。秘书带着来不及换下劳动服和满是尘灰的破鞋子、满身汗味、满脸污迹的钱伟长赶到中南海会议现场。总理见状，双眼顿时潮湿了，立即叫秘书找来自己的衣服和鞋子给他换上。就这样，钱伟长成为唯一一个戴着"右派"帽子的访问团成员，穿着总理的皮鞋，踏上了赴美国的飞机。访问结束后，钱伟长虽然回到了清华，但仍然坐在冷板凳上，未予安排工作。

张铁生"白卷事件"出来后，清华、北大的老教授们被集中起来考物理和数学基础课，钱伟长获得最高分。

钱伟长虽被错划为右派，饱受不公正待遇，但仍然没有放弃科研和对祖国的忠诚。从1977年开始，他不辞辛劳，去了除青海和西藏外的各省市自治区180个城市作了《关于实现四个现代化问题》的报告，为富民强国出谋划策，听讲人数愈30万。

在"反右"运动中，钱伟长是"三钱"中唯一被戴上"右派"头衔的海归科学家。实践是检验真理的唯一标准。在60年后的今天，再用中华传统文化和社会主义教育路线的标尺来衡量，再来审视他当年荣获"右派"头衔的过程，不禁令人唏嘘，令人叹息。

圆梦成真

凡是力学科学界，尤其是上海大学的学人学子们都知道，长期以来，有三个美好的宏愿一直沉淀在钱校长心底。那就是：办一本一流的杂志——《应用数学和力学》，要跻身于国际重要学术期刊之林，影响世界；办一个一流的大学——上海大学，要像加州理工学院那样先进、出彩，要让美国人也想来中国留学；办一个一流的研究所——应用数学和力学研究所，要像纽约柯朗数学科学研究所那样优秀，成为中国数学和力学研究的高端平台。为此，钱伟长殚精竭虑，鞠躬尽瘁，付出了一切！

1983年以后，钱伟长在社交活动中使用两张名片：一张是去北京开会时用的，上面印有他的主要社会职务；另一张列着上海工业大学（后为上海大学）校长、《应用数学和力学》主编、上海市应用数学和力学研究所所长，这是在正常社会交往中使用的。

曾参与组织编辑钱伟长主编、指导的杂志、丛书、学术专著以及钱伟长本人多部著作的重庆出版社编审夏树人先生在《我认识的钱伟长先生》一文中，披露了钱伟长不遗余力地为创办并尽力办好《应用数学和力学》杂志而倾注的二十几年心力。他与钱伟长的交往，就缘于《应用数学和力学》杂志。

据夏树人先生介绍，早在1979年，科学的春天来临，钱伟长顾不上自己还头戴"摘帽右派"的尴尬之身和已近古稀之龄的龙钟之态，便开始只争朝夕地筹备创办一个能承载数学和力学领域科学内容的学术期刊，并利用自己桃李满天下的师尊优势，通过遍布于全国各地的学生多方寻求主办单位。但由于尚未彻底平反，更未恢复清华大学副校长职务，那些戴着有色眼镜看人的人，对他的一片火热心肠依旧不理解，认为这位"臭名昭著的大右派"还在寻找发泄心底怨气的平台。因此，他跑遍了北京、上海等大城市的许多重点大学和出版单位，人家都不敢承接他设想要创办的这本学术刊物。

几经周折，幸得自己曾经的得意门生、时任兰州大学讲师叶开沅的响应，通过在重庆交通学院任教的叶开沅的学生王志忠，邀集徐尹格、张禄坤和许生超3位教师，在该院搭建起杂志编辑部，在重庆印制一厂落实了印刷事宜。1980年5月，由重庆交通学院出资1万元作为创刊费，由钱先生亲自担任主编并题写刊名的全国性杂志《应用数学和力学》的创刊号终于与读者见面了。

考虑到重庆交通学院经费来源有限，由它全程出刊难以为继，钱伟长除将编辑部及其人员稳定在重庆交通学院外，继续寻求社会支持。后在四川省委杨超书记支持下，找到四川人民出版社，从第2期开始，改由四川人民出版社出版，当年共出季刊3期，次年，扩版为双月刊。钱伟长又争取到老朋友、时任华中工学院党委书记兼院长朱九思的鼎力相助，由华工承担同步翻译编辑出版英文版。至此，《应用数学和力学》杂志成为一本稳定出版的中英双语双月刊。这样的格局一直保持到钱伟长入主上海工业大学以后，朱九思69岁离休之时，其英文版才改由上工大出版。

此后，又将该杂志扩版为月刊，每册定价1元，创造了我国科技期刊史上高速发展和最低定价的双奇迹，成为全国第一家力学科学类月刊。但是，由于定价太低，科学类期刊发行量有限，越是扩版，亏损也就越多，国家又没有一分钱补贴，该杂志出版不到30期时，再次面临生存危机。

1985年2月中旬，时任重庆出版社总编辑助理的夏树人接待了来自重庆交通学院的《应用数学和力学》杂志社的两位编辑。他们来访的目的是希望重庆出版社能接手出版这个杂志。从他们带来的几本《应用数学和力学》期刊上，夏树人颇感意外地看到，该杂志的主编竟然是大名鼎鼎的钱伟长。两位编辑直白地说："出这个杂志要亏损。是钱老要我们寻找一家真正懂得这个杂志价值的出版社。要找的不是有名气的出版社，而是要找有眼光、有魄力，真心珍惜这个杂志的出版社。"他们还说，一个多月前，重庆出版社的同志曾因事拜访过钱伟长，是钱老建议他们找来的。在夏树人的斡旋下，重庆出版社口头答应了从四川人民出版社手上承接这个杂志的出版发行工作。

令夏树人意外的是，没过几天，钱伟长竟给夏树人写了一封亲笔信："对重庆出版社的宝贵支持表示诚挚感谢，并邀请社领导到上海，和他签订一个出版协议。

重庆出版社副总编辑陈洛携夏树人乘机抵达上海。钱伟长以《应用数学和力学》杂志主编的名义，与陈洛正式签署了《出版协议》。从此，重庆出版社接受了无限期出版中文《应用数学和力学》杂志的业务。夏树人从此亲自参加了这本杂志的出版发行工作。钱伟长也从此却了后顾之忧。

夏树人对钱伟长的敬业和执着异常钦佩地说："钱伟长对该刊的主编工作极端认真，所有重大问题都亲自决策、指导，对每期刊物的每篇文章，甚至每篇来稿都亲自审阅。"

1985年10月，《应用数学和力学》杂志作为发起组织，在上海召开了盛况空前的第一届"国际非线性力学会议（ICNM）"，120位外国学者和200多名中国学者出席，其中有许多是世界第一流的科学家。会议主席由杂志社主编钱伟长担任，秘书长由副主编叶开沅教授担任。这次会议之所以赢得科学界这么高的重视和关注度，是因为该杂志以及钱伟长本人在国际上受到广泛好评和尊重。

1987年10月9日，时为全国政协副主席、民盟中央副主席的钱老再次纡尊降贵，仅以该杂志主编身份，给重庆出版社写信说："数年来，《应用数学和力学》自创刊迄今，在贵社的支持下，由季刊而双月刊而月刊，业已发展成为我国在应用数学和力学方面有重大影响的全国性学术刊物。非仅是全国仅有的力学月刊，而且在国际上以英文版向五十余国发行，成为被公认的我国少数几种对外发行的刊物之一。国际科技学术权威评论刊物，如美国《应用力学评论》、英国《数学评论》、苏联《力学文摘》，都对我刊的论文逐篇评论或摘要，为国内外许多科学家所推崇和引用。贵社不斤斤于所谓经济效益，而热诚于推动国家科技工作的发展，毅然承担科技刊物《应用数学和力学》的出版，实具有远大目光、魄力和崇高精神，深为我刊广大编委和国内科技工作者的肯定和推重。"在落款上，还郑重其事地加盖他本人的印章。

写信的这天，正是钱老的75岁寿辰，这体现出钱老的良苦用心，说明他把杂志的创办看成和自己的生命一样重要。

在钱伟长的亲自主持下，以他豁达的胸襟和高超的智慧，先后邀请了155名学者担任编委。其中包括17名中科院院士、5名中工院院士，2名中科院外籍院士，包括曾经伤害过他的一些确有学术水准的人；还先后聘请了10名国际知名学者担任特邀编委。为了扩大刊物影响和培育新人，钱伟长提出由编委会专家组成员挨个来做"应用数学和力学讲座"。在他的身体力行下，该系列讲座共举办了50场，学员共约5000人次，收到了超出预期的满意成效，既提高了学员的知识水平，又扩大了刊物的知名度。

钱伟长在身兼数个社会要职、工作异常繁重、应酬多杂的情况下，还先后亲自为该刊撰写论文41篇，推荐论文488篇；依托该刊编委会，先后在我国召开了5次"国际非线性力学会议"、10次"近代数学和力学学术会议（MMM）"，使得《应用数学和力学》杂志的国际声誉日隆，许多著名外籍科学家纷纷供稿。然而，钱伟长始终坚持一个原则，就是一定要将这个平台尽可能提供给中国人，以优先发表中国学者的成果为主，每期只优选少数国外学者和专家的稿件。

在举办的系列国际会议和国内学术会议中凝聚起超强的人气场，形成了强有力的编委会和稳定的作者队伍，而且，在当初的编委会中，很快走出了16位两院院士、15位高校校长、副校长乃至省、部级领导干部，所有编委都成了力学界学术骨干。名师出高徒。在钱先生这面大旗下，通过精心培养和热情帮带，迅速聚集起一批雷打不散的中青年研究人员，一支朝气蓬勃的科技人才队伍应运而生。

1995年，钱伟长到重庆视察时，亲自把在上海主持召开国际非线性力学会议节省下的9000元会务费全部送给了该刊编辑部，并指定其中5000元作为办刊

书房中的钱伟长。

费用，4000元用来改善编辑们的生活。

2002年10月9日，仍担任着《应用数学和力学》主编的钱伟长再次以该杂志主编名义，给重庆出版社寄来感谢信。他说："《应用数学和力学》杂志创刊至今，已经走过了23年的风风雨雨，国内国际一流杂志的地位已经奠定，这一成绩的取得，凝结了方方面面的支持和帮助。"这一天，是他90岁寿辰。此时，他多年的夙愿已经实现，把《应用数学和力学》办成在全球享有盛誉的一流杂志，使它跻身于国际重要学术期刊之林，美梦已经成真。

2003年，91岁高龄的钱老将主编之职交给了他此前的重要助手、上海大学常务副校长周哲玮博士，改任荣誉主编，仍继续关心指导该刊编委会、编辑部的工作。截至2010年7月，该刊共出版整整30年，出刊334期，发表论文4188篇。这位科学老人，事无巨细，亲力亲为，为办好这个杂志真是鞠躬尽瘁，呕心沥血！

在办好《应用数学和力学》杂志的同时，钱伟长还接受重庆出版社的诚聘，担任了《现代化探索》丛书的主编。《现代化探索》丛书出版后，在全国产生了巨大反响，受到社会各界的高度关注和热烈欢迎，对推动我国现代化建设，起到了实实在在的促进作用。

从钱伟长到上海工业大学的次年11月11日，便依托上工大创建了上海市应用数学和力学研究所，亲自兼任所长，并明确提出了办所宗旨，实际上也就是他发出的誓言："为国民经济建设服务，特别是为上海市的建设服务，在社会实践中提炼问题，上升到理论高度来认识，将所获得的成果回到实践中检验；在出优秀成果的同时，不拘一格地培养优秀人才；请进来，打出去，大力开展学术交流。"研究所每周四雷打不动地召开研讨会，规定所有研究人员和研究生必须参加，并给研究生记学分，近20年一贯制，从不间断。

钱先生72岁以后的18年中，上海应用数学和力学研究所共举办了499期研讨会。第一期是钱先生亲自主讲的，第500期还是由他亲自主讲。在所有主讲者中，国外专家、国内专家和所内人员各占约三分之一。许多国内外知名学者都登上过研讨会讲坛演讲，其中包括几十位国内外科学院和工程院院士、国内不少力学系和应用数学系主任。这些演讲报告大多是当期研究工作综述，使研究所人员足不出户就知道国内外应用数学和力学的发展趋势。

钱先生要求参加研讨会人员必须踊跃发问、积极参加讨论。他经常对学生说："你们应该有满脑子的问题，而研讨会是提问题的好机会。要记住：不存在愚蠢的问题，提问题永远是聪明的。"在他的要求和带动下，研究所内各分支学科的带头人也纷纷在晚上举办小型研讨会。因此，每到晚间，上大研究所灯火辉煌，大家在无拘无束的氛围中细致地讨论问题，使许多难题迎刃而解，使大批年轻人受益匪浅、迅速成长；一些出国深造的人，很快就能适应国外的新环境，纷纷感谢研究所对他们开放式的培养；从这个研究所毕业的研究生，大都能够迅速独当一面，成为学术骨干或学科带头人。钱先生在研究所创造了一套独具特色的研学方法，他一般不会去手把手地教，而是带动青年人与他共同攻关，经常在自由讨论中激发学生的潜能，在所有学生开始做课题之前，他会安排一次一对一的恳谈，对学员提出要求，有时指定一两篇必读文献，此后，便是倾听学生的研究进展汇报，一针见血地指出存在的问题，让学生在独立操作实践中磨炼自己。

在钱伟长的率领下，应用数学和力学研究所完成了几百项重要课题，发表学术论文2000多篇，人均论文数在校内一直首屈一指，在国内外产生了很高的知名度。一位从事流体力学研究的科学院院士如是说："这个研究所是国内从事力学研究的一块福地。"研讨会制度已在上海大学推而广之，使上大向应用研究型大学阔步迈进。

钱伟长曾感慨地说："我做工作一切都是从实际出发的；有需要，我就干；有不懂的，我就学；边干边学，摸着石头过河，只要对岸有果子要摘，再宽的河也要过。我敢于过河，不怕呛水。"

上海市隧道建设公司领导人、市十大杰出青年周文波，就是应用数学和力学研究所毕业的一位成绩突出的研究生，在上海的地铁和隧道建设中，多次攻克了重要难题，为上海市的基础设施建设立下了汗马功劳。周文波在十几年前来到上海市应用数学和力学研究所，以软地基地下构造应力分析专家系统为题攻读硕士学位，选题直接与隧道建设有关，所开发的软件可应用于上海市或有类似地基结构的地下工程。这一研究为他日后工作奠定了坚实的基础。尽管成绩卓著，但周文波并不满足，后来又在该所攻读在职博士学位。钱先生每每谈起周文波，便两眼放光，自豪之情溢于言表。

钱伟长在加拿大多伦多和美国加州理工学院时，分别与辛格、英菲尔德和冯·卡门教授等欧洲哥廷根学派的传人密切接触。辛格教授曾比喻说：你们应该有捏着鼻子跳进海里的勇气，但应该懂得避免淹入海底，懂得在完成任务后爬上来，寻找新的物质运动的土题。数学本身很美，不要被它迷了路，应用数学的任务就是解决实际问题……"因此，钱伟长实际上早就成了哥廷根学派的第一代中国传人。而应用数学和力学研究所里的年轻人都以自己是哥廷根学派的第四、五代传人为荣，决心沿着钱所长指引的方向走下去，将这个研究所办成世界一流的应用数学和力学研究中心。

实践证明，钱伟长根据实际需要把握科研方向是正确的、卓有成效的。他强调说："你要解决一个问题，就需要收集情况，也需要向已经写出的书本学习，要向许多庞杂的资料学习，还要到现场去看问题发生的情况，背景怎么样？这样才能弄清楚这个问题的本质,才能想出处理这个问题的方法……"钱伟长一贯认为,应用数学和力学工作者的科研成果必须经受实践的检验。

钱伟长经常告诫学生们,治学一定要得法,要做到事半功倍。他说:自学也要有本事,第一是学会找你需要的资料;第二是自己会读这些资料,能很快从这些资料中发现最核心最有用的东西,并把它们整理得有条有理,之后,学以致用,跟原来学的东西挂上钩;第三是要有眼光,能够看到进一步发展的趋势。有了这三个能力,你就永远不会落伍。他还指出,科学的各个门类是相通的,因此,知识面要宽、阅读面要广,不要局限于本专业,更不要局限于自己的研究方向。经过几十年的磨炼,这些法宝已被钱伟长运用得炉火纯青。

鉴于钱伟长对我国力学事业的杰出贡献有目共睹,他与周培源、钱学森、郭永怀三位院士一起,被公认为中国近代力学的奠基人。

患难夫妻

当年,家境贫寒的清华物理系高才生、来自江南水乡的矮个子钱伟长,看上了大高个子的山东漂亮才女孔祥瑛。孔祥英出身名门,孔圣人之后,初中就和同学创办《嘤鸣》刊物,后从天津南开女中考入清华大学文学院。刚入大学之门的孔祥瑛正师从闻一多、朱自清、陈寅恪等国学大师攻读国文,且成绩一直名列前茅,每学期都拿甲等奖学金,并担任清华大学校刊《清华周刊》文艺部编辑。共同的文学爱好、求知兴趣和爱国热情把钱伟长和孔祥瑛紧密地联系在一起。

"一二·九"运动成为钱伟长和孔祥瑛的媒介,他们在抗日救亡中得以相识,相知,相爱。可是,当两人的恋情刚刚开始时,却发生了"七七"事变,清华大学被迫南迁昆明,组建西南联大。从北平南下时,钱伟长由于没有盘缠,只得到天津耀华中学教了一段时间的物理课,凑足路费后,才经由香港、越南海防,再从河内经滇越铁路辗转到达昆明,与分别一年多的孔祥瑛汇合。

在得知中英庚子赔款基金会举行第七届公派留学生招生考试时，正沉浸在和孔祥瑛热恋的钱伟长对对是否报名参考很犹豫。然而孔祥瑛却在得知消息后，第一时间跑来告知钱伟长并坚决支持他报考。于是，钱伟长立即报了名。

1939年春，钱伟长接到通知，考取了英庚款留英公费生。孔祥瑛正好大学毕业。于是，这年的8月1日，27岁的钱伟长与24岁的孔祥瑛在春城喜结连理，终成眷属。孔祥瑛所在的文科方面，由师尊朱自清出面，钱伟长所在的理科方面，由恩师吴有训出面，分别担任主婚人和证婚人，为他们举行了简单的婚礼。老同学、老朋友傅承义、谢毓章、汪德熙、林家翘、郭永怀等前来帮忙、贺喜、闹新房，最后一群青年学子在婚礼上高唱抗日救亡曲："中国不会亡……四方都是炮火/四方都是豺狼/……宁愿死，不退让/宁愿死，不投降……中国不会亡/中国要坚强！"把婚礼变成了抗日救亡的誓师会。

年底，钱伟长告别即将临产的爱妻，踏上了去北美留学深造的征程，从此天各一方。

一年多以后，孔祥瑛收到了国学大师陈寅恪的研究生录取通知书。这个学业进阶的机会是非常难得的。但儿子钱元凯尚在襁褓之中，孔祥瑛不得已放弃了这个深造的机会。

此后数年，孔祥瑛一人抚养儿子元凯，靠自己的工作收入和钱伟长不间断从海外寄来的美元，熬过了艰难的抗战时期。

1946年9月，钱伟长回到了阔别10年的清华园，一家久别7年重相聚，自有一番凄苦与欢乐。

1947年底，长女出生，取名"开来"，隐喻着既要继承中国的文化传统，又要学习西方的进步文明，取"继往开来"之意。

孔祥瑛的父亲孔繁霱曾是一位开明进步的国民党上层军政人士，离开军队以后，曾任山东省建设厅厅长、省参议长。1948年受解放军华东野战军之托在济南策反吴化文起义成功，次年10月，又受中共中央军委委托，到北平说服傅作义起义，为北平的和平解放立下了功劳。

就在北平和平解放前夕，1949年12月24日，钱伟长小女儿降生了。由于受孔父进步思想影响，也为了让外孙女留下对外公参与实现北平和平解放的记忆，钱伟长夫妇为女儿取名为"歌放"，取歌颂祖国解放之意。

钱伟长夫妇虽然在艰难中一起熬过了民不聊生的内战时期，但这3年中，先后又有两个女儿降生，一家五口共同迎来了新中国的诞生。

解放后，钱伟长以空前的热情投入到新中国如火如荼的建设事业和清华大学的教学和科研活动中，先后受命担任清华大学教务长、副校长、中科院学部委员、民盟中央常委等。孔祥瑛也担任了清华附中校长，兼讲授语文、历史、地理、外语等学科。各自的事业有声有色。从此，钱家五口迎来了最最美好的一段时光。

可谁知，钱伟长被打成"右派"，全家人的命运就此急转直下。在钱伟长最为落魄的日子里，孔祥瑛不离不弃，对丈夫劝慰有加。

尽管儿子钱元凯是当年北京四中的"明星级"学生，成绩非常优秀，且在思想品德、体育锻炼、课外活动等方面均表现突出，高考取得了华北考区总分第二名的好成绩，却依旧名落孙山。最后去首钢当了一名装卸工，靠自己的劳动自食其力。在清华大学一次批斗会上，钱伟长曾悲愤交加地说："我可以承认我有问题，但是我儿子没问题，希望不要影响他上大学。"

在"十年浩劫"中，"摘帽右派"受到更为残酷的斗争和无情的打击。除了皮肉受尽折磨、精神苦不堪言外，钱伟长的书籍资料大都散失殆尽，教学科研无以为继。

"文革"开始时，清华附中校长任上的孔祥瑛被父亲的历史和丈夫的"右派"问题所牵连，首当其冲受到红卫兵的猛烈冲击，成了阶级敌人。造反派上纲上线，说她"继承了孔老二的衣钵"，是"国民党的孝子贤孙""历史反革命""右派老婆""走资派"等等，还给她剃成"阴阳头"游街示众，任意辱骂。

面对如此这般的人身侮辱，孔祥瑛痛不欲生。

据女儿钱歌放回忆：母亲被关在清华附中理化实验室的小屋里，勒令她写交代材料，承认散发反动标语，是反革命；揭发其他校领导……整整写了一天两夜，耳边不时传来其他受刑者的惨叫声……造反派拿着母亲写的厚厚一大沓材料，破口大骂道："X他妈，什么都不认！拉出去给点厉害，看她认不认!……就只记得一次次地被水泼醒……回到家,掀起衣服,只见母亲腰部以下完全是黑紫色的,脸上直冒冷汗,必须去医院。

而作为"摘帽右派""反动学术权威"的钱伟长,则受到了更大的冲击,终日被批斗谩骂,还要劳动改造。红卫兵勒令钱家五口从西院43号搬到照澜院16号,蜗居在两个小房间里。红卫兵多次抄家,一个好端端的家,被弄得破败不堪。

在连续近百天的批斗会上,一次又一次拳打脚踢,打得钱伟长鼻青脸肿,遍体鳞伤。就在清华二校门被推倒的那天,有人看到,钱伟长被造反派用鞭子抽打着,肩上扛着大块石头,气喘吁吁、脸色苍白地朝前走……然而,钱伟长做学问的积习难改,每到夜间,就用被子遮住窗户,仍专心致志地从事他的三角级数求和研究,笔耕不辍,从未间断。只有孔祥瑛守候在他左右,不时送来一杯热茶……两个柔弱纤细的女儿胆小老实,为人善良,学习很好,但一前一后都属于"老三届"学生,一是因为家庭问题,二是正好赶上上山下乡,也都与正规大学无缘。

"四人帮"的垮台好比是春回大地,照澜院16号恢复了往日的宁静,又经常响起儿孙的欢声笑语。钱伟长好像是从噩梦中醒来,获得了第二次解放。他在《应用数学和力学论文集》自序中写道:"'四害'已除,重新获得了工作的权利。欣逢1978年党中央召开全国科学大会,春风拂人,奋起之情油然而生。虽已年近七旬,还能为四化效力,感到无限幸福。我力图夺回已经失去的良好岁月,夜以继日地工作。"此时的钱伟长有一股使不完的劲,从青年时期就养成的"开夜车"习惯非但不改,反而变本加厉,有时甚至通宵达旦。

儿子钱元凯虽然没有正规大学文凭,但却没有抱怨,没有消沉,他承接了父亲率真坦荡、百折不回的性格,先后获得了首钢业余大学和北京钢院函授大专两个文凭,成为首钢技术革新能手、优秀工程师,还经常帮助父亲查资料、画插图、校文稿。高考恢复后,钱元凯准备考父亲的研究生。但钱老认为儿子的基础还不很扎实,让他复习一年再考。结果第二年有了年龄限制,钱元凯失去了最后一次深造的机会。然而,他靠自学成才,退休后才开始钻研数码技术和摄像、摄影艺术,成为一名社会公认的数码影像专家。

长女钱开来1979年考入华中工学院，为了继承父业，选择了力学系。钱伟长这位世界知名力学大家，才算是有了一个直系传人。但女儿在校期间，钱老从未要求学校对其"特殊照顾"，反而告诉学校要严格要求。

孔祥瑛一生心甘情愿做成功男人后面的那个女人。早年，为了支持丈夫出国深造，她毅然放弃读研机会，含辛茹苦将儿子抚养长大；丈夫被错划为右派期间，她将怨和痛隐在心底，默默承受牵连之苦；"文革"中尽管挨打受骂，历尽艰难和屈辱，她始终紧随丈夫左右；终于迎来了"科学的春天"和改革开放伟大时代的到来。退休后的孔祥瑛全力以赴为丈夫做好后勤保障工作，好让丈夫潜心科研。

在钱伟长晚年的作息时间表上，每天早上7点起床，8点半开始工作。首先浏览一下当天的报纸，之后是听秘书汇报工作，9点开始接待来访或开会。中餐后午睡一会儿，下午3点到5点又是工作时间。除了外出开会和听取汇报，还要利用这段时间处理来信。身为德高望重的大科学家，凡遇向他请教问题的来信，他都会不厌其烦，非常认真地有求必答。晚餐后一小时是散步时间，每天至少走3000步，这个习惯一直坚持不辍。散步后，通常会在家人陪伴下看一会儿电视，除新闻外，他最喜欢体育频道，9点半以后上床休息。

钱伟长到上海工大以后，年近七旬的孔祥瑛一直形影不离，随时照料他的饮食起居，既保障他繁忙工作的顺利开展，也随时关注丈夫的身体健康。

这位当年清华大学中文系才女，中年时期的清华附中校长，晚年更成为钱老的专职"超级秘书"。她把他的书籍文档整理得井井有条，老头子想到找什么文件或书籍，只需一声"老太太！"夫人应声来到，即刻把要找的物件递上。如果有人来访，她总是和蔼可亲，笑脸相迎，送上茶水之后，说句："你们聊吧！"就退出去了。中途，她会像个老招待，轻轻敲下门，适时进来续茶添水；或是给先生送来药片，让他服下，或是在他耳畔悄声说："先生，别忘了，某某要来。"于是，老先生赶紧长话短说了。

孔祥瑛不仅是钱先生工作上的得力助手，对老伴的生活更是关怀备至，悉心照料。她本来就烧得一手好菜，来到上大以后，由于钱老的生活改由组织安排，她便改任他的"营养师"，每天的食谱由她亲自审定，厨师照章执行。他出行时，她大多随侍左右。

丈夫出差，夫人必将漱洗工具备好，还要交代好毛巾、牙刷是什么颜色，以免与随行同住的人搞混。一次，戴世强陪同到无锡开会，起床后，听到钱老在卫生间问："小戴，哪支牙刷是我的？"戴世强跑进卫生间一看，老先生正

钱伟长——失之东隅收之桑榆，桑榆匪晚奔驰不息

晚年的钱伟长和夫人孔祥瑛。

拿着两支牙刷发愣,当戴世强答道:"白色的是我的。"钱老笑着说:"根据'排除法',剩下的绿色是我的。都是老太太给准备的,弄得我搞不清自己牙刷的颜色。"在会后游览宜兴张公洞的路上,钱先生一时兴起,到西瓜摊买西瓜招待随行人,一开价就高于市价10倍,逗得大家开怀大笑。

钱先生爱下围棋。可惜,他的水平无人可以企及,很难找到对手,于是,他只有自己跟自己过招,右手执黑先行,左手执白紧跟。

钱先生喜欢说话。无论是对大庭广众发表演讲,还是非正式谈话,只见他或口若悬河,滔滔不绝,或如涓涓细流,淋漓尽致,从不用讲稿或提纲,总能娓娓道来,其观点鲜明,脉络清楚,逻辑严谨,言之有物,记录下来就是好文章。

此外,钱先生还爱放纵思绪腾飞。在关于新疆地区气候的一次报告中,他认为:新疆地区气候干燥、沙漠化的根本原因在于缺雨水;而少雨的原因在于天山山脉挡住了南来的暖湿气流。若能在天山山脉找到薄弱环节,采用大当量定向爆破一个缺口,把暖湿气流放进来,就可以从根本上改变那里的自然环境。这个设想虽然理论上正确,但要实施,却是困难重重。

上世纪末,钱先生在京开会时突患轻微脑中风,被紧急送进北京医院,当接受完常规处治后,他坚决要求回上海治疗。医院无奈,只得把他空运回上海华东医院。其实,钱老冒死坐飞机赶回上海,是因为放心不下也正住院的老伴。

及至孔祥瑛病重期间,他每天下午三点半,雷打不动准时去医院探望。一位年近九旬的老人,每天坚持风尘仆仆去看望病榻上的白发老妻,其场面是何等的感人!

然而,上苍无情,天道不公。丈夫的深情终于没有留住61载相濡以沫、荣辱与共的老伴,还是让她于2001年先他而去了,享年86岁。此后整整三年,他一直魂不守舍,始终没有从丧妻之痛中恢复过来。2010年7月30日,钱老驾鹤西去。

钱伟长逝世后,儿子钱元凯考虑过将他葬在北京,也考虑过让他魂归故里,经过再三权衡,最后决定让他留在上海,因为父亲的后半辈子人在上海,心在上海。同时,还决定将母亲的骨灰也与父亲合葬一起,让这对牵手共道60

余载的伴侣在一片苍翠中安然歇息，永远相伴相随。

2011年12月20日上午，钱伟长和孔祥瑛的骨灰在上海滨海古园的滨海名苑内落葬。上海市各界领导、来宾、上大师生代表以及家属出席了安葬和铜像揭幕仪式。互相依偎、极目远眺、表情安宁祥和的钱老夫妇双人铜像矗立在草青树绿、东临水榭、四顾清幽的墓园内，同时，钱伟长陈列馆也在滨海古园内正式开馆，展示了他爱国奉献的一生。

参考文献

[1] 朱正.1957年的夏季：从百家争鸣到两家争鸣[M].郑州：河南人民出版社，1998年.

[2] 戴世强.悼念钱伟长先生专辑·故事篇1-7[N].知乐者博客，2009年.

[3] 戴世强.悼念钱伟长先生专辑·消息篇1-5[N].知乐者博客，2009.

[4] 戴世强.悼念钱伟长先生专辑·感怀篇1-6[N].知乐者博客，2009.

[5] 戴世强.悼念钱伟长先生专辑·评论篇1-4[N].知乐者博客，2009.

[6] 戴世强.悼念钱伟长先生专辑·传记篇1-3[N].知乐者博客，2009.

[7] 戴世强.悼念钱伟长先生专辑·杂记篇1-7[N].知乐者博客，2009.

[8] 戴世强.悼念钱伟长先生专辑·学术篇1-3[J].力学进展，2003.

[9] 方正怡.桑榆匪晚奔驰不息[N].中华读书报，2010.

[10] 许锡良.钱伟长当年为什么会被打成"右派"？[N].许锡良博客，2010.

[11] 陈鼎."钱伟长之问"的时代意义[J].传媒新观察，2010.

[12] 戴世强.李佩教授：我对钱先生的记忆[J].科学时报，2010.

[13] 羊羽.钱伟长与蒋南翔[N].朱开物博客，2013.

[14] 夏树人.我认识的钱伟长先生[N].夏树人d的博客，2011.

[15] 林文力.钱伟长的故事[M].呼和浩特：内蒙古文化出版社，2012.

林家翘

——殚精竭虑为科学，孜孜不倦育桃李

四存理念　受用终身

出复兴门地铁站东北口，再向东北方向走不多远，就到了坐落在北京市西城区府右街10号，按院胡同内，距离中南海红墙不远的北京市第八中学。这所历世95年的学校，像一位饱经风霜的历史老人，育桃李满天下，阅人才无数，它的前身，就是北京"四存中学"。

当年的中华民国大总统徐世昌推崇"颜李学说"，提倡"四存"精神，认为"颜李学说"可以富国强民，"四存"精神可以教益后代，并于1919年莅临位于今天河北省博野县北杨村瞻仰颜元故居，因倍受感悟，回京后便组织了"四存学会"，一年后，又亲自过问，由"四存学会"人士出资，在西城府右街南口东侧，紧靠中南海红墙约半里处，建立了一所私立的"四存中学"。

颜元，号习斋，清初著名思想家，主要以所著的《存性》

青年林家翘。

《存学》《存治》《存人》四编，合称"四存"而影响后世，其思想观念深得弟子们推崇。颜元门下高足李塨，号恕谷，中举前一直师从之。他极力支持师尊反对宋元理学，主张"躬行践履""经世致用"，提倡"实学、实习、实用"，继承和发展了颜元学说。师徒二人思相同，文相近，习相似，相互呼应唱和，共同形成了一个著名学派，被后人称为"颜李学派"。

"四存"是指一种思想和教育理念，即以"存性、存学、存治、存人"理念因材施教；倡导"力学致知，习事见理"等经世致用的"实学"之风；反对"理在事先，知先行后"的唯心主义先验论。而"四存中学"的建设初衷，正是取"四存"之意，传承和发扬这种思想和教育理念，培养于国于家的有用之人。

四存中学的校训是"尚实习、尚实学、尚实行"，其学风着重于求实精神，早期聘请的老师，都是当时国内最好的。课程设置不仅中西兼备、古今俱全，而且一、二年级所学的代数、几何、三角以及外国历史、地理，均用英文课本，与一般中学大相径庭；还设有钢琴、古乐、京剧、绘画与西洋音乐等课外自选科目，且均有名师指导；篮球、足球、乒乓球以及拳术等体育课程都有相当的地位。四存中学的教学作息实行"三八制"。即八小时堂内教育，八小时堂外教育，八小时休息睡眠。堂内教育为普通中学课程，堂外教育则集合社会和各学科需要，注重培养学生的实践操作和动手参与能力。正是用这种独特的教育思想和教育方法，启发学生独立思考，学以致用，才造就了一个又一个华夏精英，成就了一个又一个复兴梦想。

新中国成立后，由于中央人民政府要设在中南海，周恩来总理决定，将四存中学与当时的北平八中合并，成立北京市第八中学。1951年，北京八中迁至按院胡同现址。

四存中学从20年代初创至40年代末与北平八中合并的整整30年中，办得有声有色，成为人所共知的古城名校。仅这一时期培养出的分布在各行各业的精英级著名校友就分别有：1927年毕业生，国际公认的应用数学之父、力学权威、美国国家科学院院士、中国科学院外籍院士林家翘；1927年毕业生，中科院院士，火箭、导弹专家梁守磐；1935年毕业生，中科院院士、中国核武器研制发展的主要组织者和领导者、"两弹一星"元勋邓稼先；以及吴允增、李欧、王决、谢辰生、侯一民，还有1946年毕业生，当代著名诗人、语文教育家、杂文家刘国正等十数人。

林家翘祖籍福建省福州市，1916年7月7日出生于北京大井胡同(现为天景胡同)一座三进四合院里，其父林凯很早就随兄来到北京，在清末的铁道部任文员。伯父林旭是戊戌变法中惨遭杀害的"戊戌六君子"之一。由于父亲英年早逝，林家翘由母亲邓萃菁抚养成人。

在母亲的悉心调教下，林家翘自幼就乖巧懂事，幼而歧嶷。每日清晨，必躬扫厅堂、宅院，为母亲取送溺器、捧盥、授巾；进膳时毕恭毕敬，相互应对，接受使唤时柔声低气；非正勿言，非正勿行，非正勿思，非衣冠整齐，直立端坐而不看书；一旦有过错失误，即主动于香火牌位前自罚面壁跪伏；随时写字、看书、不使一刻以负如金之光阴。

林家翘11岁入读四存中学初中，14岁就读北京师大附中高中，自幼受到"颜李学派"教育理念的熏陶。1933年，被称为天才学生的他以全校第一名的成绩考入清华大学物理系，第一次踏进了清华园的校门。

上世纪30年代的清华园完全是个世外桃源。林家翘曾动情地描述道："美丽的校园、草地、建筑、设备，都是富有国际风味的；与那时候北京城内的旧式房屋颇为不同。"时值梅贻琦先生执掌清华校政，他通过教育部门想方设法向北平市政府索要被焚毁后的圆明园遗址以扩大清华校园未果，还仅仅是一个方圆几百米学堂的清华园，却汇集了一大批从海外留学归国的著名学者，真正成了大师辈出、人才济济的藏龙卧虎之地。而那时，"科学救国""工程救国"的呼声又异常高涨。林家翘也从此步入了科学救国的行列。

对于年仅17岁的林家翘来说，能入读并聆听大师的教诲，能感受学术的繁荣，能尽饮知识的甘露，可算是来到了一个学习长进的神仙宝地。据林家翘后来回忆："清华好几位教授的课都讲得很好，刚从国外拿到博士学位归来的年轻人带来的知识很前沿，学生都很用功。"尤其是他所在的物理系更为热闹，近代著名物理学家叶企孙、周培源、吴有训和萨本栋等人都在其中，而且都曾经是他的老师，包括王竹溪、任之恭教授对他都有较大影响。

以骄傲和自信著称的史学泰斗何炳棣先生在回忆录《读史阅世六十年》中忆起当年的清华校友林家翘时，曾十分钦佩地说：一年级新生林家翘选修萨本栋教授的大学普通物理课，使用的是萨先生自撰课本，每周一次15分钟小考。到季终考试时，萨本栋和同仁研究了某试题所有可能的答法，看林家翘能否选最简洁漂亮的答案，结果林家翘的答案出乎所有教授的意料，比预想的答案都要高明！

正在林家翘如饥似渴地攻读学士学位时，1935年夏，华北乌云密布，事变迭起。仅6月27日至7月6日的前后10天，就出台了《秦土协定》和《何梅协定》，致使包括平、津在内的冀、察两省大部分主权拱手奉送日本，为日本侵吞华北大开了方便之门。接着，日本又策动华北五省"自治"。至11月，日本扶植大汉奸殷汝耕成立了"冀东防共自治政府"。12月，政府为满足日本关于"华北特殊化"的要求，又指派宋哲元成立了"冀察政务委员会"。平、津危在旦夕。"华北之大，已安放不得一张平静的书桌了！"于是，伟大的"一二·九"运动爆发了，并以燎原之势由平、津燃遍全国。

尽管家破国亡在即，不但丝毫扰乱不了林家翘孜孜不倦的学习阵脚，"科学救国"的誓言和决心反倒促使他更加奋发努力，学习依旧名列前茅，深得各位师长器重。

那时，凡老一代清华师尊们都铭刻于心的是，清华园四大国学大师之首的梁启超先生曾这样评价过颜元学说："博野颜元，生于穷乡，育于异姓，饱更忧患，艰苦卓绝。其对于旧思想之解放，最为彻底。""……对于二千年来思想界，为极猛烈极诚挚的大革命运动。其所树的旗号曰'复古'，而其精神纯为'现代的'。"清华老教授钱穆甚至这样说："以言夫近三百年学术思想之大师，习斋要为巨擘矣。岂仅于三百年！上之为宋、元、明，其言心性义理，习斋既一壁推倒；下之为有清一代，其言训诂考据，习斋亦一壁推倒。'开二千年不能开之口，下二千年不敢下之笔''前不见古人，后不见来者，念天地之悠悠，独怆然而涕下'，可以为习斋咏矣。"

而正是在日本紧密锣鼓地侵吞华北，平、津难保，全国抗日烽火迭起之际，在1936年全北平市国文会考中，以"颜李学派"教育理念为建校治学宗旨的四存中学学生竟然包揽了前六名。为嘉奖四存中学在全市国文竞赛中取得的优胜佳绩，张学良将军特赠银盾一尊，上题"会我以文"四字。

消息通过媒体传到清华园，师生们对四存中学及其学子无不称奇。林家翘奠基于四存中学，从师大附中以第一名考入清华，他以学习得法著称，一直保持顶尖学绩。因此更为师生们所嘱目器重。

先师之望　承传有人

"四时可爱唯春日，一事能狂便少年"是清华园国学四大导师之一王国维七律诗——《晓步》中的颈联对句，寓意是把握光阴，追寻梦想，一般情况下，多被解释成爱春惜时之意。《晓步》整诗大概是作者盛赞少年如春天般美好，热情奔放，富有活力；寄望他们即使年岁渐长，甚至两鬓如霜，都应当始终保持着青春的激情。

如果将这首诗用来描述本文的主人公，则是指林家翘能对他所追求的科学领域由入门起步，到执着进取，继而沉迷笃情，进而达到癫狂痴醉的程度，直至取得登峰造极的成就，都始终永葆一股不枯不竭的青春激情。加之林家翘从少年时代起，就深受"颜李学派"思想影响和"四存"教育理念熏陶，在学习中十分注重苦练内功，乐于听别人的讲座，积极参加讨论，取人之长，补己之短，学习成绩一直傲视群雄。因此，在清华大学本科的几年中，林家翘的学习和读书方法，被清华师生誉为"林家翘读书法"。

在所有清华大学物理系的恩师中，对林家翘影响最深的，就是后来被称为中国应用数学鼻祖的周培源先生。当时的周培源暂时放弃了长年研究的广义相对论，专心于将数学应用到航空上，希望能为中国制造出自己的飞机。因为日本人打中国，大家觉得中国最吃亏的就是没有飞机。那时，所有的物理学家都在说："爱国，就应该学航空。"于是，周培源投身国际上正热门的航空学，并首次在国内将数学应用到航空领域。不仅在治学态度上影响了林家翘，周培源还引导林家翘选择了研究和航空关系密切的应用数学。林家翘曾感慨地说：

"虽然我最后在学术界的工作方向，并未完全限于大学时代所学，但是这一段求学经验，对于我日后事业的发展，关系非常重大。"

1937年，林家翘又以第一名的优异成绩毕业于清华大学物理系，随即留校担任助教。同年，恰巧在林家翘年满21周岁这天，"七七事变"爆发了。之后仅三周，日军攻陷北平，学生们原本就不平静的学习生活更被彻底打乱了。一时间，凡有可能被日本占领地区的高等学府都在考虑向大后方迁移。林家翘跟随清华大学师生一起，历尽艰辛，先撤退到长沙临时大学，1938年2月，辗转到达昆明西南联合大学。

林家翘对西南联大发出"好在一个'联'字"的感慨。因为西南联大是由国立北京大学、清华大学及私立南开大学共同组成的，"中国最好的大学都聚集在那儿去了，名教授都聚在一起了"。西南联大校务最初由当时清华校长梅贻琦、北大校长蒋梦麟和南开校长张伯苓组成的常务委员会共同管理，不久以后，则由梅贻琦任常务委员会主席，长期主持校务。

来到西南联大后的林家翘，面对破碎的山河，做梦都在想着到西方国家学习顶尖的科学与文化，以便实现科学救国之梦，让中国能够摆脱列强的欺凌，尽快步入现代国家之列。此间，他依旧被安排在物理系担任助教，负责带领后来的诺贝尔奖获得者杨振宁所在的班级。对此，林家翘多年后认为这事并不偶然。因为当时兵荒马乱，有志青年纷纷投奔西南联大。正是由于杨振宁"在西南联大积累了基础知识，没有这个基本知识，不可能得诺贝尔奖。就跟种一棵树一样，它慢慢生长，哪一段出了问题，它都成功不了"。

这时的林家翘仍然操着一口浓重的京腔，中等偏高个子，完全一个温文尔雅的成熟青年模样，尽管在事业上已经小有成就，但对人反倒更加谦和有礼了。

在西南联大期间，林家翘作为小兄弟，和年长自己4岁的清华校友钱伟长、年长6岁的郭永怀同宿在附近昆华中学四合院里的一间小屋子。当年的人们怎么也没有料到，若干年后，就是从昆华中学这个四合院里，居然走出了十几位院士！

中英庚子赔款基金会留学生委员会举行的第七届公派留学生招生考试消息

传来，林家翘等人借住的小院顿时沸腾起来。仅居住在昆华中学这个小院中的，就有11人报名。

对于像林家翘这样具有真才实学的青年知识分子，在祖国罹难之时，能参加英庚款公费留学考试，争取出国留学，正是求之不得的实现科学报国人生梦想的极好机遇，当他得知此次招考设有航空工程领域的力学专业时，便放弃了自己曾非常喜爱并已经很有基础的普通物理学，改报与军事工程关联度十分紧密的航空力学研究。但是，航空工程只有一个名额，报名人数已逾50，其中也有同是清华物理系的老学长钱伟长和正跟随周培源教授从事流体力学之"湍流理论"研究的北大郭永怀。

录取榜单公布后，林家翘、郭永怀和钱伟长3人因五门功课全优，总分并列榜首而同时被航空力学专业录取。

为什么林家翘、郭永怀和钱伟长三人的考分会一样呢？著名力学家戴世强先生和李家春先生为了撰写《郭永怀传略》，于1978年采访钱伟长先生时，才揭开了谜底。

当时，西南联大是由几所位于数千里之外的北方大学临时凑在一起的，各校原有的藏书不可能全搬到昆明来。而找不到学习参考资料，如何温课应考呢？尤其是钱伟长和郭永怀是分别从香港经越南绕道和从山东威海来到昆明的，根本不可能带很多书籍笔记，更是抓瞎了，如同热锅上蚂蚁一般。

这时，林家翘却胸有成竹地说："别着急，我来帮你们。"他随即从自己的行包里掏出一摞曾经学过、现在急需的数学、物理、力学笔记本，而且每本都是十分工整的蝇头小字。原来，林家翘在高中时就养成了习惯：上课时，他聚精会神地听，不时把老师讲课的要点记下来；到晚自修时，就坐在书桌前，在脑海里"看电影"似的把全天的课程内容回忆一遍，然后默写出来；再找相关参考材料加些眉批、旁批作为补充订正；到了周日，就把全周学习的每门功课内容整理成正式笔记。到课程讲完后，他不仅记住了课程要点和来龙去脉，还留下了工整的笔记和练习本。原来，这些笔记，就是他在清华上本科时所创造的"林家翘读书法"所留下的成果，没想到，这时竟然派上了大用场。

郭永怀和钱伟长大喜过望，一边一个拉着林家翘的手，大呼小叫道："谢谢你啦，小老弟！"于是，他们每天就轮番捧着这些笔记温课，还经常在一起切磋讨论。就这样，有着同样高智商，同样刻苦用功，同在名校得到名师指教，使用同样的复习资料，共同释疑解难，同时进入考场，其结果就是得到了相同的分数，被同时录取了。

好事多磨。被录取以后，林家翘与郭永怀、钱伟长一道，经过两次出发，两次折返，最后被英庚董事会改派加拿大多伦多大学并于1940年9月17日辗转抵达。林家翘和钱伟长、郭永怀同时师从爱尔兰籍应用数学家、系主任辛格教授从事力学研究。林家翘和郭永怀专攻流体力学。钱伟长攻读弹性力学。他们三人仅花了半年多时间，就先后以出色的工作态度和研究成果，获得了硕士学位。

这期间，周培源教授利用休假赴美，来到加州理工学院从事湍流理论研究，并推荐林家翘也到加州理工学院，师从钱学森曾经的恩师西尔多·冯·卡门教授，攻读与流体动力学稳定性和湍流问题相关的应用数学博士学位。这是林家翘接触的第一位世界级大师。在这里，林家翘结识了早已卓有成就的钱学森。

加州理工是一所名师荟萃、享誉全球的理工类高校，有着最负盛名的航空动力学研究中心。包括冯·卡门教授在内的美国国家科学院和工程院院士都在这里执教。其师资之高精，学风之严谨，条件之优越，环境之静雅，是林家翘仰慕已久、求之不得的研习圣地。

挑战争议　服膺真理

美籍匈牙利犹太人冯·卡门教授是20世纪应用科学领域享誉海内外的最杰出科学家，人类航天科技的重要开创者，现代空气动力学领域继普朗特尔之后的第二代旗手，世界导弹之父，美国航空工程界的首席领导人。冯·卡门教授除了给予林家翘耐心指导外，还让他完成自己曾经的学生、著名德国理论物理学家和量子力学的主要创始人、1932年的诺贝尔物理学奖获得者沃纳·卡尔·海森堡的《关于流体流动的稳定性和湍流》论文中的存疑部分。

海森堡论文研究的是两维层流的不稳定性，试图找出湍流发生的机理。但学术界却普遍认为，海森堡的计算结果不完善，也没有给出湍流出现的令人信服的物理解释，从而产生了重大歧义。

为了在海森堡和持不同意见者之间寻找到谁是谁非，冯·卡门教授决定将这个课题交给这位年仅25岁，却聪明过人的华人青年来完成。这个世界有名的多年争议课题，对当时的林家翘来说，的确是一块难啃的硬骨头。

在人才济济的冯·卡门实验室的学术大家庭里，林家翘这个比其他人都要年轻几岁的华人弟子聪慧异常，在导师的指导下，通过自己孜孜不倦的苦心研究，他先后撰写了3篇关于海森堡争议问题的博士论文，巧妙地运用了适当的数学变换，澄清并严谨化了海森堡的计算，给出了被学界一致认可的湍流现象解释，证明了海森堡的研究结果是正确的，从而彻底解决了海森堡论文中所引起的长期争议。

林家翘的研究不但解决了海森堡论文的存疑部分，还解决了海森堡尚未解决的相关问题。这些文章后来发表在美国《应用数学》杂志上，使他从此在应用数学界声名大噪。对林家翘得出的这个研究结果，冯·卡门教授非常高兴，给予了极高评价。

与此同时，林家翘还撰写了一系列关于应用数学在航空领域的研究论文，使他在美国应用数学领域的地位不断抬升，特别是对海森堡争议问题给予有力证明后，更让他具备了与其他世界顶级科学大师在同一个科学平台上接触的机会和相互探讨的话语权。由此，林家翘获加州理工学院应用数学博士学位。

中国有句俚语叫："结交须胜己，似我不如无。"林家翘的导师冯·卡门似乎也深解这句中国俚语的含义。他的一位密友也是美籍匈牙利犹太人，叫约翰·冯·诺依曼，是20世纪最杰出的数学家之一，美国原子能委员会委员，普林斯顿大学终身教授，在纯粹数学和应用数学方面都有卓越建树。1933年，冯·诺依曼证明了局部欧几里德连续群（紧群）就是19世纪挪威数学家苏普汉斯发明的李群，简述为"局部欧几里得紧群就是李群"。这个问题是德国著名数学家大卫·希尔伯特在1900年巴黎国际数学家大会上提出的23个最重要数学问题之第5，后来一直成为许多数学家力图攻克的难关。①

在林家翘博士研究生毕业这天，冯·卡门教授特意精心设计一场饭局，邀请冯·诺依曼到一家中餐馆就餐，并通知林家翘作陪，目的是想借此机会将这位世界著名数学大师介绍给林家翘，希望他们之间今后能有机会进行合作。此举，足以证明冯·卡门对得意门生林家翘的推崇、赏识和器重。

就在与冯·卡门和林家翘共餐的同年，冯·诺依曼又基本完成了冯·诺依曼代数和博弈论两个新数学分支的创建，同时还正在设计世界上第一台电子计算机。日后，冯·诺依曼成为世界计算机之父。与他共建博弈论的他的学生约翰·纳什正是利用了冯·诺依曼的数学理论在博弈论领域进行深入研究，最终获得了1994年诺贝尔经济学奖。

在与冯·诺依曼相识后不久，由冯·诺依曼领导的一组学者，用当时最先进的计算方法，再次证实了冯·卡门教授交给林家翘的那个争议课题的研究结果是完全正确的，并以最权威的发布，结束了学术界争议多年的疑案。

当事人海森堡得知此事后，这位科学大师既高兴又感激，立即把这件事写信给他曾经的导师冯·卡门教授说："原本被说成是有争议的问题其实是对的，是一位中国人运用深刻的数学方法，得到了更好的研究结果。"

博士研究生毕业后，林家翘先去了布朗大学，不久，刚入而立之年的他就被麻省理工学院挖去，特聘为副教授。

从20世纪40年代在加州理工学院开始，林家翘一直在流体力学的流动稳定性和湍流理论方面不畏艰难地跋涉和探索。可以说，他的示范效应带动了一代人的研究和探索。他采用渐近方法求解了流体线性稳定性方程，发展了平行流动稳定性理论，确认流动失稳是引发湍流的机理，其研究结果完全被实验所证实，从而成为早期湍流统计理论的主要学派执旗人。正因为流体具有不稳定性，才需要研究流体动力学的稳定性理论，于是，流体力学界给了林家翘一个最恰当的外号，其实也是一种誉称，叫"不稳定性先生"。

林家翘这位"不稳定性先生"除了证明海森堡的争议问题外，后来他自

---

① 数学中的李群Lie group就是具有群结构的实流形或复流形。

林家翘在讲学。

己又遇到一个争议问题。就在他对湍流理论进行积极探索研究阶段，没想到与一位瑞典力学家在同一个问题上，研究思路和结果却相去甚远，双方学术观点迥异，各执一词，从而引发了学界的广泛争议。这位瑞典力学家为此在一次与别人的争执中突发脑中风住进了医院。林家翘得知后前去医院探望，并对他说："复杂的问题自然会有争议，不是你研究的结果与我的不一样你就不对，其实两人都对，复杂问题是多方面的，不同的研究结果可以应用到不同的方面。"他的真诚、豁达、大气，使那位力学家颇受感动。这就是林家翘展示在同行面前的人格和风度。

林家翘对待学术争议的这一极富哲理的论点和胸怀，得到了学界的广泛称道，这一学术理念最后变成了一个大题目，即"复杂性"。以后，有一个杂志就因此取名为《复杂性》，专门针对有争议的问题进行深入探讨，充分吸收并发表各种不同意见，对于推动学术观点的百花齐放、百家争鸣起到了积极的作用。

在麻省理工学院任教授期间，林家翘结识了比自己年长5岁的国际数学大师、20世纪世界顶级几何学家、微分几何之父、清华大学学长陈省身先生，并从此成为最要好的朋友。

那是陈省身应邀到哈佛大学演讲。哈佛和麻省理工学院同在马萨诸塞州的剑桥城，这次讲演实际上是由两校共同组织的。林家翘被派去帮助招待客人，这是他们的第一次不期而遇，但他俩并没有在这次见面中相识。那时，陈省身的大名在国际数学界是非常显赫的，是他首次将纤维丛概念应用于微分几何的研究，其研究成果被命名为"陈氏级理论"。因此，陈省身三个字对于林家翘来说，早就如雷贯耳，只是在此前还无缘结识罢了。

林家翘曾遗憾地说：陈省身是做纯数学的，我是做应用数学的，属不同的学术分支，二者差得很远，尽管相互欣赏，相互鼓励，但始终无缘在一起共事，一起研究。

20世纪60年代初，林家翘为《美国数学会年报》写了一篇论文。陈省身作为这家杂志社的编辑之一，正好担任这篇文章的编辑，在赏识和钦佩之余，就此知道了林家翘所做的工作和研究的领域。不久，林家翘应邀到陈省身担任几何学教授的芝加哥大学演讲，被陈省身邀请在自己家里用餐并留宿一夜，这是他们的第二次会面，第一次相识。在这次会面交流中，陈省身才发现，林家翘原来与自己同是清华大学的校友、西南联大同事。老校友、老同事在异国邂逅，自然分外高兴，又都是搞数学的，有着共同的语言和爱好。通过这次彻夜长谈，他俩往来增多，成为挚友。

可以说，林家翘在学术上的成功，和这一时期能与四位科学大师共赴科学前沿是分不开的。四位大师分别是：世界导弹之父冯·卡门、世界计算机之父冯·诺依曼、世界量子力学之父海森堡和世界微分几何之父陈省身。他们有如四枚高能电池，将能量释放给林家翘，帮助林家翘在科学的奇峰峻岭上永不疲惫地攀爬，占领一个又一个高峰。

就在林家翘担任麻省理工学院教授期间，冯·诺依曼20年前就希尔伯特第5问题所给出的答案再次被日本数学家山边英彦证明是完全正确的。他为朋友的成就得到科学界同仁的再次确认而感到由衷的高兴。

1962年起，林家翘当选为美国科学院院士，停止了流体力学稳定性研究，开始进入天体物理研究领域，4年后，他从教授升为学院教授。在大师云集的麻省理工学院，全校100多位教授中能从教授升为学院教授的，当时未超过10人。

在应用数学领域，林家翘发展了解析特征线法和WKBJ方法（天文学方面专用名词的英文缩写），被公认为当代应用数学的领路人；他将数学应用到航空和天文物理方面的研究，曾大大推动了这两个领域的基础科学进程；他利用数学创立了星系螺旋结构的密度波理论，成功地解释了盘状星系螺旋结构的主要特征，确认所观察到的旋臂是波而不是物质，克服了困扰天文学界数十年的"缠卷疑难"问题，进而发展了星系旋臂长期维持的动力学理论。

已故台湾天文学家袁旂先生曾在麻省理工学院师从林家翘攻读博士后。林家翘给袁旂留下的最深刻印象，倒不是他数学研究之高深，而是他物理研究之透彻。据袁旂生前回忆，林家翘当时已经不做流体力学稳定性研究，正在研究星系盘的旋转流动。袁旂到麻省理工学院时，林家翘与他的学生，后来成为21世纪初国际知名天文物理学家，台湾新竹清华大学校长徐遐生已经基本确立了震惊天文界的星系螺旋密度波理论。这一理论被认为"对星系的动力演化及恒星形成的天文学思想有着革命性影响"。因此在美国，有人将林家翘誉为"应用数学之父"。还有人说：林家翘"使应用数学从不受重视的学科成为令人尊敬的学科"。

作为应用数学之父，林家翘对待科学研究始终是严谨的、刻苦的、勤奋的，但对待科学成果却始终是谦逊的、客观的、坦直的、豁达的。他的应用数学之父的地位和声望也是在不断与难题挑战中建立起来的，他一生与"争议"有着"不解之缘"，也因为多次解决了"争议问题"而倍受学术界的尊崇。

林家翘发展并建立的螺旋密度波理论认为：恒星在绕中心旋转时，绕转的速度和空间密度都是波动变化的。运动慢则恒星密集，反之则稀疏，因而空间密度也呈现波动变化。但是，一位瑞典天文学家林德布拉德曾于1942年首次提出过密度波概念，17年后又提出了比较粗略原始的密度波理论，只是他的原始密度波理论与林家翘精心构建、演绎出来的相对成熟完整的密度波理论相去甚远，并不是一回事。林家翘运用数学框架概念构建并发展起来的密度波理论，才是可供推敲引证的理论。林家翘不但决不抢人家的研究成果，甚至还一再表示把星系密度波理论的创始功劳归于林德布拉德，这种谦逊和大度是十分令人钦敬的。

炎黄情深　二进清华

林家翘获得美国加州理工学院应用数学博士学位时，已经是事业初成且接近而立之年了，有资格也该到谈婚论嫁的时候了。但是，再漂亮的异国女子，对于自幼在中华传统文化的熏陶中成长、炎黄情结深厚的林家翘来说，也总有格格不入之感。在他的思想深处，国外异族女子在文化修养和生活习俗上的迥异，成为他择偶的巨大障碍。他曾经从心底发誓，今生非与一位华裔闺秀结为连理不可。

中国有句古话叫"有缘千里来相会"。就在陈省身应邀到哈佛大学演讲，林家翘被派去帮助接待客人那一次，他虽然与陈省身无缘相识，但却遇到了在哈佛大学从事中文教学的华人才女梁守瀛姑娘。梁姑娘操一口标准的京腔，二人在儿时有过一面之缘。

林家翘从梁守瀛口中得知，她是著名历史学家梁敬錞的女儿。梁敬錞是福建闽侯人，与林家翘的父辈是同乡，据说与林家还有点表亲关系；早年就读于北京大学，长期投身高等教育，曾任北京大学、北京朝阳大学教授，美国哥伦比亚大学客座教授，纽约圣若望大学研究教授；也曾涉足政界，任职于中华民国司法部、最高法院等；大陆解放后去了台湾，荣任总统府国策顾问，退休后致力于史学研究，尤其对中国近现代史研究成就卓著，并有诸多颇具影响的文史类佳作问世。

哥哥梁守磐竟然还是与林家翘同年出生，同于1927年考入北京四存中学的同班同学。林家翘回忆起，也许正是在四存中学与梁守磐同学期间见过梁守瀛。梁守磐后来转学离开北平，1933年6月，他俩又同时分别从北师大附中和上海光华附中考入清华大学，一个在机械系航空专业，一个在物理系，再次凝结了四年的大学校友之情，又于1937年同时从清华大学毕业。

就仅仅这些冥冥中的巧合，就足以使两个年轻人好生去珍惜这份姻缘了。加之都已经是大男大女，于是，相识不久后，林家翘便与梁守瀛结为伉俪，从此相濡以沫数十年。

据林家翘的学生袁旂在《我认识的林家翘先生》一文中说："梁守瀛一直在哈佛大学教中文，不仅是林家翘的贤内助，对待学生、晚辈如家人子弟一般。"由此可知，梁守瀛不但在外是一位很有成就的女性学者，还是个贤妻良母型的内助，更是成功男人背后的那位女人。林家翘和梁守瀛婚后育有一女，取名融融，成年后成为美国传染病防治中心资深研究员，一直工作在亚特兰大城，也是一个明慧贤德的才女。

林家翘虽长期在美国从事教育和科学研究，但一直关心祖国科教事业的发展。尼克松访华、中美关系融冰之后，去国32年的林家翘便迫不及待地回国探亲。此后，他和梁守瀛多次回国做学术访问，并邀请众多美国知名专家学者来华讲学，亲自斡旋接受了多位中国学者到麻省理工学院深造，为国内培养了一批功底深厚的学者。改革开放之初，林家翘和夫人再次回国讲学探亲期间，受到了国家领导人邓小平的亲切接见。

尽管林家翘在美国的头衔和荣誉很多，诸如美国国家文理学院院士、美国国家科学院院士、美国应用数学委员会主席、美国工业和应用数学协会主席、麻省理工学院荣退教授等等；分别荣获美国物理学会首个流体力学奖、美国机械工程师学会集合力学最高成就奖——铁摩辛柯奖、美国国家科学院应用数学和数值分析奖、麻省理工学院应用数学奖等等；还在美国有着优越的科研条件和优厚而舒适的生活待遇。但越是到了晚年，精神的需要越是会远远超过对物质的需要，思乡之情越是浓烈。林家翘晚年就曾被这种思乡之愁困扰得不能自拔。少时的同学、朋友、师长、邻居，抑或是曾经的某个玩笑，某次儿戏，某种聚会，与某人的某段情感或交谊，都时常在脑海泛起；尤其是经常追忆青年时期求学清华园那段美好而难忘的岁月。每当这时，颇有同感的夫人梁守瀛便会一边克制自己，一边给丈夫以开导和劝慰。

清华大学70周年校庆时，林家翘曾撰文深情地回忆在清华园生活学习的这段时间："许多同学，都是在校园中第一次喝到咖啡、红茶，吃到冰激凌，并享受到二院食堂的松软玉米面馒头。此外，还有许多中学时代没有见过的东西，如体育馆、游泳池、淋浴室、图书馆。这种环境，对于同学们安心求学、工作，很为适宜。"令林先生印象尤其突出的是"深秋时图书馆中台阶旁的大盆菊花"。

时不我待。终于，在人生的最后10年，林家翘还是下决心选择了叶落归根，并于86岁时毅然携梁守瀛回到母校清华大学定居。对这位海归学者来说，清华园，这个曾经非常熟悉的校园，曾经为他带来无数梦想与追求的母校，自己这艘为探寻自然奥秘而在异国他乡、在风口浪尖漂泊远航了数十年的科技航船，终于又九九归一，回到了当年的起锚地。

既然回来了，作为背井离乡数十年的炎黄子孙，即使已经到了风烛残年，也不能等闲视之，他决心只争朝夕，拼其全力，为祖国教育事业的发展做出贡献，为清华大学创建世界一流大学做一些力所能及的工作，并希望将自己在国外学到的知识介绍给国内和后辈学子，使自己的专业能在国内扎根。

当时，林家翘在美国结识的好友、学长、微分几何之父陈省身已在自己的母校天津南开大学创办了数学研究所。鉴于学长的楷模效应，林家翘也萌生了创办一个数学研究机构的打算，他思考得更加细腻一点，希望他所创办的科研机构能满足以下想法：首先是要效仿学长陈省身的先例，十分乐意将自己这片在海外漂泊了几十年的落叶，归根于母校这棵大树之下；其次是作为周培源的得意门生，当报其知遇之恩，要体现对恩师师德师风的发扬光大和永恒纪念；再次，针对国内大学混淆应用数学和纯数学之间概念与区别的教育和科研现状，寄望能唤醒后学者晓得，应用数学的核心是用数学方法解决实体科学的问题，是一门与纯数学有着重大区别的独立学科，进而推进清华大学应用数学领域的研究。

于是，林家翘于归国定居的当年，即2002年8月，倡导建立了以恩师周培源名字命名的清华大学应用数学研究中心，致力于推动应用数学和经验科学的交叉研究和共同发展，活跃学术思想，开展国际交流与合作，培养创新人才，提高中国应用数学研究水平，开辟一条使中国科技有可能跻身世界一流水平的重要通道。

中心建立伊始，林家翘便将应用数学方法扩展到对生物学的研究。这是因为，他认为，蛋白质结构是最重要的研究领域，这个新领域"充满了机会"；

这也是因为，他曾经当面对清华老同学何炳棣说过："要紧的是不管搞哪一行，千万不要做第二等的题目。"而蛋白质结构的研究就是林家翘晚年提出要研究的"第一等题目"。他还说过："我和陈省身都是清华大学理学院的人，志趣是相同的，共同的精神是：研究科学、追求真理，在前沿上工作。"何炳棣以及许多了解林家翘的同辈同学和同事或晚辈一致认为，他的话正代表了"清华精神"。那就是：永远追求第一等的题目。林家翘就是寄望于"中心"未来的工作实践能充分体现"清华精神"。

对生物学发生兴趣后，林先生读了很多生物学著作，并在他读过的书里做满了标记，贴了很多便签，记录下他读书的思考和发现。

林家翘认为：为寻求自然科学的真理而进行的研究不同于做具体项目或产品研发，科学研究对社会的贡献比科学技术的贡献更大，更重要。把人培养好了，以后可以做几十年的研究和贡献；对人的教育一定要做到使其"博大精深"。对一个科学家来说，"博大"和"精深"同样重要。一个人在博士研究生时代所做的题目时隔几十年后可能就没有用了，但当时所学到的治学精神、科研方法是足以让人受用终身的；做研究一定要选前沿的题目，再摸索发展出一种方法，这种方法可能几十年以后都有用。林家翘到清华大学来就是打算按照这种精神做事的。

在林家翘得知陈省身先生去世后，向这位老学长、老大哥的子女发去唁电，并赋诗一首：

满门桃李多伟绩，几何之家留旧情。

九三高龄示风范，巨星陨落举世惊。

"满门桃李多伟绩"不但用来描述陈省身，也同时是林家翘的个人写照。而此时，已经88岁高龄的林老也深感自己的时间不多了，更加珍惜有限的生命，希望能在有生之年多做些工作。他每周一和周四上午，都会准时到办公室上班，并反复强调，中心的研究方向一定要定位在既热门、又前沿的生物科学上，要确保不做随大流的一般性实用科技，而要坚持做基础科学研究。随着年事的增高，行动更加不便，林家翘虽然要靠轮椅代步，但思路依旧清晰，仍坚持出席每周的讨论，不论刮风下雨，坐在轮椅上的他都会准时出现在会议室的走廊上。

2005年9月，林家翘的学生徐遐生以台湾新竹清华大学校长的身份，到北京清华大学，来给林先生授予荣誉博士学位，并以范仲淹的"云山苍苍，江水泱泱，先生之风，山高水长"赠给自己的恩师，以褒扬大师之风范。有着不解之缘的海峡两岸的清华大学因林先生而实现密切交流。

在清华大学周培源应用数学研究中心成立5周年之际，林家翘卖掉了在美国的全部股票，将获得的400余万元人民币全部捐给了中心，还将国家发给他的生活费也全部捐了出来。但是有一次，中心的雍主任同林家翘谈话时发现，这位对科技资料过目不忘的天才科学家，居然把自己捐钱的事忘得一干二净。"对他来说，没有金钱的概念。他根本就不想这些。"雍主任说。

94岁那年，林老为清华学生开讲座时指出，做科研始终要"赶时髦"，就是要关注那些热点的前沿问题。学生们始终记得，那次讲座之前，他做了"认真而精细的准备"，表现出对下一代科技人才的热切期望和尊重。他还给学生们题了词："研究自然科学是没有终点的，可以作为一生的目标，及一生的事业。"

随着对生物科学研究的深入，如此高龄的林家翘还在亲自撰写和修改与蛋白质折叠机理有关的论文，但却总觉得不太满意，反复修改，一直没有去投稿发表。因为他一向倡导："论文不能轻易发表，应该在内部先进行报告和讨论。要让自己的同事先看看，以便纠正里面可能存在的错误。"因为"精益求精"是他平生的治学态度，重质不重量是他的做人准则，他永远都是这样的秉性。还因为，他学术生涯的起点和终点都是清华大学，他不能拿出尚未成熟甚至是粗制滥造的所谓"成果"来，怕玷污了清华大学这块金字招牌。

林家翘轻易不在自己指导的学生论文上署名，只要他认为自己的贡献还没达到联合作者的程度，便只是隐在后面当无名英雄。

以其昭昭　使人昭昭

孟子昔日说："贤者以其昭昭，使人昭昭。"意思是说，贤人应先使自己明白，然后才去使别人明白。用今天的话说就是"教育者先受教育"，而且"要给学生一碗水，自己得有一桶水"。

林先生引用他十分崇敬的颜元先生的一句至理名言说："志不真则心不热，心不热则功不贤。"就是说，一个人如果没有立下真诚的、正确的志向，怎么会有强大的动力去实现自己的目标呢？这句话既是他本人的人生写照，是他长期从事教育科研的切身体会，更是对后辈晚生们提出的治学要求。

林先生一贯倡导学习与思考相结合，二者不可偏废。他完全吃透了孔子在《论语》中所提倡的"学而不思则罔，思而不学则殆"的辩证学习方法。意思是，只读不思，被书本牵着鼻子走，反而会被书本理论所蒙蔽，陷于迷惑，甚至会被引入歧途；反之，只是冥思苦想，不从书本上获取知识积累，进而对知识进行研究推敲，从中获益，也只能是流于空想，问题仍然得不到解决；只有把学习和思考结合起来，学以致用，才能学到真知，获得灼见。

林先生常以"学而不思则罔，思而不学则殆"的思想来教育学生。他强调：做学生最重要的是"思"——批判式地思考，否则就迷"罔"了，对全局认识不清，学了一大堆东西就会整不出条理来。但如果"思而不学"，关起门来做学问，不去了解具体情况和具体问题；搞物理的只做理论，不做实验，不关注实验结果；搞天文的只坐在屋子里，说宇宙是怎样起源的；那就会"殆"。闭门造车，最后必然走入死胡同。

林家翘总结了做研究工作的三步同等重要的方法：第一步，形成问题，找到主要问题的争端和讨论焦点，这是最难的一步；第二步，解决问题，这是比较容易的；第三步，解释所得结果的意义，要注重对结果的语言表述。

欲问林老留给晚辈最宝贵的东西是什么？回答是：除了他在几大自然科学领域所取得的巨大成就外，最精华的，就是治学态度和工作方法。他认为，如

林家翘在演讲。

何处理知识，比知识本身更重要。林先生时常利用计算机运算中若输入错误数据，则输出亦为错误结论来形象地提醒青年学者："千万不要错进，错出。"他说："……单凭先进的、高速运行的计算机，不可能解决任何问题。如果你对问题不进行科学的预处理，那么必然的结果是'错进，错出'。也就是说，你往计算机里输入一堆垃圾，输出的一定也是一堆垃圾数据！"

林家翘以切身经历和感受告诫研究人员进行理论研究需要注意的几个方面：首先，要对所研究的问题进行深入细致的考察，通过观察、实验和通读文献，掌握足够的原始资料，洞察问题的内在本质和症结所在；然后，抓住主要因素，建立正确的、能反映事物本质的数学模型，并对其中出现的参数进行标定；接着，对简化的数学问题进行初步的解析处理，了解其中的关键难点；最后，进行数值模拟，归纳整理所得的结果，加以演示和分析，并与观察或实验结果进行比照验证。一般来说，这样的过程要循环往复多次。只有这样，在数值模拟中才不至于"错进，错出"。

许多人都会奇怪地发问：林先生的研究生涯，怎么能横跨流体力学、天体物理学、理论生物学三大不同领域？隔行如隔山，到底拥有怎样的能力和学识，使他能在不同的学科之间纵横驰骋呢？林老回国后亲自带的博士研究生、周培源应用数学研究中心副研究员洪柳说："老师最重要的头衔是应用数学大师。可以说，是应用数学串起了他的学术生涯，让他在不同的学科游刃自如。"

林家翘自己也曾说："自然界的事物基本上都很简单，所有的基础原理及主要问题都可以用数学方式表达，这是应用数学家的一个信仰。"在林家翘眼里，无限时间、无限空间里的无限万物，从巨大的星系，到躁动的细胞，再到飘忽不定的粒子，都可以用数学符号表达出它们的基本规律。而他的天生使命，就是要用最简洁、最优雅、最精准的数学语言，描绘出宇宙万物的运行原理。林家翘关于密度波理论创立的科学实践足以说明，他是这样思考，也是这样去做的。

在密度波理论创建过程中，林家翘发现，密度波与湍流存在某种相似性规律。这就意味着，长达几万、十几万光年的旋臂，可能与地球上随处可见的水、空气有着相同的运动规律。既然如此，在这千变万化的物质世界里，有没有一种潜在规律，蕴含着自然界一切现象的最本质规律呢？有没有一种可能，将这些现象总结提高，形成一种可以概括反映出"造物主"所有奥秘的理论呢？林家翘认为，科学家们的终极之梦，就是要找到自然界不同现象背后的统一规律。

密度波理论正式公布后，立刻震动了国际天文学界。在大量的观测数据支持该理论的同时，林家翘很快建立起相关概念的完整理论数学模型，使密度波理论成为颠扑不破的真理。在这点上，尤其令他的爱徒袁旂感慨："他的成功绝非偶然。在温文尔雅的外貌下，他是如此强韧，如此有竞争力！"

怀揣着寻找自然界不同现象背后统一规律的终极梦想，林家翘在科学的道路上砥砺前行。他曾总结说："物理学所有的定理都可以用数学公式在一张纸上表示出来。人类的智慧就是坚持用简单的概念阐明科学的基本问题，所有的科学问题在本质上都是简单而有序的。"

戴世强在郭永怀教授指导下的电磁流体力学专业研究生毕业，现代力学家，曾任中国力学学会第八届理事会副理事长、博士生导师、上海大学终身教授,曾有幸与林家翘先生有过两个多月近距离接触。林老逝世后,他以自己的切身体会,向青年学生们总结推荐了应该向林先生学习的几个方面,摘其要义如下。

首先,学习他一生向学,孜孜不倦,献身科学的敬业精神。

从17岁进清华到97岁离世,在整整80年间,林老始终战斗在教学科研第一线。无论是在战火纷飞的年代,还是在客居异乡的岁月,乃至叶落归根的时段;无论是挥斥方遒的少年,还是功成名就的壮年,乃至鹤发苍颜、耄耋老翁的暮岁;他始终手不释卷,勤学不辍,用自己毕生的精力,纵横驰骋在数、理、化、力、天、地、生等七大基础领域,创造了一个又一个闪光业绩!

其次,学习他大胆创新、追求卓越、永不言败的学术风格。

17岁那年,他用比萨本栋教授预想的答案更高明的答案完成了基础物理学测试。49岁那年,他对老友何炳棣说:"要紧的是不管搞哪一行,千万不要做第二等的题目。"94岁那年,他对清华学子提出,做科研始终要"赶时髦"。在青年时代,他初生牛犊不怕虎,敢啃"湍流"这块"硬骨头";至耄耋之年,他还激流勇进,迎战蛋白质结构这个现代生物学难题。实践证明,林先生涉足的课题有十余个,无一不属于"第一等"的,而大师所得之研究结果,无一不是第一流的!

第三,学习他洞察实质,善抓内蕴,循规而进的治学方法。

在各个课题研究中,他用洞若观火的观察能力,首先针对实际问题做周密分析,抓住其症结所在;其次,建立合理的数学模型;最后,用最合适的数学工具求解。由于抓住了问题的"牛鼻子",踏破铁鞋无觅处的答案便手到擒来。

第四,学习他精益求精、求真务实、与时俱进的治学态度。

林先生数以百计的学术论文无一不是精品,所有论文都经过字斟句酌,反复推敲,其推理之逻辑性无可挑剔,其学风之严谨性令人感佩,其与时俱进的创新性令人钦叹。

第五,学习他语言生动、逻辑严谨、言简意赅的表述能力。

无论是讲课,做报告,写论文,做专著,林老都特别重视和擅长语言表述。尤其是普通话纯正，英文用词得当，语义表述精准，没有一个"废字"，更无一句"废话"。

戴先生颇有感触地说：聆听林先生的教诲，句句都能充分体现并感觉出他的人格魅力。

作为当今应用数学领域首屈一指的大师，林家翘原来工作的美国麻省理工学院应用数学系，一直处于全球领先地位，而他本人在学术上早已誉满全球，桃李满天下。但这位白发苍苍的老科学家、教育家，在重回清华园两年多之后，却发现在这所国内一流的高等学府，他的应用数学专业竟找不到合适的、能够很好交流的学生；还发现国内学生在学习上存在很多问题，其中最大的问题是独立研究能力不够。

晚年的林家翘深居简出，几乎不接受记者采访。在偶尔接受的一次采访中，当记者与之谈到"中国的教育现状""钱学森之问"和"诺贝尔奖几时会花落中国"等问题时，林老在深表关切、不无遗憾之余，出于对祖国的热爱，对科学发展的责任心和对后来人的期待，将三个问题结合在一起，毫不掩饰地指出了国内大学教育和科研现状存在的很多致命问题，直言不讳地谈了他的感受和建议。

林老首先针对高等教育现状批评道："在国外，大学毕业不叫毕业，叫'始业'，就是你开始做别的事情了，是创业的开始。教育绝没有说到这个时候，就画一个道，就停住了。而且这个道画得太早，至少到研究生再画，在本科就画，那就跟不上时代了，因为时代在进步。中国的教学制度有个趋向：就是很多人都觉得，大学或博士毕业后，就真毕业了，不学了，这是一个最大误区。你既然画了一个道，我到这儿就满意了。我是学这个专业的，以后就专门做这个。这是中外古今都觉得不对的事情，可是中国的教学制度，就有这个趋向。"

林老建议：目前国内比较好的大学，如清华、北大、科大、复旦等这种水平的大学数目要加大，增加到10所左右，才能形成一个好的研究问题的环境。因此，当务之急是需要一批一流的大学来做研究。有了这个环境，人才才会冒出来，单纯依靠一两所大学不行，需要大学整体水平的提升，才会形成研究氛围，才有人脱颖而出。

在谈到与国外校际交流时，林老强调：如果掌握了基本知识，知道了是怎么一回事，即使没有看到人家的技术细节，自己也能通过想象把它做出来；应该明确"想了解的知识"和"想制造的东西"之间的区别；而更要紧、更能带来长期效果的，也恰恰是基础科学的交流学习。当然，自己首先要"练好内功"，达到能与国际同行平等对话的程度，交流合作才能顺利进行下去。诺贝尔奖是针对基础科学研究的，与通过科技手段解决经济建设需要是两个不同的概念，像中国现在这个发展水平，要想获得诺贝尔奖，恐怕还差点儿。这不是用多少年来衡量的，是一个长期的发展过程。

林老的秘书刘俊丽如此评价这位科学老人："林先生是个完美主义者。"这句话其实反映出林老一生治学的"严谨"。刘俊丽还说："他非常关注中国的教育。他回国来创办数学中心，就是想为中国的教育做一些事情。"

林老曾让刘俊丽去借来中小学有关数学、物理、化学方面的教材进行研究。研究就是他的爱好，爱好就是他的研究。业余时间，他喜欢读中国古典文学四大名著，还特别喜欢《论语》，购入了多个版本，包括外文版，来比照翻译版与原文有无出入。

清华大学老校长梅贻琦曾说："所谓大学者，非谓有大楼之谓也，有大师之谓也。"当年，清华国学研究院正是由于拥有一批大师，创办两年后，其声望就远远超过了早于它创立的同类学校。作为自幼就开始接受"颜李学派"思想影响和系统教诲，由"尚实习、尚实学、尚实行"的求实精神浇根育苗而打下牢固思想和学习基础；更作为国学大师的隔代高徒，在清华校园接受过大师们文思才情沐浴熏蒸的林家翘，即使自己早已是青出于蓝而胜于蓝，即使已经到了耄耋之年，其言行举止，其精神面貌，都一直还永葆青春激情和进取向上的精神状态。

2013年1月13日凌晨4时50分，在科学领域赶了一辈子"时髦"的林家翘先生在北京协和医院停止了呼吸。这位享誉半个世纪的"不稳定性先生"，以97岁高龄的一生游走于数学、物理学、航天学、天文学、生物学等多个自然科学领域，最后终于修炼成为一位传奇之神回归了自然。与周培源、陈省身、钱学森、郭永怀、钱伟长等几位相比，数他年龄最小，也离世最晚。

大师的离世给后继者留下了未竟的遗愿，留下了揪心的悲恸，留下了无尽的感叹。最令人遗憾的是，还没有来得及将他在生物学上的研究成果公之于众，就撒手人寰，驾鹤西去了。

在清华大学科学馆118号会议室临时搭建的灵堂墙上，贴着学生们自发做成的心形字条，上书："殚精竭虑为科研，孜孜不倦育学子。"表达了学生们对大师由衷的思念和人生承诺。

清华大学数学科学中心主任、哈佛大学教授丘成桐为林老先生敬献了这样一副挽联：

用数如神，究星河之形，通水波之变，宏业堪为后世则；

竭诚谋国，传西哲学风，荫中华学子，水木长留国士魂。

参考文献

［1］袁旂.我认识的林家翘先生［J］.力学进展，2006.

［2］戴世强.林家翘先生提醒青年学者：千万不要Garbage in, garbage out［N］.戴世强的博客，2009.

［3］林家翘.林家翘院士漫谈治学方法［N］.傻人的博客，2009年.

［4］楚天舒.应用数学家林家翘先生专访［N］.央视《大家》栏目，2009.

［5］刘文嘉.林家翘：大师之忧［N］.光明日报，2010.

［6］戴世强.32年前钱伟长先生答疑："为什么我们三人考得一样好？"［N］.戴世强的博客，2010.

［7］周海滨，王永福.应用数学大师林家翘：中国急需一流大学［J］.中国经济周刊，2011.

［8］周海滨，王永福.林家翘：落叶归根［J］.中国经济周刊，2011.

［9］周海滨.应用数学大师林家翘：29岁"暴得大名"［J］.周海滨的博客，2011.

［10］陈竹，张国.林家翘：永远追求第一等题目［N］.中国青年报，2013.

［11］陈竹，张国.思念大师林家翘——97岁一生横跨多个学术领域［N］.

新华网，2013。

[12] 高毅哲.林家翘：追寻科学极致之美[N].中国教育报，2013.

[13] 戴世强.向林家翘先生学习什么？[N].戴世强的博客，2013.

张纯如

——永不凋谢的鸢尾花神

鸢尾花开

1937年11月5日，侵华日军80余艘军舰突然从杭州湾附近的金山卫登陆，在日机的狂轰滥炸下，整个上海满目疮痍。消息传到南京，全城一片慌乱。早已预感到京城难保的国民政府军政高层和文化教育界人士，想尽千方百计，将各自的妻儿老小撤出南京。

时任南京国民政府三民主义教员的文化名人张铁君先生，打算先把即将临盆的妻子和一岁多的大女儿送出南京，不料刚到城郊，便遭遇空袭，他带着一家人躲在一段用木板和沙袋掩护的土沟里，才得以幸免。直到次日凌晨，警报解除，他才趁着黎明前的夜色，带着妻女从土沟里爬出，逃到老家宜兴县城附近，安顿好妻子和女儿在此暂避后，自己又立即返回南京。

回到南京后，看到同事们也都在整理行装，准备乘船向安徽芜湖撤退。当时，宜兴与芜湖之间的铁路和公路已被日军摧毁，只能从水路辗转到达。张先生赶紧托人带信给家人，让她们立刻从水路前往芜湖与自己会合。

张先生到达芜湖后，在码头足足等了4天，眼看着一船又一船难民到来，可就是不见自己的家人，他被迫决定乘坐下一趟，也是最后一趟船离开芜湖，继续往后方撤退。就在最后一刻，一艘船载来了他的妻子、女儿和几位亲属。他们一家在战乱中团聚了。

南京失陷后，攻陷南京城的日军，在华中方面军司令官松井石根和第6师团师团长谷寿夫等法西斯分子指挥下，对手无寸铁的南京民众进行了长达6周

张纯如一家。

惨绝人寰的大规模烧杀淫掠，死难人数达30万人……

这段南京大屠杀中侥幸出逃的经历，成为了张铁君先生一家刻骨铭心的惨痛记忆，以至于多年后出生的孙女张纯如，仍不时从父母口中听到关于南京大屠杀的悲惨故事，这或许成为引发后来的张纯如撰写《南京大屠杀》的原始动机。

大陆解放前夕，张铁君先生携家眷随国民党军政人员撤退到台湾，先后担任国民党中评委和《中华日报》总主笔，成为一位著名政论家和职业办报人。

逃难途中出生的次女张盈盈从小天资聪颖，又得到父亲的点拨训导，后被送进台湾一所小学接受教育，从小学到初中，学习成绩一直名列前茅。

高中毕业后，张盈盈考入台湾大学农化系，在大学期间，与同届同姓的高中校友、同时考入台大物理系的高才生张绍进相爱了。

张绍进的父亲是江苏宿迁县人，曾任太仓县县长，也是抗战时期逃到重庆，后来辗转到台湾的。1951年，张绍进才与母亲从大陆经香港到台湾与父亲团聚。由于天资聪敏，加之后天努力，高考结果，张绍进成为全台湾的甲组状元，被录入当年列为甲组第一志愿的台大物理系。

1959年，张绍进与张盈盈同时从台大毕业并结婚成家。婚后，夫妇于1962年双双到美国普林斯顿大学攻读理工硕士，毕业后，留校任教。在此期间，他们的爱情有了结晶，一个美丽的女儿于1968年3月28日出生在新泽西州的普林斯顿。

张绍进夫妇都是从中国台湾旅美的高级知识分子，自幼受到中华文化的熏陶，所以，在为自己的掌上明珠取名时，夫妻俩颇动了一番脑筋。他们首先想到的是，女儿是长女，她的名字要充分体现初为父母的他们对中国文化之根的惦念；其次是，由于女儿面容姣好，因此，一定要为女儿选取一种美丽的花卉作为名字，才能与她的外在形象相匹配；再次，在女儿的名字中，既要体现中国传统文化内涵，又要与自己现在所定居的美国地域文化相结合。于是，反复思考、斟酌之后，张氏夫妇为女儿取了一个中文名，叫张纯如，又取了一个英文名，叫Iris（爱丽丝）。

"纯如"二字，从中国文化层面理解，一是，它出自《论语》第三篇《八佾》："乐其可知也：始作，翕如也；从之，纯如也，皦如也，绎如也，以成。"意思是：奏乐的道理是，开始演奏，是各种乐器合奏，声音繁美；继续下去，悠扬悦耳，音节分明，纯正清晰，连续不断，一气呵成，这样就完美而和谐了。二是，"纯如"二字也指性格文静温厚，面容姣好之意。这两层含义，体现了张绍进夫妇对故国文化的热爱。

英文名字Iris，其含义用中文表达为"鸢尾花"。这种花有红、橙、紫、蓝、白、黑以及紫蓝、宝蓝、明黄各色，因此也被人们称为彩虹花。鸢尾花花形硕大而美丽，耐环境性很强，具有非常顽强的生命力，常用以象征爱情和友谊，寓意鹏程万里，前途无量。

在欧洲，鸢尾花象征光明、自由；在古埃及是力量的象征，含义是"复活，生命"，其花语是"优美"，从这个层面理解，"纯如"和Iris的意义相同或相近。

在希腊语中，iris是"彩虹"之意，喻指花色丰富多彩。希腊人之所以把鸢尾花称为彩虹花，是因为它色彩绚丽，像划过蓝天的彩虹一样美丽。iris音译过来读作"爱丽丝"。爱丽丝在希腊神话中是彩虹女神，是众神与凡间的使者，主要肩负着将善良人死后的灵魂，经由天地间的彩虹桥携回天国。

在欧美各地，紫蓝色鸢尾花，好似翩翩起舞的蝴蝶。每到初春，鸢尾花盛开的季节，可以看见一只只蓝色蝴蝶翩翩起舞于绿叶丛中，仿佛正将春的信息传递到人间。

收藏在美国加州保罗盖兹美术馆内的著名《鸢尾花》，是荷兰画家文特森·凡·高的作品。此画色彩丰富，线条细腻，技法精巧，画面充满律动及和谐之感。它像人，像心灵。画中透出的那灼眼的热情，动人的色彩，就是画家自己。艺术家们称，画中藏着作者用心向花叙述的衷肠，是作者把自己的心血给予了花的根，把眼睛给了花的瓣，把肉体和思想全都期许了花株。在1988年11月11日的拍卖会上，这幅鸢尾花油画以5300万美元的天价卖出，震惊了全世界。

几年后，张绍进和张盈盈又双双在哈佛大学拿到博士学位，继之应聘到伊利诺伊大学香槟城校区任教。张绍进的专著《量子场论》在美国理论物理学界颇有影响。张盈盈始终从事生物化学方面的研究。夫妇俩一直在伊利诺伊大学干到退休。

童年时的张纯如随在伊利诺伊大学研究物理和微生物学的父母学习成长，不时听到父母忆述，在那早已远去的1937年末到1938年初，在中国南京所发生的事情。她的外祖父如何带着外祖母和还在肚腹中的母亲逃离那个人间地狱……祖父母一家也在逃难路上目睹了日军杀戮和践踏同胞的惨况。这些事虽然已经时隔几十年，但对那惨绝人寰、灭绝人性的大屠杀场景，她祖父母仍旧觉得历历在目，每每提起，还禁不住潸然泪下。

这些惨痛的遭遇，在张纯如幼小的心灵中，刻下了永不磨灭的印记，她曾专门找到外婆、姨妈印证父母的话，并把时间、地点一一记录下来。伴随着年龄的增长、学习的深入和涉事的宽博，这些儿时印记也越发根深蒂固，犹如酵母一样，在她逐渐成熟的心灵深处发酵，膨胀，使得她更加不能释怀。但是，还十分稚嫩的她对父母和祖辈所讲的故事始终难以完全相信，因为在当地的公共图书馆，她居然查找不到相关的资料，无法证实这些事情的真实性。

成年后的张纯如果真人如其名，出落得像一株鸢尾花一样美丽可爱，她身材高挑修长，五官端庄秀美，双目水灵聪慧，乌发黑亮飘逸，性格温柔敦厚。张纯如从小就喜欢文学和写作，是家人和亲戚中背叛理工道路的第一人。她17岁进入伊利诺伊大学攻读计算机专业，但20岁时，在未事先征得父母同意的情况下，就擅自把人生方向盘扭转了180度，放弃了即将到手的计算机专业学位，转学新闻专业，并获得伊利诺伊大学新闻学学士学位。

正义使者

在伊利诺伊大学的一次联谊会上，已经尽展东方女性之美的20岁出头的张纯如与白人校友布瑞特·道格拉斯一见钟情，从此坠入爱河。次年，他俩定下了终身。

张纯如弃理从文，尤其酷爱写作，显然是受到书香门第家庭的影响，除了外祖父是著名的政论家和职业办报人外，她的一位姑姑也是小有名气的专栏作家。在张纯如看来，写作和文章是传播社会良知的最好方式和载体。真正的作家就是要通过文字来传达社会所需要的思想和感情。从伊利诺伊大学新闻系毕业后，张纯如先是在美联社和《芝加哥论坛报》担任记者，一年后，就奔向美国东海岸，到约翰霍普金斯继续攻读写作硕士，同时开始了她的职业创作生涯。

23岁时，张纯如与当时已在硅谷思科公司担任工程师的道格拉斯结婚，组成了幸福家庭。婚后不久，他们搬到距思科公司不远的旧金山湾区的新家居住，以方便道格拉斯上班，而张纯如每天的"上班"，就是从卧室走进书房。

婚后的张纯如曾经是那么游刃有余地悠游于调查研究、收集素材和构思创作的生活和工作中。由于受到父母旅美科学家经历和身份的影响，张纯如对旅美的华人科学家尤其情感笃厚，她决心创作的第一本著作，就是为在美国颇具影响的中国导弹之父钱学森写一本传记，而且，这一创作计划不久就付诸实施了。

她丈夫道格拉斯说："纯如写作的前六年，显得无忧无虑。她先作为自由撰稿人，为《芝加哥论坛报》《纽约时报》《新闻周刊》《洛杉矶时报》和《美联社》等著名报刊撰写稿件，后来就开始为正义而写作，为那些受到冤屈的人和事鸣不平而满世界奔走，奋笔疾书。她主动把这些事情当成自己的责任去履行，把手中的笔作为武器，向邪恶开战。于是，她开始感到有些压力。有责任当然就会有压力。"

大约在26岁时，张纯如在洛杉矶加州大学第一次听到来自于中国南京的专门从事南京大屠杀史学研究的孙宅巍老师的学术报告，看到了"世界战争史实维护会"展出的关于南京大屠杀的血淋淋的黑白照片时，感到了无比愤怒。在此之前，西方社会只知道奥斯维辛集中营，只知道被纳粹屠杀的六百万犹太人，以及波兰人、苏联人、吉普赛人、德国人，而对南京大屠杀这一浩劫却知之甚少。他们并不知道，二战期间，日军在金陵这座古都犯下了怎样的暴行。她从此坚信：在南京的确存在过被日本人大屠杀的历史！我父母从小给我讲的全都是事实！但令她不解的是，为什么居然会有人否认这些泯灭人性的兽行？为什么在所有的英文非小说类书籍里，居然没有一本提及这段本不应该被遗忘的历史呢？而与之相反，几乎所有的西方人都知道希特勒的罪行，却无人知晓日本人在中国进行的大屠杀。张纯如为这一现象所震惊，为此感到阵阵心悸，她决心要亲自考察调研，取得第一手资料，然后写出一本英文版的南京大屠杀专著，把南京大屠杀的历史真实介绍给西方民众。

1995年夏天，张纯如设法与孙宅巍老师取得了联系，从美国专程到南京调查了一次关于南京大屠杀的史实材料。回来后，她在美国国家档案馆和华盛顿国会图书馆完成了《南京大屠杀：被遗忘的二战浩劫》一书的初步资料准备，并拟定计划，决定再次前往包括南京、北京、上海、杭州等地进行为期约六周的深入采访调查。

就在准备撰写《南京大屠杀》的同时，张纯如于1996年完成并出版了钱学森的传记，她的第一部著作，《蚕丝——中国飞弹之父钱学森》。

《蚕丝》讲述了华人科学家钱学森为美国火箭科技做出的非常贡献，以及最终如何成为麦卡锡主义政治迫害的牺牲品而离开美国回到中国从事导弹研制的故事。这是张纯如以钱学森为例,针对当年旅美科学家遭受政治迫害的历史事件鸣出的第一声不平。处女作《蚕丝》一出笼就广受好评。张纯如也因此赢得了美国麦克阿瑟基金会颁发的"和平与国际合作计划奖",并获得美国"国家科学基金会""太平洋文化基金会"和"哈利·杜鲁门图书馆"的创作赞助,还荣膺了美国华人团体"年度女性"称号,成为继《喜福会》作者谭恩美之后第二位进入美国畅销书榜的华裔女作家。

1997年7月,张纯如前往南京等地,具体深入地调查核对南京大屠杀史料。12月,不满30岁的她终于出版了用英文写出的《南京大屠杀》一书,并附有大量照片,一时间轰动全世界。

《南京大屠杀》首版就销售逾40万册,连续14周名列《纽约时报》畅销书排行榜,并被评为年度最受读者喜爱的书籍。此间,很多人找上门来,给张纯如提供有关南京大屠杀的事件线索和历史素材,希望她把故事写出来。这本反映日本人在南京施以暴行的历史纪实著作,引起了美国乃至西方世界对这段历史的高度关注,也唤醒了华人世界对这段历史的沉痛记忆。该书至今已经再版十余次,印刷超过100万册。

美国新闻媒介大幅报道了《南京大屠杀》,与南京大屠杀这段历史有关的研讨会也因此在美国哈佛及斯坦福等著名大学频繁举行。美国《新闻周刊》对这本书的评论是:"对二战中最令人发指的一幕作了果敢的回顾,改变了所有英语国家都没有南京大屠杀这一历史事件详细记载的状况。"

哈佛大学历史系主任、中国现代史教授威廉·柯比为该书撰写了序言,称赞该书用雄辩的事实让欧美读者翔实地了解了第二次世界大战期间,日本侵略者在中国南京制造的惨绝人寰的大屠杀,称这本书是"第一本充分研究南京大屠杀的英文著作"。柯比在序言里写道:"南京的暴行在西方已几乎被人们遗忘,所以,本书的问世尤显重要。张小姐把它称作'被遗忘的大屠杀',将二战期间在欧洲和亚洲发生的对数百万无辜者的屠杀联系在一起。"

《南京大屠杀》出版发行以后,张纯如声名鹊起,演讲邀约多了,接待应酬多了,给她的生活和写作带来了较大影响。在一次关于二战的国际学术研讨会上,张纯如以《强奸南京》为题第一个发言,当场就有两个日本人站起来向她发难。张纯如据理驳斥，以胜于雄辩的史实批得两个日本人语无伦次，脑门上汗水直淌，最后灰溜溜地逃离了会场。此后一段时间，为了保持自己原有的私生活情趣和工作节律，张纯如选择了隐遁的方式来应对社会的过度关注。

由于《南京大屠杀》的出版，1998年，张纯如获得美国华裔妇女协会授予的"年度优秀妇女奖"；许多组织颁给她各种荣誉证书；世界最著名的美国《读者文摘》杂志将张纯如作为封面人物；受到许多电视节目邀请作人物专访，其中包括著名新闻访谈节目《夜线》。

1999年8月，《南京大屠杀》被拍成电视节目，成为历史探索频道专题节目之一。3年后的5月，张纯如获俄亥俄州伍斯特学院荣誉博士学位。作为一位年轻的华裔作家，张纯如强烈的正义感和出色的写作才能，在美国主流社会中树立了华裔的良好形象，亦成为世界范围内华人青年真正的楷模。

为了避免孩子的拖累，壮志未酬的张纯如夫妇婚后11年一直没有要孩子，直到2002年8月，才生下了他们可爱的儿子，取名为克里斯托佛·道格拉斯。

孩子还未满周岁，张纯如长达500页的《美国华裔史录》又在洛杉矶出版了。这是张纯如力塑华人形象、描述华人艰苦创业的又一部鸿篇巨制。该书以大量史实，一个故事一个故事地讲述了旅美华人160多年的心酸移民史，将早期华人所受的歧视和由此带来的悲惨遭遇公之于众。张纯如还曾以此书为主题巡游全美发表宣传演讲。

为了撰写《美国华裔史录》，张纯如花了好几年时间深入采访和实地考证。她在书中写道：自梅阿芳来美国10多年后，更多的华人才开始陆续来到加利福尼亚州。1848年2月，是加州发现金矿的开始，第一艘由广州驶往加州的海轮"美国鹰"号抵达旧金山。随着加州发现金矿的消息传到中国，1849年，来加州的华人增加到了325人，此后仅两年时间，到1851年，就达到了2716人。

张纯如写道，1865年，中国旅美移民人数激增至5万，其中90%都是青壮年男子。同年，中央太平洋铁路公司看到中国人能吃苦、工资要求低，又十分听话顺从，便开始大量招收华工，总共有10万华工参加了美国的铁路修筑。书中还记述了这样一个故事：1869年4月，一位雇用了华工的铁路建设老板说，他的工人每天可以铺设10英里铁轨。而另一个雇用爱尔兰劳工的老板不服气，表示愿以1万美元来赌个输赢。结果，华人劳工硬是在12小时45分钟时间内铺完了10英里多的铁轨。

张纯如指出，中央太平洋铁路完工后，大批华人开始拥向城市。到1870年，旧金山华人劳工的数量占到了城市中4种主要工业行业雇工总数的一半。不少美国人开始认为中国人抢了他们的饭碗。于是，19世纪70年代，美国西部发生了大规模的排华浪潮。1882年，美国通过了一项"排华法案"，限制华人劳工入境。直到1943年，这个法案才被废除，华人地位才开始逐渐回升。

张纯如在书中还对美国流行的一些带有中国色彩的词汇作了考证和辨析，使读者对中西文化的交流有了更全面更深入的了解。比如，早期的中餐馆为了迎合美国人的口味，作过不少尝试，也发生过许多饶有风趣的故事。有一次，一位华人厨师无意中将面条错下到了油锅里，正准备起锅倒掉的他转而一想，倒掉何益，不如将这些面条炸焦后加些配料，尝尝是啥味道？于是他独出心裁地在炸得焦黄的面条下面配放了些特色菜肴后，端给了客人，同时满脸堆笑道："这道食品是送给你品尝的，你点的面条随后就到。"没想到客人品尝后，竟十分喜爱这种炸得香脆可口的面条。从此，美国的中餐馆开始有了"煎面"这道食品。

张纯如在这本书中还挖掘了很多鲜为人知的华人创业故事。如19世纪的华人果树专家吕金功培植以他名字命名的金功柑橘、金功柚子、金功苹果和金功桃子等，为美国的水果业做出了杰出贡献。

张纯如还在书中饶有风趣地写道："谈到华人在美国的地位，许多人都会想到华盛顿州的州长骆家辉。可有谁知道，他父母亲开设的餐馆，离首府奥林匹亚只有1英里，而华人走到首府当州长却走了整整100年！"

在谈到撰写《美国华裔史录》一书的初衷时，张纯如说，虽然她出生在美国，但在美国人的社会定义中，她并不是美国人，而是拥有美国国籍的华人。因此，为了让人们认识到华人其实也是美国人的一部分，以及他们为美国的社会发展做出的不可磨灭贡献，她才下决心要写这样一本书。

《美国华裔史录》出版后，很快就被列入多种书评专刊的畅销书榜。华人书评家董鼎山认为："过去半个世纪中，颇有几本记述华侨历史的英文著作，但我认为这是最完全最详尽的一本。"《洛杉矶时报》的书评也称此书"既是华人移民的故事，也是美国史诗的一部分"。

针对《蚕丝——中国飞弹之父钱学森》《南京大屠杀》和《美国华裔史录》三部著作，《洛杉矶时报》形容张纯如是"最好的历史学家和人权斗士"，是"在美国成长的华裔青年模范"。作为美国的一位年轻少数族裔历史题材作家，她强烈的正义感和出色的才能，在美国树立了华裔的良好形象，亦成为世界范围内华人青年真正的楷模。因此，张纯如与有"东方小巨人"之称的篮球天才姚明和著名青年钢琴家郎朗一起，被美国社会誉为21世纪头十年最引人瞩目的三位华裔青年。

张纯如准备创作的第四部专著主要是描述二次世界大战中在菲律宾巴丹半岛和日军作战的美军坦克营官兵被日军俘获后，在拘禁期间受到日军非人虐待的历史故事。又是一部尽显人性恶劣，揭露残忍血腥的历史故事，又是为正义吹响的一声鸣冤号角！

揭秘南京大屠杀

据张纯如父亲张绍进介绍："在美国一般的图书里，是没有关于南京大屠杀事件的。纯如从小对世界很好奇，大概八九岁时，有一次她问我和她妈，当我们在她这个年龄时，世界是什么样子？我们就告诉了她在南京发生的事情。我们住家的附近有个图书馆，谁知她周六就去找南京大屠杀的书，却怎么也查不到。"

张纯如多少次想从相关记载里，找到这段历史，了解这段历史真相，从1995年开始，她就一直在着手调查研究，搜集资料，下决心一定要写成一部揭露日本侵华历史，即南京大屠杀的英文书。

众所周知，美国是一个非常现实、非常注重经济物质利益的社会。刚成年的青年人，都会想方设法谋求一个能多挣钱的工作，争分夺秒地去奋斗，去赚很多的钱，然后成家立业。尤其是对于一个花季少女来说，宁肯浪费掉十数年的青春不生孩子，放下挣钱的活不做，而甘愿花几年宝贵时间去研究历史，远跨重洋去搞调研，进而写一本历史著作，这在很多人看来是不可思议的。然而，张纯如却将那些现实利益问题一股脑儿全都抛在脑后。这位当时只有24岁的女孩子只有一个念头："这本书能不能赚钱我不管，对我来说，就是要让世界上所有的人都了解1937年在南京发生的事情。"

1995年6月，孙宅巍教授突然接到美国伊利诺大学南京大屠杀研究专家吴天威教授的来信说："最近有一位美籍华裔学者张纯如小姐要来南京调查日本在南京大屠杀的暴行，她准备用英文写作一本向西方公众介绍南京大屠杀真相的著作，请给予协助。"

孙宅巍欣然允诺，并分别约请了江苏省社会科学院历史研究所副所长王卫星和省行政学院杨夏鸣两人协助张纯如调查搜集资料。因为孙教授考虑到，"王熟悉南京大屠杀史实，并能阅读日文资料；杨能讲一口流利的英语"。

7月23日下午，张纯如由美国来到南京。

南京大屠杀遇难同胞纪念馆原副馆长段月萍回忆说："1995年7月，张纯

张纯如在南京做调研（一）。

如曾在南京停留了25天，那段时间，我几乎每天全程陪着她穿大街走小巷，参观和考察市区的各个大屠杀遗址，寻访幸存者。她当时很瘦弱，明显不能适应夏季南京火炉般的天气，但她每天的工作时间仍然超过10小时，大部分时间都用在寻访和翻阅资料上。记得那时，她还不会读、写中文，但对我提出的著书意见却很尊重。令我十分感动的是，她首次带来了《魏特琳日记》。"

段月萍还说："张纯如治学态度十分严谨，我提供给她的中文资料，她一定要与英文资料核对，不一致的地方，一定要弄清楚。她是通过文字著作向世界公布南京大屠杀史的第一人。"

据王卫星回忆："她的严谨令我印象深刻。每次给她送去中文资料，她都会当天就找人翻译成英文，再比对她从美国带来的资料，发现有不符的地方，立即穷追不舍。1995年张纯如来南京，还带来了两样珍贵的历史资料。其一，她带来美国人魏特琳的日记片段；其二，她提供了大量有关远东军事法庭审判的资料，而这些资料在国内也都已经遗失。尤其是审判南京大屠杀战犯松井石根的珍贵历史资料，足足1000多页！这些资料是张纯如从美国国家档案馆复印来的，填补了国内在这方面的史料空白。她带来的《魏特琳日记》片段复印件，是国内第一次看到这本日记。"

尤其使王卫星难以忘怀的是，到幸存者家里采访时，很多人家境贫寒，生活在棚户区，张纯如每次都会给对方留下100元钱，在1995年的南京，这是一笔不小的数目。

据当时担任张纯如翻译的杨夏鸣回忆："她的中文水平一般，不能读懂中文资料，所以我要逐字逐句为她翻译。她很认真，更十分严谨，常常用美国材料与中文材料核对事实。她听不懂南京大屠杀幸存者的方言，但她全录音下来，慢慢找人为她解释。她这个人通常会打破砂锅问到底，有时真觉得她有些偏执。"

南京大屠杀遇难同胞纪念馆馆长朱成山与张纯如有过多次交往，他对她的看法跨越了从怀疑她的学识、能力、水平，到相信她的坚韧、执着、理性必定会取得丰硕成果这样一个大的飞跃，张纯如追求历史真相、为历史史实负责的勇气和责任心使朱成山十分钦佩。

朱成山馆长说："张纯如专程从美国赶来寻求有关南京大屠杀的资料和帮助。我见过她四次面，第一次是在1995年8月9日。当时，只有27岁，汉语还说不好的漂亮华裔女青年走进我的办公室，说要写一部有关南京大屠杀的书并在美国出版。我还怀疑，这么柔弱的女子能否写出有分量的作品。当时她对这段史料了解甚少。我向她建议，去日本一桥大学走访古文研究会专家藤原影和吉田裕教授；去美国耶鲁大学图书馆查找资料；去德国追踪当年南京国际安全区委员会主席拉贝先生的足迹等。很快，她用真诚感动了我。"

不畏烦琐与艰难，朱成山对张纯如说的这些地方，她全都去了。提到的几个人，她都一一找到或追寻到了，并对每个人都做了深入细致的采访，获得了大量卓有成效的成果。

朱成山回忆说："是她，发现和促成了《拉贝日记》的面世。"

1996年8月，朱成山突然收到一封寄自德国柏林的包裹，打开一看，是拉贝外甥女赖因哈特夫人，根据张纯如留给她的一张名片上的地址，寄来了长达87页的"拉贝致希特勒的报告书"和"拉贝先生简历"。朱成山赶紧请省外事办的吴中德先生帮助翻译，并对资料的内容和真实性做了研究和考证。在这过程中，赖因哈特夫人受纽约南京大屠杀受难同胞联合会的陈宪中、邵子平等邀请，于1996年12月13日，在美国首次向世界公布了《拉贝日记》。

朱成山曾认为，有些地方一个女孩是不可能全部访问到的。但是没想到，张纯如不仅去了，而且找到曾任德国中学教师的拉贝先生外甥女莱因哈特夫人，从而发现了尘封达59年的《拉贝日记》。

《拉贝日记》简介

《拉贝日记》的作者——德国人约翰·拉贝1882年出生于汉堡，1908年到中国经商，在中国生活了近30年。

1937年日军进攻南京前夕，以拉贝为主发起建立南京安全区，并担任安全区国际委员会主席。当日本飞机疯狂轰炸南京城时，拉贝偶然发现，他所在的西门子公司悬挂着的纳粹党旗能够起到保护作用，便当即打开公司大门让街上的数千百姓进入，从而保全了他们的性命。拉贝的祖国在二战中是日本的同盟国，他本人也是德国纳粹党南京小组的代理负责人。但拉贝却以他的正义感和人道主义精神，参与了反对日本法西斯暴行的斗争，对中国人民给予了极其可贵的援助，并以德国纳粹党员等多重政治身份威慑日军允许粮食与药品运抵难民营，从而拯救了二十多万无辜百姓的性命，被中国难民亲切地称呼为"活菩萨"。

《拉贝日记》具有很高的史料价值，是对侵华日军制造南京这一惨绝人寰大屠杀的血泪控诉，是对日本军国主义者犯下的严重罪行的有力证词，也是近年发现的研究南京大屠杀事件中数量最多、保存最为完整的史料。

这件事通过媒体报道后，立即引起了轰动。纪念馆还在中国驻德国大使馆的帮助下，从拉贝亲属那里征集到2460页的《拉贝日记》和拉贝先生收藏的128张南京大屠杀历史照片复制件和拉贝当年在南京使用的信笺、木箱、烟袋，以及拉贝夫妇的墓碑等一批重要文物。

对此，朱成山说："拉贝日记及拉贝先生，这一组南京大屠杀重要的史料和见证人，终于被世人了解。如果没有张纯如去找到拉贝亲属，并做了大量艰苦细致的工作，没有她帮助我们与拉贝先生亲属牵线搭桥，《拉贝日记》及其他相关史料恐怕到今天还尘封在拉贝亲属的家中，后来这些事情也都不会发生。"

张纯如父亲介绍说：我们以前不知道有安全区的问题，也不知道在大屠杀中，有拉贝、有魏特琳在救助难民。纯如做调查的时候，她已经知道了安全区的事，并了解到，南京的居民后来感到很奇怪，拉贝在大屠杀中为中国做了那么多事情，为什么在1938年回到德国后，就销声匿迹了呢？纯如一面写作，一面写信到德国，最后通过五道关系，终于找到了拉贝的外甥女莱因哈特。找到她以后，除了知道拉贝的事情以外，还找到了拉贝的2000多页日记和其他资料。他们家族对这些东西都不敢动，因为它几乎把拉贝送进牢房。纯如和她谈了很久，最后，说服她向世界公布拉贝日记，并做了很多拷贝，送给南京大屠杀纪念馆，成为非常重要的历史文献。

据张纯如母亲回忆："1995年，纯如来南京进行调查时是有些提心吊胆的，她对当时的中国政府不了解，有些担心。去南京之前，有人告诉过她，不能让上面的人知道你在写南京大屠杀，他们不愿意外来的学者关注这个事情，还说访问幸存者,都是被禁止的。到南京以后,她由美籍华裔学者介绍,与南京大屠杀死难者纪念馆的副馆长段月萍等学者联系上。当时找了一些幸存者,很多人一开始不愿意讲,说如果讲了,会惹很大的麻烦。后来还好,她并没有遇到什么阻力。但她离开中国的时候,还是害怕在南京辛辛苦苦拍摄的录像资料被中国机场的安检没收掉,所以走之前还专门把所有的录像资料都拷贝了一份,留在给她做翻译的学者杨夏鸣那里。"

两年后的7月,又是正当南京的"火炉"季节,张纯如第二次来到南京搞调研,核史实。为了撰写《南京大屠杀》,她收集了中文、日文、德文和英文的大量历史资料,以及从未出版的日记、笔记、信函、政府报告等原始材料,还甚至查阅了东京战犯审判记录稿,也通过书信联系了多位日本的二战老兵,获得了作为见证人的珍贵证词。

至此,读者的心应该早就被张纯如的执着、负责和事业心所深深地打动了。在张纯如满世界调查收集有关南京大屠杀资料的过程中,她不可磨灭的贡献便是使中国人找到了"中国的奥斯卡·辛德勒"。

张纯如在南京做调研(二)。

这位"中国的奥斯卡·辛德勒",就是拯救了二十几万中国人性命,留下了数千页,且页页带血的有关南京大屠杀真实记录和一百多张屠杀现场照片的德国商人约翰·拉贝先生。今天,详细记录了500多起惨案的《拉贝日记》已经被翻译成中、英、日等多种文字,保存在德、日、美、中等国家的档案馆里,成为历史铁证。

拉贝作为一个德国商人,甚至是一名纳粹党员,却在中国参与了反对日本法西斯暴行的斗争,对中国人民给予了极其可贵的援助。他的正义感和人道主义精神永远值得中国人民学习和感恩。"拉贝日记"的出版和他的这些斗争事迹的传播,再一次向世人昭示了正义必将战胜邪恶,文明必将战胜野蛮的真理。读者将从这部历史资料中得到许多教益和启发。

张纯如发现的在美国耶鲁大学特藏室里沉睡多年的《魏特琳日记》,详细记载了美国人明妮·魏特琳女士亲眼目睹的侵华日军南京大屠杀的罪行,以及此后数年间日军在南京实施殖民统治的情况。从而使中国人民深入了解了这位美国朋友,这位当年金陵女子大学的代理校长魏特琳女士。就是她,曾经在南京大屠杀期间,利用金陵女子文理学院保护了上万名中国妇孺难民。《魏特琳日记》是此前除《拉贝日记》外,中国人从未听说、更从未见过的另一本记录南京大屠杀的日记。中国人如获至宝,为此大开眼界,并由此掌握了侵华日军更多、更血淋淋的大屠杀证据。

《魏特琳日记》简介

《魏特琳日记》作者明妮·魏特琳,中文名华群,1886年9月27日生于美国伊利诺伊州,1941年6月14日去世。魏特琳女士1912年受美国基督会派遣来中国传教,初任合肥基督会三育女中校长,1916年任金陵女子大学教育系主任、代理校长。

1937年12月日军占领南京,大部分教职员撤往成都,魏特琳留在南京照管校园。由于金陵女子大学文理学院是当时专门收容妇女难民的场所,魏特琳作为该所负责人,在南京大屠杀期间,积极营救中国难民,利用文理学院保护了上万名中国妇孺难民。

从1937年8月12日到1940年4月,魏特琳几乎每天都坚持写日记,并每月定期将其邮寄给美国好友，以使她们了解中国时事。魏特琳日记详细记录了侵华日军占领南京和南京大屠杀的罪行。她的日记，就是揭露侵华日军性暴行最具说服力的证据。

有几则魏特琳日记所展现的事实，像当年日军的刺刀一样直刺在张纯如的心口上。我们将这几则魏特琳日记选录在此，以飨读者：

"从12岁的少女到60岁的老妇都被强奸。丈夫们被迫离开卧室，怀孕的妻子被刺刀剖腹。"

"我不知道今天有多少无辜、勤劳的农民和工人被杀害。今夜我们要照看四千多名妇女和儿童。不知道在这种压力下我们还能坚持多久，这是一种无以名状的恐怖。"

"从军事角度而言，占领南京也许会被认为是日军的一个胜利，但从道义方面而言，这是失败，是日本民族的耻辱。"

魏特琳的日记不仅具有重要的史料价值，还向后人展现了她的人格魅力，令人钦佩不已，并将为南京市民和全体中国人民所铭记。

经过几年的艰苦努力和调查研究，终于占有大量翔实史料的张纯如开始高度投入地写作，她在屋里墙上贴满了南京大屠杀的照片，以便让自己在写作时能站在受害人的角度，尤其是站在女性的角度，去体会受害人当时的感受。恐怕没有比真正动情的写作那么既舒心、又痛苦的了。因此，可以想见，张纯如在全身心投入写作的过程中，是如何的心灵创痛、如何的止不住泪流满面。

南京大屠杀60周年之际，张纯如用了1000多个日日夜夜，在世界各地访问了许多幸存者，参阅了大量历史文献，在搜集到各种触目惊心史实资料的基础上，英文版的《南京大屠杀》终于正式出版，与读者见面了。此书告诉世人：二战期间日本对南京民众的屠杀，其惨无人道在人类历史上是登峰造极的。

《南京大屠杀》记述的虽是大半个世纪前的陈年旧账，但60年后阅读起来仍像身临当年那惨绝人寰的残酷之境。砍头、活焚、活埋、在粪池中溺淹、挖心、分尸、在肉体上浇硫酸、用军犬咬死、先奸后杀、剖腹取胎、割乳房、割生殖器、用刺刀捅入阴户、强迫儿子强奸母亲、父亲强奸女儿、兄长强奸小妹，日军奸淫妻子逼令丈夫观看，如此等等，没有一种惨象不令人发指，令人切齿。

笔者难以揣测，当张纯如翻阅一篇篇文献、报告、照片、记录时，她心中是何等的悲愤？何等的震惊？她一定会感到重锤击胸。请看书中的几段原文：

"在他的前面两排俘房中，有一位孕妇开始为自己的生命抗争，她拼命地抓打那个试图将她拖出去强奸的士兵，拼命反抗。最后，那个士兵将她杀死并用刺刀剖开了她的肚子，不仅扯出了她的肠子，甚至将蠕动的胎儿也挑了出来。"

"1937年12月13日，30个日本兵来到位于南京东南部新路口5号中国人家里。他们杀死了前来开门的房东，接着杀死了跪下来求他们不要杀死其他人的姓夏的房客……他们剥光她的衣服并强奸了她，然后把刺刀刺入她的胸膛。这些士兵们还把一个香水瓶插进她的阴道，并用刺刀杀死了那个婴儿……"

书中提到曾经的一位日本士兵永富角户这样说道：

"几乎没人知道，日本士兵用刺刀挑起婴儿，活活把他们扔进开水锅里。"

"他们结帮奸淫12岁到80岁的妇女，一旦她们不再能满足他们的性要求，就把她们杀死。"

"我砍过人头，饿死过人，也烧死过人，还活埋过人，在我手下死去的人有200多。这真可怕，我简直成了动物并干了那些无人性的事。实在难以用语言来描述我当时的暴行。我真是个魔鬼。"

张纯如用一个史学家无可挑剔的翔实史料和对历史以及后代负责的责任心、一个人道主义慈善家的良知和同情心、一个文学家的艰辛创作和独具匠心的文字功力、一个政治家的远见卓识和勇气胆魄，直面了那段惨绝人寰的人类历史，撩起了一代人、一个民族对那段痛苦创伤历史的记忆，揭露了当年日本侵略军的残酷暴行，警示了人们"忘记历史的人将重蹈历史覆辙。只有吸取历史教训，才能有未来的和平。"

《南京大屠杀》出版以后，张纯如对美国读者的热情反应感到意外，她说："这本书虽然重要，但我以为只会得到图书馆的垂青。"她还说："我相信最终真相将大白于天下。真相是不可毁灭的，真相是没有国界的，真相是没有政治倾向的。我们大家要同心协力，以确保真相被保存、被牢记，让《南京大屠杀》那样的悲剧永远不再发生。"

但令人难以接受的是，就在张纯如为第四本著作忙绿奔跑时，这位年仅36岁，风华正茂，善良圣洁的正义之神却……

鲜花骤然萎谢

就在已经成果斐然，完全可以说功成名就之时，张纯如却给丈夫留下了一个嗷嗷待辅、不满两岁的儿子而撒手人寰、自杀身亡了。消息传来，不能不让长天遗恨，大地生悲，人心共哀！

加州克拉拉县警察局2004年11月9日上午9时接获报案。一名路人开车经过洛斯盖多一个未开发的区域时，在17号公路南侧一段未命名的公路上，发现一名亚裔年轻女性死于车内。

由于张纯如的丈夫8日晚上已经向警局报警，称妻子三更半夜，一个人开车前往洛斯阿图方向彻夜未归。警方接到报警后，立即赶往事发地，经过验尸确认，这名女性死者就是此前失踪的著名华裔作家张纯如，死因是枪击。当地警区调查人员认为，就他们所掌握的证据来看，张纯如是自己扑枪，一枪击中头部而身亡。

张纯如自杀身亡事件一经公开，便在美国全社会，尤其是华人社区引起了强烈震动。据不完全统计，有230多家报纸、电台、电视台播放了这位华裔女作家去世的消息，并向这位年轻的、颇有作为的华裔女子致以诚挚敬意并表示沉痛哀悼。在美国，这种现象是非常罕见的，从来没有哪一位华人的去世在美国会引起如此之大的社会震动。各媒体都在11月11日的醒目位置刊出了张纯如的照片和生平。张纯如的突然辞世，不仅在北美大地产生了很大反响，也让万里之外的国人感到如晴天霹雳。在随后的一段时间中，国内各媒体也都在醒目位置刊出了她的照片和生平，崇敬、叹息之声不绝于耳。

这位专为世事正义而投生人间，专为冤者鸣不平的正义之神，曾为南京30万民族冤魂呼喊的女强人，却用一把手枪结束了自己年仅36岁的生命。这位美丽可爱、可亲可敬的华裔才女就此匆匆地走了，如此仓促地永远离开了这个世界。她走时还那么年轻，是那般的俊美；她走得那么仓促，那么令人难以接受。她像一枝盛开的、正释放着芬芳的鲜亮鸢尾花，令人扼腕叹息其过早而骤然地凋谢了。

这位代表着希腊神话中彩虹女神的爱丽丝，匆匆结束了她所担任的众神与凡间使者的使命，把那些她为之呼喊、为之鸣冤叫屈的无数善良人冤死后的灵魂，经由搭建在天地间的彩虹桥，将他们精心护佑着携回了天国。她又像一个倒在疆场上的战士，身后会有成千上万的人为其奋斗的目标和未竟的事业前赴后继。她的聪颖、胆识、善良、才华、正义感、同情心和敢于担当的责任心，必将赢得更多人的敬重；她奉献给社会的宝贵精神财富，将永远被世人铭刻心中！

从当地时间11月18日傍晚5时开始，张纯如遗体告别仪式在加州北部的洛斯阿托斯市殡仪馆的教堂内举行。在教堂门外的草坪上，安置着张纯如生前双眼紧闭、面带沉思情状的巨幅彩色遗像。进入教堂，抬头可见一张当年《南京大屠杀：被遗忘的二战浩劫》新书发表会的大幅海报悬挂在入口处。张纯如在约翰·霍普金斯大学获得的硕士学位证书；以她肖像做封面的英文版《读者文摘》1998年9月版的放大照片；数十幅她生前包括与前总统克林顿夫妇的合照、自己的婚礼、婴儿出生时全家的欢乐等充满生活气息的照片陈列在大堂前；她生前最喜爱的一张照片作为遗照在鲜花和丝带的装饰下悬挂在灵堂右上方。张纯如父母和丈夫敬献的花圈安放在灵柩前。

张纯如的遗体安置在深红色的灵柩内，神情安详。她的丈夫，时年37岁的布瑞特·道格拉斯，一位身材高大、英俊潇洒的标准美国人止不住眼泪吻别爱妻，用双手爱恋地抚摸着静卧在灵柩中的妻子的头发，不忍她离自己而去。张纯如的父亲张绍进、母亲张盈盈和弟弟全都木然地守护在灵柩旁，全家人无不神情哀恸地对前来吊唁的人们表示感谢。其他亲属和数百名各界人士怀着极为悲伤和惋惜的沉痛心情缓慢绕灵柩一周，瞻仰了张纯如的遗容。前来吊唁的人们中，不少人在还未进入灵堂前，就已经泣不成声。

张纯如的父母，这对侨居美国数十年、在科技和教育界颇具影响、德高望重的华人知识分子，一直泪流满面地守在女儿的灵柩前，让前来吊唁的人们更多了几分伤感。大家都对张纯如如此年轻有为,却以如此方式离开人世而感到无比惋惜和深深悲痛,并感到她的离去实在是"太突然了""太不可思议了""太让人难以接受了"。

张纯如丈夫工作的思科公司来了许多员工参加吊唁,其中不乏华裔面孔。一位沈姓工程师说:张纯如所做的事情是整个华裔社区的光荣,因此,公司的华人几乎全都来参加遗体告别仪式。华人工程师们已经发起捐款活动,要筹资购买一批张纯如的《南京大屠杀》,捐献给各地的图书馆,希望更多的人能够读到她的著作,了解日本侵华历史真相,完成张纯如的未竟事业。

张纯如和母亲张盈盈。

母亲张盈盈在前来吊唁的亲友们面前回忆起家庭生活的往事,分析猜测女儿为什么会选择轻生时,止不住哭诉道:"纯如从小就异常聪明伶俐,肯动脑筋,口才很好,在饭桌上也会滔滔不绝地发表意见……在写作《南京大屠杀》那段时间,她白天睡觉,晚上写作,电脑键盘上的字母标志已经磨损得几乎看不见了。"母亲还猜测说,"她是一个完美主义的人,责任心极强,自己又带着小孩,晚上常常不能睡觉,是不是有些吃不住了"。

张纯如的遗体在家人和300多名社会各界友人的陪伴下,在洛斯阿托斯市的天国之门墓园举行安葬仪式,好让这位圣洁的正义之魂经由"天堂之门"回归天国。葬礼仪式由张纯如生前好友、世界抗日战争史实维护会副会长兼发言人丁元主持。

中国驻旧金山总领事馆副总领事邱学军专程前往参加安葬仪式,并向张纯如的亲人表示慰问。邱学军宣读了彭克玉总领事的唁电。唁电说:"虽未与张纯如谋面,但早已得知她的作品和事迹。她以正义、勇敢、执着、求实的精神揭露了侵华日军在中国的暴行,还历史以真实,让世界了解了南京大屠杀的真相。"彭克玉还赞扬张纯如为华裔的权益、为增进美国人民对华裔的了解做出了不朽贡献,是人们永远怀念和尊敬的伟大女性。

美国联邦众议员,日裔美国人麦克·本田、世界抗日战争史实维护会等其他机构都发来唁电。麦克·本田还特意撰文向张纯如致敬,对张纯如撰写《南京大屠杀》一书,披露为西文史学届所忽略的日军侵华暴行的勇气表示钦佩,称赞她唤起了人们对南京大屠杀史实的重视。本田在悼文中说:"我们的社区失去了一位模范、一位挚友;这个世界失去了一名对社会及历史有着热情的正义提倡者。"本田的这篇悼念文章被美国联邦国会收录保存。

华盛顿和其他一些美国城市的华人社团同时举行追思会,共同哀悼、怀念作家、历史学家张纯如女士,并祝福她在回归天堂的路上一路走好。张纯如的儿时伙伴、大学同学、各界好友也分别回忆了与张纯如朝夕相处的难忘往事。

这是一个晴空万里,朝阳四射的上午。墓地的一侧站满了前来为张纯如送别的亲朋好友和新闻记者,另一侧摆满了花圈。深红色的棺木显得格外严肃而庄重,阳光照射在晶亮无瑕的圆弧状灵柩顶板上,反射出一块巨大的耀眼光斑,一大束鲜艳的红玫瑰安放在灵柩上。灵柩由六个人抬着缓缓移动到灵台架上。

张纯如的丈夫道格拉斯手执一支鲜艳的并蒂玫瑰缓步走近灵柩,含泪双手向爱妻献上,然后低头将脸久久贴在棺盖上……

好一阵子,道格拉斯才在人们的劝导下站起身,尽量努力使自己冷静和理智下来,开始致辞。他强调说:纯如逝世的那一带,曾是他们夫妇五年前考虑要搬去买房长期居住的地方，没想到她竟然选择在那里结束自己的生命。爱妻在生前几个月，因为一些无法解释的原因，似乎患了抑郁症。在丈夫的印象中，纯如是一个热衷写作，做事投入，具有正义感、同情心，爱家庭、爱丈夫、爱父母、爱别人、爱弱者的伟大女性。回忆起爱妻的一言一行，他说着说着就哽咽起来。尤其是提到他们未满两周岁的儿子克里斯托佛时，道格拉斯说，儿子虽然还那么小，但却非常非常懂事。儿子今天和昨天都没有来向妈妈告别，是因为"没有告诉他……"把他送到伊利诺伊州的奶奶家去了。他说他知道妈妈身体不好，妈妈病了……说着说着，道格拉斯的泪水又涌了上来。他几乎语无伦次地说："等他再大一点，我会带他到妈妈坟上去……"

父亲张绍进说，女儿是一个感情丰富又非常敏感的人。她的突然离世，令我们夫妇、她的丈夫、各界朋友及其他家人以及她的读者们都措手不及，深感惊愕。我们无法想象这个公认的"充满热情、沉稳、安静"的美丽女孩会走上绝路。在她的生活中究竟还有多少不为人知的事情呢？父亲哽咽着……

母亲张盈盈在讲话中透露了女儿的遗愿。她说：纯如生前想把《南京大屠杀》搬上荧屏，并为此曾多次与电影界联系，但最终没能成功，她便走了……

弟弟张纯恺也含着眼泪说，姐姐的人生观和处事方法对他有重大影响。回想姐姐说过的话，"只要有决心，所有事都是有可能的。"看到社区和全社会对姐姐这样尊敬，作为弟弟的他感到非常欣慰。她是一位好女儿、好妻子、好母亲、好姐姐。

公开仪式结束后，张家人又举行了一个短暂的私人道别仪式，道格拉斯再次深情地与安卧在灵柩中的爱妻含泪吻别。

在张纯如遗体下葬的时刻，场面格外肃穆哀悽，来宾们大都眼含热泪跟在张纯如亲人身后，缓步移向灵柩，并逐一为她献上鲜花。

"新美国人权基金会"为张纯如的葬礼送上了一首诗:

如彩虹一般

你带给人间，美、希望

如彩虹一般

你展现，天地间一座桥梁

母亲张盈盈抚摸张纯如铜像。

如彩虹一般
你只能,短暂地逗留
留给了人们无限的回想

如天使一般
你代表勇敢、善良
如天使一般
你为正义,为无言者奔忙
如天使一般
你为历史见证
为人道,你燃尽了自己的生命之光

值得一提的是,在举行葬礼的教堂内放了两个基金募集簿,一个是"张纯如奖学金基金",一个是"张纯如纪念奖基金"。前者的主要用途是,奖励张纯如的母校伊利诺伊大学未来的优秀学生能有机会到中国南京学习交流。后者是世界抗日战争史实维护会特别设立，用以资助未来南京师范大学的学生科研和深造。因为南京师范大学的前身是南京金陵女子大学，在1937年南京大屠杀期间，该校代理校长魏特琳女士曾全力保护中国女性，使她们免受日军的蹂躏和杀戮。凡有意赞助捐款的人可以根据自己的意愿把款捐到相应的基金项下。从此，以张纯如的名字命名的两个"基金会"宣告成立。

遗体安葬仪式结束后，道格拉斯向众亲友庄严承诺："我会在墓前为妻子立一块大理石墓碑。碑上镌刻：'挚爱的妻和母亲、作家、历史家、人权斗士张纯如之墓。'道格拉斯还说，"我会选一张纯如的照片镶嵌在墓碑上，让儿子可以看到妈妈的面容，永远记住妈妈，为妈妈而骄傲。"道格拉斯最后说：纯如第三本书《美国华裔史录》封底有她一张照片，大家都说那张照片好有精神，好美，墓碑上就准备选用这张照片，好像她仍兴致盎然地回眸人间。

葬礼结束后，张纯如的父母告诉亲友们，纯如遵循的座右铭是美国哲学家乔治·桑塔亚纳的名言："忘记历史的人将重蹈历史覆辙。只有吸取历史教训，才能有未来的和平。"她先后两次到中国亲自调查情况后，决心要让西方读者了解中华民族这段苦难的历史。就是这股激情，让纯如在挖掘历史真相、为中国同胞讨公道的道路上走完了她年轻的生命。两位老人最后振作精神说，现在重要的不是沉湎于悲痛的过去，应该向前看，继承她的遗志，实现她未竟的心愿。

世界抗日战争史实维护会会长李竞芬说，张纯如的逝世是"维护抗战史实工作的最大损失"。张纯如是第一个将南京大屠杀史实介绍给英文世界的人，并且取得了巨大反响，希望有更多的人能够继承张纯如未完成的事业。

与张纯如有过多年交往并一直在为她的后事奔忙的世界抗日战争史实维护会副会长兼发言人丁元表示，张纯如有很强烈的正义感，她在主流社会中树立了华裔的良好形象，很多华裔青年也都把她看成是学习的好榜样。张纯如的《南京大屠杀》把真相还给了世界。现在最重要的是青年人要勇于接棒，要有人继承张纯如的事业，为维护历史真实而努力。他说，史实维护不仅仅在于中国和日本的关系和历史的定位，还在于美国人要如何认识中国，中国人自身应该如何认识自己的民族等等。

此心同彼心，天涯若比邻。就在11月19日这天早上，在中国南京，在侵华日军南京大屠杀遇难同胞纪念馆内，南京大屠杀史学专家也同时在举行集会，沉痛悼念张纯如女士。在追忆张纯如年轻而辉煌、伟大而正直、光明而执着的一生后，史学专家们这样评价道：张纯如不仅通过著书对二战中最令人发指的一幕做了果敢的回顾，而且推动了有关南京大屠杀新的重要史料的发现和研究。

张纯如虽然走了，但她发现的《拉贝日记》和《魏特琳日记》以及由她联系获取的证言、证物等珍贵历史资料，将与《南京大屠杀》一道，成为向世界人民昭示侵华日军南京暴行的铁证。

谁为纯如之死负责

已经成果斐然，英名显赫在世，又恰值青春焕发的巾帼英雄张纯如过早地离我们而去了。在惋惜、遗憾、悲恸之余，我们不禁要问，张纯如为什么要在这样一个时刻，选择这样一条不归之路？究竟谁应该对纯如的死亡负责呢？

社会各界对张纯如的非正常死亡原因异常关心，一时间出现了多种猜测：有人说是因为不断收到疑似日本右翼人士的恐吓信和电话；也有人说因为患了抑郁症；还有人说是因为工作压力太大。其实，以上三种猜测，都正好说明了张纯如的价值："恐吓论"说明了张纯如的书击中了日本军国主义妄图死灰复燃，贼心不死的要害；"抑郁论"说明了张纯如内心的痛苦，而不管这种痛苦是来自对在南京大屠杀中死难同胞的深度同情还是一直难以从那段惨烈的历史中走出来；"工作压力论"正说明了她的责任心，她把为正义的呼喊，把扶正被歪曲的历史视为己任。她一个人替所有人完成了一项60多年都未能完成的任务和本该由所有人共同来承担的历史责任，因此，她也代所有人承受了内心的压力、折磨和痛苦。

张纯如身边的友人甚至将以上三方面因素糅为一体，来分析寻找她的死亡和选择自杀身亡的原因。他们认为，是日本右翼人士的威胁、恐吓和由责任心带来的工作压力导致张纯如罹患了抑郁症，最终导致其精神崩溃而饮弹身亡。

但无论怎么揣测，张纯如为何离去终究还是一个谜。她的生活究竟是怎样的？她究竟经历了怎样与他人不同的最后人生？

就在张纯如去世一周后，2004年11月16日的《洛杉矶时报》综合报道：熟悉张纯如的华裔人士认为，张纯如以其追求历史真相的勇气和才华，重新揭示了二次世界大战中发生在中国的那段悲惨历史。但随后她就不断接到威胁信件和电话，使得她一直生活在恐惧之中，抑郁症不断加深。

众所周知，南京大屠杀的被"遗忘"，或者说是被故意掩盖的政治历史背景是非常复杂的，在她这部极为严肃的纪实性大作震惊美国和整个世界的同时，也必然引起了某些无端的质疑和粗暴的指斥。

《南京大屠杀》一书让张纯如成为积极参与维护抗日战争史实的社会活动家；成为抨击日本抹杀历史可耻行径的勇敢斗士；成为捍卫人类正义和良知的巾帼英雄；特别是对于那些不愿正视历史，甚至有意歪曲历史真相的日本右翼而言，《南京大屠杀》无疑是投向他们的一颗重磅炸弹和"公然挑衅"，并因此掀起了轩然大波。

就在《南京大屠杀》面世数月后，日本驻美大使齐藤邦彦公开发表声明，说《南京大屠杀》是"非常错误的描写"，指责张纯如是"误导公众"。张纯如后来与这位日本大使一同接受"吉姆·里勒尔"新闻节目电视访谈时，日本大使含糊地宣称日本政府"多次为日军成员犯下的残酷暴行道歉"。张纯如当场词严义正地指出，正是日本使用的含混字眼才使得中国人感到愤怒，并重申了自己写作《南京大屠杀》的两个基本观点：一是日本政府从未为南京大屠杀作过认真的道歉；二是在过去几十年中，日本政府在学校教科书中从来就是在掩盖、歪曲和淡化南京大屠杀史实的。张纯如说，日本要想被亚洲和世界所谅解，成为一个正常的国家，只有认罪！

日本驻美大使的这一声明当即遭到中国驻美大使馆以及美国各华侨团体的一致抗议，并敦促日本政府撤换该大使。

由于张纯如在《南京大屠杀》中说出了历史真相，一方面，是中国人民和西方世界的正义人士拍手称快，对这本敢于揭露历史真相的著作大加赞扬；一方面，也由此引起日本政府及世界各地右翼日裔对张纯如恨之入骨，甚至引发与她的冲突。张纯如和她的家庭因此开始承受巨大的压力，甚至多次受到日本极右分子的威胁，使得她"不断变换电话号码，不敢透露丈夫和孩子的信息"。

在张纯如给母亲的一封信中，明确表述了日本右翼分子对她的威胁。信中说："亲爱的妈妈：忘了跟你说，布瑞特·道格拉斯和我要搬到一个两居室的公寓里去了。搬家的原因是我们需要更多的空间，但也因为我想让我们的新家不那么容易被一些日本狂热分子找到。有朋友对我的安全问题表示了担忧。"

张纯如母亲回忆说："纯如跟我们说，她收到过一封装有两颗子弹的信……她受到了日本右翼的威胁，只能戴假发、墨镜出门，还改变自己的地址、电话，很怕自己的小孩遭遇危险。"

据朱成山馆长回忆："记得有一回，我给她在美国的家中打电话，听到的是电话答录机的声音。没想到，我留言完刚放下电话，她就给我回了电话。我很诧异地问她，你在家中为什么还要用答录机。她无奈地说了句，有些事情不好说，一直都这样，习惯了……"

2003年，一位名叫叶鸿的女记者在美国采访了张纯如。叶鸿第一次与张纯如用电话约访时，她犹豫了半天，最后还是希望不要去她家。她说因为写《南京大屠杀》，有的日本人对她很不满，因此她出入很谨慎。叶鸿还记得，那是一个午后，年轻漂亮的张纯如穿着一件枣红色外套，两人在洛杉矶的星光大道上见面了。张纯如讲述着自己的梦想，非常希望把《南京大屠杀》拍成一部真正的好莱坞电影，以便让更多的人认识并牢记那一段几乎被遗忘的历史。那时的张纯如，还踌躇满志地希望自己能多写一些为正义呼喊的书。

叶鸿问张纯如："我听说这本书推出后，引起了美国人包括在美华人发自内心的震撼和轰动。但一些日本人对这本书有看法，书出版后你不敢把住址公开，担心会有人报复，是真的吗？"

张纯如："在日本是有很多人骂我的书。"

叶鸿："你有没有过害怕呢？"

张纯如："我不怕。我是作家，如果害怕我就不会写这本书。"

但令人意想不到的是，仅仅距此一年以后，张纯如就以自杀的方式结束了自己的生命。

即使张纯如的死已经成为无可辩驳的现实，但叶鸿女士总还是不相信张纯如会是自杀。她说："当时，我根本看不出她患有抑郁症。相反，她是个很阳光的人，非常注重仪表，采访时还提醒摄影师注意拍摄角度，非常有涵养。后来，我回到中国，我们一直通过电话、E-MAIL（电子邮件）联系，也没有发现她有抑郁症。而且她去世前三天我们还互通过邮件，对她正在写作的内容进行充满激情的探讨。一个厌世的人不会那么有热情。我看她还笑得非常灿烂！"

与张纯如一家有着多年深交的华裔电影导演，纽约大学电影系主任崔明慧说，2003年夏天，她为拍摄影片《钱学森》曾采访过张纯如。采访了解到，张纯如在《南京大屠杀》出版之后，不断收到匿名的、怀疑是日本右翼人士的恐吓信和电话，不断骚扰及威胁她，并声称要对她的家人和孩子进行报复。因此，这些年来她一直生活在恐惧之中。崔明慧说，这些威胁信和电话使得张纯如不断变换电话号码，平时不敢打电话，只用电子邮件联络，甚至不敢在家里接受采访，不敢向朋友透露丈夫和孩子的信息，直到她用手枪结束了自己的生命。

用以上说法来解释张纯如的离世应该说不无道理，但包括《洛杉矶时报》在内都说她因此一直生活在恐惧中未免有主观臆测之嫌。一是张纯如若是这种一吓就倒的人，她就不会费那么多周折经受许多磨难写出《南京大屠杀》这样的鸿篇巨制来；二是说张纯如因恐惧而选择自杀，也许是对美国这个法治社会对人身安全保护的误判。如果真是这样，人们不禁要问：当遇到威胁和恐吓时，她为什么不报警？为什么不用法律的武器去反制那些威胁恐吓她的人呢？

据《洛杉矶时报》引述她的经纪人苏珊·拉宾纳的谈话：张纯如五个月前曾因病住院，当时她正在为她的第四本书进行调研旅行。张纯如给家人留了一张纸条，表示希望家人记得生病前的她"曾认真生活，为目标、写作和家人真诚奉献过"。这就是张纯如留给父母，留给心爱的丈夫和未满两岁幼儿的最后的话。

张纯如曾说过，写作使得她对人性有了新的认识。那就是：人，什么事都做得出来，既有做出最伟大事业的潜能，也有犯下最邪恶罪行的潜能。人性中扭曲的东西会使最令人难以接受的罪恶在瞬间变成平常琐事。作为作者，张纯如长期忍受着这种愤怒而又绝望的煎熬，从而为她的抑郁症埋下了根苗。

因此，张纯如生前好友丁元说："长期在这些不愉快的选题上工作，再加上张纯如对写作的态度又十分认真，多多少少会对她的情绪起负面作用。"

张纯如有一个与众不同的习惯，她每天下午5时起床，晚上等丈夫睡觉后开始写作，直到丈夫早上8时上班走了，她才去睡觉。这样，她可确保写作时全身心地投入，不受任何外界影响。

苏珊·拉宾娜还说过："我和她经常通话，最近她告诉我，她无法继续完成这一写作计划了。""此前，在完成了《蚕丝》之后，她的《美国华裔史录》又历时三年，才得以满意地完成。为了写《南京大屠杀》，她亲赴中国、日本、欧洲，与她有联系的知情关系人遍布全世界。大约在半年前发现她情绪低落、抑郁，但原因不明。一向性格刚强的纯如女士，又不愿接受生病的事实，而将心中的烦闷长期压在心中，不让其释放，得不到排解。在筹备创作以日军俘获的美军战俘为题材的第四本书期间，在2004年初刚刚结束了第一次赴菲律宾采访回来后，她的情绪到了崩溃边沿。"

张纯如的丈夫道格拉斯也证实说，纯如到菲律宾进行实地考察旅行回来之后，就像变成了另一个人似的，情绪极其压抑，身体相当疲惫。他送她住了3天医院。医生对她进行药物治疗后稍有好转。2004年8月，张纯如飞往肯塔基州采访并从事日军俘获的美军战俘的研究工作，一抵达目的地就病倒了，住院治疗几天后飞回旧金山。工作不顺令她很沮丧，开始接受心理治疗，但仍放不下手头的工作，很快又埋头整理写作材料。此后精神状态时好时坏，9月就曾有过一次自杀苗头，到10月，身体和精神状态恶化，无法照顾幼子，夫妇俩不得不将儿子送到外公外婆家照看。

道格拉斯针对妻子正在撰写的内容说："那是一个接一个令人肝肠寸断的故事，一段时间后，连我都受不了啦！""一个接一个地听那些故事，可能导致她的压抑。她对自己的要求太严苛了！"

从以上三段话不难看出，二次世界大战期间，在菲律宾巴丹半岛和日军作战的美军坦克营官兵被日军俘获后，在拘禁期间受到日军的残酷虐待。张纯如是在接触到这样的大量历史材料之后，才开始从"情绪低落"到"精神崩溃边沿"再到"身体和精神状态恶化"，最后导致罹患精神抑郁症而不能自拔的。

张纯如4部书的题材都直接对她以挑战非正义、非人道和泯灭人性为职业志向的信念构成更为严峻的挑战。有人因此问张纯如的父亲：她在写作《南京大屠杀》过程中，接触的多是些尽显人性丑恶、残忍血腥的历史，经常气得发抖，失眠噩梦，体重减轻，头发掉落。可不可以说，是人性的丑恶伤害了她？

父亲张绍进回答说："写南京大屠杀，非常辛苦，确实对她造成一定的伤害，使她对人性产生失望。但从写这本书到她去世，中间隔了七年，应该说，第四本书对她的伤害更大，对她的刺激是决定性的。《南京大屠杀》出版后，影响很大，当时我们都劝她以后不要再写类似题材的书了。但是太多受过苦难的人总来找她，他们很需要帮助，他们心中的不平和怨气冤气都需要释放，需要纯如为他们说话。他们看中了纯如的才华和热情。纯如当时请了一个打字员协助整理第四本书的材料，据说打字员一边打字，一边流眼泪。至于日本右翼分子对她的威胁，她和朋友提起过，收到过一些骂她的信，这肯定也是个中原因。纯如之死还有其他原因。我们觉得她身体太累了，心力太疲惫了，她总是夜里工作，后来又有小孩要照顾，睡不好，吃不好，加上其他各种各样的压力。"

是啊！纯如的孩子还小，在写书的同时，要照顾家庭和孩子；还由于她热切地关心其他人的不幸遭遇，要打破族裔偏见，对抗种族歧视，为少数民族族裔争取权益，为华裔争取平等，还参加了为"李文和案"①和"余百康案"②以及9.11事件后受到囚禁的中东籍人士寻求正义的活动等等。她就像一个勇敢的战士，要求自己一定要为受到不公正待遇的人们仗义执言。她想撑起整个天

---

① 李文和生于台湾南投，德克萨斯农工大学博士，美籍华裔科学家，曾在美国国家实验室为加州大学工作，于1999年3月被指控向中国泄露核武器机密而被秘密逮捕。
② 余百康生于美国新泽西州，父母均为华裔，后皈依伊斯兰教，2003年9月被怀疑向"基地"组织泄密被秘密逮捕。

空,但她的战场无涯,战线太宽,敌人众多,困难重重,而她个人的体力、精力、能力却是有限的,当达到心理负荷的极限时,她便有可能选择牺牲自己年仅36岁的生命。

通过以上事例和分析,我们暂时可以把张纯如的死因归结为两大因素:其一,是撰写《南京大屠杀》以及第四本描述二战期间在菲律宾战场被日军俘获的美军官兵受到日军非人虐待的历史故事时,悲恸和哀伤时常笼罩在她的内心,使她长时间无法排解以致患上抑郁症;其二是来自日本极右翼人士五花八门的威胁和恐吓。而这两大因素,都来自日本法西斯。

在张纯如留下的遗书中,有这样的文字:"我觉得被CIA或是别的什么组织盯上了。""我走在街上被人跟踪,无法面对将来的痛苦与折磨。"

纵然,美国警方确定张纯如为自杀是正确的,作为对自己职业的负责,他们可以依照这个结论对张纯如之死盖棺定论,也可以向民众交代了。纯如的家人暂时也接受了她的死亡定论。但纯如的众多朋友,大量的美国华人以及更多关心她的人们,更愿意相信,她并不是自愿离去的。毕竟她曾经那么热情,那么真挚地爱过眼前这个世界。

不败的鸢尾花神

张纯如死前曾留下这样一张字条:"我曾认真生活,为目标、写作和家人真诚奉献过。"

朱成山馆长曾与张纯如有过多次交往,一直很钦佩张纯如的执着、知性和追求真相的勇气。他在评价《南京大屠杀》一书时说:"很长时间以来,西方国家只知道纳粹屠杀犹太人,不知道侵华日军在二战中曾经疯狂地屠杀中国人,国际舆论只谴责纳粹在二战中的暴行,很少抨击日本军国主义在二战中的暴行。这其中一个重要原因,就是自二战胜利以来的几十年中,在西方主流社会中有关日军侵华史实的宣传太少,声音太弱。而此时有这么一个柔弱女子愿意站出来,这种精神实在难能可贵。"

关于张纯如的死，朱成山馆长非常痛惜地说："对于纯如的父母和孩子，他们失去的是女儿和母亲；对于中国人，他们失去的是一个正直的同胞和朋友；而对于整个世界，他们失去的则是一个勇于说真话并努力让别人相信事实的人。"

段月萍副馆长也回忆说："记得那时，她告诉我她最崇拜的人，是曾在南京大屠杀中保护了很多妇女免遭日军蹂躏的魏特琳女士。没想到，9年后，她竟选择了与魏特琳同样的方式来结束生命。"

张纯如的父母说："我们已经收到来自世界各地的吊唁和问候，没有想到纯如的事情受到这么多人的关注。我们希望人们记得我们的女儿是一个为了正义、为了纠正错误的历史认真工作的历史家、作家和人权斗士。她的人生虽然短暂，可是却十分值得。"

年仅36岁的张纯如离开了这个世界，选择的又是这样极端的方式，人们一直都无法相信这是事实。但是，这位年轻女作家高度的学术素养和正义精神，无疑会永远让人们铭记，并继续影响和改变一代华人青年的人生道路。美国著名作家詹姆斯·布雷德利设立了以张纯如命名的奖学金，每年派出美国孩子到中国学习、了解中国，以便将来成为张纯如这样能够担任沟通中美桥梁的重任的人，并希望张纯如的孩子克里斯托佛长大以后能够加入这个奖学金的董事会，作为对张纯如的最好纪念。

在大量的悼念文章中，有这样一段话："在她短暂的一生中，忍受着巨大的精神痛苦，却留给了我们整个民族一段难忘的记忆。凭借这一记忆，提醒更多的美国人、加拿大人以及整个西方社会，让他们了解在人类历史的长河中，在亚洲那块古老又多灾多难的土地上，中国人民和亚洲人民曾遭受过怎样的人间浩劫，又有着如何难以形容的刻骨铭心的伤痛。而又因为这伤痛，使无数海外华人即使分散在世界各地，也能在一呼一吸之间感觉到彼此的血脉相连。张纯如让我们无法忘记，我们是谁，我们来自哪里。"

这里所说的记忆，就是第二次世界大战期间，日本侵略者在中国南京制造的惨绝人寰的大屠杀，而张纯如最为引人注目之处，就是她为南京30万冤魂的惊世呼喊。她写下的历史纪实著作《南京大屠杀》引起了美国乃至西方世界对这段历史的关注，也唤醒了包括国人在内的华人世界对和平的向往和珍视，对这段惨痛历史的永恒记忆。

张纯如的《南京大屠杀》面世不久，就被翻译成多国文字出版，但一直没有一家日本出版社敢于出日文版。此事曾使纯如为之不快。

张纯如2001年在接受路透社采访时曾说："全世界都可以看到这本书，就是日本人自己看不到。""我认为这是日本出版业的右翼分子在阻挠我的书在日本出版。"

在完成《南京大屠杀》以后，张纯如有一个希望："这本书能够唤起其他作家和历史学家的兴趣，使他们都能尽早调查、研究南京大屠杀幸存者的经历，毕竟，这些来自过去的声音正在逐年减少并终将全部消失。更为重要的是，我希望本书能够唤起日本的良知，接受对这桩事件应负的责任。"

张纯如还有一个心愿，就是"把《南京大屠杀》搬上荧屏"，虽然不一定非要援请好莱坞影星主演，但一定要拍成一部真正的好莱坞水平的大片，"要有世界级水准，类似《辛德勒名单》那样"，以便让更多的人认识并记住那段几乎被遗忘的历史。因为张纯如清醒地看到，虽然这部书出版了上百万册，但有许多西方人只是知道这本书，而没有更多的时间来阅读书的内容。如果把这本书改编成电影，历史就在人们的目光里变得更为直观了。她也了解到，中国内地已拍摄了有关南京大屠杀的电影和电视剧，但她认为，这一题材必须用美国人能够接受的电影手法来展示，才能让更多的西方观众接受。

为了让人们永远记住这位年轻的正义使者和人权斗士，在南京大屠杀67周年纪念日之际，也就是张纯如逝世不到一个月后，由纽约柯捷出版社免费出版发行的纪念文集《永远的张纯如》在由美国新泽西州约20个社团联合主办的"张纯如纪念会"上与读者见面了。《永远的张纯如》收集了张纯如生前热情洋溢、朝气蓬勃、光彩照人的工作照片和她不幸去世后各地和网上悼念活动的多帧照片；收录了美国、加拿大等地纪念她的文章、诗赋、祭文、唁电、挽联等，以及南京大屠杀纪念馆、南京大屠杀研究中心、加拿大抗日战争史实维护会等的祭文、唁电等共38篇，篇篇扣人心弦，真挚感人。

柯捷出版社社长陈文乔表示，纪念张纯如的活动很有意义，它有一种天然的凝聚力，不分政治立场，把两岸四地（大陆、港、澳、台）的华人团结起来，为维护中国近代史真相共同努力。希望这本书能让人们永远纪念这位"新州的女儿""中国的女儿"及"世界的女儿"。

张纯如的把《南京大屠杀》搬上荧屏的心愿，终于在《南京大屠杀》一书问世十周年之际，随着以该书为蓝本的电影《张纯如·南京大屠杀》，由加拿大真相记录制片公司在南京拍摄完成而实现了。

该电影从寻访南京真相的故事入手，讲述了年轻女作家张纯如如何深入探索那段黑暗的人类历史，其中穿插着大屠杀幸存者的回忆，以及各种触目惊心的电影文献资料，展现了70年前南京大屠杀的真相。该片在广州蓝宝石展艺馆内首场播映即观众爆满，播映结束时，观众起立长时间鼓掌。

另外，迄今为止，以南京大屠杀为背景的故事片已经超过10部。这些表现"南京大屠杀"的电影，拍摄者来自不同的国度，代表着不同的立场，选择了不同的视角，讲述了不同的故事，但是在这些作品中保持高度一致的是对亡魂的哀悼、对战争的控诉、对正义的呼唤和对历史的反思。其中由杨紫琼领衔主演的《南京浩劫》就是根据张纯如的《南京大屠杀》为蓝本，由美国人威廉·麦克唐纳主笔编写，耗资3亿元人民币拍摄的好莱坞超级大片。这部大片的问世，终于使张纯如的生前遗愿得以实现了。

虽然好事多磨，晚了十年，但令人欣慰的是，就在《南京大屠杀》出版10周年后的2007年12月，在"南京大屠杀"过去漫漫70周年之际，在日本东京一家书店里，由在日华侨巫召鸿翻译、日本同时代出版社出版的日文版《南京大屠杀》终于面世了。日文版的《南京大屠杀》厚达380页，还完整地收入了原作所附的43幅珍贵历史照片。邪恶最终阻挡不了正义，这本书毕竟还是在日本出版了。翻译者巫召鸿在"翻译出版经纬"中指出："一本迄今尚未以日语文字形式在日出版的著作，却遭受到来自四方八面的如此集中的非难和批判，这是史无前例的。"为此，他希望日文版的出版能让更多人完整地读到这本书，并对原作给出真实的评价。

从2007年起，张纯如的母亲张盈盈一直在撰写关于女儿的回忆录。2011年5月，就在张纯如去世6年半后，张母出版了用英文写就的《张纯如：无法忘却历史的女子》。这本书的中文版封面上用了鸢尾花的形象，因为张纯如的英文名字的含义就是鸢尾花，她的墓碑上刻的也是鸢尾花。读者莱恩说："这本回忆录让我对这个坚强的女性有了更为深刻的认识。"

一年后，已经75岁高龄的张盈盈带着《张纯如：无法忘却历史的女子》来到南京，向南京大屠杀纪念馆赠书并做了简短演讲。她特地强调说，写这本书有三个目的。第一是送给外孙——纯如的儿子克里斯托佛的一份礼物。他在母亲去世时只有两岁，对母亲知之不多。作为外祖母，感到有责任让孩子了解自己的母亲。第二是将张纯如最真实的一面呈现给公众，让世人不只看到她的作品，也了解她的人品和精神。第三是因为西方媒体在她的死因上有诸多版本，作为她最亲近的人，有责任做出诠释和解读。

张盈盈在演讲中提出了两点希望。一是，中国政府应该更大程度推动西方世界通过政府赞助形式对日军侵华史进行研究和科学普及，让这段历史进入西方各国的教科书，成为下一代必须学习的知识点，让日本人无法在世界上否认这段历史的存在。二是，对于二战暴行，不能让西方学生只知道纳粹对犹太人的迫害，要让更多年轻人了解并加入到这段历史的还原保护工作中来。

张纯如走了，她的遗愿也先后逐一实现了。只是希望她的走不是一种结束，而是新的开始，是开始让世界和我们自己了解和牢记中国曾经有过这段惨绝的过去，这个过去不仅仅是南京大屠杀……

时间一晃就是十年。在这十年中，经常有并不相识的人，来到张纯如的墓前献上鲜花。每逢她的周年祭日，献花人更是络绎不绝。这些鲜花见证着10年里人们对她的哀思和怀念。

2014年11月9日是纯如女士逝世十周年纪念日。这是一个普通的周日，在美国加州洛斯阿托斯市一片秋色如烟的树林之间的"天堂之门"墓园内依然青草萋萋，一片静谧。张纯如的墓碑周围摆满了前来悼念的民众所送的鲜花。蓝紫色的鸢尾花安然恬静地依偎在墓碑前，与墓碑上张纯如淡然微笑的照片相互映衬。墓碑上用中英文分别镌刻了她的名字：张纯如、Iris Chang。名字下方镌刻着这样一段话："挚爱的妻和母亲，作家和历史学家，人权斗士。"墓碑上的文字是张纯如的丈夫道格拉斯在安葬她的那天承诺要写上的，他兑现了对妻子的承诺。

在墓园教堂内纪念典礼上悠悠的乐声中，一首《鸢尾花，你永远开放》的缓慢深沉的诗朗诵，寄托着各界民众的哀思。张纯如的母亲张盈盈和张纯如的生前亲朋好友，以及世界抗日战争史实维护联合会的工作人员，在墓前举行了一场长达1小时的纪念活动。

张盈盈在纪念活动上强忍悲痛、情绪平和地说："纯如已经去世10年了，希望大家不要太沉痛，我们希望她永远活在大家的心中，并用她保存下来的记忆告诉南京乃至中国的年轻一代，她曾经做过什么，也希望大家对真相的维护能够一直做下去。当时纯如采访的十几个幸存者，如今只有夏淑琴在世了。纯如在南京拍摄的影像资料，现在已经捐赠给斯坦福大学胡佛研究院档案馆。而影片的复制本，经由杨夏鸣之手，保存在南京民间抗日战争博物馆。虽然她英年早逝，但是她短暂的一生做了这么多事，我们应该为她高兴。现在，我们纪念她曾经做过的事情，是希望能让南京大屠杀的研究永远传承下去，为维护历史真相而共同努力。"

而就在同一天，在大洋彼岸的南京，一家民间抗日战争博物馆也特意推出了《纪念张纯如女士逝世十周年特刊》。张盈盈获悉后，专门给该博物馆馆长吴先斌去信，感谢南京人民没有忘记她的女儿。

在张纯如逝世第十周年的2014年2月，中国十二届全国人大常委会第七次会议决定，将每年的12月13日确定为南京大屠杀死难者国家公祭日。与此同时，还将每年的9月3日确定为中国人民抗日战争胜利纪念日。

国家公祭日是国家为了纪念曾经发生过的重大民族灾难而设立的国家祭日。国家公祭日的设立，既是缅怀过去，更是抚慰民心；既是不忘国耻，更是警醒未来。

2014年12月13日上午10点，习近平主席等党和国家领导人在南京大屠杀公祭地发表了讲话。在低回的哀乐声中，国旗缓缓下降。几百名青少年学生齐声动情地诵读了《永久和平赋》。

国家公祭日提醒我们，历史不能遗忘；同时也告诉我们，有个人，也不能遗忘。这个人就是张纯如。

在张纯如的墓碑上，镌刻着一束永不凋谢的蓝紫色鸢尾花。这幅鸢尾花并不逊色于梵高所画的鸢尾花。你可以细细品味花瓣上那永不散去的淡淡馨香，那阵阵的、缕缕的"味儿"，好似刻在你的脑海里，萦绕在你的心房上，继而翩跹舞动，飞向我们的心灵深处，留下那不语的期盼和那蓝紫色的深邃的回忆。像年轻人绽放的青春一样，飞扬与燃烧在火红的岁月。尽管也要殆尽，但那鲜活、那生机、那美丽、那光芒，就在你注视它的瞬间，像朝日一样灿烂。是炫耀与欢乐，是宣泄与不屈，给人那样的记忆，那样的刻骨铭心。也许人们在历史的回放片段中，似乎早已遗忘了过去那鲜嫩的叶片、静谧的书房、激烈的雄辩、复杂的世界。而只用钦羡的目光，感受张纯如，感受鸢尾花，感受她的艳丽，她的英勇，她的寂寞，她的孤独与她的慷慨死亡。只留下这束蓝紫色鸢尾花永久绽放，足可以让人们永远地为她心痛，为她愧疚，为她骄傲，为她赞叹。

张纯如女士，安息！

参考文献

[1] 朱成山.她为正义呐喊——痛忆才女张纯如[N].人民日报，2004.

[2] 孙英春.她用生命照亮人类的历史[N].博客文章，2007.

[3] 司马平邦.纪念南京大屠杀71周年并问张纯如为何而死[N]，凤凰博报.2008.

[4] 朱成山.让世界知道南京大屠杀的五位国际记者之评析[N].zhuchengshan2012的博客，2010.

[5] 张纯如.钱学森传《蚕丝》(翻译版)[M].中信出版社，2011.

[6] 张盈盈.张纯如：无法忘却历史的女子[M].中信出版社，2012.

[7] 郑春平.张纯如逝世十周年：她让全世界都看到南京大屠杀[M].现代快报，2014.

后　记

《赤子——旅美杰出华人传略》一书，在历经了近8年的艰辛努力和曲折坎坷后，终于与读者见面了。

本书原名《梦绕忠魂》，后经本书责任编辑龚璐先生建议而改为现名。由于笔者被写作对象的生平事迹所深深感动，而且其中的7位科技界前辈，从笔者青年时代起，就一直是心底崇拜的偶像，因此，本人才萌生了写作此书的愿望。到本书开始动笔为止，除了张纯如，7位前辈科学家身份的传主都已经有传记作品问世了，有的甚至还不止一本。而就在本书初稿杀青前后，由鲁伊先生翻译的《张纯如：无法忘却历史的女子》一书，于2012年4月，也由中信出版社出版发行了。此传记的作者，就是《赤子》中唯一的二代华裔传主张纯如的母亲张盈盈老人。

既然每位传主都有人为他们写出了传记，还有必要再煞费苦心地写他们的"传略"吗？回答是很有必要！一是，每位作者的站位不同，视角不同，仁者见仁，智者见智，其笔下主人公的形象就会给读者以不同的感受；二是，每本人物传记基本上都是数十万字，要将8本传记看完，绝非易事；而将它们浓缩为"传略"，阅读时间就会大大节省，会十分有助于正能量的快捷传播。

历史题材如何还原已发生故事的"现场"，确实需要作者具备一定的站位高度、视野宽度和思想锐度，在呈现生活现场和揭示历史真实的过程中，既要发挥主观能动性，更要强化无偏见的客观洞察力，通过生动形象地真实展示传主的生活场景，进而揭示其心灵本真。因此从一开始，笔者就十分注意把握各位传主曾经的生活脉络，认真发掘历史，还原现场。只有在注重史实的同时，对丰富复杂的史料进行反复斟酌和精准把握，才能实现对人物特征和精神实质的准确表达。

　　对人物的记述必须做到尊重事实，尊重历史，真实可靠，一是一，二是二，功是功，过是过；做到不虚构渲染，不拔高溢美，不贬责降低；做到人真、事真、言真、情真，以真取信，以真感人。同时还要对历史人物进行全面研究，具体分析，抓住心灵本质，把所写人物放到他所处的社会环境中去，从表面现象深入到社会关系的各个层面，寻找其内在联系，进行人物本质的记述。

　　这本人物传记文学集，既不为趋利赚钱，更无需媚俗热捧，全只为赞美其恒久弥新的人格魅力，弘扬其光照日月的精神力量。其中对各位传主所表达的观点更是客观的，是传主自己用行动"写"出来的，而非笔者的主观臆断。传主们之所以历尽苦难而依然百折不挠，正是中华民族厚德载物、奋发图强的民族精神之所在。

　　笔者诚请在文史界德高望重的曾祥铣先生为本书作《序》。先生一向为政清廉，学识渊博，著述宏丰，治学严谨，令笔者感受深切，景仰有加。已然迈过八十华诞的他，对书中每一位传主的故事，几十万字的晦涩初稿，一字不漏地认真阅读，深入思考数月后方才提笔写作。本人在此向先生致以崇高而诚挚的感谢。

　　自行出资出版作品，对于一个从基层公务员退休的作者来说，无疑具有很重的经济压力。遵义中庸房地产开发有限公司总经理罗宗良先生听说后，慷慨解囊，给予了出版经费的全额独家赞助，才使得这本付出了大量劳作近8年的书稿得以问世。在此，笔者对遵义中庸房地产开发有限公司及其总经理罗宗良先生表示由衷的感谢。

李性刚2017年春于遵义

致本书传主家属的一封信

尊敬的周老，吴老，陈老，钱（学森）老，郭老，钱（伟长）老，林老，纯如女士的各位家属：你们好！

按常理，本书在出版之前应听取各位传主家属的意见，但责任编辑经多方、反复、艰苦的打听，仍然未能获取各位传主家属的联系方式（有的传主家属甚至远在国外），致使该书在未能得到各位传主家属过目的情况下付梓印刷。在此，责任编辑和作者携手向你们致歉！

在编辑过程中，出于对本书完整性和传播效果的考虑，在没有也无法征得传主家属同意的情况下，责任编辑仍然在网上下载并在书中使用了这些图片。此举是为了让读者能更直观地了解各位传主的丰功伟绩和炎黄情怀，让他们的智慧和品格能更好地传承并引领世人前行。不如此，本书将留下难以理解的缺憾（无图）。因此，诚挚希望能得到各位传主家属的认可、包容和谅解。

由于经费有限，本书只印了1000册。正如作者在后记中所说，本书的出版耗费了作者八年的精力，责任编辑编辑该书，也花了一年多时间，十分的不容易。作者由基层公务员退休，若不是得到房开企业资助的出版经费三万五千元（编辑、校对、设计、审读、印刷、物流、管理等各项费用），本书也将难以面世。为此，责任编辑诚盼各位传主家属能够理解其中的良苦用心，能够妥善、宽容对待可能产生的权宜问题。图书面世后，各位传主家属如能够看到该书并向出版社通报联系方式，出版社将向每位传主家属赠送样书五本。同时，出版社可以根据传主家属可能产生的合理诉求，商谈并支付适当的图片稿酬。

欢迎各位传主家属对本书提出宝贵意见，文字、章节和图片需要修改、增删，补充、完善的，出版社和作者将充分尊重并予以采纳。

敬请各位传主家属多多关照！多多理解！多多支持！谢谢！

联系电话：龚璐（责任编辑）：13608561968

　　　　　　李性刚（作　者）：13885232225

　　此致

　　　　崇高的敬礼

责任编辑　龚璐
2018年5月28日于贵州贵阳